ドイツの図書館
―過去・現在・未来―

ブッセ・エルネストゥス原著
プラスマン・ゼーフェルト全改訂

都築正巳監訳

竹之内禎・渡邊一由・伊藤淳・佐々木秀憲編訳

日本図書館協会
2008

Das Bibliothekswesen der Bundesrepublik Deutschland: ein Handbuch

Busse / Ernestus / Plassman / Seefeldt

von Engelbert Plassman unt Jürgen Seefeldt

Dritte, völlig neubearbeitete Auflage

© 1999 Otto Harrassowitz, Wiesbaden

Copyright of the Japanese edition by Nihon Tosyokan Kyokai
with the permission of Otto Harrassowitz GmbH & Co. KG, Wiesbaden
through Tuttle-Mori Agency, Inc., Tokyo

ドイツの図書館　：　過去・現在・未来　／　ギーセラ・フォン・ブッセ，ホルスト・エルネストゥス原著　；　エンゲルベルト・プラスマン，ユルゲン・ゼーフェルト全改訂　；　都築正巳監訳　；　竹之内禎 [ほか] 編訳． － 東京　：　日本図書館協会，2008． － 416p　；　22cm． － Das Bibliothekswesen der Bundesrepublik Deutschland: ein Handbuch, 3 völlig neubearbeitete Auflage の抄訳． － ISBN978-4-8204-0809-3

t1. ドイツ　ノ　トショカン　a1. ブッセ，ギーセラ・フォン（Gisela von Busse）a2. ホルスト・エルネストゥス（Horst Ernestus）a3. プラスマン，エンゲルベルト（Engelbert Plassmann）a4. ゼーフェルト，ユルゲン（Jürgen Seefeldt）a5. ツヅキ，マサミ　a6. タケノウチ，タダシ　s1. 図書館－ドイツ　①010.234

目次

第 1 部　国家と社会における図書館 …………………………… 1

1.1　国家と行政 …………………………………………………………… 1
1.2　公教育制度 …………………………………………………………… 7
　　1.2.1　普通教育機関と職業教育機関　7
　　1.2.2　大学　11
　　　　（1）　総合大学と単科大学　11
　　　　（2）　専門大学　19
　　　　（3）　美術大学と音楽大学　22
　　1.2.3　生涯教育　23
　　1.2.4　映像資料センター（メディアセンター）　25
1.3　書店・出版流通業 ………………………………………………… 28
1.4　読書・文学活動の推進 …………………………………………… 35
1.5　ドイツ語教育の推進 ……………………………………………… 42
1.6　図書館の設置・運営母体と支援機関 …………………………… 45
　　1.6.1　地方自治体、州、連邦（地域に関する公的組織）　45
　　1.6.2　公法上の財団とその他の公法上の機関　49
　　1.6.3　教会の団体と組織　51
　　1.6.4　民法上の設置・運営母体と支援者　52
1.7　広域的な、図書館活動にとって重要な機関 …………………… 56
　　1.7.1　学術審議会（WR）　56
　　1.7.2　ドイツ学術振興会（DFG）　58
　　1.7.3　教育計画と研究振興のための連邦・諸州委員会（BLK）　59
　　1.7.4　諸州文化大臣常設会議（KMK）　60
　　1.7.5　自治体代表協議会　62
　　1.7.6　自治体行政簡素化機構（KGSt）　63

iii

1.7.7　財団　64
　　　1.7.8　ドイツ学術財団協会　66
　1.8　20世紀における図書館活動の展開………………………………………67
　　　1.8.1　学術図書館　69
　　　1.8.2　公共図書館　73
　　　1.8.3　ソビエト占領地区と東ドイツにおける発展　81

第2部　さまざまな図書館のタイプ………………………………………107

　2.1　国立図書館と中央総合図書館……………………………………………108
　　　2.1.1　ドイツ国立図書館　110
　　　2.1.2　プロイセン文化財団ベルリン国立図書館　127
　　　2.1.3　バイエルン州立図書館（BSB）　138
　2.2　州立図書館と地方図書館…………………………………………………146
　2.3　総合大学と単科大学の図書館……………………………………………163
　　　2.3.1　総合大学および同格の単科大学の図書館　163
　　　2.3.2　専門大学の図書館　180
　　　2.3.3　美術大学と音楽大学の図書館　181
　2.4　専門図書館、研究図書館…………………………………………………183
　　　2.4.1　専門図書館　184
　　　2.4.2　議会、官庁、裁判所図書館　197
　　　2.4.3　中央専門図書館　200
　　　2.4.4　研究図書館　210
　2.5　公立公共図書館と州図書館支援センター………………………………216
　　　2.5.1　公立公共図書館　216
　　　2.5.2　州図書館支援センター（州図書館局、州図書館推進局）　250
　2.6　教会公共図書館と教会図書館支援センター……………………………263
　　　2.6.1　教会公共図書館　264

2.6.2　司教区と州教会における教会図書館支援センター　271
  2.7　公共図書館活動の特殊領域…………………………………………… 273
        2.7.1　児童・YA 図書館　273
        2.7.2　学校図書館・学校メディアセンター　284
        2.7.3　音楽公共図書館　291
        2.7.4　アート・ライブラリー　296
        2.7.5　企業図書館　301
        2.7.6　軍隊図書館　304
        2.7.7　病院・患者図書館　305
        2.7.8　刑務所図書館　308
        2.7.9　視覚障害者支援図書館　310
  2.8　外国におけるドイツの図書館………………………………………… 314
  2.9　ドイツにおける外国機関の図書館…………………………………… 320
  2.10　博物館的図書館と書籍博物館………………………………………… 322

第 3 部　職業、専攻、資格………………………………………………… 335

  3.1　図書館司書という仕事………………………………………………… 335
  3.2　専門大学における図書館学専攻／行政専門大学における専門教育… 338
  3.3　公共図書館助手（メディア・情報サービス専門員）と学術図書館助手… 349
  3.4　高等職図書館司書の養成（採用候補者養成）………………………… 354
  3.5　図書館学 ── 専門分野と教育課程…………………………………… 356
  3.6　図書館学に隣接する教育課程………………………………………… 361
  3.7　大学とその他の教育機関……………………………………………… 364
  3.8　継続教育………………………………………………………………… 369

訳者あとがき………………………………………………………………… 375
略語一覧・索引……………………………………………………………… 382

第1部
国家と社会における図書館

◆

**Die Bibliotheken in
Staat und Gesellschaft**

1.1 国家と行政

　ドイツにおける文化と学術の体制は非常に多様で、混乱した印象を与えがちである。しかし、その構造は憲法と行政秩序を背景にして理解できるものである。これは連邦制という地方分権的な構造の原理によって規定されている。そのルーツは深くドイツの歴史に遡るものであるが、今日の形態は1949年5月23日の憲法（基本法）によって、細部にわたって規定されている。
　「民族社会主義（ナチス）時代のドイツ」（1933年～1945年）と「ドイツ民主共和国（東ドイツ）」（1949年～1990年）は、中央集権的に統制され、管理された国家であった。その点において、それは何百年もの間続いてきた地方分権的なドイツの伝統から見ると異質なものであった。東ドイツでは、その領土にある5つの「州」、すなわち、ブランデンブルク、メクレンブルク＝フォアポンメルン、ザクセン、ザクセン＝アンハルト、テューリンゲン

を1952年に廃止し、領土を14の「県」に分割した。

1989年秋の平和革命の後、初めての自由選挙によって成立した東ドイツの人民議会は、東西ドイツ統合までのその短い存立期間（1990年の3月から10月まで）において、「ドイツ民主共和国（東ドイツ）における州形成のための憲法」（州導入法）を議決した。これは、数十年も続いた社会主義的中央集権主義体制の後に起こった抜本的な政治的刷新であり、東西ドイツ統合への道を指し示すものであった。1990年10月14日に実施された州議会自由選挙をもって、上述の5つの州は政治的に復活し、それ以来、連邦制を採用するドイツの国家機構の中で正当な位置を占めている。東西ベルリンの憲法上の再統合は、1990年12月2日の全ベルリン下院のための最初の自由選挙で完成した。

すでにその数か月前の1990年5月6日、東ドイツの地方自治体は、東西分断後初めての地方自治体自由選挙を通じて、民主主義的に認証された評議会と市長を得た。それによって実質的に「地方自治」が復活したのである。この地方自治は三層で構築され、異なる課題と責任を尊重し保証する、ドイツ国家の基礎となっている。

1990年8月23日に、東ドイツ人民議会は、西ドイツの憲法の従来の適用範囲に「東ドイツが加入する」ことを、大多数の支持をもって議決した。その後1990年8月31日に締結された東ドイツと西ドイツとの「統合条約」は、この発展を保証し、それに法的な拘束力を与えた。それぞれ大多数の支持を得て議決された東ドイツ人民議会と西ドイツ連邦議会による統合条約は、憲法に相当する位置づけを持っている。この統合条約は、1949年からドイツ統合に至るまでドイツの西側でのみ通用した憲法を、東側にも拡大適用するためのものであった。

ドイツの憲法（ドイツ連邦共和国基本法）によれば、ドイツの国家と行政の構造は、下から上に向かって「地方自治体」、「州」、「連邦」の三層で成り立っている。立法に関する管轄は、地域的な課題は州に、国家的な課題は連邦に割り当てられている。行政活動の大部分は地方自治体と州が行ってお

り、連邦の役割はわずかな領域に限られている。立法権は第 1 に州にあるが、最高裁判所は連邦の機関である。地方自治体、州、連邦は、それぞれ独自の権限と、それぞれが管轄する税収による独自の財政的収入を伴う「自立した地域団体」である。

1990 年 10 月 3 日の東西ドイツ統合以後、ドイツ連邦共和国は 16 の州で成り立っている。すなわち、地域州であるバーデン＝ヴュルテンベルク、バイエルン、ブランデンブルク、ヘッセン、メクレンブルク＝フォアポンメルン、ニーダーザクセン、ノルトライン＝ヴェストファーレン、ラインラント＝プファルツ、ザールラント、ザクセン、ザクセン＝アンハルト、シュレースヴィヒ＝ホルシュタイン、テューリンゲン、ならびに都市州であるベルリン、ブレーメン、ハンブルクである。これらドイツの各州は、一部は 1945 年以後の占領軍の政策により、一部はナチス時代までの歴史的発展に依拠して、また一部は新たに創られることによって成立した。新たに創られた州は特に、かつてドイツで最大の州であったプロイセンが 1947 年に解体されたことによって誕生した。

文化活動、学術、芸術、すべての教育制度に関する国家的権限は、ほとんど一貫して州に委ねられている。これは全領域を理解するために特に重要な確認である。この州の権限を表すものとして、「文化主権（文化高権）」という概念が定着した。地方自治体は所属する州の文化主権に参加するが、しかし各州が規定する市町村法の規定の枠内で、地方自治体が独自の権限も有しており、これは「地方自治体の文化自治」と呼ばれる（→ 1.6.1）。

連邦文化省というものは存在しないが、近年連邦レベルでも文化活動に関するさまざまな課題に取り組むべく、「ドイツ連邦首相府における文化・メディア関連事項のための連邦政府全権委員会」が初めて召集された。

文化の領域に関して、連邦はいくつかの狭く限定された事項についてのみ調整と促進の機能を果たす。教育、学問、研究の領域におけるある種のプロジェクトは全国家的な意味を持つ、という考えから州の文化主権を定めた憲法を補充する必要が生じ、1960 年代の後半に、いわゆる「共通の課題」に

3

関する規定によって、ドイツ連邦教育・学術省（BMBW）とドイツ連邦研究・技術省（BMFT）が設置された。これらは、1994年に統合され、ドイツ連邦教育研究省（BMBF）となった。BMBFは、図書館領域ではドイツ図書館研究所と、それが支援する期限つきの多数の調査やモデル・プロジェクトを助成しており、また、図書館にとってきわめて重要な情報資源と情報サービスのための連邦政府プロジェクト、いわゆる「IuDプログラム」も助成している。ドイツ国立図書館（→ 2.1.1）については、上述の「連邦政府全権委員会」が設置されるまではドイツ連邦内務省の文化局が管轄していた。また、「ゲーテ・インスティトゥート」（→ 2.8）を管轄するのは外務省の文化局である。

　文化の領域において立法と行政が大幅に地方分権化されていること、そして個々の州の財政力の差が大きいことから、各州を結ぶ調整と協力、特定課題における共通の財政的措置が必要となる。そのような共通課題の実現のために、各州と連邦は調整機関を設置し協定を行っているが、その中で特に図書館に関して重要性を持つものについては後ほど扱うことにする（→ 2.4.3）。

　各州の立法機関は、地域州の場合は「州議会」である。個々の州行政のトップにあるのが「州政府」で、その一部として州文化省と州学術省が、それぞれの地域の公共図書館や学術図書館を管轄している。大きな連邦州の場合には、州の特定の部分（県）のための中間官庁が置かれており、それが県に関する行政全般の権限を持つ。そのトップは「県知事」である。州はそれに属する地方自治体を監察する仕事（地方自治体監察）があるが、州の中に県レベルの中間官庁が置かれている場合、それがより小さな地方自治体の監察を担当する。州立の「図書館支援センター」（→ 2.5.2）は、主として県レベルで活動している。地域州では、「郡」と郡から独立した「都市」は、地方自治体の独自行政という本来の課題に加えて、同時に「州」の下部行政官庁としての役割も果たさなければならない。

　憲法（基本法）と州憲法に定められている「地方自治体の自立行政」の主体は、「ゲマインデ」または「コムーネ」で、これらは「地方自治体」を意

味する同義の概念である。「ゲマインデ」と「コムーネ」は、市町村に相当する名称として全国的に使用されている。「郡から独立した」地方自治体と、「郡に属する」地方自治体とは、性格が異なっている。小規模で郡に属する地方自治体は通常、完全な地方自治体の自立性を持ってはいない。というのも、小規模な地方自治体の課題の多くは、上位の「地方自治体連合」としての郡によって管轄されているか、あるいはいくつかの連邦州では上位の自治体連盟、行政庁または複数の自治体によって管轄されているからである。郡の課題には、公立公共図書館の振興・支援も含まれている。

　地方自治体連合は、自治体の自立行政の課題と州から委託された活動範囲の課題の中で、個々の自治体が単独では充たし得ない課題を担当している。「郡」以外にも、いくつかの州では別の単位の地方自治体連合もある。例えば、ノルトライン＝ヴェストファーレン州の「地方連盟」や、バイエルン州の「県連盟」などが、いわゆる上位の地方自治体連合として、郡に属さない市や郡が単独では充たし得ない課題を担当している。同様のことが、例えば「ルール地方自治体連合」や「プファルツ県連盟」についても当てはまる。共通の関心が向けられる個々の特定の課題（例えば、地域を越えた建造物や道路計画など）のためには、いくつかの地方自治体によって「目的組合」が形成されることがある。

　地方自治体の自立行政は、関連する州法、特に「市町村法」によって一つ一つ規定されている。それは州ごとに差異がある。州または連邦の法規で特に定められていない限り、原則的に地方自治体がその地域におけるすべての公的課題を管轄する。自立行政において地方自治体は、義務的課題（例えば社会福祉事業の遂行、義務教育の本課程と後期課程のための学校建設等）と自発的な課題を遂行する。自発的課題としては、例えば劇場、オーケストラ、博物館、図書館の運営がある。

　各州が定める市町村法は、その州におけるいわば地方自治体のための憲法であり、ヘッセン州とシュレースヴィヒ＝ホルシュタイン州では市参事会憲法、ラインラント＝プファルツ州とザールラント州では市長憲法（ブランデ

ンブルク、メクレンブルク＝フォアポンメルン、ザクセン、ザクセン＝アンハルトの各州も同じ形）、バーデン＝ヴュルテンベルク州、バイエルン州、テューリンゲン州では評議会憲法、そしてニーダーザクセン州とノルトライン＝ヴェストファーレン州では事務総長憲法と呼ばれている。これら13の地域州の地方自治体憲法に共通しているのは、地方自治体の関連事項に関する意思形成と議決が、住民の選挙によって選ばれた地方自治体代表者機関（具体的には、評議会、市町村参事会または市議会と呼ばれる）に委ねられていることである。ベルリン、ブレーメン、ハンブルクの3つの都市州では、選挙で選ばれた市民代表集団は同時に州議会の機能を持っている。地方自治体代表者機関は、個別の課題の遂行のために、特別な委員会（例えば社会委員会、学校委員会、文化委員会）を設置する。通常、この文化委員会が地方自治体の図書館制度を管轄する。州の文化委員会はまた、各都市における個別の課題、例えば公立公共図書館の運営のための特別な委員会を設置している。

　自治体代表者機関が議決した事柄は、自治体行政府によって遂行される。自治行政府の長（首長）の職名は、それぞれの連邦州の自治体憲法によって異なるが、市町村長とか市町村事務総長などと呼ばれている。これまでの事務総長憲法は、1999年までに市長憲法に置き換わることになっている。3つの都市州では、市長は同時に連邦州の首相を兼ねている。

　市町村長は、特定の課題領域を管轄する助役（本務市会議員、部門担当者または分科担当者とも呼ばれる）と同様に任期つきで選ばれる。助役は市行政の個々の部門（例えば建設、社会、学校、文化）を担当する。大きな自治体ではそのような部門は、例えば建設部門が高層建築課、地下建築課、計画課、不動産課に区分されるように、個々の担当課に区分される。公立公共図書館はたいてい学校・文化部門に属しており、博物館、文書館、市民大学、音楽学校などと同じく、行政の関連事項としては文化担当課に属している。しかし多くの場合、文化部門の内部にさらに公共図書館の行政事務に関する独自の担当課が置かれており、それが自立的単位として機能している。1990

年代の初頭から進行している地方自治体の行政改革は、公立図書館の一層の自立化を目指している。

　連邦、州、地方自治体の財政的基盤は「税収」によって賄われており、その区分は憲法（基本法）によって、そして地方自治体に関しては、補足的に州法的規定によって取り決められている。その際、連邦と州の間では、連邦と州の収入と支出の関係がそれぞれの課題の遂行において異なる展開を示す場合には、一定の財政的相殺が行われる。この財政的相殺プロセスにおいて、自治体もまた州より、税収の一部と特定課題に対する目的助成を得ている。加えて、自治体は独自の「地方自治体税」（例えば営業税、土地税）や、その他の使用料・手数料も確保している。

　郡やその他の地方自治体連合が、大きなレベルでの課題を遂行するための財政基盤は、そこに所属する下位の地方自治体が引き受けている年度ごとの「分担金」によって賄われる。

　特定の目的（例えば図書館）のための費用は、特定の個々の税収によってではなく全体の収入から賄われる。支出と収入の額は、議会（自治体代表者機関、州議会、連邦議会）によって毎年度議決される「予算計画」で一つ一つ公表される。納税者もまたそこから税によって賄われる公的支出についての情報を得ることができる。

1.2　公教育制度

1.2.1　普通教育機関と職業教育機関

　ドイツの学校の大半は、地方自治体と地方自治体連合によって運営されており、少数が私的機関または教会によって運営されている（学校設置者）。学校設置者は学校の物件費、すなわち、第一に学校の建物とその維持のための経費を確保しなければならない。人件費（教員の給料）は州によって賄わ

れる。

　すでに言及したように、州は文化に関する事項と教育制度のすべてに関する権限を持つ。この「文化主権」に基づいて、個々の州は学校制度に関する法的基盤を整備している。州はまた、学校制度全体に対する監督も行っている。これは、ある意味では州の「学校独占権」といってもよい。

　学校制度の形成は、州ごとに著しく異なる部分がある。しかし、重要な形式的な部分については、各州は「諸州文化大臣常設会議」（KMK）（通称、文化大臣会議）の決定に準拠し、必要な最低限の統一性を確保しようと試みている（→ 1.7.4）。

　義務教育は満6歳から満18歳までである。9年間の全日制義務教育の後、普通学校への進学をしない者は、職業学校に通うことが義務づけられている（定時制学校義務教育）。

　普通学校制度の土台は、すべての生徒にとって共通の第一段階である「基礎学校」であり、それは4学年、またはいくつかの州では6学年からなる（後者の場合、5学年と6学年は「オリエンテーション段階」と位置づけられ、それぞれの名称を持っている）。

　基礎学校の上に、本課程学校、実業学校、ギムナジウムといった「上級学校」がある。総合学校（ゲザムトシューレ）は、この3つの学校様式が結合されたものである。

　本課程学校は通常9学年目で終了するが、10学年目を含むこともある。その目的は、基礎的な能力、知識、知見の養成であり、生徒が職業生活や職業教育へ参加するための能力を付与することである（本課程卒業）。

　実業学校は5学年目ないし7学年目で始まり、10学年目で終わる。実業学校の目標は、より高度な専門的、経済的、社会的な責任を伴う実務生活の課題遂行のための準備である（実業学校卒業）。実業学校の卒業後、さらに資格を身につけたい者は、専門上級学校（11学年と12学年）への入学が可能である。専門上級学校を卒業すると、専門大学への入学が可能となる。

　ギムナジウムは学問研究のための基礎教育を提供する。卒業は13学年目

第 1 部　国家と社会における図書館

で行われる卒業試験（アビトゥア）の結果に基づいており、卒業生は通常18歳または19歳である。ただし、東の新しい連邦州では当面の間、旧東ドイツの規定が保持されるため、アビトゥアはすでにギムナジウムの12学年で取得されている。しかし、東側の州もやがて西ドイツの規定に従うことになった。ギムナジウムを卒業すると、総合大学と他のすべての単科大学への入学が可能となる。

　東の連邦州は、旧東ドイツ時代の統一学校（普通教育総合技術学校：POS）が解体された後に、本課程学校、実業学校、ギムナジウムからなる3区分学校制度を導入することはせず、2区分制度を採用した。すなわち、9学年または7学年のギムナジウムが東のすべての連邦州で復活するとともに、その他のタイプの学校、つまり本課程学校と実業学校の区分をなくし、その代わりにギムナジウムと並ぶ単一の後続学校のタイプを作ったのである。これは、例えばテューリンゲン州では「普通学校」、ザクセン州では「中等学校」という名で呼ばれている。同じような教育課程が、その後ザールラント州でも導入されている。

　上述の学校を卒業することは、図書館学の分野における各種養成・専攻課程に入学するための前提でもある（→第3部）。

　すでに以前から、異なる学校タイプ間での学籍の移動は容易になっている（本課程学校の生徒は実業学校に編入でき、実業学校の生徒はギムナジウムに編入できる）。「総合学校」（ゲザムトシューレ）は、本課程学校、実業学校、ギムナジウムをあわせ持つ新しいタイプの上級学校として1970年代の初頭に導入されたが、これはこうした異種学校間での学籍移動をさらに容易にしている。建物になぞらえて言えば、総合学校は一つの「学校センター」として、本課程学校、実業学校、ギムナジウムを一貫した建築上の構造のもとに統合するものであり、このことはまた、中央学校図書館・学校メディアセンターの設置が必要であることを説明する上でも有効な出発点となる（→2.7.2）。

　成人もたいていは夜間ギムナジウム（第2部教育コース）に何年か通うこ

9

とによって、学校の卒業試験を受けることが可能となる。

　さまざまな職業要求に対応するため、各種の「職業学校」が存在する。これらの職業学校は、本課程卒業、実業学校卒業、完結する講座や実習を修了した後に、さまざまな職業生活に対応できるように、さまざまなレベルの職業準備教育を提供している。職業学校の中で最も重要なものが「研修職業学校」で、これは企業で研修を受けている人たちが、実習教育期間（コース）中に週に2、3日程度通うものである。さらに、研修開始以前に全日制学校として通う「職業専門学校」（商業学校、経理学校、各種の技術助手のための学校）や、実習教育を修了してから初めて通える「職業補習学校」「専門学校」（手工業のための親方養成学校、あるいは工業関連職業のための技術者学校）などがある。

　職業に向けた学校教育と職業人のための実践的な職業研修との緊密な結合、いわゆる「二重体系」は、ドイツの特徴的な教育体制であり、他の多くの国では見られない。この二重体系は、「公共図書館助手」（メディア・情報サービス専門職員）の養成にとっても重要な役割を果たしている（→ 3.3）。

　1960年代以降、西ドイツでは高学歴化が進んだ。それは近代工業社会の要請に起因しており、機会均等の実現を目指す教育の啓蒙活動や諸改革によって促進された。また、この高学歴化の傾向は未曾有の大学ラッシュをもたらした。それに伴い、あらゆる種類の図書館へのニーズが量的にも質的にも著しく増大したのである。

　東ドイツでは教育制度に制限が課せられていたため、西ドイツとは大きく異なる経過を辿った。東ドイツでは、上級学校への進学（したがって、アビトゥアへの進学も）が厳しく統制されており、教育コースの自由な選択など問題外であった。このことは、大学入学について一層当てはまることであった。東西ドイツの統合以後、旧東ドイツ地域においても、職業、職場、教育機関を自由に選ぶことができるという憲法で保障された権利のおかげで、これまで抑圧・隠蔽されていた人々の学歴のキャリアアップ志向がはっきりと認められるようになった。

1.2.2　大学

　ドイツの大学制度は、すべて州の管轄事項である。ほとんどの大学は各州によって運営されており、大学教員とその他の職員は州によって雇用されている。大学自治に基づいて大学が自ら制定した大学規則（登録規定、専攻規定、修士・資格試験規定、昇進・教授資格規定等々）が効力を持つためには、州の認可を必要とするか、少なくとも所管の省に公式に通知しなければならない。

　各州は今日、従来型の監督体制に満足せず、1960年代から多数の規則や条例を制定して大学制度を法的に統制し始めている。連邦レベルでは「大学大綱法」（HRG）が1976年に制定され、その後何度か改正されている。その最新版は1993年のものである。ドイツにはいくつかの異なるタイプの大学がある。第1に「総合大学」（U：ウニヴェルジテート）およびそれと同格の「単科大学」（H：ホーホシューレ）、第2に「専門大学」（FH：ファッハホーホシューレ）、そして第3に「美術大学・音楽大学」である。これらはそれぞれ異なる仕方で学問と芸術の育成に参画しており、研究、教育、専攻において独自の課題と方法を持っている。これは大学図書館制度について考える際にも重要な確認事項である。

(1)　総合大学と単科大学

　いわゆる学術的大学は、以前は3つのグループに区分されていた。すなわち、「総合大学」（ウニヴェルジテート）」、「工科大学」（TH：テヒニッシェ・ホーホシューレ）、および限定された研究・教育分野を持つ「単科大学」（ホーホシューレ）である。単科大学については、例えば哲学・神学大学、医科大学、獣医大学、農業大学、林業大学、経済大学（商業大学）、教育大学、そしてシュパイアーの行政学大学がある。

　学術的大学のグループにおけるこの3区分は、大学制度の新しい発展によって、すでに時代遅れになってはいるが、今日まで、特に大学図書館制度

に関しては一定の影響を及ぼしている。かつての工科大学は、後に総合大学へと拡充されたが、その図書館のコレクションは、過去何十年もかけて技術・自然科学分野に高い比重が置かれてきたので、今日でもその傾向が強く見られる。

「総合大学」にも何種類かあり、まず、「学問の総体」という伝統的な理念を体現する古いタイプの総合大学の他に、古典的な医学、法学、または神学といった分野を持たないタイプの総合大学が現れた。次いで、かつての「工科大学」(TH) の多くに人文社会科学の分野が加わったタイプの総合大学が現れた。その多くは、さしあたり「工業総合大学」(TU：テヒニッシェ・ウニヴェルジテート) と改名されたが、今日のドイツではそれらは単に「総合大学」(ウニヴェルジテート) と呼ばれることが多い〔訳者注：逆に、日本語ではTUもTHも「工科大学」と訳されることが多い。例えばTU Berlinは「ベルリン工科大学」である〕。さらに、従来の限定された教育・研究分野を持つ「単科大学」が新しい分野を付け加え、それによって内容的にも総合大学の規模に近づき、名称も「総合大学」を名乗るようになっている。中でも伝統を持つ「教育大学」は、たいていの州で教育部または教育学部として総合大学に合併された。それによって、基礎・本課程学校の教職のための専攻は、一方ではその古い制度的自立性を失ったが、他方では総合大学の専攻分野として新たに位置づけられたのである。唯一バーデン＝ヴュルテンベルク州においてのみ、教育大学はなお以前の形態のままであり、古い名を保持している。

学術的大学の新しいタイプとして現れたのが「統合大学」(GH：ゲザムトホーホシューレ) で、これは総合大学と教育単科大学の専攻課程、ならびに専門大学のそれを内部で統合しており、関心ある学生に専門大学専攻から総合大学専攻への移行を容易にするタイプの大学である。これらの大学の大部分は（たいてい「統合大学」(GH) という付記を伴って）「総合大学」(ウニヴェルジテート) と名乗っている。

このように、今日では学術的大学は、もはや冒頭に述べた3つのグループ

第1部　国家と社会における図書館

に区分することはできない。区分するとすれば、すべての学術分野を持つ古いタイプの総合大学と、それ以外の新しい大学の2つに区分できるのみであり、後者において、その教育・研究における特別な重点は、以前の狭く限定されていた課題に由来するものとして説明できる。これは特に工科大学に該当するが、他の単科大学を前身とする総合大学についてもおよそ同じことが言える。

以下に、ドイツにおける総合大学（U）、統合大学（GH）、およびそれと同格の単科大学（H）、特に工科大学（TH）と工業総合大学（TU）を、州ごとに挙げる。ただし、バーデン＝ヴュルテンベルク州で現在も独立している教育大学と、狭い専門分野を扱う比較的学生数の少ない学術的大学については、ここでは挙げていない。

連邦州	総合大学および同格の単科大学 （U：総合大学、H：単科大学、TH：工科大学、PH：教育大学、GH：統合大学、TU：工業総合大学）
バーデン＝ヴュルテンベルク州	フライブルク（U）、ハイデルベルク（U）、カールスルーエ（U、以前はTH）、コンスタンツ（U）、マンハイム（U、以前は経済大学）、シュトゥットガルト（U、以前はTH）、シュトゥットガルト・ホーエンハイム（U、以前は農業大学）、テュービンゲン（U）、ウルム（U、医科大学）
バイエルン州	アウグスブルク（U）、バンベルク（U、以前は哲学・神学大学および教育大学）、バイロイト（U）、アイヒシュテット（カトリック総合大学）、エアランゲン・ニュルンベルク（U）、ミュンヒェン（U）、ミュンヒェン（TU）、ミュンヒェン連邦軍大学（U）、パッサウ（U）、レーゲンスブルク（U）、ヴュルツブルク（U）
ベルリン州	フンボルト大学（U）、ベルリン工科大学（TU）、ベルリン自由大学（U）
ブランデンブルク州	コットブス（U）、フランクフルト・アン・デア・オーダー（U）、ポツダム（U）
ブレーメン州	ブレーメン（U）

13

ハンブルク州	ハンブルク（U）、ハンブルク連邦軍大学（U）、ハンブルク・ハールブルク（TU）
ヘッセン州	ダルムシュタット（TU）、フランクフルト・アム・マイン（U）、ギーセン（U）、カッセル（U-GH）、マールブルク（U）
メクレンブルク＝フォアポンメルン州	グライフスヴァルト（U）、ロストック（U）
ニーダーザクセン州	ブラウンシュヴァイク（TU）、クラウスタール（TU、以前は鉱山高等専門学校）、ゲッティンゲン（U）、ハノーファー（U、以前はTH）、ヒルデスハイム（U、以前はPH）、リューネブルク（U、以前はPH）、オルデンブルク（U）、オスナブリュック（U、以前はPH）
ノルトライン＝ヴェストファーレン州	アーヘン（U、以前はTH、今日も同名）、ビーレフェルト（U）、ボーフム（U）、ボン（U）、ドルトムント（U）、デュッセルドルフ（U、以前は医科大学）、デュースブルク（U-GH）、エッセン（U-GH）、ハーゲン通信大学（U-GH）、ケルン（U）、ミュンスター（U）、パーダーボルン（U-GH）、ジーゲン（U-GH）、ヴッパータール（U-GH）
ラインラント＝プファルツ州	カイザースラウテルン（U、以前はTU）、コブレンツ＝ランダウ（U、以前はPH）、マインツ（U）、トリーア（U）
ザールラント州	ザールブリュッケン（U）
ザクセン州	ケムニッツ・ツヴィッカウ（TU）、ドレースデン（U、以前はTU）、フライベルク（TU、以前は鉱山高等専門学校）、ライプツィヒ（U）
ザクセン＝アンハルト州	ハレ・ヴィッテンベルク（U）、マグデブルク（U、以前はTU、PH、および医科大学）
シュレースヴィヒ＝ホルシュタイン州	フレンスブルク教育科学大学（U、以前はPH）、キール（U）、リューベック（H）
テューリンゲン州	エアフルト（U）、イルメナウ（TU）、イェーナ（U）、ヴァイマル（H）

第1部　国家と社会における図書館

　神学者の養成のためには、大学のプロテスタント神学部とカトリック神学部（各大学にあるわけではない）の他に、いくつかの州あるいは教会の哲学・神学大学がある。そこでの専攻は、州によって認可される試験で完結する。これらの大学のいくつかは、博士学位の授与権も持っている。プロテスタントの神学大学は「教会大学」と呼ばれている。その所在地は、ビーレフェルトのベーテル、ノイエンデッテルザウ（GH）、タウヌスのオーベルーゼル、そしてヴッパータールである。カトリックの哲学・神学大学（「神学部」という名称のこともある）の所在地は、フランクフルト・アム・マイン（聖ゲオルク哲学・神学大学）、フルダ、タウヌスのケーニヒシュタイン、ミュンヒェン（哲学大学）、パーダーボルン、トリーアである。また、この他に州の認可を受けた神学大学として、オーバーバイエルンのベネディクトボイレンにあるサレジオ会ドン・ボスコ修道会大学、ボン近郊のザンクト・アウグスティンのシュタイラー宣教師会大学とジーク河畔ヘネフのレデンプトール修道会大学の連携講座、ヴェストファーレンのミュンスターにあるフランシスコ会とカプチン会の哲学・神学大学、そしてコブレンツのヴァレンダーにあるパロッチ使徒宣教会大学がある。

　旧東ドイツにおいては、公的生活から教会が大幅に排除されてしまったため、神学関連の機関は州の認可を受けた大学としてではなく、単に教会内部の機関としてのみ存在した。どれも「大学」という名称を使うことは許されなかった。プロテスタントの神学校は、ライプツィヒでは「神学校」、ナウムブルクでは「上級教理学校」という名称であった。カトリック聖職者の養成は、1952年に創設されたエアフルト哲学・神学学校で行われた。これらの機関における卒業生の職業的可能性は限られていた。そこで学んだ者は州で認可される卒業資格を要求できず、そのため全員が教会奉仕の道を歩んだ。

　1989年晩秋の転回（壁の崩壊）の後、しかしまだ東西が統合される前の短い時期に、東ドイツ政府は自由選挙に基づいてこの差別を排除し、高い学術的水準とそれに見合ったよく装備された図書館を持つ一部の教会養成機関に、国の認可を与えた。それによって、ライプツィヒとナウムブルクの聖職

15

者養成所は、ドイツの西側の姉妹機関と同様に「教会大学」という名称を得ることとなった。

1991年以降、統合ドイツの東の連邦州における大学制度改革の中で、教会と州との自由協定に基づいた、新しい持続的な取り決めがなされた。これによって、かつてのライプツィヒ神学校は、1990年にライプツィヒ教会大学となり、1992年にはライプツィヒ大学の神学部となった。また、かつてのナウムブルクのプロテスタント上級教理学校はハレ大学の神学部となり、今日に至っている。

少数の分野、または一つだけの専門分野を持つさらに小さな単科大学として、特にハイデルベルク・ユダヤ学大学、ミュンヒェン政治大学、ハンブルク経済・政治大学、ベルリンのヨーロッパ経済大学、エストリヒ・ヴィンケル（ラインガウ）のヨーロッパ・ビジネス・スクール、コブレンツ・ヴァレンダーの企業経営大学、ライプツィヒ商業大学、ケルンのドイツ・スポーツ大学、シュパイアーのドイツ行政学大学、そしてヴィッテン・ヘルデッケ大学を挙げることができる。これらの大学のいくつかは州立ではなく、私立の大学である。

小さな特殊な大学の図書館の中には、一部傑出したコレクションを持つものがあり、これはドイツの図書館制度における「専門図書館」グループの重要な構成要素となっている（→ 2.4）。

*

すべての大学は「自治組織」である。すなわち、それは学長または総長を自ら選び、教員補充の権限を持ち、選出された機構つまり評議会により、大学関係の関連事項を規定している。州立大学はこれを州の大学法と予算計画で提示されている枠内で行う。大学の自治への参加は、以前は正教授に限定されていたが、何年か前からは、学術活動に直接かかわる職員と直接かかわらない職員、さらには学生にも開かれるようになった。これは法的に定められた事項であり、今日の大学では普通のことである。

大学は学部や専門学科に分かれている。それらの下に、または個々の講座の下に、研究所、セミナー、実験室、専門図書館が属している。この他に各種のセンターがあるが、これは個々の学部または専門学科に属するのではなく、むしろ大学本部の下に直接位置づけられている。例えば計算機センター、音楽センター、スポーツ施設、そして何よりも大学図書館（本館）がそうである。

カリキュラムは、教授の「教える自由」と学生の「学ぶ自由」の原則に基づいている。この原則はドイツの大学の図書館制度にとって著しく重要であったし、今もそうである。それについてはここで詳述するわけにはいかないが、次のことは確認すべきである。すなわち、この原則は教授にとっては、大学が自ら作成し決議した専攻課程のカリキュラムの枠内で、自己の責任において授業を形作ることを意味し、学生にとっては、専攻課程のカリキュラム（講義、演習、セミナー）の一部を自ら選んで学習計画を立て、いつ試験を受けるかを自らが決定することを意味している。その背景には、大学が自立した学問の徒によって構成される研究・教育施設であるという理念が宿っている。この理念は、19世紀初頭にヴィルヘルム・フォン・フンボルト（1767-1835）によって定義されたものであるが、ナチス支配の終焉後の大学再建の時代に、ドイツの西側では再び大学の規範的な理念とみなされたのである。

旧東ドイツの崩壊後に復活した東の連邦州では、研究・教育の自由の原則を再評価し、これを大学改革の基礎に置いた。しかしながら、この原則自体はドイツの東側の地域においても、ナチズムより前の時代には自明のことであった。旧西ドイツの各州と同様に、ドイツ統合後の東の新しい連邦州においてもこのことが州憲法に定められ、1991年と1992年の大学法によってその詳細が規定された。

今日では非常に多くの人々が大学で学ぶようになり、また教育、行政、工業、商業の現場においても大卒者へのニーズが高まったため、各大学は学問の実用性を前面に掲げ、職業への準備を、したがって研究よりも教育を重視

するようになった。しかし他方において、先進国における学術研究の急速な発展についていくためには、大学生たちが学術的な研究・学習を引き継ぎ発展させていけるように、しかるべく支援される必要がある。そのためにドイツでは、大学における研究活動にはそれにふさわしい地位が与えられている。旧東ドイツでは、ソビエトのモデルに準じて多数の研究活動が科学アカデミーに移行されたが、ドイツ統合以後は撤回され、それ以来多数の大学関連の諸機関が旧東ドイツ時代にはなかった州の支援を受けている。これは大学図書館についても大きく当てはまることである。

1960年代の末以降、多数の改革が西ドイツの大学制度を著しく変化させた。大学の活動が、以前は大幅に慣習法に基づいて運営されていたのに対して、今日では公的生活における他の多数の領域と同様に、細部にわたり法や条例や規則によって規定されている。

それについては冒頭でもすでに指摘した。ここでは特に大学の内部活動を抜本的に変化させた各州の「大学法」を挙げることができるが、とは言えそれは大学の課題を、法典の冒頭におけるそれぞれ一般的な部分で、一貫して伝統的な意味で記述しているのである。つまりそれによると、大学の課題は「研究、教育、学習を通じての学芸の育成と発展」にある。さらにそこでは、「大学は学術的認識と学術的方法の適用を要求する、または芸術的造形能力を要求する職業的活動に備える。大学はその課題設定に応じて、学術的・芸術的後進を育成する」とある。

ここに示された大学の全般的な発展の方向づけは、大学「図書館」にも影響を及ぼした。学生の急増に対応するため、ドイツの大学図書館の多くは、1960年代の中頃から「教科書コレクション」を構築した。教科書コレクションは、今日まできわめて利用度の高い、学習者に対して不可欠なサービスの一つとなっている。多数の図書館で導入された貸出の自動化は、それに伴う迅速化と作業簡素化を通じて、急増した図書貸出の合理的処理に貢献している。オンライン蔵書目録（OPAC）をはじめとする情報技術の刷新は、以前の図書館管理と図書館利用の形態を革命的に変化させた。この発展はそ

第1部　国家と社会における図書館

の後現在に至るまで続いている。

　大学図書館は、際限ない研究ニーズの増大に対して次のような措置で対応しようとしている。すなわち、コレクションの増加、目的とするメディアへのよりよいアクセス手段の提供、他の図書館との協力体制の構築・推進（相互貸借、特別収集分野、図書館間協力）、電子的データベースの利用による文献・情報検索のための環境改善、情報システムのネットワーク化である。

　各州における大学法の制定は、ドイツの大学図書館にさらに重要な変化をもたらした。それは、ドイツの図書館史において初めて、大学内における大学図書館の位置を法的にはっきりと規定し、専門学科、研究所、講座に付属する図書館ではない、大学図書館（本館）館長の専門職としての責任を明記したのである（→ 2.3.1）。

(2)　専門大学

　ドイツの専門大学（FH：ファッハホーホシューレ）は、東の連邦州ではまったく新しい形態であり、旧西ドイツ地域においてもまだあまり歴史がない。そのため、補足的な説明を要するタイプの大学である。専門大学は総合大学やそれと同格の単科大学とは異なり、学術的（理論的）教育を提供するという課題を持たず、むしろ実用的な教育を通じて、学術的な（またはデザイン専攻の場合には芸術的な）基礎の上に立脚する教育を提供するのであり、それは職業における自立的活動の能力を培うのである。州の大学法では、専門大学の教育課題をそのように明記しており、総合大学の教育課題ははっきりと区別されたものになっている。

　専門大学への入学資格は、専門上級学校12学年卒業または一般大学入学の資格である。専門大学の課程は、通常7学期から8学期で構成され、最短許容期間が9学期で終了する総合大学や単科大学の課程よりも若干短いにすぎない。専門大学のカリキュラムには、種々の職業実習が必修科目として組み込まれている。

　今日の専門大学は、かつてのエンジニア学校（工業専門学校）、上級経済

19

専門学校、社会サービス・社会教育上級専門学校、通訳・翻訳学校、造形（デザイン）学校や、さらに別のタイプの上級専門学校から発展してきたものであり、それらは以前は大学制度（いわゆる「高等教育領域」）に属さず、職業専門学校制度（いわゆる「二次的領域」）に属するものであった。

　これらの職業専門学校は、1968年の文化大臣会議の合意に基づいて、1969年から1971年に公布された各州の「専門大学法」によって、大学へと昇格した。職業専門学校の時代にはそれは大学ではなかったので、いわゆる「学校」として長期間任命された校長が経営し、教員の自己補充権を持たず、教育計画も上級行政庁が決めていたが、それらが法的に大学に昇格した後は、大学の自治のために必要な権利と義務を有するようになった。専門大学の教員採用の条件は、以前と比べてかなりハイレベルになっている。前身機関の職業学校の教員はたいてい、上級学校の教員資格に相当する資格を持っていたが、今日ではそれを越えたレベルが要求されており、理論面での資格（学位取得とその他の学術的業績）および実践面での資格（複数年にわたる職業的経験や教育経験）が専門大学の教員採用の条件となっている。

　専門大学には、学生数や教員数、そこで扱われる専門分野の数という面でさまざまなものがある。そのような差違が生じた理由は、いくつかの州では今日の専門大学がそれぞれ唯一の前身機関から発生し、少数の学生と専門的に限定された教育プログラムしか持たない（例えば経済専門大学、技術専門大学、造形専門大学、図書館学専門大学）のに対して、別の州では、時には異なった近隣の都市に所在する種々の専門性を持ったいくつかの学校が一つの大きな専門大学に統合されたということに由来する。この後者のケースで成立した専門大学は、例外なしに数千人規模の学生を有し、時には多数の専門分野をカバーする非常に大きな新しい統一体として成立したのである。

　このような州ごとの専門大学の差異については、次のような具体的事例が挙げられる。バーデン゠ヴュルテンベルク州では、かつての上級専門学校がそれぞれ独立した専門大学となったため、同州で成立した24の専門大学はそれぞれが狭く限定された教育プログラムを持ち、平均して1大学あたり1

千名程度の学生を有しているにすぎない。それに対してノルトライン＝ヴェストファーレン州では、約60の前身機関から11の州立専門大学が成立したため、各専門大学が複数の専門領域をカバーし、平均して1大学あたり5千名の学生を擁している。(ノルトライン＝ヴェストファーレン州にあったこの他の約30の前身機関は、1972年に同州で創設された5つの統合大学（GH）に合併された。）ノルトライン＝ヴェストファーレン州では、ケルン図書館・ドキュメンテーション専門大学（→ 3.2）が例外的な存在で、これは1995年までは独立した専門大学として存立したが、しかしその後、第22専門学科としてケルン専門大学に統合された。

1990年以降、統合ドイツのすべての東の連邦州において専門大学が創設された。ただし、その多くは旧東ドイツ時代に存在した前身機関を引き継いだものであり、中には旧東ドイツ時代よりもはるか昔に遡る歴史を持つものもある。例えば、1992年に創設されたライプツィヒ技術・経済・文化大学（専門大学）の専門学部の一つである「図書・博物館」学部は、そのルーツが1914年まで遡る（→ 3.1；3.2）。

州立の専門大学の他に、教会専門大学（特に社会福祉にかかわる職業人養成のため）と私立の専門大学も多数あるが、すべて州の認可を受けている。これは、例えば教会が運営する図書館の司書養成にとって重要である（→ 3.2）。

ドイツには今日、州立とそれ以外のものを合わせて142の専門大学があり、それぞれ非常に多様な機関が運営に関与している。したがって、すべての専門大学に通用する一般的な記述を行うことは難しい。このことは、専門大学の図書館についても当てはまる（→ 2.3.2）。

学術審議会は、1991年に刊行した『1990年代における専門大学の発展のための提言』の序文において、次のように確認している。すなわち、「創立以来20年を経て、専門大学はドイツ連邦共和国における細分化された大学システムの中で、固有にして不可欠の要素となった。学術審議会は、この新しい職業志向的タイプの大学が大きく発展することを提言し支援した」と。

ドイツに30ある「行政専門大学」は、行政、司法、財政管理などの非技術系の上級公務員職のための「行政付属教育課程（行政組織内の養成機関）」として作られたものであり、そうした職業に必要な理論を教授する機関であるが、「大学の自治」といったいわゆる大学としての本質的な特徴が欠けているので、ここでは詳しく論じない。行政専門大学における教育は、卒業後にそれぞれの専門の公務員として働くための特定の業務領域にはっきりと限定されており、通常卒業生の雇用を予定する各州の省庁（内務省、司法省、財政省）または地方自治体の責任において行われる。したがって、大学、専門大学、美術・音楽大学を管轄する州学術省や州文化省は、行政専門大学についてはこれを管轄しない。行政専門大学の図書館は、大学図書館というよりは専門図書館のタイプに属する。

現在のところバーデン＝ヴュルテンベルク州、ベルリン州、ザクセン州にのみ存在する「職業高等専門学校」と、多数の都市で運営されている「行政・経済高等専門学校」およびその図書館もここでは扱わない。

（3） 美術大学と音楽大学

ドイツに50ある美術大学・音楽大学は、上に粗描した大学グループとは多くの点で異なり、また別の種類のグループを形成している。学術的な学習や学術的なベースを持つ実践的な学習と比べて、芸術的育成はまったく異なる性格を持つのであり、そのことが固有のタイプの教育機関を成立せしめたのである。

美術大学や音楽大学への入学許可に関しては、（他の大学におけるような）知識的・形式的な入学条件の裏づけよりも芸術的才能が問題となるため、特別な入学試験が行われる。美術大学では彫刻、舞台装置、ガラス工芸、金細工術、自由グラフィック、応用グラフィック、絵画等々を専攻することができ、音楽大学では各種の音楽的専門分野と、またその中のある分野では表現芸術分野（歌手、俳優、ダンサーへの養成）が専攻できる。卒業生は大学の試験を受けるか、あるいは美術教師または音楽教師になる場合には、国家試

験を受ける。

　もちろん、美術大学や音楽大学の図書館の中にもいくつかは重要なものがあるが（例えば楽譜コレクション）、しかし美術・音楽大学では、図書館は総合大学や他の単科大学におけるような重要な位置を占めてはいない。また、芸術関連の貴重な文献コレクションは、むしろ研究所・博物館図書館（→ 2.4.1）に存在することも多い。

1.2.3　生涯教育

　ドイツにおける生涯教育（社会人教育）の特徴は、それに関与する機関の多様性にある。生涯教育に関連する個々の機関は、学習の構造と出発点においてはそれぞれ異なるが、目標設定においてはいずれも知識の提供だけを目指していない点で共通している。個々人が獲得する知識は個人的、職業的な領域での手助けとなり、社会事情を知り社会に溶け込むための手引きとなる。生涯教育における重要な位置を「市民大学」[1]が占めており、これは1920年代以来大きく発展している。市民大学は課題や学習方法から見て、大学の公開講座にも似ているように見えるが、個々の市民大学が独立した常設の機関である点で、それとは異なっている。市民大学においては、そのテーマや参加者集団に関していかなる制限もない。

　その他の生涯教育機関としては、労働組合と市民大学によって共同で設置された「教育施設・仕事と生活」や、ホーム市民大学、プロテスタント・アカデミー、カトリック・アカデミー、政治教育アカデミー、家庭教育支援機関、その他多数の小さな生涯教育団体の機関がある。

　生涯教育機関はその設置・運営母体も多様である。これに関しては正確な統計データがないのだが、生涯学習機関の設置・運営母体となっているのは、地方自治体、郡、教会、労働組合、職業協会、慈善団体、そして個人的な組織であり、中でも地方自治体が母体となっている場合が最も多い。というのも、数的に最も大きな生涯教育機関のグループは市民大学であり、その

写真1　ボーフム市立図書館・市民大学

主たる設置者が地方自治体だからである。1996年の末には、統合ドイツ全体で1,002校の市民大学があったが、その中で393校が直接に地方自治体によって、189校が郡によって、66校が目的組合によって、325校が法人格を持つ協会によって運営されており、都市州における25校の市民大学はその都市州のみで通用する法的ステータスを持ち、残りの4校は有限会社によって運営されていた。その他のものについては細かいデータがない。678校の市民大学が専業的に（そのうちの54校は他の機関を兼営）、また270校が兼業的に運営されている。

　州は市民大学の設置者に対して、各種の助成（その一部は法的な規定に基づく）を行っている。助成の最も重要な法的基盤として、各州の「生涯教育法」を挙げることができる。しかしドイツの生涯教育は、学校制度とはまったく異なり、州の監督からは自由であることが特徴的である。

　生涯教育全体を代表する連邦レベルでの上位組織は存在しないが、しかし

同等の機関同士の連合はある。中でも、「ドイツ市民大学協会」(DVV) は指導的役割を演じている。DVV は 1957 年、フランクフルト・アム・マインに「ドイツ市民大学協会ドイツ生涯教育研究所・教育事業所」を設立した。

　公共図書館と生涯教育施設との協力は、未だ全体として不十分である。しかし、いくつかの地方自治体では成功が期待できる試みもあり、また時折、市民大学と公共図書館との間の運営上の職員の兼務、または一つの建物の中での併存も見られる。後者は「学習センター」の設置にとって好都合な条件であり、多くの場合市民大学と公共図書館との緊密な協力関係に基づいて、いろいろなモデル・プロジェクトを実施している。

1.2.4　映像資料センター（メディアセンター）

　ドイツでは 1930 年代から、映像資料センターが重要な公的課題の一部を担ってきたが、近年教育分野における視聴覚メディアの重要性がますます増大するにつれて、その課題も多様化してきている。

　今日、約 600 の郡または市の映像資料センター（メディアセンター）があり、それらは郡や郡から独立した都市によって運営されている。郡や市の映像資料センターは、教育支援機関として包括的な課題を担っている。その活動は、16 の州にそれぞれ置かれている州立映像資料センターや州立メディアセンターによって支援・推進されている。

　映像資料センターは、それぞれの地域における教育計画の一環として、例えば学校のための視聴覚メディアの入手と提供、教育利用に適したメディアの紹介、AV メディア（ビデオ、映画、教育ソフトウェア、CD-ROM）や AV 装置（ビデオレコーダー、カメラ、映画上映装置、パソコン）の導入・購入のための情報提供と助言、情報メディアを活用した教育の先行事例の紹介などを行っている。東の連邦州では、州立メディアセンターがますますメディア教育に関するサービスを担うようになってきており、その結果、特に教員の養成や研修、カリキュラム開発の面で、州立メディアセンターが学校

と協力するようになってきている。西の連邦州でもその後、同じような動きが起こっている。

映像資料センター（メディアセンター）におけるサービス業務の基礎となる人的・物的装備は、（公共図書館の実情と同様に）不十分なものであることも多い。だが、そこでは最新のテクノロジーとメディア教育に関する知識や能力を前提として、専門的アドバイザーや職員が情報コミュニケーション技術に関する専門的でバランスのとれた指導を行っており、独自の調査と実験的企画を含めて、関連する専門文献の選別や処理が行われている。

映像資料センターの仕事として、伝統的な映画やビデオの貸出および上映装置の貸出と並んで、新しいテクノロジーとメディア教育に関する助言や研修がますます大きな役割を果たしている。また、情報機器の修理やメンテナンス、あるいは最近のマルチメディア的なハードウェア・ソフトウェア市場の動向が話題とされる。メディアセンターのサービスは、教員研修機関や教育センター、州政治教育センター、大学、アカデミー、私設または企業の生涯教育機関、地方自治体連合、そして特に公共図書館によっても利用されている。メディアセンターは、さらに AV メディアやコンピュータ関連のメディア、ソフトウェアのためのアーカイブへと発展してきている。

映像資料センターやメディアセンターは、地方自治体の青少年教育や生涯教育に協力したり、青少年グループ、協会、連盟、地方自治体や教会の機関に対して AV メディアや AV 装置の導入、メディア教育と新しいテクノロジーに関する諸問題について、情報提供や助言を行ったりする役割が期待されている。

映像資料センター、州立メディアセンターは、地域的な出来事を記録するために官庁や文化・教育機関からパートナーとして招待され、写真や映画の撮影、企画、編集を行うことも稀ではない。メディアセンターは映像資料に関する専門的な助言を通じて、州の教育テレビを支援し、教育ソフトの作成とその応用に協力している。

メディアに関する専門知識を提供することは、映像資料センターの活動の

主たる目標の一つであり、今日ではコンピュータによるデータ処理技術とマルチメディア対応ソフトの導入が重要な課題となっている。1990年代の初頭からは、映像資料センターの新しい課題として、学校へのコンピュータ導入における情報システムの構築とメンテナンスに協力するという作業が加わった。州立メディアセンターは、教育計画と研究振興に関する連邦・諸州委員会（BLK）のモデル実験「データ協力・教育メディア」の一環として、ネットワーク化したメディア情報システムを導入した。これによって、利用できるメディアが中央のデータベースに電子的に記録され検索可能となっている。

1990年代初頭には、統合ドイツの学校教育と生涯教育に関する議論がドイツ全土で行われていた。その後、1995年にBLK（→ 1.7.3）の文書『学校におけるメディア教育のための手引き』が出版され、またKMK（文化大臣会議）（→ 1.7.4）の報告書『学校におけるメディア教育』が出されて、メディア教育に関する教育政策の明確な方向づけがなされた。

その後、メディア教育の問題設定や取り組みの出発点としては、個々のメディア制作に関する問題よりも、むしろメディアを利用する人々の問題こそが重要であること、したがって、まずメディア利用者の側の問題を考慮し、そこから全体的構想へと発展されるべきであるということが、政策的立場において認識された。各連邦州は、特に新しいメディアの重要性への認識が社会的に高まったことを受けて、州立映像資料センターをより機能性の高い州立メディアセンターへと発展させようとしている。こうしたメディアセンターには、学校、学校図書館、そして公共図書館のパートナーとして、新しいメディアに対して批判的かつ創造的にかかわるための学習にとって、重要な支援が期待できるだろう。

西側の連邦州の映像資料センターは、特にミュンヒェンの「学問・教育のための映画・映像研究所」（FWU研究所）[2]の映像作品を、教育メディアとして活用してきた。FWU研究所は、1950年に公益的な有限会社として創設された組織であり、今日の統合ドイツの16の連邦州すべての共通利用機

関である。FWU 研究所は、学校やその他の教育活動のために、教育施設や専門研究者と連携しながら、受け手の希望に合わせて AV メディアを生産し利用に供するほか、メディア教育の計画とメディア技術・メディア教育研究の推進に努めており、その成果はメディアの理論と実践を扱う出版事業、研修企画、そして研究会活動に表れている。今日、FWU 研究所が作成したメディアのレパートリーには、さまざまなテーマに関する 2,700 件以上のメディア（16 ミリ映画、ビデオカセット、スライド、学習ソフト、CD-ROM）が含まれる。そしてこれに毎年約 100 件の新作が加わる。

ドイツでは、青少年・生涯教育の重要な構成要素であるメディア教育の分野で、さらに次の 4 つの機関が広域的な機能を持って活動している。

1) ドイツ市民大学協会のメディア研究センターである「アドルフ・グリメ研究所」（所在地マール）[3]。
2) 学術と実践の両分野の関係者によって組織された、ドイツ最大のメディア教育団体である「メディア教育・コミュニケーション文化協会」（GMK）（所在地ビーレフェルト）[4]。
3) 新しいメディアに重点を置いたメディア教育者団体である「教育・情報学会」（GPI）[5]。
4) 民間の財団として、メディア教育分野の先駆的企画を支援・助成する「ベルテルスマン財団」（所在地ギュータースロー）[6]。

1.3 書店・出版流通業

書店という存在は、もちろんドイツで長い伝統を持っているのであるが、今日においてもきわめて重要な文化的な意味と同時に、他の文化的機関や組織と比較して少なからぬ経済的意味を持っている。「書店」というと個々の小売書店のことがまず思い浮かぶが、出版流通業という観点から専門家筋で書店について語られる場合は、「生産書店」（出版社）、「中間書店」（書籍問

屋、出版社出荷業者、注文店、書籍取次販売)、「小売書店」(個々の書店または取次販売業)の3つを含む概念であることに留意が必要である[7]。

近年のドイツ語の出版物の生産量は、英国(他の英語圏諸国を含む)と中国に次いで世界で第3番目の位置を占めている。1997年には7万7889件のタイトルが出版された。そのうちの5万7680件(74%)は新刊書であり、2万209件(26%)は再版本である[8]。全タイトルのうち、5,330件(新刊書の9.2%)は文庫本として出版された。

新刊書が記録される『ドイツ全国書誌』(→ 2.1.1)には65のジャンルがあるが、その中で1997年には「大衆文学」のタイトルが7,037件(新刊書の12.2%)を占めており、伝統的に抜群に多いグループである。その後に「医学」3,313件(5.7%)、「経済」3,311件(5.7%)、「児童・青少年文学」3,090件(5.4%)、「法律」3,043件(5.3%)、「教科書」2,836件(4.9%)、「キリスト教」2,532件(4.4%)が続く。その他のグループは、新刊書のタイトル数が2,500件未満である[9]。

1997年には5万7680件の新刊書が出版されたが、その約8分の1にあたる6,737件(総生産の11.7%)は外国語からの翻訳物であった[10]。翻訳出版物の原著の言語としては、英語が72%以上で最も多く、それと大きく差をつけられて2番目にフランス語(9.4%)、3番目にイタリア語(3.3%)、4番目にオランダ語(2.7%)、それからスペイン語、ロシア語、スウェーデン語が続く。その他、43の言語からの翻訳出版物は、それぞれ1%未満であった[11]。

ドイツ語から他の言語に翻訳された書物は、狭い意味ではドイツの書籍生産には属さない。それでも、ドイツ語以外の言語が使われている諸外国におけるドイツ文献の受容(→ 2.8)という点から、外国への翻訳権授与に関するいくつかのデータを挙げておこう。

1997年には4,606件のドイツ語の書籍が外国語に翻訳され、59か国に翻訳権が与えられている。ドイツ語から外国語への翻訳では、1995年から1997年まではポーランド語が最も多かった。1997年のデータでは、ポーラ

ンド語への翻訳が392件（8.5%）、続いて、英語369件（8.0%）、チェコ語336件（7.3%）、フランス語331件（7.2%）、イタリア語324件（7.0%）、スペイン語300件（6.5%）の順になっている。これに続いているのが、オランダ語268件（5.8%）、ロシア語245件（5.3%）、韓国語215件（4.7%）、中国語213件（4.6%）、そして日本語211件（4.6%）である。その他の言語への翻訳は、それぞれ200件未満である[12]。

1997年におけるドイツ国内の出版物の売上は、小売価格で約175億マルクである[13]。小売書店も生産書店（出版社）も、その大半は中小企業である。

1998年と1999年のドイツ語圏の書店リストには、最も広い意味で書店に数えられる2万3716の個別企業が登録されており、そのうちの68%が出版社で、32%が販売書店である。図書と雑誌のみを（またはそれらを中心に）出版または販売する企業の数は非常に少ない。ドイツ出版流通協会には1998年4月30日時点で、合計7,034の書籍関連企業が所属しており、そのうちの3分の2が小売書店である。

第二次世界大戦までは、ライプツィヒがドイツと世界における「出版社と書店の都市」としての指導的位置を占めていたが、今日ではミュンヒェン（280の出版社、196の書店）、ベルリン（205の出版社、316の書店）、ハンブルク（143の出版社、183の書店）、シュトゥットガルト（124の出版社、123の書店）、フランクフルト・アム・マイン（116の出版社、140の書店）、ケルン（91の出版社、151の書店）などのいくつかの都市が、その地位を分かち合っている。これらの大きな出版都市に差をつけられて、その他の都市が続いている。

大変残念なことに、ライプツィヒは第二次世界大戦中に、伝統的な出版都市としての基盤に致命的な損失を蒙った。特に言及すべきは、1943年12月3日から4日にかけての夜の「グラフィック街」に対する壊滅的空襲で、そのために当地の多数の出版社の建物の約80%と、貴重な価値を持つ原稿、版型、完成本、そしてすべての生産設備が犠牲となった。ライプツィヒを占領したソビエト軍政府と後の東ドイツ当局による大々的な没収の後、この都

市は年間約6千タイトルという小さな規模で、東ドイツの書籍生産における一定の役割を果たしてきた。今日のライプツィヒには、28の出版社と62の書店がある。

「書籍共同体」は、例えば1924年に創設された「グーテンベルク書籍組合」のように、その最初のものは民衆教育の思想から成立したものだが、図書の一般普及において特別な役割を果たす最も重要な形態の一つに発展した。その数は第二次世界大戦後の一時期に大きく増加したが、その後の集中化によって再び大きく減少した。書籍共同体では、会員が図書を選び、割安な条件で購入できる。そこではたいてい非常に多様なタイトルが準備されている。会員の数は数百万人に達する。

*

今日、出版流通のための最も重要な法的基礎は、1989年の「出版流通法」(VeO)である（19世紀に成立した古い「流通・販売法」は、1945年にまず占領軍のカルテル解体規定によって無効とされ、さらに1958年に制定された競争制限阻止法（GWB、独占禁止法）によってもはや適用され得ないものとなっている）。出版社と販売業とを結ぶ図書の流通に関しては、民法と商法の関連する規定と、VeO（出版流通法）の規定の他に、価格維持、競争協定、活動原則（種目文書）が、出版流通の商業慣習として機能している。

出版社から図書館に直接に納本することは禁止されている。

出版流通においては、「固定小売店価格」（最終販売価格＝定価販売）が適用されるが、これは通常の経済で適用される自由な価格設定からの例外として、GWB（競争制限阻止法、通称「カルテル法」）の第16条で許可されている。ただし、GWBと商標法（以前の商標法の対象物件についてヨーロッパ法的観点から修正された新協定）は、ある程度の値引きを許容する根拠となる。出版物の販売価格維持制度は、ドイツ以外のいくつかのヨーロッパ諸国でも適用されているのだが、近年ヨーロッパ共同体の競争保護によって真剣に問題視されている。もし販売価格維持制度が廃止されたら、ドイツの

出版流通は深刻な構造的影響を受けるだろう。間違いなく、ドイツの書籍市場における従来の出版文化の多様性はこのまま維持できなくなるだろう。

　大部分の出版社は「出版物販売のための価格固定の協定」(最新の版は1993年)に同意し、以前からの協定に準じて、公法的規律により設置される学術図書館(すべての学術的研究者が利用でき、年間の資料費が3万マルク以上)のために小売価格の5%を割り引き、そして誰もが利用できる公共図書館のためには小売価格の10%を割り引くことを確定した。この公共図書館に対する協定は、公立公共図書館のみならず、その他の設置・運営母体による図書館、特にドイツ・プロテスタント図書館協会とボロメーウス協会(→2.6.1)の図書館にも適用される。

　この「価格協定」はそれぞれ違った版で、ドイツ、オーストリア、スイスでも適用されている。

*

　「ドイツ出版流通協会」[14]は、ドイツにおける生産書店(出版社)と流通書店を統合している上位組織である。ドイツ出版流通協会は、1825年に「ライプツィヒ・ドイツ出版流通協会」として創設されたが、第二次世界大戦と東西ドイツ分割の後、ライプツィヒに本拠を置く東の協会と、フランクフルト・アム・マインに本拠を置く西の協会に分裂した。1991年に再び統合され、今日の協会の拠点はフランクフルト・アム・マインに、ライプツィヒにはその支部がある。1993年から1996年にかけてライプツィヒに建てられた「本の家・ライプツィヒ文学館」[15]は、同協会が「本の都市」の家元として古くからの伝統を持つライプツィヒに大きな関心を寄せていることの表れである。

　ドイツ出版流通協会は、ドイツにおける最も活動的な職業・経済連盟の一つであり、出版流通関連のあらゆる分野において多数の、非常に多様な領域で活動を展開している。

　文化的にも経済的にも重要な「フランクフルト国際ブックフェア」は、

第 1 部　国家と社会における図書館

1949 年以来、毎年開催されているが、これはドイツ出版流通協会の主導によるものである。このブックフェアは毎年 10 月に開催され、世界最大のブックフェアとして知られている。その上にドイツ出版流通協会は、旧東ドイツ時代に存続し毎年新年に定期的に行われていた「ライプツィヒ・ブックフェア」の伝統も 1991 年から引き継いだのである。同じく、外国における代表的な書籍市の開催にも参画しており、これは外国に対して現代ドイツの出版文化と精神文化の概観を与える機会となっている。

　その他に、ドイツ出版流通協会の「文化政策的」活動で図書館の視点からも非常に重要なものとしては、1950 年から毎年授与されている「ドイツ出版流通平和賞」、1960 年よりオーストリア出版流通中央協会、スイス出版流通協会と連携して毎年開催されている「コンスタンツ文学対談」、そして「ドイツ・エディトリアルデザイン財団」の諸活動が挙げられる。後者は特に、コンクール「ドイツ・50 冊の本—文、絵、印刷、装丁による評価」で注目された。ドイツ出版流通協会による読書活動の奨励行事としては、12 歳の生徒のための「朗読コンクール」がよく知られている（→ 1.4）。

　ドイツ出版流通協会の「営業的」機関として、有限会社「出版事業会」[16] がある。これは同協会の出版部門として 1947 年から活動している。出版事業会からは、例えばドイツ国立図書館が作成する『ドイツ全国書誌』（→ 2.1.1）や『在庫図書目録』（VLB）が刊行されており、両方とも 1988～89 年版以降、CD-ROM 版もある。『在庫楽譜目録』（VLM）も、1995 年から同連合により CD-ROM 版として発行されている。『絶版書目録』（VVB）は『在庫図書目録』（VLB）を補完する。VVB は、VLB データベースから引き出されたもので、1987 年以降の約 9 千の出版社による数十万冊の絶版書に関する目録である。

　さらに、「博覧会・見本市有限会社」（フランクフルト国際ブックフェアの企画担当）、「出版流通事務有限会社」（BAG）、「出版流通信用保証会社」（BKG）、そして「出版流通計算処理センター有限会社」（RZB）を挙げておかなければならない。

ドイツ出版流通協会は、古くから後進の育成に大いに力を注いでいる。すでに1852年には「ドイツ出版流通職員養成所」をライプツィヒに創設している。ドイツ出版流通職員養成所は今日、ライプツィヒの市立職業養成学校として運営されており、ドイツ出版流通協会もこれを支援している。さらにドイツ出版流通協会は、フランクフルト・アム・マイン北東部ゼックバッハ地区の「ドイツ出版流通学校」[17]（職業学校教育課程と特別研修コースを持つ）と、ミュンヒェンの「ドイツ出版流通学院」[18]（1993年にベルテルスマン財団と共同で設立。経営職員と事務職員のための研修コースを持つ）を運営している。

　政治的転回（ベルリンの壁崩壊）以後、ライプツィヒでは大学レベルでの出版流通関連のコースが軌道に乗り、大きく様変わりした。ドイツ出版流通協会は1991年以降、積極的にこの変革に関与し、その働きかけによって、ライプツィヒ技術・経済・文化大学（HTWK）（専門大学）には「出版流通」コースが設置され、ライプツィヒ大学（総合大学）には「書誌学・出版流通」の講座が設置されるに至った（→ 3.6）。

　ドイツ出版流通協会の機関誌は、週に2回発行される『ドイツ出版流通広報』[19]である。それは多数の出版社の広告や紹介の他に、本の世界に携わる人々の編集に関する多数の論考を掲載している。ドイツ出版流通協会の刊行物としてはもう一つ、専門雑誌『図書マーケット』、『図書レポート』、そして『出版流通の現在』も挙げておかなければならない。

　「ミュンヒェン・ドイツ書籍資料館」[20]は、民法上の法的基礎を備えた公益的な財団であり、学術的な手段で出版文化の振興に努めている。この資料館は学会を開催し、論文集『ミュンヒェン・ドイツ書籍資料館・書誌学研究』を発行しており、そこには毎年、書誌学と時には図書館学に関するいくつかの論文が掲載される。この財団は、ドイツ出版流通協会のバイエルン州支部の機関である「ミュンヒェン図書・メディア・資料センター」[21]の内部に置かれている。

1.4　読書・文学活動の推進

　すべての人が読書能力を持つことは、われわれの文明の基本的前提であり、また、特に出版流通業や図書館の活動が成功するための前提でもある。読書がなければ、新しい出来事に関しても、単に自分が決めただけの限られた情報の選択と処理、限られたコミュニケーションしかできないし、社会生活や政治的決定においても、限られた関与しかできない。人々の読書「能力」は、歴史的にはごく最近の時代になって、普通義務教育制の導入によってかつてないほどに普及したが、積極的で活発な読書「欲求」は、新しく刺激の多い視聴覚メディア（ラジオ、テレビ、CD）の広範な消費によって、今日再び深刻な危機に晒されていると言われている。信頼できる調査では、ドイツとその他の工業化した西欧諸国において、非識字者の数がこの数年増大し続けているという結果が示されている。

　そのような知見を踏まえると、社会的な読書推進活動には、大人と子どもの両方にとって商業的かつ理念的な十分な根拠がある。学校での「読書教育」も必要であるが、社会的な読書推進活動はそれを越えた重要性を持つ。根拠のある普及した見解によると、読書への働きかけは学校での読書教育よりも以前に、つまり6歳以下の児童において、家庭や幼稚園ですでに始まっている。そして、学校教育の後にも、読書は社会活動や生涯教育において有意義に継続されるのである。ドイツ出版流通協会の機関誌では、「読書の社会化」をめざす最近の研究成果を要約して、「読書の量には家庭が、読書の質には学校が最大の影響を及ぼす」と述べられている。

　公共図書館はすでに長い間、就学前児童の読書推進活動をその課題の一つとしている。6歳以下の児童のための絵本は、公共図書館において以前から正当な位置を占めている。図書館において物語を語ったり、読み聞かせたりすることは、今日児童に対する図書館サービスの一環として日常的な自明の活動である。それだけに読書年齢が初期の児童は、意識の高い公共図書館

サービスにとってまさに重要なサービス対象なのである。

　当然のことながら、ドイツ出版流通協会は、あらゆる積極的な読書推進活動をごく当然のこととみなしている。各種の読書推進活動は、経済的利益のためにはしばしば間接的に役立つにすぎないのだが、協会は独自の事業（→1.3）や他の組織の活動に対する協力を通じて、読書推進活動全般に参画している。

　しかしながら、学校、図書館、書店・出版流通業だけでは、山積する課題を処理できるものではない。過去から引き継いだ、そして常に新しくなっていく文明の課題を克服するためには、今日においてこそ可能な限り幅広く包括的な読書推進活動が必要だと言える。

　「市民大学」（→1.2.3）ではすでに1970年代より、個々人の読書能力を活性化させ、読書欲求を育て、読書を促進するための生涯教育コースを提供している。

　「読書財団」[22]の活動においては、今日の読書推進活動への幅広い社会的関心を反映し、読書を多様な仕方で力強く活性化するために、多数の重要な団体、組織、企業が関与している。すなわち、都市と連邦州、労働組合と経済団体、個々の企業、文化的な財団や組織、ドイツ司教会議[23]、ドイツ・プロテスタント教会評議会[24]、大学長会議[25]、ドイツ図書館協会[26]、そして特に出版流通に関する個々の作業委員会や研究会が、財団の「出資者会議」や「評議会」に代表を送っている。読書財団の後援者はドイツ連邦共和国大統領である。読書財団はドイツ読書協会の古い伝統を継承して、1988年に設立された。財団の事務局はマインツにある。「読書推進協会・読書財団友の会」[27]は、読書財団の個々の具体的なプロジェクトを財政面から支援している。

　読書財団は、いろいろな読書推進活動を行っている。例えば、さまざまなテーマを盛り込んだパンフレットで、広く配布されている『読書のすすめ』[28]の定期的な発刊。各種のイベントの企画（「ちょっと話してごらん」、「作家検索ゲーム」、「本の春―行事、活動、理念」など）。保護者のための書

第1部　国家と社会における図書館

籍展示会の開催。また、読書推進活動のための資料・プロジェクト理念・背景情報のすべてを盛り込んだ「読書バス」[29]、さらに『教員のための研究報告誌』の発刊も行っている。

*

　文学活動（作家活動）への奨励・支援は、読書の推進よりもはるかに長い伝統を持っている。
　ここでは、経済的に成功しなかった個々の作家を支えたさまざまな後援者たちについては、いちいち立ち入って扱わない。
　だがおそらく、現代の若い作家たちが多数の文学賞や奨励金、「町文士」としての給料つきポストにより、また書店の作家読書会や他の多様な方法により公的・私的な支援を受け、それによって文学活動の継続を鼓舞されていることは間違いない。そのような活動のおかげで、いかに多くの重要な作品が実現し、精神生活が豊かになったかという面は大いに評価に値する。
　また、キャリアの長い作家が文学賞を受賞し、それを契機に再び公衆の注目を浴びてさらなる文学的活動へと鼓舞されることもある。何年か前に受賞したベテラン作家の一人が、このことを「ペガソスのためのカラスムギ」[30]と形容していた。
　このように、若手作家の支援と比較的キャリアの長い作家の作品集を評価するという両方のことが、公的・私的な機関からの基金による多数の文学賞を通じて行われている。
　ここで全ドイツ的な意味を持つ評価の高い文学賞を挙げるならば、ドイツ語・ドイツ文学アカデミーから、傑出した文学作品に対して与えられる「ビュヒナー賞」[31]（賞金6万マルクのドイツで最高額の文学賞、1998年にはオーストリアの女流作家エルフリーデ・イェリネクが受賞）、文学的批評とエッセイに対する賞として与えられる「ヨハン・ハインリヒ・メルク賞」（1998年にはスイスの批評家イーゾ・カマルティンが受賞）、優れた学術的散文に対して与えられる「ジークムント・フロイト賞」（1998年にはイル

37

ゼ・グープリヒ＝ジミティスが受賞)、ドイツ語への翻訳に対する表彰として与えられる「ヨハン・ハインリヒ・フォス賞」、そして外国におけるドイツ文化の優れた紹介者に対して与えられる「フリードリヒ・グンドルフ賞」がある。この他にも、バイエルン芸術アカデミーの文学大賞などがある。

　また、特定の地域と結びついた文学賞ではあるが、その地域を越えた奨励の意図を持つ、多数の著名な文学賞を挙げることができる。例えば、ケルン市の文学賞「ハインリヒ・ベル賞」、その他州都デュッセルドルフの「ハイネ賞」、エスリンゲンの「ニコラウス・レーナウ賞」(ドイツ語で作詩する叙情詩人に対して)、フェルバッハの「メーリケ賞」(エドアルト・メーリケにちなみ、抒情詩または散文に対して)、フライブルクのペーター・フーヘル賞(ペーター・フーヘルにちなみ、抒情詩に対して)、カールスルーエのヘルマン・ヘッセ賞、メールスブルクのメールスブルク・ドロステ賞(アンネッテ・フォン・ドロステ＝ヒュルスホフの精神的遺産にふさわしい在世の女流作家の作品に対して)、ガンデルスハイムのロスヴィータ記念メダル(ドイツ語圏の在世の女流著作家に対して)、そしてノイミュンスターのハンス・ファラダ賞などがある。

　さらに、もっと地域に密着した仕方で地方文学に貢献するための文学賞としては、「ルール地方文学賞」(ルール地方に住むかこの地方に関する作品を書いた作家に対して)、「グラートベック風刺賞」(ノルトライン＝ヴェストファーレン州の新人作家に対して)、バンベルク市の「E. T. A. ホフマン賞」(バンベルクで、またはバンベルクのために功績のあった作家に対して)、シュトゥットガルトの「ヨハン・ペーター・ヘーベル賞」(アレマン語圏[32]の作家に対して)、「州都シュトゥットガルト文学賞」(バーデン＝ヴュルテンベルク州の文学を奨励する)、ハンブルクの「イルムガルト・ハイルマン文学賞」(ハンブルク在住の、またはハンブルクに特別な関係を持つ作家の奨励)などがある。

　一般的な文学奨励の他に、特定の分野に関連する文学活動の奨励として以下のようなものがある。まず現代史の文学的克服に関する賞として、ベルリ

第1部　国家と社会における図書館

ンの「10月3日文学賞」、ドルトムントの「ネリー・ザックス賞」、ミュンヒェンの「ショル姉妹賞」がある。また、諸民族理解のための文学的取り組みに関する賞としては、「ヨーロッパ理解のためのライプツィヒ文学賞」(本賞と1件または2件の奨励賞)と、オスナブリュック市の「エーリヒ・マリア・レマルケ平和賞」がある。

　最後に、特に言及すべきものが児童・青少年文学の奨励のための賞で、例えば、「ドイツ児童文学賞」(ドイツ連邦家族・高齢者・女性・青少年省[33]、社団法人青少年文学研究会)、「ドイツ青少年ビデオ賞」(ドイツ連邦家族・高齢者・女性・青少年省)、「外国人全権委員児童図書賞」、「カトリック児童図書賞」(ドイツ司教会議)、「児童書のための挿絵賞」(プロテスタント評論共同機構)がある。この領域では、この他にも民間の機関(特に出版社)が基金を提供する一連の賞がある。

　ドイツにおける文学賞の数は近年著しく増大した。『文学便覧1993-94』には、359の文学賞が挙げられている。一つの賞が並列的ないくつかの賞に分割されていたり、あるいは本賞と副賞とに分割されていたりするため、事実上の賞授与数を総計すると、ほとんど1千件にも達する。

　1980年に現代ドイツ文学の奨励のための機関として創設された社団法人「ドイツ文学基金」[34]は、公的な資金によって運営されているが、それにもかかわらず独立した機関であり、現代ドイツ作家の奨励のために、文学の普及や受容を含め幅広く文学領域での発案やモデル企画に携わっている。「作家奨励」としては、特定の文学関連企画に参加する作家の活動のための支援金を提供している。「普及推進」としては、企画・印刷のための補助金が作家、出版社、研究所、協会に対して与えられる。ただし、それは以下のような目的に適う場合である。

1) 現代のドイツ語圏の文学活動の発展に役立つ特別な意義を持つが、競争市場には迎合しないような作品の印刷と普及を支援する。
2) ドイツ語圏の現代作家の作品を外国語に翻訳すること、また、外国語の著作をドイツ語に翻訳することにかかる費用の負担または一部補助。

3) 広域的な意義を持つ文学雑誌の支援。
4) 現代文学の発展に貢献するシンポジウムや類似の行事の負担または一部補助。
5) 作家の活動範囲と社会的影響を促進する広域的なモデル企画（既存のものを拡大し、新しいものを開発する）の支援。
6) 一般の人々の文学への関心を高めるための広域的な活動の支援。
7) 現代文学に関する活動状況についての調査支援。

ドイツ文学基金は、創設以来20年ほどの活動期間の間に約500の奨学金を与え、約150のプロジェクトや出版計画を支援した。そのために費やされた資金は1200万マルクを超える。

ドイツ文学基金には決定委員会としての管理機構があり、それには以下の組織から代表が送られている。すなわち、ドイツ出版流通協会（→ 1.3）、ドイツ語・ドイツ文学アカデミー、ドイツ図書館協会、ドイツ作家協会のドイツ作家文化事業所、ドイツ自由作家協会、ドイツ連邦共和国 P. E. N. センター（ダルムシュタット所在）、著作権利用会社WORT、そしてドイツ連邦内務省と諸州文化財団である。この管理機構は、申請書、文学基金の活動内容、奨励金の授与に関して決定を下す。

「ベルリン文学コロキウム」（1962年）をモデルにして、1970年代から一連の都市に「文学事務局」や「文学工房」が設置されたが、それらは近年、文学活動の奨励と文学の普及に大きな功績を示している。それらは公的な資金と寄付とで賄われる非営利的団体であり、読書会や研究討論会の実施、作家や翻訳者に対する奨励金の授与、組織的・内容的観点からの各種の文学賞の公募、その都度の審査員の選出、申請書の吟味、賞授与の実施といった事業にかかわったり、読書週間を企画したり、新人作家の活動に対して助言したりする。

1980年代からは各州で「文化事務局」が次々と創設され、それらも文学活動の奨励を行ってきている。例えばノルトライン＝ヴェストファーレン州では、6つの文化事務局が州全体に分散して、ボン、デュッセルドルフ、グ

ラートベック、ウーナ、デトモルト、ギュータースローの各都市に置かれている。文化事務局の課題としては、地域的な文学関連企画の日程調整、地方自治体への助言、コンクールへの協力、文学的に重要な展示の企画、そして特に作家に対するいろいろな奨励活動がある。文化事務局は、その業務において民間の側からの支援も受ける。例えばルール地方では、地域の芸術・学術活動奨励に関心ある企業の緩やかな連合グループが、グラートベック文化事務局によって組織された一連のイベント「'94　詩と散文―ルール地方の若い文学」に対して相当な金額を寄付し支援した。

　社団法人「ドイツ文学協議会」は、文学活動に深く関与する協会や諸機関を包括する、アイディアや情報の交換のためのフォーラムとなっている。それは、広く社会的な関心に値する文学の最新のテーマを公衆に意識させるために、ブックフェア等の機会を利用している。例えば、1994年のライプツィヒ・ブックフェアの期間中に、ドイツ文学協議会は第4回目のシンポジウムを開催し、そのテーマは東ヨーロッパ諸国における翻訳者の状況と翻訳すべき大衆文学の状況についてであった。ドイツ文学協議会は、1996年から毎年「文学、出版社、出版流通、公共図書館ないし文化政策に従事し、公共図書館制度の文化的課題を力強く推進する個人または機関を表彰する」（ドイツ文学協議会カール・プロイスカー・メダルの基準）という目的で、「カール・プロイスカー・メダル」を授与している。この賞は、19世紀の民衆図書館運動の重要な先駆者であるカール＝ベンヤミン・プロイスカー（1786-1871）を記念したものである。彼の主たる活動地域はザクセン地方のグローセンハインで、そこには1828年10月24日ドイツで最初の「市民図書館」が開設された。今日のグローセンハイン市立＝郡立図書館は、「カール・プロイスカー」の名を持っている。賞の設定と関連して、ドイツ文学協議会は10月24日を「図書館の日」と定めた。

　個々の連邦州における類似の地方的会合としては、例えば1987年に創設された「ノルトライン＝ヴェストファーレン州文学評議会」のようなものがある。規約によれば、それは「文学活動に従事する人々の集いであり、文学

活動の重要性を公衆に対してアピールする。……それはノルトライン＝ヴェストファーレン州の文学創作活動を強化し、さらに発展させ、維持することに貢献する。」この文学評議会の特徴的な活動として、『ノルトライン＝ヴェストファーレン州文学地図』の刊行がある。これは、同州におけるあらゆる文学的活動に関して記録した、包括的な情報を提供する資料である。

ユネスコは最近、書籍文化の振興と作家保護のために「世界図書・著作権デー」[35]を定め、これをウイリアム・シェークスピアの誕生日で命日でもある4月23日に設定した。この日はまた「サン・ジョルディの日」[36]でもあり、さらにスペインではカタロニアの作家ミゲル・デ・セルヴァンテスの命日として、すでに「本の日」としての長い伝統を持っている。

古典文学や物故著作家の作品への取り組みは、学校教育の中で常に重要な位置を占めていたが、今日では以前ほど重要な扱いではなくなっている。一方で、「文学博物館」がその数を増やし規模を拡大しながら、過去の時代における作家の活動について一般の人々の注意を引く活動を行うようになってきている。これは喜ばしい発展であり、おそらく長期的には文学に関心を持つ人々を増やし、また人々が公共図書館に関心を持つように影響を与えるであろう。

これら一連の文学博物館は、地方自治体（いくつかは州）を設置・運営母体としており、またあるものは公的または私的な財団、あるいは民間の団体により運営されている。いくつかの文学博物館は、造形美術やその他の文化領域にかかわる諸機関と共同で、「独立文化施設研究会」（AsKI）に統合されているが、この組織はドイツの人々に対して文化的諸機関の重要性をアピールし、その活動の振興に努めている。

1.5　ドイツ語教育の推進

ドイツ語教育の推進と振興は、基本的に民間組織が行う事柄であって、国

家的機関が行う事柄ではない。フランスの国立学術団体アカデミー・フランセーズに比較できるような機関はドイツにはない。

　民間組織としては、ヴィースバーデンに本拠を置く社団法人「ドイツ語協会」[37]を第1に挙げねばならない。この協会はさまざまな方法で、正確で標準的なドイツ語をできるだけ広く普及させるべく努力している。ヴィースバーデンの事務局には6人の専任の学術職員と2人の専門的指導者がいて、姓名、語義、新しい表現の正しさ、文構造、文法、正書法等々に関して、電話や書簡を通じて毎年何千件もの情報サービスを提供している。ドイツ語協会は文書の校訂に関して各省庁を指導しており、ドイツ連邦議会では独自の編集権を持っている。

　ドイツ語協会は、『言語サービス』と『国語』という雑誌を発行している。それらは、信頼のおける、わかりやすい、しばしばユーモラスで鋭い論文で、国内と外国の現代ドイツ語事情を紹介し、その発展を批判的に見守っている。

　ドイツ語協会は、その21の支部団体で討論や講演を催しているが、その一部は現地の図書館で行われている。

　ミュンヒェンに本部を置く「ゲーテ・インスティトゥート」[38]は、ドイツ語教育の振興において特別な役割を担っている。これもまた法人組織であって国家の機構ではないのだが、相当な公的予算を受けてはいる。その目標は、外国におけるドイツの言語と文化の普及である（→ 2.8）。

　世界におけるドイツ語の地位を確保するために、外国にあるゲーテ・インスティトゥートの116の施設で、多数のドイツ語教師による教育活動が重要な貢献をしている。それは単なる会話ドイツ語のみならず、ドイツ語で書かれた書籍の普及についても言えることである。その意味において、ゲーテ・インスティトゥートの活動はまさに著作家、出版社、書店業、そして図書館の観点からも大きな意義を持っている。

　オーストリアとスイスは、外国においてそれぞれ独自の文化活動を行っているにもかかわらず、国外におけるドイツ語の普及のための独自の機関を

持っていないので、ゲーテ・インスティトゥートはこれらの国々のためにも、外国におけるドイツ語教育コースの開講を引き受けているのである。

　ドイツ語に関する規範形成のための継続的な活動は、元ギムナジウム教師コンラート・ドゥーデン（1829-1911）の活動に由来しており、彼が1880年に刊行した『ドイツ語正書法辞典』は急速に広く浸透した。この辞典は「書誌研究所」によって発行された第2版以来、何十年かの間に大幅に増訂され、今日では全10巻本として出版されている。この『ドイツ語正書法辞典』、通称「ドゥーデン」は、文化大臣会議（KMK）（→ 1.2）で拘束力を持つ規則書として定められ、出版社や印刷会社、そしてドイツ語による公的・私的な文書交換において広く規範として尊重されている。

　1960年代より着手された「正書法改革」に関する大変な努力は、これまでのところ未だドイツ語圏諸国において拘束力ある、異論のない決定には至っていない。オーストリアとスイスの管轄当局がドイツ語正書法の改革構想に同意を示した後になって、ドイツでは1995年に、政治的な決定権を持つ委員会（文化大臣会議、連邦州政府首相会議）において重大な疑問が提示され、再度の検討を行うことが決議された。その後にできた正書法規則の改訂版は、1998年以来、官庁や学校ではすでに規範的なものとなっている。1998年には、連邦憲法裁判所が文化大臣会議による正書法規則の導入の合法性を保障する判決を下したが、その後も国民の間ではなお改革の実施に抵抗する動きがある。シュレースヴィヒ＝ホルシュタイン州では、学校教育における新正書法導入に関する住民投票が行われ、当地では従来の規則（旧正書法）を採用することが支持された。

　古い正書法に従って書かれた文献に関して、読者がいつどの程度の違和感を持つかは、これからの問題である。正書法の簡略化から期待されるドイツ語のテキストの読みやすさの奨励は、これまでに書かれ出版されたすべてのドイツ語のテキストが「古く」なり、次第に読みにくくなっていくという裏の側面を持っている。そのため正書法改革は、図書館利用者の動向に対して、長期的な、簡単には見積もれない負の作用を持ち得るのである。

ドイツ図書館研究所（DBI）のアルファベット順目録規則（RAK）担当グループは、新正書法規則でのアルファベット順目録の作成に関して予想される影響を検討している。

1.6 図書館の設置・運営母体と支援機関

1.6.1 地方自治体、州、連邦（地域に関する公的組織）

　図書館設置者として、地方自治体には非常に大きな意味がある。公共図書館を運営する権利は、地方自治体の自主的管理事項として、どんなに小さな自治体にも与えられているものであり、約1万4800あるドイツ地方自治体の大半が行使している。1996年には、全ドイツで1万2645の公共図書館があった。この他に、いくつかの少数の都市ではさらに独自の学術図書館を運営しており、それらはたいてい地域の公共図書館システムとも緊密に結びついている。地方自治体である諸都市は、ドイツ図書館協会（DBV）とその州協会、またドイツ図書館研究所（DBI）との協力を通じて、公共図書館制度の発展に、全体的な面でも、また個々の地域においても重要な貢献をしている。

　地方自治体の連合体である「郡」は、図書館制度に対してそれぞれ異なった仕方でのかかわりを持っている。多くの郡では、当該地域の公立図書館に対して支援を行っている。郡立中央図書館を運営している郡も多く、それらはしばしば郡庁所在地の図書館と共同して、地域内外への貸出やその他のサービスを行っている。また他の郡では、法的な力を持つ地方自治体財団を設立し、それが郡立図書館の設置・運営母体であるような例もある（例えばオイティンの東ホルシュタイン郡）。郡は移動図書館（→ 2.5.1）の導入・運営者であることも多い。

　「上位の地方自治体連合」とでも言うべきもの、例えばルール地方自治体

連合、ラインラントとヴェストファーレン・リッペの地方連合、ノルトライン＝ヴェストファーレン州のリッペ州連合、バイエルン州の県連合やラインラント＝プファルツ州の州区域プファルツの県連合なども、地域的な重要性を持つ図書館の設置・運営母体となっている（→ 2.2）。

　ドイツにおいては、州、地方自治体、地方自治体連合が図書館のために行う支出については特定の法律で規定されてはいない。連邦政府はそのような立法を管轄していない。図書館活動を推進する法律は、同じく連邦制的構造を持つアメリカ合衆国では「図書館サービス・建設法」で実現しているが、ドイツではそれも実現しそうにない。

　各州での図書館推進法の制定に関しては、別の困難さがある。いくつかの州では、図書館制度の発展と運用のための現在の措置を十分と判断している。各州は、地方自治体または教会の図書館に対する支出を長期的には固定したくないのである。というのは、特に州や地方自治体では図書館に対する支出の他にも、他の文化的諸機関のための（その一部ははるかに高額な）財政的義務があるからである。また、個々の地方自治体の側からすると、上位の州レベルでの図書館推進法が制定されると、かえって自発的な課題への取り組みや自由な自己管理の範囲が狭められるという懸念がある。さらに言えば、これまでのところ機能性の高い公共図書館ネットワークの意義自体が、しばしば十分には認識されていないのである。今日、情報というものが世界的に見て我々の文明の最も重要な価値資源の一つとみなされていることを考えると、このことは一層理解しがたいことである。

　「州」はそれぞれの地域において、各種の学術図書館の設置・運営母体となっている。まず、州は州立図書館の設置・運営母体である。そして、ほとんどの大学の設置・運営母体でもあり、したがってそれらの大学図書館の設置・運営母体でもある。さらに州独自の機関の図書館、例えば博物館の図書館や、州独自の研究・教育機関の図書館も運営している。図書館職員養成所も、ほとんどが州によって設置・運営されている。唯一の例外は、カトリック図書館活動に優先的に奉仕する、州の認可を受けたボン公共図書館学専門

第 1 部　国家と社会における図書館

大学（FhöBB）で、これはボロメーウス協会を設置者としている（→ 2.6.2）。（ゲッティンゲンのプロテスタント図書館職員養成所は 1978 年に廃止された。）さらに、総合目録やオンライン協力センターのような、地域を包括する図書館活動に貢献する連携的機関についても、各州が設置母体となっている。

　州がかかわる図書館関連の活動として、特別収集分野計画、研修講座、図書館協会の業務総会、専門雑誌や書籍の発行などがある。これらは州ごとに異なる規模で、それ相当の予算補助を通じて支援されたり、それにより初めて実現可能になったりしている。多くの州では、州立以外の図書館に対しても（時には新しい図書館建築物の建設のためにも）目的別の助成を行っている。このように、公立公共図書館のために当てられた予算を専門的に意味のある形で分配する役割は、各州によって設置された州図書館支援センターに委ねられている。こうした州からの予算分配は、図書館活動の全体的な発展にとって、特に農村地帯において、重要な役割を果たしている（→ 2.5.2）。

　上述のように各州に文化主権が与えられているため、連邦政府が図書館の設置・運営母体となっている例は非常に少ない。しかし、少数ではあるが連邦を直接または間接の設置者とする、全ドイツの図書館制度にとって大きな意味を持つ図書館もいくつか存在する。その筆頭は、ドイツ国立図書館（→ 2.1.1）である。これは 1913 年以降の全ドイツ文献の所蔵館であり、ドイツ連邦共和国の全国書誌のセンターであり、ライプツィヒ、フランクフルト・アム・マイン、ベルリンに 3 つの機関を有している。その他に、まったく別の目標設定を持ってはいるが大きな連邦の機関として、ドイツ連邦議会図書館、連邦最高官庁と最高裁判所の図書館（→ 2.4.2）、ならびに一連の連邦研究施設の図書館（→ 2.4.1）を挙げることができる。

　連邦政府はまた、外国にあるドイツの図書館、つまりゲーテ・インスティトゥートや、ドイツ国外にある各種の学術研究所の図書館を運営したり支援したりしている。

　今日のゴットフリート・ヴィルヘルム・ライプニッツ学術協会[39]のいわゆる「青色リスト」の諸機関は、その機能の全部または大部分が、その所在

47

地に限定されておらず、全国レベルでの重要な広域的な役割を果たしている。これらの機関は、基本法91条bに基づく「研究推進外廓協定」に従って、連邦と州により共同で運営されている。その中にはボン、ケルン、ハノーファー、キールにある4つの中央専門図書館が含まれる。DBI（ドイツ図書館研究所）は過去20年間この方法で運営されてきたが、2000年以降はもはや青色リストの機関としては存続せず廃止される[40]。東ドイツにおける多数の研究機関は、ベルリンの壁崩壊以後のまだ東西ドイツが完全に統合される少し前の時期から、西ドイツの類似の機関との協力を開始していた。東西ドイツの統合以後、それらの管理・運営はマックス・プランク協会、フラウンホーファー協会といった専門的な研究機構の設置者の下に移行するか、ないしは現存のヘルマン・フォン・ヘルムホルツ協会の研究センター（ドイツ・エレクトロン・シンクロトロン研究所、ドイツ航空宇宙研究所）に統合されることとなった。プロイセン文化財団ベルリン国立図書館の設置者であるプロイセン文化財団の財政面についても、連邦と州が共同で出資している（→ 2.1.2）。

連邦と州は数年前から、文芸著作権協会WORT（VG WORT）[41]に「図書館における著作権使用料」を支払うことによって、図書館制度において（間接的ではあるとしても）特筆に値する取り組みを行っている。このような方法で公的機関、教会、および民間の設置者による自由にアクセスできる図書館での本の利用に対する、出版社と著作家からの要求が概算で清算される。個々の図書館におけるすべての貸出手続きを完全に把握することは、端的に言って不可能であるため、一括支払いの金額算定のための拠りどころとなる代表的な個別調査だけが行われている。録音媒体の貸出のための著作権処理の取り決めは、GEMA（音楽演奏・技術的複製権協会）[42]によって、また応用美術とスライド・映画・ビデオ作品のための取り決めは、VG BILD-KUNST（視覚芸術著作権協会）[43]によって協定されている。これらの取り決めによって、これまでのところ公共図書館において無償のメディア利用が大幅に確保できた。いずれにせよ、公共図書館が著作権使用料を支払わない

で済むならば、図書館の利用料金の導入や値上げのための新たな理由の一つが生じないことになるはずである。これ以外に、連邦と州は著作権法で保護された著作のコピーから生じる請求を一括して支払っている。

公共図書館の直接の運営母体である自治体と教会は、一方では州と連邦との契約により、他方では著作権協会との契約により、支払い義務を免除されている。

1.6.2 公法上の財団とその他の公法上の機関

公法上の財団としては、1957年7月25日の法律で復活した「プロイセン文化財団」を第1に挙げるべきであろう。この財団は、かつてのプロイセン国家に由来する多数の文化的機関の運営母体となっており、ヨーロッパで最大かつ最重要な学術総合図書館の一つである「ベルリン国立図書館」もその一つである（→ 2.1.2）。

1994年にテューリンゲン自由州によって設立された「ヴァイマル古典主義文学財団」も、同じく公法的財団であるが、財政的にはヴァイマル市、テューリンゲン自由州、ドイツ連邦共和国が関与している。この財団は、1750年から1850年までの時代のドイツ古典文学の最も重要なコレクション等を持つ、ヴァイマルの「アンナ・アマーリア公妃図書館」の運営者である。長い歴史の過程で、この重要な研究図書館（→ 2.4.4）の名称は何度も変更された。すなわち、「大公図書館」、「州立図書館」、「テューリンゲン地方図書館」、「ドイツ古典主義中央図書館（国立ドイツ古典文学ヴァイマル研究・記念館）」、そして最後に「ドイツ古典主義図書館」である。ここには、20世紀における政治的背景の変遷が反映されている。

ザーレ河畔ハレの「フランケ財団」は、18世紀初頭からハレ中心街の周辺で続いてきた宗教的、慈善的、教育的諸機関に対する責任の一環として、当地の歴史ある「フランケ財団中央図書館」（→ 2.4.4）を運営・管理するという課題を担っている。

フランケ財団は 1946 年、ソビエト軍政府の管轄下において、当時なお存続していた（プロイセンの）ザクセン地方の条例によって、自立した法人格を持つものとしては廃止され、その全財産はハレ・ヴィッテンベルクのマルティン・ルター大学に委ねられた。東西ドイツの統合後まもなくの 1991 年、ザクセン＝アンハルト州はこの条例の違法性と無効を正式に確認し公示した。この公示に基づいて、その後何年かかけてさらに財団の完全な法的裁量権を復活させるための諸手続きが進められた。すなわち、1992 年には暫定的な財団長による関連規約の制定が行われ、翌 1993 年にはザクセン＝アンハルト州がこの規約を認可し、また州政府によってフランケ財団の存続の最終的確定と、その伝統的任務および今日における法的関係の確認が決議されたのである。

　1995 年 9 月 25 日の法律によって創設された「ベルリン中央州立図書館財団」は、今日「ベルリン市立図書館」（市の東側）と「アメリカ記念図書館」（市の西側）とを統合している。こうして、古い伝統を持つ市立学術図書館と、「パブリック・ライブラリー」をモデルとした公共図書館とが同じ設置・運営母体の傘下で共存することになった（→ 2.2 と 2.5.1）。

　ニュルンベルクの「ゲルマン国立博物館財団」（GNM 財団）は、有名なゲルマン国立博物館とそれに付属する図書館を運営している。この図書館は美術史の分野において、ドイツで最大規模の最も重要な専門図書館の一つである（→ 2.4.1）。

　上述の公法的財団は独自の裁量権を備えた法人であり、通常は財団理事会（管理評議会を含む）と議長または会長を置いている。この組織機構により、公法的財団はその活動に関するすべての関係事項を独自に取り決めている。ただし、財政的には出資者である地域の公的組織からの助成金と、したがってその年間予算の決定に依存している。上述の公法的財団の財務管理は、各州（プロイセン文化財団の場合には連邦）の監視下に置かれている。

　この他に図書館の設置・運営母体となっている公法上の団体として、「商工会議所」がある。その多くは重要な図書館を経営している。例えば、ハン

ブルク商業会議所（商業図書館）、ケルン商工会議所、ミュンヒェンとオーバーバイエルンの商工会議所などが挙げられる（→ 2.4.1）。設備や維持費は商工会議所の機構、すなわち会員総会と会長によって取り決められている。経常的な事柄に関しては、実務執行者が責任を持っている。会議所は構成会社の出資によって運営されている。

1.6.3　教会の団体と組織

　図書館の設置・運営母体となっている教会関連の組織としては、大きく見ると、末端の地域的組織である「教区（小教区、教会区）」と、上位の広域的組織である「州教会（領邦教会）」や「司教区」を挙げることができる。

　下位の地域的教会組織である「教区」は多数存在し、それらは小さな公共図書館を運営していることも多い。こうした小さな教会公共図書館は、たいてい数千冊の蔵書を持ち、無給職員によって運営されている。特に児童とYA（ヤングアダルト）のための図書館サービスについて見ると、教区は宗派の違いによって、ドイツ・プロテスタント図書館協会（DVEB）、またはボロメーウス協会ないし聖ミヒャエル協会と協力し合っている（→ 2.6）。これらの組織は、自派の教会図書館活動を支援・調整し、その公的な代表者となっている。

　教区の公共図書館の設備と運営について管轄する決定権者は、牧師の委員会と、そして彼らを教会法と州法の規定に従って支える、あるいは教区を法的に代表する委員会（長老会ないし教区評議会と教会議長）である。

　上位の広域的教会組織（州教会、司教区）はたいていの場合、公共図書館の設置・運営母体ではなくその支援者であることが多い。州教会も司教区も、ともに「教会図書館支援センター」を置いているが、これは課題や業務方式においてまったく州図書館支援センター（→ 2.5.2）と同様の機能を持ち、その管轄地域において個々の教会公共図書館への助言と支援を行っている（→ 2.6.2）。

一方、学術図書館に関しても、州教会と司教区は図書館の設置・運営母体として決して小さくはない役割を担っている。すなわち、州教会と司教区の多くは「州教会図書館」や「司教区図書館」を運営しており、それらは人文学的な特色あるコレクションを備えた図書館として、「専門図書館」のグループにおける重要な位置を占めているのである（→ 2.4.1）。

　教会図書館の設備と運営は教会幹部、すなわち司教と、それぞれの規定に従って教会の諸活動を管轄する委員会（教会会議、教会税評議会等）の管轄事項である。

　教会図書館の設置・運営母体の中の特殊なグループとして、「カトリック修道会」がある。その図書館の多くが、蔵書の一部に重要なコレクションを所有している。それは州教会ないし司教区の図書館と同様、人文学的特色を持った専門図書館であると言える（→ 2.4.1）。カトリック修道会の図書館は、しばしば「修道院図書館」と呼ばれていることがあるが、この呼び方は幾分不正確である。不正確というのは、現在の新しい修道会は厳密な意味での修道院、すなわち特定の場所に定着した隠遁的な生活形態とは無縁だからである。本物の「修道院図書館」は、所在地への定着のゆえに、一般により大きな永続性を持っている。それらは1803年の修道院世俗化の後、多くの場合19世紀の過程で再建が実現し、それから今日に至るまで歴史的に相当永い継続性を示している。

　これらの教会図書館の設備と運営は、すべて個々の修道会にのみ委ねられているので、修道会はしばしば限られた自己予算の相当な部分を教会図書館のために支出しなければならない。修道会は、教会税として集められた資金を教会図書館のためには用いていない。

1.6.4　民法上の設置・運営母体と支援者

　民間の図書館の設置・運営母体は、民法上の法人組織、企業（例えば株式会社、有限会社）、または個人である。個人の場合は、特にいわゆる貴族図

第1部　国家と社会における図書館

書館の場合に当てはまる。また時折、私法上の財団も一般的な図書館の設置・運営母体となることがある。

　図書館の設置・運営母体となる法人格の「登録団体」は、特に経済的利害を伴う領域の組織に見られる。例えばドイツ製鉄所職員協会やドイツ鋳造所専門職員協会（両方ともデュッセルドルフ）のような、特定の場所に本部を置く各種の大きな職業別の団体が、独自の図書館を持っている。

　その他に、独自の図書館の設置・運営母体として、それぞれの理念的な目標設定を持った登録団体がある。例えばソルブ中央図書館[44]の設置・運営母体である社団法人ソルブ研究所（バウツェン所在）、フュルステンベルク公爵宮廷図書館の運営母体である学術・芸術・文化振興会（非営利団体、ドナウエッシンゲン所在）、社団法人ルーマニア研究所・ルーマニア図書館（ブライスガウのフライブルク所在）、ドイツ・アルプス協会（ミュンヒェン所在）などである。時には、例えばミュンヒェンにあるドイツ青少年研究所図書館のように、そのような図書館自体が登録団体として組織されており、その上に位置する設置者を持たないこともある。

　学協会の図書館は、いずれも専門図書館のグループに属する（→ 2.4）。その設備と運営に関しては、民法と協会法とそれぞれの規約に従って管轄を担当する機構（会長、諮問委員会、会員総会）が決定を下す。

　私法上の財団という法的形態が図書館の設置・運営母体として登場することは稀だが、それが見られるのは、主として特定の機関が図書館の将来的形成に永続的な方向づけを伴って関与する場合である。これは財団の決定機関である理事会の構成員によって保障される。これの例として、エムデン大教会ヨハネス・ア・ラスコ図書館があるが、この図書館は以前はプロテスタント改革教区エムデンと同教区長老会とが共同で運営しており、つまり純粋に教会が運営母体であったのだが、1993年に民法上の財団として独立した。その理事会には、クローニンゲン大学（オランダ）とゲッティンゲン大学が代表を出している。種々の大学の代表者から構成される諮問委員会は、図書館の一層の拡充に関して学術的視点から助言するという課題を持っている。

53

個々の大企業はしばしば「企業図書館」（→ 2.7.5）と呼ばれる公共図書館の設置者であり、また各種の「専門図書館」（→ 2.4）の設置者でもある。

　それらの設備と運営は、企業の管理機構、すなわち株式会社の場合には取締役会に、有限会社の場合には業務執行者に委ねられている。原則的な決定は、監査役会ないし管理役会が行っている。

　「個人」が設置・運営者となっている図書館で、図書館制度の全体から見て、一般の人々のために完全に、または部分的にアクセスできるという意味で、特に言及されねばならないようなものはごくわずかしかない。この個人とは、貴族の家庭の取り決めに従って外部に対して責任を負う家系の長である。ここで取り上げるいわゆる「貴族図書館」は、その意義が時代の流れの中で後退したタイプの図書館であるが、しかし個別的に見ると、それらは人文学の特定領域の研究にとって、今日でも一定の意義を持つ図書館である。貴族図書館に関する諸決定は貴族の家庭によってなされ、家長によって法的に代表される。例としては、アモールバッハ（オーデンヴァルト地方）のライニンゲン公爵図書館、ビュッケブルク（ニーダーザクセン州）のシャウムブルク・リッペ公爵宮廷図書館、ラウバッハ（ヘッセン州）のゾルムス・ラウバッハ伯爵図書館などがある。

　民間の図書館の設置・運営者の中で特殊な形態のグループとして、数は多くないが私法上の組織が公共図書館の設置・運営母体となっている例が、ハンブルク、ギュータースロー、ハイデルベルク（シュリースハイム）にある。すなわち、「ハンブルク公共図書会館財団」、「ギュータースロー市立図書館有限会社」、「シュリースハイム市立図書館有限会社」である。ギュータースロー市立図書館有限会社ではギュータースロー市が51％、ベルテルスマン財団が49％出資しており、シュリースハイム市立図書館有限会社ではシュリースハイム市が51％、ekz（図書館購買センター）が49％出資している。公共図書館の直接的な設置・運営母体は通常は地方自治体であるから、これら3つの図書館はまったく例外的である。「地方自治体サービスの民営化」という現今の趨勢が今後、公共図書館にどの程度影響してくるかは

第 1 部　国家と社会における図書館

まだわからない。もしかすると、今日の通例（自治体による完全経営）と例外（半官半民的な図書館経営）との関係が、長期的には逆転してしまう可能性もあるかもしれない。

*

　民間の組織的な図書館支援活動は、ドイツではごく最近になって大規模に普及した。今日では、地方自治体や州の図書館を支援するために形成された多数の支援団体がある。それらは寄付や会費を集めており、それは特別なイベントを行う際の補助、設備的な物品の補足的な調達、特別な図書・メディアの購入の際に利用される。

　そのような支援団体はしばしば「推進協会」、「友の会」、「市立図書館友の会」、「図書館の集い」などの名称で呼ばれ、図書館活動の支援のために、大都市（ブレーメン、ドルトムント、ケルン、ライプツィヒ、ロイトリンゲン、ヴィースバーデン、ヴッパータール）にも、小都市（ユーリヒ、ヴェルネ、ワイン街道のノイシュタット、テューリンゲンのズール）にも、それどころか都市内の区域（ヴュルツブルクのハイディングスフェルト、ホイヘルホフ、ヴェルスバッハ）にも存在する。中でも注目すべきものは1996年に創設された「デュースブルク図書館市民財団」で、これは寄付や基金によって、図書館のための意欲的な目標を実現している。その他、一連の学術図書館もそれぞれの支援団体からの支援を受けている（ヴォルフェンビュッテルのアウグスト大公図書館、ザーレ河畔ハレのフランケ財団、ドレースデンのザクセン州立図書館、カールスルーエのバーデン州立図書館、フランクフルト・アム・マイン市立＝大学図書館、ハイデルベルク大学図書館、ヘルネのマルティン・オーピッツ図書館など）。シュトゥットガルト図書館情報大学後援会[45]は、実践的関連で職業教育に役立つ企画セミナーの奨励を特別に引き受けている。「文学の夕べ」、「講演」、「ふれあいの場」といった言葉は、ドイツにおけるこうした図書館支援団体のこれからの活動のキーワードである。

55

1.7 広域的な、図書館活動にとって重要な機関

　以下では、ドイツの図書館活動にとって重要な意味を持つ委員会や諸機関を紹介する。図書館関連の機関や協会は、連邦内務省や外務省文化部のような部局とも恒常的な接触を持っているが、それについてはここでは詳述しない。また、ドイツのユネスコ委員会には、学術図書館と公共図書館のそれぞれの代表者が属しているので、ドイツにおけるユネスコの図書館プロジェクトは、図書館関連の諸団体と緊密に連携して行われている。

1.7.1　学術審議会（WR）

　1957 年に設立された「学術審議会」[46]は、ドイツにおける学問、研究、テクノロジーの領域における最も代表的な推進・調整機関の一つである。連邦と州は、この学術審議会を共同利用機関として、1957 年 9 月 5 日の協定によって成立させた。学術審議会は、連邦および州の学問と研究の保護・発展のための長期的に重要な事業について、担当者に対し学術的な観点と行政的・財政的な観点から助言・提言を行っている。

　この協定（1957 年）が 18 年後の 1975 年 5 月 27 日の行政協定によって改訂されて後、学術審議会は、「作業計画の一環として、大学の学問と研究の内容的・構造的発展のために、社会的・文化的・経済的生活の要請に対応する提言を作成する。提言は数値的・財政的な実効とその実現を目指して、熟慮を促す」（行政協定 2 条）という課題を持つようになった。州政府と連邦政府は、「予算計画の策定に際し、予算的に可能な枠内で学術審議会の提言を考慮する」という義務を負っている。

　東西ドイツの統合後まもなく、東の連邦州もこの協定に加わった。このため 1991 年 2 月 28 日の版で必要な変更が加えられ、今日に至っている。

　学術審議会は過去 40 年間にわたり、多数の提言や声明を約 60 件の（一部

第 1 部　国家と社会における図書館

は非常に大部の）出版物として公刊してきた。その中でも、学術的機関の拡充に対する提言、特に『大学建設大綱』の提言は傑出した役割を演じている。この提言内容の現実化は、大学図書館の新設にとっても好都合であった。さらにここでは、特に 1964 年の『学術図書館拡充のための提言』と 1986 年の『学術図書館保存書庫に関する提言』について言及しなければならない。

　まず、1964 年の『学術図書館拡充のための提言』において、初めて学術諸機関の大きな関連の中での学術図書館の重要性が表明された。この冊子では、82 館の学術図書館と大学図書館の予算モデルのための実践的な個別事項に関する提言や、当時の西ドイツにおける学術図書館制度の構造に関する原則的施策、そして個々の図書館が図書館間相互協力に参画するための改善措置に関する助言と提言が述べられている。この提言の影響が個々のケースで直接には裏づけられないとしても、それが長期的にドイツの図書館活動の発展にとって持続的な効力を持ったことは間違いない。それはまさに、現代ドイツの図書館史の里程標と呼んでさしつかえない。

　それに対して、1986 年の『学術図書館保存書庫に関する提言』には最初から賛否両論があり、今日まで議論の対象となってきた。そこで述べられている学術文献全体の選別や縮小という提言内容は、幅広く偏らずに収集するという図書館の基本的立場に抵触するものである。この提言がどの程度修正を必要とするか、またデジタル技術による記録が可能で「バーチャル図書館」が成立する時代において、それがどの程度軌道修正できるかについては、まだ十分に議論が尽くされていない。

　学術審議会はドイツ統合との関連で重要な役割を演じた。東の連邦州（旧東ドイツ地域）は、旧東ドイツ時代には行政区制度採用のため州制度が廃止されていたが、東西ドイツ統合によって東側の各州が復活してまもなく、崩壊した旧東ドイツから相続した大学の査定のために学術審議会の援助を要請し、大学制度再構築のための助言を求めた。これに向けて作成された学術審議会の提言は、東の連邦州の大学政策を決定づけるものとなり、それは学術

図書館にとっても非常に有益な影響をもたらした。一方で遺憾なことであるが、1998年に学術審議会は、ドイツ図書館研究所（DBI）をもはや青色リストの組織としては支援しないという決定を下した。そのため、ドイツの図書館活動のために20年間にわたって活動してきたDBIであるが、もはや長くは存続できないであろう[47]。DBIが担ってきたドイツの図書館活動にとって不可欠の諸課題を、2000年以降どのように充たしうるのかについて、学術審議会は何も取り決めなかった。DBI閉鎖の決定において公示された根拠も決して十分に納得できるものではない。

1.7.2　ドイツ学術振興会（DFG）

「ドイツ学術振興会」（DFG）[48]は、すべての分野にわたる学術活動の振興と、計算機センターや図書館のような研究の補助・基盤設備の推進のための最も重要な機関である。それは、1920年創設の「ドイツ緊急時学術共同体」の伝統を継承して1949年に再建され、1951年より今日の名称を名乗っている。

DFGは、たいていは期限つきの個別の研究企画の財政的援助、研究者間の協力の推進、そして学術的後進への奨励を通じて学術に貢献している。DFGは学術と経済の結合を促し、ドイツの学界を国際的レベルで代表する組織でもある。

DFGはドイツにおける学問の自治的組織であり、上意下達的ではなく民主主義的な構造を持っている。それは公法的団体でも官庁でもなく、むしろ法人格の登録団体という法的形態を持っている。DFGの構成員は、学術大学、学士院、そして大きな研究所である。ボン・バート・ゴーデスベルク所在のDFG事務局には600人もの職員が従事しており、そこの「学術図書館活動専門チーム」が図書館活動の推進を担当している。

DFGはその課題の遂行のために、連邦と州ならびにドイツ学術財団協会から、また時には民間からも（→ 1.7.8）、助成金を受けている。連邦と州の助成は、1975年の「憲法91条bに基づく研究の共同推進に関する連邦と州

との外廓協定」、いわゆる「研究推進外廓協定」に依拠している。DFG の予算規模は、1998 年には 22 億 1 千万マルクであった。その大部分は上述の外廓協定に基づいて、連邦と州とが 1 対 1 の割合で出資しているが、DFG 資本の 40％に相当する「特別研究領域」への支出については、この分配率は必ずしも適用されていない。

学術図書館活動支援のための DFG の支出は、1997 年においては 3636 万マルクであった。この助成金は、個々の図書館の予算における何らかの空白を充たしたり、そのようにして図書館の運営者（実質的には州）の経常費を軽減するためには適用されない。DFG の助成金は、むしろ図書館活動全体、すなわち広域的な観点での図書館制度の改善への貢献を目的としており、なおかつそれを実現するには他の出資者がいないか、または不十分であるという、そのようなプロジェクトに資源を集中している。それには大きく 2 つある。一つは、図書館関連の共同事業や共同利用のためのセンター的な意味を持つ機関の活動支援であり、もう一つは、新しい技術や組織の開発のための着手補助とモデル企画の推進である。前者の共同事業としては、特に「特別収集分野」計画に基づく外国の文献の入手、総合目録、総合雑誌目録、雑誌データベースの作成、そして写本目録の作成を挙げることができる。後者のセンター的共同機関のための活動支援としては、主として広域的に重要な意味を持つ専門図書館（→ 2.4）の活動にとって有益である。

DFG は、詳しい年間報告やその他多数の出版物を通じて、その活動に関するかなり詳しい情報を公開している。

1.7.3　教育計画と研究振興に関する連邦・諸州委員会（BLK）

「教育計画と研究振興に関する連邦・諸州委員会」（BLK）[49] は、教育制度と研究奨励に関して連邦と諸州に共通に関係するすべての問題のための定期的な対話フォーラムである。学術審議会の場合は、その一部が行政の代表者からなり、他の部分は学者からなるという構成であったが、BLK はそれ

とは異なり純粋に行政委員会であって、その構成員は連邦と州の大臣および各省の次官である。BLK は拘束力を伴わない協議機能と大幅な調整機能を持っているが、それは事実上の最終的な決定に匹敵する重みを持つ。

1970年、連邦と諸州との行政協定により、まず「教育計画のための連邦・諸州委員会」が発足したが、その活動の重点はさしあたり教育制度にあった。その成果は1973年の『教育総合計画』の作成と公刊によって知られている。『教育総合計画』の中には、公共図書館制度のための簡潔な、厳密に定義された、現実的な拡充目標が含まれている（→ 2.5）。

1975年、前述の「研究推進外廓協定」を通じて、この「教育計画のための連邦・諸州委員会」に、新たに学術研究振興のための一連の具体的課題が委託された。それに対応して、委員会の名称は今日の「教育計画と研究振興に関する連邦・諸州委員会」（BLK）に変更された。BLK はすべての当事者、つまり連邦と諸州にとって共通に決議されるべき措置や議題を提案する。この共通に遂行すべき研究振興の課題は、例えば DFG（ドイツ学術振興会）（→ 1.7.2）やマックス・プランク協会、そして中央専門図書館やドイツ図書館研究所（1999年まで）など、広域的な意味を持ち、種々の条件を充たす、研究支援のためのサービス機能を持った諸機関の活動にまで及んでいる。

全体として、連邦と諸州による共通の研究振興は、骨子においては「研究推進外廓協定」により確定され、個別的措置については大幅に BLK によって規定されている。これはドイツの学術活動にとって、また特に学術図書館活動にとっても、もはや切り離して考えることができない。

1.7.4　諸州文化大臣常設会議（KMK）

文化主権の理念により、文化、学術、教育制度のすべてが地方自治に任されている地域分散的な国家構造の下では、共通で均等な計画、決定というものは困難である。ナチスの中央集権的な国家が崩壊して後、連合軍の支配下でのドイツ行政再建の動きの中で、諸州の文化大臣は持続的な相互協定の必

第 1 部　国家と社会における図書館

然性を認識し、西側の3つの占領地区において「諸州文化大臣常設会議」、通称「文化大臣会議」(KMK) を結成した。ソビエト占領地区の各州の文化大臣は、1948年2月19日から20日にかけてシュトゥットガルトのホーエンハイム（アメリカ占領地区）で行われた最初の会議には出席したが、それ以後はソビエト軍当局により参加と協力が拒否された。

　西ドイツにおいて、KMKは文化・学術・教育政策において全国的な規範を示しうるほどの権威を持つ組織に発展した。ドイツ連邦共和国（西ドイツ）が創設されてからわずか数週間後の1949年10月18日に、KMKは『文化主権―連邦と州』という標題の簡潔で明確な声明文を出した。その内容は関連領域における業務の基準となり、今日に至っている。東西ドイツ統合以後は、文化と学術を管轄する東の各連邦州の文化大臣もKMKの構成員となっている。1991年2月21日と22日の『統合ドイツにおける教育・学術・文化政策に関するホーエンハイム覚書』において、新旧の構成員は前途に横たわる大きな政策的課題を記述し、それを将来に向けての綱領として確定した。

　KMKは諸州の文化・学術担当大臣が所属する総会において、その活動の方向性と重点を提案し決議を下すが、それがすべての州にとって拘束力を持つためには満場一致の決議でなければならない。KMKの専門的業務は、以下の5つの大委員会に区分される。

1) 学校委員会
2) 大学委員会
3) 文化委員会
4) リカレント教育・生涯教育委員会
5) 国外の学校運営のための連邦・諸州委員会

　これらの委員会は、必要に応じて下部委員会と作業チームを持ち、また国際的な関係事項、EUの関係事項、スポーツ等のための常設委員会が加わる。ここでは事務局の部門として、国際部門とドキュメンテーション・サービスの存在を強調しておきたい。

KMK の創設から 1957 年（学術審議会の創設）までの時期は、ナチスと戦争による混乱収拾と国家の再建に捧げられた時期でもあり、KMK の最初の活動は特に強い学術奨励に向けられた。それ以後は、教育制度の全体に関する改革努力、さらにまた一般的な文化・芸術家奨励の課題が前面に現れている。

　KMK は図書館制度の領域で、すべての連邦州に該当する重要なテーマに従事してきた。それらは、例えば相互貸借システム、図書館員養成（図書館学専攻）、州立図書館の運営、遺稿の収集と組織化、公共図書館と学校図書館の発展、ドイツ図書館研究所の創設と財政的維持、情報とドキュメンテーションの推進計画（IuD プログラム）、図書館における著作権保護と著作権処理といった事項である。ここで特に名前を挙げて言及する必要があるのは、『公共図書館活動のための文化大臣会議第 3 提言』（1994 年 9 月 9 日の決議）である。そこでは、公共図書館が「地方自治体および自由な設置者による固有の文化活動の一部」として位置づけられ、州の課題として非州立の公共図書館に対する技術的指導と財政的支援を行うべきことが提言されている。この決議においてはまた、公共図書館の一層の課題遂行のための原則が記述され、今日事実上の公的な拘束力を持っている（→ 2.5.1）。

　図書館員の専門資格の付与に関しては、諸州の間で原理的な部分では統一を図ろうと種々の努力がなされてきたが、図書館員養成（図書館学専攻課程）のシステムは、教育の積み上げと形態、内容と形式、実習の期間と配置に関して、今日まで各州でそれぞれまったく異なる規定を持ったまま展開している（→第 3 部）。

1.7.5　自治体代表協議会

　現代ドイツの地方自治体、都市、郡は、3 つの大きな自治体代表協議会（ドイツ都市連絡協議会、ドイツ市町村連絡協議会、ドイツ郡連絡協議会）のいずれかに所属している。これらの自治体代表協議会の課題は、地方自治

第 1 部 国家と社会における図書館

体および地方自治体連盟の利害を議会、政府および他のパートナーに対して表明し、公衆にその業績と要請を示し、地方自治体業務におけるすべての実務領域での構成員間の経験交換を促すことを課題としている。自治体代表協議会の専門委員会の中では、文化委員会が地方自治体図書館制度の問題を管轄している。地域州における州内部の協議会は、地方に限定された課題を遂行している。

「ドイツ都市連絡協議会」[50]には、3つの都市州と郡から独立したすべての都市、および郡に帰属する多数の都市が含まれる。郡に属するその他の都市と自治体の多くは「ドイツ市町村連絡協議会」[51]に統合され、郡は「ドイツ郡連絡協議会」に統合された。これら3つの組織は「自治体代表協議会連盟」において協力関係にあり、その主導権は「ドイツ都市連絡協議会」にある。

自治体代表協議会は、図書館に関する原則的および特殊的な問題に対して、最近では1987年に「ドイツ都市連絡協議会」、1995年に「ドイツ郡連絡協議会」が声明、評価、提言を提示してきた。

自治体代表協議会の委員は、重要な、図書館制度に全体としてかかわる問題を扱う委員会、とりわけドイツ図書館協会の幹部会において業務協力を行っている。

ドイツ公共図書館協会の創設（1949年）とその後のドイツ図書館協会の創設（1973年）、ノルトライン＝ヴェストファーレン州の図書館協会の創設（1948年）および図書館事業所の設置（1978年にドイツ図書館研究所に移行）は、特に「ドイツ都市連絡協議会」が主導して実現した。これらの機関と自治体代表協議会との間には緊密な接触がある。

1.7.6　自治体行政簡素化機構（KGSt）

専門組織として独立し、自治体代表協議会からも独立している中央機関として、750以上の地域団体によって運営される「自治体行政簡素化機構」

（KGSt）[52]がある。その任務は、地方自治体の行政組織と財政を調査し、特にその運営に従事する構成員に向けた情報提供、提言、評価を通じて、合理化と業績向上に貢献することである。

　KGSt（本拠地ケルン）は主に小さな作業グループを構成して活動するもので、その他の活動は地方自治体の行政活動そのものと、個別の専門家の経験、協力に依存している。そのため、KGStの作業の成果は実践的な行政活動と密接にかかわっており、大変尊重されている。KGStは地方自治体の文化活動に関連して、1964年に初めて公立公共図書館の組織と財政に関する調査を行い、立ち入った検討を行った。この評価文書の第2の改訂稿が1973年に刊行され、その後はまだ改訂されていない。

1.7.7　財団

　一つの特定の課題や関心領域に限定することなく、広く学術振興を目的とする民間財団が登場したのは、1959年7月の「フリッツ・テュッセン財団」[53]の創設が最初である。そのすぐ後の1961年5月に、フォルクスワーゲン工場の民営化に伴い、「フォルクスワーゲン工場財団」（後のフォルクスワーゲン財団[54]）が設立された。この2つの財団は、ともに図書館活動の支援者である。それらは、州政府がまったくかあるいは迅速には支援できない領域の課題に関して支援するという原則に従っている。この2つの財団は、DFG（ドイツ学術振興会）とともに、原理的な問題と個別的なプロジェクトに関してお互いに調整を行っている。

　フォルクスワーゲン財団は、いろいろな図書館に対して一回的な、しかし些細とは言えない金額の図書購入のための補助を行ってきた。ただしこの支援は、特別に困窮しているケースに限られており、その意味で消極的なものであった。一方で、同財団による積極的な、その後の発展につながる大きな貢献は、研究大学の図書館に関して「教科書コレクション」の構築と拡充に着手するための助成から始まった。この流れでは、フリッツ・テュッセン財

第 1 部 国家と社会における図書館

団もまた、「学生図書室」の設置と拡充に向けて、教養図書モデルリストの作成を促進し、このリストに沿って構成されたモデル蔵書を 4 つの大学に寄贈することを試みた。だが、このフリッツ・テュッセン財団の努力には種々の理由から、フォルクスワーゲン財団による教科書コレクション構築支援のような成功は見られなかった（→ 2.3.1）。

　フォルクスワーゲン財団は、この他にも「学術的課題としての文化財の収集・組織化・保存」重点奨励の枠内で、図書館活動の領域で定期的に種々のプロジェクトを支援している。ここでは次のプロジェクトを挙げておこう。すなわち、18 世紀ドイツ雑誌の組織化、ゲッティンゲン州立＝大学図書館における 18 世紀英語文献の歴史と収集、そしてブレーメン、ハイデルベルク、ダルムシュタットの総合大学および単科大学図書館における文化史的に重要なコレクションの保存・修復である。最近では、特にフォルクスワーゲン財団による「ドイツ刊行物収集計画」プロジェクトの着手助成が大きな成功を収めている。

　フリッツ・テュッセン財団による図書館振興事業としては、特に経常的研究企画のための図書館への助成、遺稿の保存と刊行、19 世紀前半のドイツ文学雑誌の組織化と雑誌便覧の作成が挙げられる。

　図書館活動を支援する財団としてもう一つ、1977 年に創設されたギュータースローのベルテルスマン財団が特別な役割を果たしている。この財団は近年、公共図書館活動と読書の推進、メディア教育、大学教育におけるマルチメディアの導入などに関するプロジェクトへの財政的支援や、専門学術会議の開催、それらの会議録やその他の出版物の刊行を行っている。ベルテルスマン財団は、雑誌『フォーラム』や定期的に刊行される『出版物索引』、そして年刊の『活動報告』によって、その活動についての情報を提供している。ベルテルスマン財団は、「実践に役立つ問題解決をモデル提示に至るまで展開する」という自らに課した課題をめぐって努力し、成果を収めている。特に言及に値するのが、同財団によって開催された「公共図書館の現在と未来」というテーマの国際図書館シンポジウムで、その成果はドイツ語、

65

英語、スペイン語で刊行された。

1.7.8　ドイツ学術財団協会

　ドイツ学術財団協会[55]は、上述の財団とは異なり、またその財団という名称にもかかわらず、法的な意味の財団ではなく公益的な登録団体である。その資源は民間に由来する。それは構成員の会費や寄付のみからなり、その構成員は主に財界人である。ドイツ学術財団協会は、受託者として多数の中小の民間財団の調整を行っている。

　ドイツ学術財団協会は、その規約に基づいて学問と科学技術の研究・教育を奨励し、学術的後進の育成・支援を行い、学問と科学技術の活動への人々の参加を促すという課題を担っている。ドイツ学術財団協会は学術に関する他の中央組織、特にドイツ学術振興会（→ 1.7.2）と密接に協力している。ドイツ学術財団協会は大きな財団の場合と同様、その課題を広く一般的な内容に設定している。

　この広い枠の一角を占めるものとして、図書館にとって興味深いプロジェクトの支援が行われている。すなわち、ドイツ学術財団協会は、特定の専門的分野に関心を持つ個々のドイツの図書館が、閉館された専門図書館の蔵書や学術的に興味深い遺稿を購入することを助けているのである。このプロジェクトにより、いくつかの重要なコレクション（その大部分は個人所有であった）が、図書館で学術的な利用に供されることになった。またそれによって、それらのコレクションの散逸と外国への販売が防止されたのである。

　ドイツ学術財団協会の最近の活動としては、1700年から1910年までのドイツ語文献の総目録の発行を支援した助成、さらにベルリン国立図書館に提供された展示会の助成を挙げることができる。

第 1 部　国家と社会における図書館

1.8　20 世紀における図書館活動の展開

　本書は現代ドイツの図書館活動に関する手引きであり、図書館史の書物ではない。ただ、今日の事情を理解する上で必要な範囲で、20 世紀における図書館活動の歴史的展開を短く回顧し粗描してみたい。

　1900 年ごろ、従来の学術図書館とは別に、「民衆図書館（フォルクスビューヘライ）」と呼ばれる、別の目標を持った新しいタイプの図書館が登場した。以来、学術図書館と民衆図書館とは長期にわたって、それぞれ固有のはっきりと分離した経過を辿ることになった。このように、学術図書館と民衆（公共）図書館とが制度的にそれぞれ独自に展開したというのは、ドイツ図書館史における大きな特徴の一つであり、他の諸国では必ずしもこうした形では展開しなかった。その概要は、この後に述べる歴史的描写から理解できるものとなろう。一方で、学術図書館の側にとっては、何百年にもわたって継承してきた業務を新しい時代の要請に適合させることが重要な課題であった。これに対して、それよりもはるかに若い公共図書館の側においては、その社会における機能と人々の生活における位置づけを明確化するために、まずは激しい論争を経験しなければならなかった。18 世紀の末に「読書組合」から発展してきた営利目的の「貸本屋」は、20 世紀に入って次第にその意味を失った。公立公共図書館が市民生活に近い文献と情報のセンターへと発展していくことに成功したため、貸本屋は今日では完全に姿を消した。

　第二次世界大戦後にようやく、学術図書館界と公共図書館界の双方から、相互の結合を図り滑らかな移行を伴う全体的なシステムとして図書館活動を理解し、それをふさわしい組織にしようとの取り組みが始められた。民衆図書館はその名を「公共図書館（エッフェントリッヒェ・ビューヘライ）」に変えた。さらに今日では、その多くが「公共図書館（エッフェントリッヒェ・ビブリオテーク）」と呼ばれている。

20世紀において、学術・公共の両図書館部門の連続的な発展を著しく阻害したのは、第一次世界大戦、民族社会主義（ナチズム）、そして第二次世界大戦であった。1945年の敗戦以後、最初の年月はすべての図書館にとって苦労の多い再建の局面であり、そこには将来を指し示す新しい理念は未だはっきりとは現われていなかった。とにかく日常の業務を立て直すことが最優先の課題であった。

　この時期に最も深い歴史的な亀裂が起こった。すなわち、多数の重要な図書館を持ったオーデル・ナイセ線の東側にあるドイツ領土がポーランドへ割譲されたことと、その他のドイツ地域が東西に分裂したことである。後者は、領邦制的なドイツ連邦共和国（西ドイツ）と中央集権的なドイツ民主共和国（東ドイツ）への分裂であり、これによって、東西ドイツにおいてはそれぞれ異なる行政形態がとられ、政治経済的、社会的、精神文化的な生活も、異なる仕方で展開したのである。そして、このことはドイツの図書館活動をも2つの異なる構造へと引き裂いてしまった。

　1949年のドイツ連邦共和国（西ドイツ）の創設と、そこに始まった持続的な経済復興は、図書館活動の発展にとっても新しい基盤となった。ソビエト占領地区に導入された政治システムを、1949年に創設されたドイツ民主共和国（東ドイツ）が継承発展させたことは、ドイツの東側の地域における図書館活動にも深い影響を及ぼした。すなわち、ドイツ社会主義統一党（SED）が「主導的役割」を演じる事実上の一党支配国家の樹立と、その政治的綱領へのすべての社会的活動の従属という流れの中で、図書館は価値多元的な蔵書を構築することが困難になった。その上、厳しい外貨管理のために、いわゆる非社会主義経済圏からの多数の図書資料の購入が妨げられたが、これは政治的基準を厳密に適用しても部分的には調達できたはずのものである。東ドイツでは州が廃止され、地方自治体の自律が排除されて、大学図書館、州立図書館（地方図書館）と公立公共図書館は事実上、中央権力の支配下に置かれた。教会を設置者とする公共図書館は、西ドイツでは図書館活動にとってプラスとなったが、東ドイツでは認可されなかった。こうして

図書館活動は、公的・私的な生活の多くの領域と同様に、東西ドイツの間で大きくかけ離れた発展を遂げた。

1.8.1 学術図書館

現代における学術図書館活動の発展には、2つの大きな矛盾する傾向が見られるが、もちろんそれらは相互に影響し合っている。第1のものは、学術の発展自体に伴う特殊化と個別化への動きである。第2のものは、連携と協力への努力である。また、20世紀の最初の3分の1は「学術総合図書館」というタイプの図書館が登場し、図書館専門職が定着した時期としても特徴づけることができる。

第1の傾向である特殊化は、個別的専門領域のための図書館、すなわち「専門図書館」（→2.4）の成立に見られる。専門図書館は、工業や商業の領域、つまり技術・自然科学および経済の領域で、また大学の学術的機関や新しく設立された研究所の付属施設として、また博物館や文書館、官庁、議会、裁判所といった人文社会科学の領域でも多数成立した。専門図書館の登場は、その兆しについては17世紀から18世紀にまで遡るものの、本格的には19世紀の後半に始まり、その発展は20世紀に実現した。専門図書館と言っても、以前は司書による専門的な管理を伴わない、多少の本と雑誌を置くだけの「図書室」の類も多かった。ところが20世紀には、従来の図書館史から見ると未曾有の速度で、それらの多くのものがわずか数年で、活発に利用される大規模なコレクションを持つ専門図書館へと発展した。しかしそれらは、奉仕すべき特定の機関に付属していたので、限定された利用者グループだけが利用可能な場合も多かった。専門図書館の外部への開放とドイツの図書館システム全体への統合は、時間をかけて緩やかに実現した。

第2の傾向である連携・協力への動きは、総合図書館において始まった。それは図書館の管理者側の措置として着手されることもあったが、図書館員が発起人となって共同事業が行われることもあった。多数の総合図書館が連

携・協力を志向した背景には、個々の図書館のコレクションが、中には何百年もの年月をかけて構築されたものもあり、それぞれ内容に大きな差異を持っていたこと、そして他の多くの国々には存在するような突出した国立中央図書館の不在というドイツの図書館事情があった。

1910年、プロイセン文化省はさしあたり6つの大学図書館の連携のために、協力の一層の発展を目指し決定的な第一歩を踏み出した。それは、個々の図書館が独自に多面的なコレクション構築を行うには十分な予算が確保できないために、各図書館が分担で特定の領域を「特別収集分野」として特別に構築するというものであった。この計画は、1921年に外国文献の入手に関するドイツ緊急時学術共同体の振興事業となり、参加館も8つの大学図書館に拡張された。これらの大学図書館間の一層の協力のために、純粋に図書館的な共同事業、すなわちプロイセン（後にはドイツ）総合目録、地域外相互貸借、ドイツ図書館案内事務局の設置が実現された。そもそも図書館間の連携・協力は19世紀の最後の10年に始まったが、その多様なバリエーションの展開と国家全土への拡張という点では20世紀の業績であり、その結果ドイツの学者には優れた研究環境が与えられ、また外国からも大きく注目されたのである。

20世紀には、図書館員の職業についても入学、養成、試験、昇進の諸段階に関して、それぞれ法規で定められた（→第3部）。1900年に創設されたドイツ図書館司書協会の活動は、図書館員としての自己認識と同胞意識を形成するのに貢献した。

もしドイツで唯一の国立中央図書館というものが存在し、あらゆる図書館活動のための中央機関として機能していたならば、多くのことが違った発展を遂げ、またもしかしたらより早く進捗したかもしれない。しかしこれは1871年の帝国創設の後もなお不在であった。

ドイツ語の文献を完璧に収集し、それらの資料を組織化して書誌的に開示する図書館が不可欠であるという認識から、1912年ドイツの出版流通業界が中心となって、ライプツィヒにドイチェ・ビューヘライ（→ **2.1.1**）が創

設された。この図書館は、『ドイツ全国書誌』を作成する全ドイツ語文献の保存図書館として、初めて全ドイツを包括する国立図書館的な機能を持つ図書館であった。ドイチェ・ビューヘライは1940年に公法上の法的資格を持つ施設になった。

　両世界大戦の間の時期、当時最大の州（プロイセン州）の帝国首都ベルリンに本拠を置く、当時最大の学術図書館であったプロイセン国立図書館（→2.1.2）は、国家レベルでの国立図書館への道を積極的に追求した。それは、政府刊行物を含むドイツ語文献をかなりの程度網羅的に収集した。また、すべての専門領域にわたって外国の新刊の学術書を大規模に入手し、外国の新刊書の出版目録を刊行した。プロイセン州立図書館は、ドイツ総合目録、ドイツ図書館案内事務局、インクナブラ総合目録、図書館職員養成所が存在する場所であった。それは国外においてドイツの図書館を代表する立場を持つに至った。

　ミュンヒェンのバイエルン州立図書館（→2.1.3）は、プロイセン州立図書館と並んで同じような意義を持っていたが、それほど中央機関的機能に集中することなく、豊富な写本やインクナブラ、比較的古い文献の宝庫を持ち、東洋の文献や地図、音楽に関する貴重な特別コレクションを所蔵していた。バイエルン州立図書館もまた、図書館職員養成所を有していた。

　かくして、いかなる図書館も単独でドイツの国立中央図書館としての特色を持つことはできず、1945年5月の敗戦、ドイツ帝国の終焉とプロイセン国家の解体が終止符となった。国立図書館に関する問題は、またあらためて提起されねばならなかった（→2.1）。

　その他の学術図書館は、2つの世界大戦によるさまざまな混乱や損傷を乗り越えて、過去との連続性を保つことができたが、それらにとっても決して容易な事態ではなかった。2度の敗戦（1918年と1945年）の後、そのつどドイツの図書館は、外国文献の入手と外国の新刊書や図書館活動についての情報から、5年から10年にわたり遮断された。それが、わずか20年あまりの間に2度も起こったのである。そのため、大変な苦労を伴いながら外国文献への接触を再び確保し、雑誌の空白を埋め、単行本を後から調達し、必要

な情報を再び獲得するという努力を2度にわたって行わなければならなかった。両大戦の終結以後も、それに続く貨幣下落のために、国際的市場における図書資料の調達は妨げられた。この際2度ともドイツ緊急時学術共同体が有意義な貢献をした（これは1920年に創設され、1949年に再建され、1951年からドイツ学術振興会（→ 1.7.2）となっている）。支援は2度にわたり、図書館が自己予算でなし得ないものを補足する形で実施された。

1945年時点での再開は、2つの理由から1919年の時よりもはるかに困難であった。まず、空爆によって図書館の実体そのものが破壊されていた。学術図書館だけでも、蔵書の約3分の1に相当する約2500万冊の書籍の喪失、図書館の全壊または部分損壊、目録の喪失、これらすべてが従来の図書館の秩序をカオスに陥れた。ブレスラウとケーニヒスベルクの大学図書館や、ダンツィヒ工科大学図書館のような重要な図書館が、ドイツの学問の世界から完全に失われた。

民族社会主義（ナチズム）の時代は、学術図書館におけるよりももっと決定的な打撃が公共図書館に対して与えられた。すべての文化的な機関が統制を受けることは、一党独裁国家の宿命である。学術図書館は、ある程度は業務を継続できたし、図書購入もある程度は自主性に任されていたが、しかしそこにも「望ましい」文献と「望ましくない」文献の区別はあった。政治的に相容れないものは、利用者が直接目にふれない場所に格納されねばならず、制限つきでのみ貸し出すことができた。外国の文献はもはや従来のようには入手されなかった。これらの制限には、外貨の不足という理由づけがなされた。「非アーリア系の」政治的に疑わしい職員の排除、不断の政治的監視は、かつては自由に行われた同僚同士の協力を妨げ円滑な業務の遂行を困難にした。

敗戦直後の1945年から1949年頃までは、発展とは縁遠い時期であった。戦争による損害はあまりにも大きく、困窮は至るところに存在した。個々の図書館は、まず業務再開のための身近な事柄に追われた。すなわち、破損した建物の中を片づけたり、建物の緊急修理のための材料を調達したり、職

第 1 部　国家と社会における図書館

員のための作業場を確保したり、そして業務再開後は利用者のための作業場を作り、疎開地から書籍を取り戻し、図書館内に可能な限り体系的に配列し、目録を整備することが喫緊の課題であった。その後、少しずつ図書・雑誌購入が再開されるようになったが、まだ1951年までは西ドイツにおいても外貨の制限のために、本格的な収集活動は妨げられていた。この始動の時期にも、図書館の秩序化と相互協力に関する発想や計画はないわけではなかった。しかし、なし得たものは分割占領された個々の地域内に限定されたわずかなものであった。西側の3つの占領地域政府の協力によって、図書館間の相互協力のためにある程度の緩和条件が作られたが、実質的には、その後のドイツ連邦共和国（西ドイツ）の成立によって初めて実行可能な共同計画の条件が作られたのである。

　西ドイツにおける図書館制度の発展にとって、最も評価に値する重要な決定が、すでに戦後の非常に早い時期にアメリカの占領地域で実現された。すなわち1946年、フランクフルト・アム・マインにおける「ドイツ国立図書館」の創設と、それによるドイツ語文献全国書誌の作成開始である（→ 2.1.1）。

　1960年代以降、西ドイツにおいては今日の図書館活動に直結するような変革と刷新が次々と実現した。西ドイツの学術図書館の1960年代から1980年代へ向かう途上における重要なキーワードとしては、戦後における最初の大規模な諸々の図書館の新設、図書館間協力体制の計画的構築（とりわけて言えば、特別収集分野プロジェクト、中央専門図書館の拡充、地域外相互貸借の徹底した再編成、総合目録の整備）、全体を見通した包括的な図書館構想、大学図書館における教科書コレクション構築を視野に入れた拡充（→ 2.3.1）、利用・受入・目録作成におけるコンピュータ処理の実効的な試み、最初の統一的な大学図書館システムの導入（→ 2.3）が挙げられる。

1.8.2　公共図書館

　今日の公共図書館は「民衆図書館（フォルクスビューヘライ）」の発展形

態と見ることができる。その意味で、公共図書館の歴史は19世紀に始まったと言える。当時は個人が発起人となり、さまざまな政治的・社会的なグループや、プロテスタント・カトリック教会の働きかけのおかげで、多数の小さな民衆図書館が成立した。当時の民衆図書館は圧倒的に団体図書館が多く、それらはさしあたりその会員のためのものであった。しかしまもなく、民衆図書館の運営者たちは、自らの任務をより大きなものと考えるようになった。個々のレベルで見ると、各民衆図書館はそれぞれ政治的・精神的なさまざまに異なる目標設定を持っていたが、それらの全体に通底する方針として、初期工業社会の人々に、心の拠りどころや職業生活におけるよりよい機会を提供することが共通の狙いであった。一般大衆の読書能力が向上したことを受けて、これらの民衆図書館には、その時々の良質で役に立つ文献を紹介するという役割が期待された。19世紀においては、民衆図書館が行政当局により建てられ運営されていたケースはほんの少数でしかなかった。その中の代表的なものとして、1828年にザクセン王国のグローセンハインに創設されたドイツ最初の市民図書館が想起されねばならないが、その創設者カール・ベンヤミン・プロイスカー（1786-1871）は、ドイツにおける公共図書館の精神的な祖とみなされている。

　19世紀の終わり頃には、ドイツの図書館界に新しい理念が登場した。人々のアメリカやイギリスでの見聞に影響されて、「図書会館運動」が起こった。その理想像は「パブリック・ライブラリー」、すなわち都市や農村における公共図書館で、地方自治体の明確な責任をもって運営され、通俗的な内容の図書と学術的な内容の図書の両方を集め、すべての市民と社会的集団に等しく開放される図書館であった。この理想像は、市立学術図書館と民衆図書館を「統一図書館」として統合しようとする試みとも呼応した。図書会館は社会教育施設の一つとみなされていたが、そこには党派性や偏向性がないことが期待された。選書の基準とされたのは、厳しい文学的基準のみであった。文芸における「下の方の境界」（低俗な大衆娯楽文学）の問題がしきりに議論された。娯楽文学と並んで実用書もまた重要性を増した。この種

の図書館活動のためには、その基盤として図書館専門職員や国家の補助、図書館法が必要な段階を迎えていた。

　図書会館運動は、図書館関係者の思考に影響したのみならず、一般社会においても反響があった。工場や公益的組織によって次々と図書館が創設された（例えば、ハンブルク愛国会の公共図書会館やエッセンのクルップ社の図書会館）のに続き、その後 20 世紀の最初の 10 年間には多数の市立図書館が創設され、市の図書館予算が引き上げられた。このときの図書館活動に向けられた社会的関心の高まりから民間の団体による図書館もまた一層発展したが、第一次世界大戦後の経済危機が最初の縮小の契機となり、次いで民族社会主義（ナチズム）が、国家の統制下にないすべての図書館活動を強制的に中断させるとともに、教会図書館活動の範囲にも厳しい制限を課してしまった。

　図書会館運動が要求したような公共図書館のための責任を引き受ける心構えが地方自治体に不足していたことだけが、その後のドイツにおけるパブリック・ライブラリーの発展を妨げたのではない。むしろナチス以前の 20 年間に図書館員たちの間で争われた、いわゆる「路線論争」の方がより深刻であった。この論争の中で、ドイツの民衆図書館は独自の道を歩んだが、そのことは結果として他の諸国におけるパブリック・ライブラリー的な発展からは遠ざかるものであった。そしてそれは結局のところ、新しいタイプの図書館と古いタイプの図書館とが開かれた効果的な協力関係に入ることを長期間妨げる結果を招いた。

　路線論争においては、1930 年代初頭に至るまで、エルヴィン・アッカークネヒト（1880-1960）の「シュテッティン路線」と、ヴァルター・ホフマン（1879-1952）の「ライプツィヒ路線」とが激しく対立していた。

　両路線に共通していたのは、図書館活動というものが実践的利益よりは読者の精神的・情緒的成長に対して責任を持つべきだという、当時の時代的思考を反映した理念であった。また、両者に共通していたのは教育的な基本姿勢であり、それは選書における強い価値評価と読者への集中的な指導につながったが、それは、「選書を読者の希望に合わせ、図書館員は読者の希望に

応じてのみ助言する」というアメリカ式のパブリック・ライブラリーにおける「大衆利用」とは対立するものであった。アメリカの大きな公共図書館とは異なり、ドイツでは市立学術図書館や中央の学術的部局から切り離された小さな民衆図書館が望ましい形態として考えられた。それは全体を容易に見渡すことができるため、図書館の特別な教育課題をより効果的に充たすことが可能だ、というのであった。出納式図書館の形態は、開架式図書館とは対照的に、本と読者との間に立つ図書館員の仲介的役割を強調するものであった。

しかし、後のライプツィヒ図書会館の館長であり、ライプツィヒの図書館職員養成所の創設者であるヴァルター・ホフマンの路線は、「純粋な」、「芸術的な」、「価値の高い」本だけを図書館の蔵書として採用し、サービスの対象はこれを受け入れる小規模な読者グループ、つまり他の多くの人々に対して影響を与えるであろうエリート階層のみに意識的にサービスを集中しようとした。そして、これらのエリート読者には、図書館員を通じての無制限の手助けと指導が与えられるべきだとした。

シラー研究の専門家でシュテッティン市立図書館長であるエルヴィン・アッカークネヒトと仲間の図書館員たちは、図書会館運動の一層の発展をもたらした。彼らは図書館の活動範囲を狭く限定することも、読者を指導することも望まなかった。アッカークネヒトは、実務的な関心や娯楽欲求は人々の正当な希望として評価した。そして、娯楽文学における無価値なものにも、俗悪なものとは逆に一定の「文化的移行価値」を認め、多くの読者がこの前段階を経て、文学的に価値ある本への道を見出すであろうと信じたのである。彼にとって図書会館の教育的課題は、まさに本による読者の自己形成への意志と、さらに芸術的なものへの感受性を目覚めさせ発展させることにあった。そのため、図書館員による読者への個人的「指導」は、ホフマンにおけるほど強調されてはいない。

今日の視点から見て、路線論争の時代にドイツ図書館制度が歩んだ展開は遺憾に思われる一方、そこでのさまざまな関連事項に関する理論的認識への

第 1 部　国家と社会における図書館

努力や実践的経験と業績は一部で有益な刺激ともなった。すなわち、アッカークネヒトは図書館活動を全体的な「教育システム」の中に位置づけ、他のすべての文化的諸機関との集中的、計画的な結合をめざしたし、ヴァルター・ホフマンによるライプツィヒ路線は業務研究、貸出の組織化と観察、読者研究、そして入念に作成された読者用目録よる蔵書の整理の面で成果を上げた。

　この路線論争のためにドイツの図書館員たちが大きく 2 つの陣営に分裂していたことで、ヴァイマル共和国時代における図書館活動の全体的な発展が阻害されたことは確かだが、別の面での進歩はあった。地方自治体はより本格的に図書館活動の責任を引き受けるようになったし、州は地方自治体に対して、その希望に応じて図書館の設置や組織化に関して助言を与えることのできる図書館支援センターを設置し始めた。

　最初の「州図書館支援センター」は、1910 年にハーゲンとエルバーフェルトに成立した。第一次世界大戦中に 3 つ、さらに 1919 年から 1933 年までの期間に 22 の州図書館支援センターが成立した。当時の州図書館支援センターの業務課題は、純粋に個々の図書館への支援に限定されており、州全体に及ぶ図書館ネットワークを州図書館支援センターが中心となって体系的に構築するには至らなかった（その必要性の認識や要請はあった）。当時の州図書館支援センターは、たいてい職員配置が非常に不十分で、図書館活動の支援のために支出できる州の予算も少なく、広域的な図書館政策を遂行することは不可能であった。そのような事情の下で達成された諸成果には、それだけ一層注目すべきものがある。この時期、アッカークネヒトはスカンディナヴィアのモデルに基づいて、シュテッティンからポメルン地方の農村地帯に、機能性の高い図書館機構を構築した。ここから特に国境地方における発展のための刺激が生じ、州もまた文化政策的な考慮から、寛大で持続的な財政的支援を行った。その一例として、当時フランツ・シュリーヴァーによってザールラント州とシュレースヴィヒ＝ホルシュタイン州に導入されて成果を挙げたフレンスブルクの北部国境地方図書館センターの支援活動は、模範

的な図書館活動のための基礎となった。

　民衆図書館の活動として特徴的なことは、独自の中央機関の設置と独自の雑誌の発行であった。当時の民衆図書館の司書はドイツ図書館司書協会の会員でもあり、司書協会の機関誌である『図書館中央雑誌』は、民衆図書館の重要性について論じる場を提供した。1900年から1903年まで、付録として『民衆図書館・読書ホール広報』が刊行されたが、これはその後、独立の刊行物となった。民衆図書館が力強く自律的な活動へと発展する一方で、路線論争が民衆図書館制度における中央機関の形成を遅らせ曇らせた。ドイツ公共図書館学会を創設する試みは挫折した。その時期に成立した諸機関は、その都度両路線のいずれかの特色を持ち、長期間にわたり相互に激しく競合した。1914年ライプツィヒに「ドイツ民衆図書館センター」が設立され、図書館制度の全般にわたる支援を開始した。すなわち、図書館員の養成と研修を行い、図書館管理や組織の問題について、州図書館支援センターと協力しながら助言や指導をし、さらには選書、資料の組織化、図書館の技術的なニーズへの対応を引き受けた。続いて「製本センター」が創設され、1922年には有限会社「民衆図書館購買所」が登場した。1926年からは「読者・文献研究所」が独自の機関としてドイツ民衆図書館センターの機能の一部を引き受けた。ドイツ民衆図書館センター所属の「専門学校」(1914年に州が認可)は、免状を伴う民衆図書館司書の最初の養成所であり、後のライプツィヒ技術・経済・文化大学(HTWK)の図書・博物館学部の前身でもある。ドイツ民衆図書館センターは、1916年から『図書館ノート』の発行を開始したが、これはライプツィヒの路線の代弁者となった。

　一方、シュテッティン路線の側のイニシアティヴで1915年、ベルリンに「民衆図書館センター」が、そして翌年には図書館学校が設立された。図書館学校は民衆図書館センターに属していたが、センター自体もまたベルリンの「教育中央研究所」の一部門として活動していた。1919年から20年にかけて、アッカークネヒトが創始者の一人となって、雑誌『教養の育成』が創刊された。それは、1921年に『民衆図書館・読書ホール広報』と統合され、

その後、新しいタイトル『図書館と教育事業』（今日の雑誌『図書と図書館』の前身）となった。

　路線論争に起因する諸々の障害はあったものの、1922年には「ドイツ民衆図書館員協会」がベルリンに創設され、そこでは限定された目標設定においてではあるが、双方の陣営が協力し合っていた。多くの困難があったにもかかわらず、この協会は図書館員の職業的身分、専門的業務、図書館政策などの諸問題に関して積極的に活動した。

　1933年から1945年までのナチズムの時代には、根底を揺るがすような変化がもたらされた。すべての出版物が検閲を受け、望ましくない作家の本は、（あるところでは図書館員が作成した排除提案リストに基づいて）焚書になり、図書館から廃棄された。すべての図書館活動は、ナチス的な世界観に奉仕すべきものとなった。それだけにまた、ナチスの強制収容所という極端な条件下においてすら図書館業務を遂行した図書館員がいたという事実は、一層注目に値する。

　この時期、州と地方自治体からは、民衆図書館のために予算面で相当な支援が行われ、専門知識に基づく組織的な諸条件が整えられた。1935年には、最初の中央図書館支援センターとして「帝国図書館局」が設置された。それは命令権を持っていなかったが、しかしすべての地方自治体と大都市において、専門的な最高機関としてドイツ図書館制度の全体的な発展を導くことができた。それまで存続していた他の中央機関は自己主張が困難になった。ベルリンのドイツ民衆図書館員協会の活動は著しく阻害された。ライプツィヒでは、ドイツ民衆図書館センターと民衆図書館購買所のうち、購買所だけが残された。それは、規格に合った技術的材料と、図書館用に装丁された貸出のできる形で作成された図書の中央配送所となった。それによって、基本リストとして提示され、同時に目録まで作成された、かなり画一的な蔵書を備えた何千という小さな図書館の創設が可能となった。小さな地方自治体における民衆図書館と学校図書館との結合、そして民間からの青少年読者のためのさまざまな努力が、多数の青少年図書館の設立をもたらした。

ナチス時代の地方自治体は、形式的な自立性（例えば、独自の税を徴収する権限など）を保持していた。しかし、ナチス政党によるコントロールは、実質的には彼らにほとんど独自の道を歩む可能性を与えなかった。1937年に公布された『民衆図書館活動ガイドライン』により、民衆図書館との関連で地方自治体が担うべき課題が確定された。このガイドラインは、帝国図書館局およびそれに従属する州民衆図書館支援センターの管轄と課題も規定していた。州民衆図書館支援センターは、各州において公共図書館活動の拡充を計画的に推進すべきものとされたが、しかしそれはやはり州の図書館活動を自主的に展開する組織とはならなかった。職員と物品の装備は以前よりも改善され、それに基づいて図書館支援センターは活発な活動を展開し、その結果、ナチス時代のドイツにおける民衆図書館の数は約2万に達した。
　ナチス時代の図書館活動の発展は、民族社会主義的な政策と国家独裁の結果であったため、この時代の図書館活動の業績は客観的に評価されにくく、他の前提においてならば専門的視点からはまったく望ましく思われたであろう諸機関が、その後のナチス国家崩壊以後にまで不評を蒙っていた。だが、この時代に実現した組織的な面での成果の一部は、戦後の公共図書館活動の再建にとって間違いなく有益なものであった。
　戦後の最初の数年間は、戦争による混乱の後始末、蔵書点検、新構想探求の時代であった。非常に多くの図書館が、破壊されたり解散したりしており、それらのコレクションは壊滅するか、あるいは管理を放棄されていた。州図書館支援センターは戦後、改めて設置されなければならなかった。現地に残った、または帰還した図書館員たちは、破損した図書館資料の中から救えるものは救い、ナチズム的・軍国主義的文献は遠ざけ、極度の困難の中で、都市部と農村地帯における図書館活動再開の基盤構築に着手した。
　1949年から1950年にかけての最初の統計は、当時の西ドイツにおいて、地方自治体の77％が公共図書館を持っていないという結果を示した。図書館を持たないのはほとんどすべて小さな地方自治体で、そこには全人口の41％が暮らしていた。都市部と農村地帯との格差に加え、地域的・局所的な

格差もあり、それは戦争の結果とさまざまな図書館の伝統によるものであった。西ドイツでは、通貨の定着と経済復興の開始によって公共図書館活動の発展が始まり、その後20年の間に20世紀前半の成果を大きく上回る発展を遂げた。

1950年代から1960年代に実現した出納式図書館から開架式図書館への漸次的移行は、公共図書館サービスにおける抜本的変革を意味した。

また、ラディカルで計画的な図書館サービスを通じて、公共図書館の活動が全体として考えられるようになった。すなわち、公共図書館が地方自治体の自主管理下に位置づけられ、教育制度と文化生活における公共図書館の役割が明確化された。この関連では1964年のKGSt（自治体行政簡素化機構）文書、また1969年のいわゆる『図書館計画Ⅰ』、そしてとりわけ『図書館計画'73』を挙げることができる。これらの構想から強い刺激が起こったのであり、それは今日まで影響を及ぼしている。公共図書館が市民に積極的に向き直ったことは、例えば「三部体制図書館」[56]のモデルと、住民の広い層に目標を定めたニーズ充足のための「図書館マーケティング」の展開として具体化された。

1.8.3 ソビエト占領地区と東ドイツにおける発展

何百年にも及ぶドイツ図書館史の過程で、ソビエト占領地区と東ドイツの45年間は短く思われるかもしれない。だが、20世紀末のドイツ図書館活動を扱う本書においては、この時期の経過に関して特別の回顧が必要である。東ドイツが劇的な革命プロセスと圧倒的な支持を得た決定で西ドイツに歩み寄って以来、ドイツの東側では猛烈な西ドイツへの同調の動きが起こり、それは図書館活動をも含むすべての生活領域を捉えた。それに伴い、東ドイツの図書館活動の多くの特色が急速に消滅し、同時に人々の記憶も著しい速さで色あせていると思われる。

東ドイツの図書館活動に関する個別的問題については、本書の該当する箇

所で立ち入ることにするが、先に項目だけ挙げておくと、例えば東ドイツの行政構造、教育制度、大学の組織と図書館制度に対する影響、ライプツィヒのドイチェ・ビューヘライと東ベルリンの東ドイツ国立図書館の活動、東ドイツにおける州図書館支援センターの廃止と各公共図書館業務に対して拘束力のある綱領、東ドイツにおける出版活動とそれを阻む障害、書籍輸入の国家的制限、図書館専門誌、東ドイツの図書館協会、管理センター、RAK（アルファベット順目録規則）の導入、図書館員養成などである。

　1945年5月のナチス国家の終焉から1989年秋の政治的転回までに、東西ドイツの2つの領域で、40年以上に及ぶ分離した政治的、社会的、文化的展開が進行し、互いにまったく異なる図書館風土が成立した。これは学術図書館にも公共図書館にも言えることである。

1950年代の東ドイツにおける体制整備と発展

　東ドイツの図書館活動に関して要約的に記述しようとするならば、さしあたり社会的次元における政治的・イデオロギー的綱領と、図書館に関する目標と計画とを区別しなければならない。その上、理想と現実、計画と実現は、東ドイツの他の多くの生活領域におけると同様に、学術図書館、公共図書館の活動においても大きく乖離していた。

　振り返って見れば、東ドイツにおいては組織的に機能する図書館のネットワークが現実に存在していたことが確認できる。これらの図書館は、蔵書と装備が明らかに不足していたにもかかわらず、ここに暮らす人々の基礎的なニーズを、全地域にわたって充たすことができた。だがもちろん、図書館の全活動に対して、イデオロギー的な活動制限のための中央集権的操作が行われていたため、その否定的影響も看過し得ない。

　1945年には、西側の3つの占領地区のみならずソビエト占領地区においても、ドイツで伝統的な領邦制的構造（州制度）が復活していた。ドイツの東側においても、その境界線が部分的に以前のものに対応する各州が形成された。1947年の連合軍の指令に基づく「プロイセン国家の解体」の結果と

して、それ以前の地方はソビエト占領地区においても独立した州になっていた。こうしてポツダムを州都とするブランデンブルク州（もちろん、オーデル川の東側のポーランドに割譲された部分はないが）と、ザーレ河畔ハレを首都とするザクセン＝アンハルト州（アンハルト地域だけ拡張された以前のザクセン地方）が成立した。さらにシュヴェリーンを州都とするメクレンブルク州（以前のプロイセンのフォアポンメルン地域だけ拡大）、ヴァイマルを州都とするテューリンゲン州（北部において以前のプロイセンの一部を含む）、そしてドレースデンを州都とするザクセン州（ナイセ川の西側にある以前のプロイセンのニーダーシュレジエンを含む）が復活した。

　1949年にソビエト占領地区に創設されたドイツ民主共和国（東ドイツ）は、その初期にはまだ領邦制的構造（州制度）を継承していた。戦後の再建を経て再び発展する文化・教育機関も、この国家創設によって生じた新しい状況に順応した。公共図書館（1949年の東ドイツではまだ民衆図書館と呼ばれていた）は、もともとドイツではどれも私的な機関として創設されたものであったが、後には地方自治体による運営に受け継がれた。こうして公共図書館は、各地方自治体と結びつくことによって、その自治体が設定した文化・教育目標に従属することになった。もちろん、各地方自治体に対して実質的な文化主権を保証する地方自治体憲法を制定することは、SED（ドイツ社会主義統一党）政府の望むところではなかった。それはやっと1990年の新年に、初めての自由選挙で選ばれた東ドイツ最後の人民議会によって制定された。それまでの間、東ドイツの党・国家支配の時代には、地方自治体のレベルでも最初からその政治的綱領が実施され、他のすべての地方自治体機関と同様に、公共図書館はそこに課せられた社会的・政治的機能を引き受けることになった。

　その結果、下位の行政組織は1950年代には中央政府によってますますその権限を制限され、それは特に1952年の「州の廃止」によって決定的となった。1953年には以前の東側の5つの州が廃止されて、新たに15の県、すなわちシュヴェリーン、ロストック、ノイブランデンブルク、ポツダム、

フランクフルト・アン・デア・オーダー、コットブス、ハレ（ザーレ河畔）、マグデブルク、エアフルト、ズール、ゲーラ、ライプツィヒ、カール・マルクス・シュタット、ドレースデン、および東ベルリンの各県が置かれた。これらの県は、かつての5つの州よりもはるかに小さな活動範囲しか持たなかった。

　民衆図書館は「国立図書館」となったが、これは時々誤解に基づいて語られているように、東ドイツ国家の本省に直接従属する機関であったわけではない。公共図書館の設置・運営者は地方自治体や郡であったのだが、そのステータスは確かに「現地の国家機関」であり、至るところで中央綱領が遵守されていた。

　ドイツの東側では、すでに1945年の段階で、公共図書館に対し具体的な政治的課題が与えられていた。すなわち、すべての図書館は崩壊したナチス国家のファシズム的イデオロギーの破壊に貢献すべきものとなっていた。民衆図書館には、その後さらにSEDにより、社会主義に貢献するための教育的機能が課せられた。それは結局のところ、新しい統一党の権力拡大のために、図書館が利用されたのであった。すでに第三帝国においてそうであったように、東ドイツにおいても図書館はイデオロギーに奉仕すべき機関であり、その活動は望ましい「政治的意識の形成」に役立つべきであるという理念（文学的プロパガンダ）から出発したのである。こうした考えを背景に、東ドイツの民衆図書館は、1950年代から1960年代において、その社会的地位を向上させた。そしてまた、こうした政治的な課題設定に基づいて国家を支える機関として位置づけられた東ドイツの公共図書館は、まもなく図書館資料の購入が東ドイツと他の社会主義国家の出版物に制限され、蔵書がまたしても一面的・イデオロギー的に構築されるという結果を伴った。

　だがそれにもかかわらず、伝統的に形成されてきたそれまでの公共図書館制度の構造は、この政治的な活動制限によっても完全に破壊されることはなかった。1920年代に、特にザクセン、メクレンブルク、テューリンゲンで定着した図書館支援センターの活動が、後の「PAK（計画・指導・調整）部

第1部　国家と社会における図書館

局」によって（さしあたりは州レベルで、後には県ないし郡レベルで）継承されたように、比較的大きな自治体の都市的図書館システムの構造もまた、古い伝統の延長線上にあった。

　東ドイツ時代の初期において、公共図書館活動と図書館支援センター業務に直接にかかわる中央でなされた重要な決定として、ライプツィヒの「図書館購買所」の復活と、1950年の東ベルリンにおける「図書館中央研究所」（ZIB）の創設がある。図書館購買所は、1922年ヴァルター・ホフマンによって創設された機関であるが、東ドイツ時代には、1949年から1955年まで法律的には独立しながらも実際上は国民教育省に従属し、目的設定を変更した組織として運営された。

　図書館中央研究所の支部としては、「地方図書館支援センター」とそれに属する郡の担当部門があった。それらは、さしあたり公共図書館の蔵書からファシズム的・軍国主義的文献を排除することに努めた。また、他の施設と兼業で運営される町村図書館のために、コレクション構築のための推薦リストを作成したり、職員の研修を行ったりもしていた。1954年初頭の「州」担当部の解体によって、図書館支援センターの業務は新たに創設された県立図書館や、一部では郡立図書館に移行したが、それらはたいてい郡庁所在都市の市立図書館と統合され（市立＝郡立図書館）、その後の図書館ネットワークの構築と稼働のための大きな基盤となった。大都市の「市立＝県立図書館」の中には、「計画・指導・調整」（PAK）という（最初の頃は「指導・監督」と呼ばれた）特別な部局があり、それが1954年から1990年まで図書館支援センターとしての業務を引き継いでいた。その活動範囲は、コンビナートのいわゆる労働組合図書館にまで及んだ（→ 2.7.5）。東ベルリンでは特別に、ベルリン市立図書館のPAK部局がそれを管轄していた。

　東ドイツの初期における全体的な図書館活動の状況は、南と北の明白なギャップという特徴が存在した。学術の分野では、さしあたり「州立図書館」が戦後の東ドイツの5つの州における図書館活動の屋台骨を形成した。それらは、ハレのザクセン＝アンハルト大学＝州立図書館、ヴァイマルの

85

テューリンゲン州立図書館、ゴータ研究図書館、ドレースデンのザクセン州立図書館、シュヴェリーンのメクレンブルク州立図書館、ポツダムのブランデンブルク州立＝大学図書館である。これらの図書館は、戦後すぐに再び設置された民衆図書館州担当部と共同で、学術のため、また都市部と農村地帯における住民のための文献サービスを担った。「大学図書館」は、グライフスヴァルトとロストックを例外として、すべて東ドイツの南部にあった。すなわち、ライプツィヒ、イェーナ、ハレの総合大学図書館、ドレースデン、カール・マルクス・シュタット（ケムニッツ）、イルメナウ、マグデブルクの工科大学図書館、エアフルト、ドレースデン、マグデブルクの医学高等専門学校、そしてフライベルク（ザクセン）の鉱山学院の図書館である。実際、テューリンゲンとザクセンの図書館ネットワークは1920年代以降、特によく発展していた。

東ドイツにおいては、「東ドイツ国立図書館（ベルリン国立図書館）」とライプツィヒの「ドイチェ・ビューヘライ」が、全図書館制度における中心的な機能を受け持った。ドイチェ・ビューヘライは『ドイツ全国書誌』の作成と公刊を行っており、書誌センターとしての役割を果たした。それは、東ドイツの国家的な義務納本を確保したのみならず、西ドイツ、オーストリア、スイスのほとんどの出版社からも図書資料の寄贈を受けていた。こうしてドイチェ・ビューヘライは、その後も事実上ドイツ語文献の総合文書館であった。1946年に西ドイツのフランクフルト・アム・マインに創設された「ドイチェ・ビブリオテーク」との協力は、あらゆる政治的障害にもかかわらず、40年間にわたりまずは生産的に行われた。

東ドイツでは、1953年から1954年にかけて領邦制的構造（州制度）が撤廃されたのであるが、それに伴い図書館制度も変革の波を受け、中央集権化された。新たに「国立一般図書館」（SAB）と呼ばれるようになった民衆図書館のために、文化省機関として「図書館中央研究所」（ZIB）が設置され、東ドイツのすべての公共図書館活動に関する指導担当部門として整備された。ZIBは本来すべての図書館のための学術的・方法的機関として構想され

第 1 部　国家と社会における図書館

た機関で、さまざまな図書館の専門的業務を指導・支援し、多数の作業マニュアルを発行した。東ドイツの全図書館制度を管轄するそのような機関の創設は、政治的背景からも実現させやすかった。というのも、他の多くの領域におけると同様に、図書館の領域でも中央の管理下に置いて、政治的綱領の統一的実施を図ることが重要視されたからである。ZIB は社会主義的社会への途上における専門的指導装置の一つであって、その支援機能によって図書館はこれまでよりもよく政治的プログラムに貢献するのだと考えられていた。すなわち、図書館における伝統的な専門職のための指導要領を、社会主義的イデオロギーに沿う形で補充することが、その明白な目的であった。これが事実上どの程度成功したか、またどの程度、本来の図書館的な活動内容が残されていたのかという問いに対する答えは、当事者の人々の証言が大きく隔たっているため、詳細な歴史的研究を待たなければならない。

　1953 年から 1954 年にかけての州の廃止と県の設置以後、新しい県庁所在都市における既存の市立図書館は次々と「県立図書館」へと変貌した。1950 年代末頃には、東ドイツにおいて公共図書館が広範囲に発展し、9,600 の地方自治体の各々に原則として一つの「地方自治体」図書館施設が存在するまでに進んだが、これは多数の小規模な図書館を通じた「全地域にわたる」文献サービスという目標へ向かっての注目すべき成功である。東ドイツでは、図書館として専業的に運営された館が 700 の都市と自治体にあり、全体で 1 万 2 千ある地方自治体図書館のうち、約 9 千が他の施設との兼業で運営されていた。

1960 年代の東ドイツの図書館構造

　1960 年代の中頃までになされた東ドイツの図書館風土における変革は、1968 年の「図書館令」によって個別的な実施規定とともに確定された。東ドイツの図書館制度におけるこの重要な国家的統制は、本来図書館法となるべきものであった。しかしそれは単に政令となったにすぎず、それはまた公共図書館に対して、国（ないしは地方自治体）の具体的な財政的・人的な義

務を含むものではなかった。この図書館令に起因する重大な変化は、まずいくつかの地方図書館で起こった。それらは（専門的に見て異論の余地がないわけではないが）、県の「学術一般図書館」（WAB）に再編成された。シュヴェリーンとポツダムでは、それぞれの地方図書館と現地の県立図書館とが統合されて、学術一般図書館が成立した。ヴァイマルのテューリンゲン地方図書館は、その名称を放棄してヴァイマル・ドイツ古典文学国立研究記念館専門図書館と統合され、ドイツ古典主義中央図書館になった。エアフルトでは、市立＝県立図書館とエアフルト市の学術図書館（1816年プロイセンによって廃止されたエアフルト大学の蔵書と有名な「アンプロニウス・コレクション」を含む）との統合が行われ、エアフルト県立学術一般図書館となった。ただし、ハレ地方＝大学図書館とドレースデンのザクセン地方図書館は、従来の名称のまま変更なしに純粋な学術図書館として存続し、東ベルリンとライプツィヒの2つの大学図書館と同様に、大学・単科大学管轄省に直接属していた。ゴータ地方図書館については似たような解決がなされ、「ゴータ研究図書館」として存続した。

　この新しく作られた「学術一般図書館」は、例えば都市や郡における国立一般図書館（東ドイツの公共図書館）のネットワークを助言し、指導するという課題を持った。その諸提案は形式的には推奨という形であったが、実際には拘束力を持つものとみなされた。学術一般図書館は、西ヨーロッパや北ヨーロッパのいくつかの国をモデルに構築されたが、それには種々の理由があった。一つには、東ドイツ地域におけるいくつかの伝統的な学術図書館がその機能を制限されたり、解体されたりしたために、学術的または地域全体の課題を担うような機関がなかったという事情がある（例えば、ノイシュトレリッツ、アルテンブルク、ルードルシュタット、ゾンデルスハウゼンの地方図書館は早い時期に解体されており、ゴータやマイニンゲンの地方図書館は、1945年以後ソビエト占領軍の施策によって、その蔵書を「安全な場所に移す」という名目のもと、ソ連邦に輸送されてしまっていた）。そのため、東ドイツでは「学術一般図書館」と呼ばれた大きな公共図書館に、学術領域

でのサービス機能と地域関連情報の入手・組織化の課題を担わせる動きが生じた。それまで、東ドイツの公共図書館は東ドイツ以外の国の文献を扱うことは禁じられていたが、これによって初めてその厳しい制限が緩和される可能性が生じた。というのも、これらの学術一般図書館は外貨を利用でき、それによって西ドイツや他の西側諸国からの学術文献の購入が、少なくとも小さな枠内では可能になったからである。

これと平行して、大学図書館もまた学術文献の提供サービスを引き受けた。東ドイツでは、ライプツィヒ（1543年創設）、イェーナ（1548-1558年創設）、ロストック（1669年創設）、グライフスヴァルト（1604年創設）、ハレ（1696年創設）、ベルリン（1831年創設）の伝統的な大学図書館の他に、さらに50以上の大学・専門学校・工業学校図書館があり、その中の多くが新設であった。

1960年代には、大学図書館のための中央機関も作られた。1964年には、すでに言及した図書館中央研究所の他に、「学術図書館・学術情報管理センター」が設立された。このセンターは、東ベルリンにおける大学・専門学校制度のための政府機関（後の省）に属していた。

東ベルリン（東ドイツの首都）にはまた、学術図書館員養成のための専門学校があり、その卒業生は主として東ベルリンとその近辺で就職した。管理職クラスの学術図書館員の養成はフンボルト大学図書館学研究所で行われた。ライプツィヒと、当初はイェーナにも公共図書館専門学校と学術図書館専門学校があり、テューリンゲンのゾンデルスハウゼンには図書館職員養成所があった。

東ドイツにおける外貨不足と国内相互貸借

東ドイツにおいて、文献資料を総合的に収集する図書館（学術図書館、国立一般図書館、労働組合図書館）のネットワークは密度を増していき、さらに大学の外部にある一連の専門図書館によって補完された。専門図書館は、さまざまな工業活動の支部組織や学術的研究拠点に属していたが、それらは

1980年代に、いわゆる専門図書館ネットワークとして組織され、その頂点には例えば東ベルリンの「農業経済中央図書館」のような中央専門図書館があった。こうした専門図書館ネットワークでは、専門分野に関する総合目録を用いて、東ドイツでは公刊されていないような文献を含めた相互貸借を発展させた。これらの専門図書館ネットワークの柱は、東ドイツ科学アカデミー研究所図書館であり、それは西側からの文献を入手するための割当予算を比較的多く支給されていた。東ドイツ科学アカデミー研究所は、西ドイツの学術組織とは形態が異なるが、当時の東欧諸国の学術組織の形態と対応しており、東ドイツの学術研究の主導的役割を担っていた。

外貨不足のため、東ドイツのほとんどの図書館では、非社会主義経済圏（NSW諸国）の文献をほんの少ししか購入できなかった。そのため、外国との文献交換は、東ドイツの学術図書館活動において高い位置づけを持っていた。しばしば合法性ぎりぎりのところで行われた購買交換は、東ドイツの図書館が専門書を入手し、重要な雑誌を継続的に受入れるための唯一の可能性ある方策であった。ライプツィヒ・ブックフェアは、ブックフェアの終了後そこに展示された書籍が東ドイツに残されたので、これも貴重な資料入手の手段であった。これらの書籍は大きな総合図書館により、外貨の「割当外で」（つまり東ドイツのマルクで）購入することができた。

外国の雑誌文献の最低限確保のために、文化省における国立中央作業委員会によって予約購読が調整された。しかし同時に、限られた予算のために、この調整によって東ドイツ国内での多重予約が大幅に解約された。これによって、東ドイツ国内では相互貸借がますます要求される結果となった。オリジナルの代用としてのコピーは、図書館において機能性の高いコピー機が不足していたため（そしてまた著作権上の理由から）、望ましい規模では提供されなかった。そのため研究者たちは、東ドイツ国内で予約購読を行っている唯一の所在地まで、その都度旅行する他になす術がなかった。丁寧に作成された地方および全国の総合目録は文献の所在地データを含み、求められる文献と利用者との結合を可能にした。こうして、外国の専門分野の研究仲

間の協力と、東ドイツ国内の図書館員たちの器用な腕前のおかげで、研究のために必要な専門文献の調達が繰り返し実現したのである。

東ドイツの出版状況は、管理された出版制限のために、タイトル数が年間約6千件、発行部数が約1億4千万冊という比較的少ないものだったが、それにもかかわらず読者の無関心を象徴するかのように、書店には年間約3千万冊が滞っていた。1980年代の東ドイツの公共図書館では、利用者のニーズに対応しない極度に等級化された蔵書構成のために、公共図書館の利用は多くの文献ジャンルにおいて後退した。一方、図書館は特定の作家、著作、テーマに沿った需要には十分に対応できないでいた。これは全体として不満足といえる状況であった。

1970年代から1980年代の東ドイツの図書館活動における理想と現実

1970年代には、東ドイツの図書館にも現代社会にとって不可欠な実用的知識を提供するという教育課題が求められるようになり、1980年代にはその傾向がさらに強くなった。図書館員は知識と情報に関する利用者のニーズを認識し、政府の制限が許す限りそれに関する資料を収集し、蔵書構成に反映させた。公共図書館においては1970年代の末から、実用的・専門的文献へのニーズと利用が大幅に増大した。

その他に、利用者の大半は自らを精神的・文化的に豊かにし、特別な知識を獲得するための資源として図書館を必要としたのであり、それは上から制限された枠組みやイデオロギー的な方向づけといった次元をはるかに越えるものであった。末端のすべての地方自治体で公共図書館の利用を可能にすることは、すべての県で実施されるべき、公約された政治的目標であった。このプロセスの実現に対して、東ドイツの政治・経済システムから生じる制限は障害ともなったが、別の観点においては促進的でもあった。というのも、すべての地方自治体に公共図書館を置くという目標は、政府の側が考えるのと同じく、ユートピア的な社会的・文化的な要求から起こったものだからである。同時に、これを通じて東ドイツ全土をカバーする図書館ネットワーク

構築のためのよい条件が整うが、このチャンスは1990年以後、新しい統合ドイツの事情下では遺憾ながら利用されなかった。

　1970年代から1980年代にかけて、東ドイツでは公共図書館利用者の読書行動に関して、厳しい検閲的な観点から社会学的な調査が実施された。それらの調査は、たいていはZIB（図書館中央研究所）が中心となって行ったもので、その調査結果は西側の工業諸国においても確認されているような図書館利用の変化を示していた。例えば、児童における童話嗜好からの早い離反、成人における「高尚な」文学読書の減少と、逆に実用・専門・趣味文献や大衆文学への関心の増大等が確認されており、こうした読書行動の変化の決定的な原因は、青少年と成人におけるテレビ受容の増大にあると結論づけられた。

　東ドイツの地方自治体は、活動範囲は制限されていたが、共同体の社会的・文化的な課題の重要な担い手であった。画一的で機能的に規定された多数の新興住宅地の居住環境において、公共図書館はますます多くの人々に受け入れられた。多くの人口集中都市や地方の中小都市では、工場のように建てられた居住区画の地上階（1階部分）に公共図書館を組み込むことができ、近隣のわずかしかない文化的吸引拠点の一つとなることができたため、多数の利用者を獲得し、非常に大きな成功を収めることができたのである。1970年代初頭までの東ドイツの図書館活動における非常にダイナミックな発展は、国際比較においても、農村地帯の図書館、児童図書館、企業図書館の諸活動において、間違いなく相当に高い水準に達していた。例えば、ノイブランデンブルク、ポツダム、その他の中規模都市における新設図書館の活動は、この積極的な局面を示している。

　東ドイツにおいて、大都市の中心や旧市街における図書館の現実ははるかに困難であり、それはごく部分的に修復されるか、またはほぼ完全に休館状態であった。大都市における市立中央図書館は、蔵書の面でもスペースの面でも満足のいく装備を持たなかった。それは、蔵書の面では大きな分館とほとんど同じくらいで、その技術的な設備水準は低かったり老朽化したりして

第 1 部　国家と社会における図書館

おり、とてもコンピュータの利用などは考えられなかった。東ドイツのたいていの大都市図書館は、空間的な収容条件の面で西ヨーロッパの図書館と比較して劣っていた。ライプツィヒでは市立図書館ネットワークの中央館が、建物の老朽化のために代替機関なしに閉鎖された。西ドイツでは 1970 年代以降、階層的な都市型図書館ネットワークのシステムが至るところで実現しており、東ドイツもまたそれを目標としていたが、これはごく部分的に実現したにすぎなかった。すなわち、東ドイツではほとんど全地域にわたって小規模図書館による基礎的サービスが保証されたのとは裏腹に、大都市における図書館サービスはしばしば不十分であった。したがって、東ドイツの全体で見ると、高度なニーズに応えうるコレクション構築という点でも不十分な状況であった。

　東ドイツの農村地域では、都市周辺または郡の課題と関連して、単独機関として専業的に運営される公共図書館を自治体に設置することができた。郡立図書館は、広域的に指導をしたり所蔵資料を紹介したりする業務に携わった。1980 年代の末までに、より大きな自治体を形成する動きが始まり、それと関連して、農村地域には専任職員を持つ 600 以上の「地域中央図書館」が成立した。しかし、すべての地域で平等な文献・情報サービスを実現しようという企ては理想論でしかなかった。既存の集落構造、特にインフラの欠如を原因とした農村から都市への住民移動、そして文化・情報ニーズの変化のために、村や小規模な自治体においては行き届いた常設の図書館サービスを展開することはまったく不可能であった。1950 年代から 1960 年代に成立した他の施設と兼業で運営される地方自治体図書館は、次第に影響の広がりを失い、ほとんど子どもにしか利用されなかった。

　郡立図書館や県立図書館に置かれた PAK（計画・指導・調整）部局の課題は、図書館支援センターに類似したもので、1980 年代の末までは、コレクション（蔵書）構築に関する内容的な制限と不十分な技術的条件の下、特に公共図書館の既存のネットワークをより機能的にするという目的を持っていた。この目的を達成するために、2 つの目標が追求された。すなわち、一

つは都市や特に農村地域における「常設の、専業的に運営される図書館」の数を増やすこと、もう一つは「移動図書館」を導入して本格的な図書館サービスを人口希薄な地域にまでもたらすことである。第1の目標のためには、県立図書館の計画的な作業と支援が重要な役割を果たしたが、しかしそれは、計画的で中央集中的な郡ネットワークの構築によって、郡立図書館の活動がもう一段定着しなければ達成できないことであった。第2の目標である移動図書館の導入は、技術的条件が欠如していたために実現不可能で、常設図書館の代用とはなり得なかった。大きな努力にもかかわらず、図書館バスの確保のために自動車工場に製造を促したり輸入したりする試みは、十分な成功を収めることはできなかった。農村地域では、専業的に運営される中央図書館を望むことはとうてい不可能であった。それどころか、1987年から1989年にかけての地方自治体合併に伴い、多数の図書館施設が次々と閉鎖されたのである。

今日的な視点から言って、東ドイツの図書館が日常的にコンピュータに支援されるようになった第一歩は、1975年10月1日の文化省の指令に基づく、国際標準書誌記述 (ISBD) に即した「アルファベット順目録規則」(RAK) の統一的導入からである。この指令は、東ドイツの図書館制度におけるすべての支部に至るまで拘束力を持つものであった。実施年の1976年から、至るところでこの新しい規則書に基づくアルファベット順目録の構築が始まった。それ以降、非常に入念に作成された目録は、後に東西ドイツの統合に際して、相互協力システムへの編入のための好都合な条件となった。

公共図書館においては、実用書物の類に大きな需要があり、また1980年代半ば以降は「ペレストロイカ」関連文献に対しても大きな需要があった。この関連文献の発行部数は多くなかったが、公共図書館は特権的に入手し、提供することができた。東ドイツの公共図書館と学術図書館が、当時の政治、社会、経済の状況についての思索を人々に強く促すことに貢献したことは疑い得ない。おそらく、東ドイツの最後の年月においては、多くの公共図書館が提供する図書資料の幅を次第に増やすことで、東ドイツで起こった変

化——最後には革命的な激変——に、少なからず関与したものと思われる。

しかし同時に、まったく客観的に言って、図書館自体もまた何十年にもわたって、政治的に一面化された所蔵文献でもって「全国民の精神的鎖国」に参加したし、また参加せざるを得なかったという事実は見逃されてはならない。しかし、ここでもまた公的な文化活動の外側で、むしろ隠れたところで多くのことが行われたのである。東ドイツの図書館員たちは、他のすべての市民と同様にもはや当たり前のこととして、文化政策的な強制や要求に服従していたが、変化を求めるすべての努力はこの強制の状況下で断片的に行われたのである。彼らは職業活動において、順応と細部における慎重な反逆との間のバランスをたえず保たねばならなかった。

図書館の専門家たちが考える構想は、東ドイツ国家の図書館政策の方向づけと合致しないことが非常に多かった。東ドイツの地方自治体は「国家権力の現地機関」であり、当該地方における重要案件を決定したが、民主主義的憲法に基づく自主管理機関ではなかった。そのため、中央の法的規定や県・郡からの指示が、市や自治体当局の意志と合致しないという事態がしばしば生じた。図書館活動を広域的に指導する上位機関についても同じ問題が起きており、ZIB（図書館中央研究所）がこの緊張関係の渦中に置かれていた。本来 ZIB には東ドイツの全図書館活動のガイドラインを提示する権限があったのだが、時代の流れの中で ZIB は次第に緩やかな助言・サービスだけを行うようになっていった。同じ流れで、県立図書館や郡立図書館も、その地域における個々の公共図書館に対して、かつては強力な指導機能を持っていたが、それは次第に緩やかなものになっていった。

1987 年に『図書館中央雑誌』の別冊 87 号で、東ドイツの図書館の発展に関する特集が組まれたが、この時期においてもなお、巻頭の論説では単なるイデオロギー的定式が並べられている。すなわち、「ドイツ民主共和国（東ドイツ）の社会主義的図書館活動は、図書館員による、進歩的、反ファシズム的、民主主義的、社会主義的な図書館活動を求める、世界史の過程に組み込まれた闘争の成果であり、それは真のヒューマニズムとすべての人間の平

和的共存に専心するものであり、労働する国民の利益に貢献するものである。労働者階級の指導のもとにドイツ民主共和国の図書館制度が構築されたことにより、ドイツ図書館史において初めて、図書館のヒューマニズム的教育課題と、大ブルジョアジーによるそのイデオロギー的濫用との間の対立が取り除かれた。一般的・社会的な進歩と図書館的・ヒューマニズム的進歩との間の完全な一致が実現されたのである」と。

東ドイツの資料に基づくドイツ図書館研究所のまとめによれば、1989年に東ドイツの図書館には総勢1万1651名の図書館職員と、1億355万9千件の所蔵メディアがあり、全部で1万7604の図書館において、貸出メディアの総数は1億1277万7千件で、図書購入予算の合計は9290万東ドイツマルクであった。その40年前に存在した、東ドイツ国内の図書館制度における南北間のギャップは、ある程度解消されていた。

東ドイツ国家の最後の年である1990年の新年に制定された地方自治体憲法（特に71条1項と72条1項）は、郡に対して地方自治体を越える、ないしは個々の郡に属する町や自治体の機能性を越える公的課題の遂行を課した。郡は特に、地域の経済的・環境的・社会的・文化的発展を住民の福祉のために推進するという課題を引き受けた。すなわち、郡には郡に帰属する地方自治体を、その課題の実施において支援することが課せられたのである。東ドイツ憲法に沿って新しく作られたこの郡のための地方自治体制度は、単独の自治体を越える補完的、支援的、かつ調整的な課題という従来からの課題の制度化をめざしたのである。何年にもわたり、図書館の現場レベルで構造化されて進展し、実際に（多面的に拡充され、適切な職員を充当した郡立図書館においては）特筆に値するほどよく機能した体制が、ついに1990年に法的に完成したのである。

*

1990年に外部からの観察者が総じて東ドイツの図書館に対してネガティブな印象を抱いた理由は、まずもって以下のような外見上の問題であった。

第 1 部　国家と社会における図書館

　多数の図書館の建物はきわめて劣悪な状態で、驚愕するほどのものであった。ライプツィヒ大学図書館は、1891 年に完成された建物で、当時の新バロック様式で建設された。重要なコレクションにふさわしいゆとりのある代表的な図書館建築であったはずだが、観察者の目には 1945 年の空爆の後とほとんど同じ状態に見えた。その建物は全体の 3 分の 1 だけが利用でき、朽ちた塀からは白樺が生え、鳩のダニが外壁を汚染し、人間にとって危険でもあった。本の都市ライプツィヒの伝統ある市立図書館は、老朽化のために閉鎖され、それに代わる新しい建物はもはや東ドイツ時代には用意されなかった。かろうじて戦争を乗り越えたドイチェ・ビューヘライも、緊急に修復を必要とする状態であった。その書庫は都市計画的には違和感を与える巨塔で、ドイツ広場の均質だが美しい建物群の脇に置かれていた。

　ドレースデン工科大学は、東ドイツではこの種のものとして最古で最も著名な大学であったが、その大学図書館（それは同時に東ドイツにおける工学分野の中央図書館であった）のための固有の建物を持っておらず、図書資料は大学キャンパスのさまざまな建物に分散されていた。数百年の伝統を持つザクセン地方図書館は、1945 年 2 月ドレースデンに壊滅的な被害を与えた激しい空爆によって、それまでの日本宮殿内の建物を失い、以後中心街から遠いソビエト兵舎近くの粗末な建物に甘んじねばならなかった。このザクセン地方図書館は、東ドイツ国立図書館（ベルリン国立図書館）とともに東ドイツの最も重要な（大学以外の）総合図書館であったけれども、東ドイツ時代にはついに新しい建物を得ることはなかった。

　ベルリン国立図書館が受けた戦争の被害は、東ドイツ時代には応急措置で対応されたにすぎない。世界的に有名な丸屋根閲覧ホールの残った屋根の部分は 1957 年に取り壊され、閲覧広間の壁は後に撤去され、その位置に丸太のような書籍サイロが建てられたが、これは建物の複合体にマッチせず、その他にもさまざまな理由から書籍保存には不適切であった。フンボルト大学の大学図書館は以前にも独自の建物を持ったことはなく、むしろ国立図書館の複合体の中に組み込まれていたが、旧東ドイツ時代を通じて（そして今日

97

まで)、その不十分なスペースに収まっていた。

　遺憾ながら、こうした事例は他にも列挙できるだろう。このように無頓着に放置されたことの理由については、ここで立ち入ることはできない。それは図書館の活動範囲の外部に起因する。東ドイツの図書館員がそのような困難な条件下にあって読者のために行った作業は、それだけに一層評価に値する。

　図書館における機械技術的な装備は、まったく不満足なレベルであった。この問題は多くの図書館建築物の劣悪な状態がその一因であるが、しかしそれだけでもない。

　まず、読者のためのコピー機がどの図書館にも用意されていなかった。そのため、西ヨーロッパでは何十年も前から至るところで自明となっていた利用者への各種のサービスが、東ドイツにおいては実際上まったく実施されていなかった。貴重な図書館の財産を盗難や外気の影響から保護する措置も不十分であった。図書館業務を容易にし、促進し、また読者が検索するためのコンピュータ処理技術の利用は、1990年になってからようやく始まったのである。それまでどの図書館にもシステム化された仕事はなかった。こうした問題にはやはりさまざまな理由があるが、その責めは東ドイツの図書館員にあるのではなく、その一部は東ドイツの国家からさえ遠くかけ離れたところに原因があった（例えば、アメリカ合衆国が社会主義諸国に対して「先端技術」の輸出を禁止したことなど）。

　コレクションの構成に関する問題は、すでに繰り返し語ったとおりである。内容の幅の狭さと極端に細かな分類は、西側からの訪問者にはただちに目に付くことであり、旧西ドイツの多くの市民が今日まで東ドイツの精神生活について持っている特定のイメージ（もちろん、一部は不当なものであるが）を刻みつけたのである。

＊

　1990年、統合ドイツへの移行の年に、新しい東側の連邦州は、学術図書館の運営母体としてはまだ機能し得ないでいた。また、新たに公共図書館の

自律した設置・運営母体となった各地方自治体も、まだ十分な予算を獲得していなかった。旧東ドイツの中央集権的国家制度から、新たに成立しつつある連邦制的構造への移行と、そして1990年7月1日の通貨切り換えは、当然のことながら図書館員たちが予想もしていないようないろいろな問題をもたらした。

統合された新生ドイツにおける東側の5つの新しい連邦州では、政治的な激変と急速に進行する行政組織の変化のために、図書館と図書館員はほとんど毎日のように新しい問題を突きつけられた。多数の図書館では、従来の国家主導による運営形態が電撃的に変わったため、予期しない財政的困窮に陥っただけでなく、これまで社会主義国家としては未知だった賃金協約が導入され、すべての職員と財政の機構がまったく別の規則と手続きに従うことになった。すでに1989年11月の壁崩壊の直後から毎日毎日、西ドイツの図書、新聞、メディア製品が誰にとっても自由に入手可能となった。東西ドイツ統合前後の時期においては、東側の人々にとって「未知の」文献と視聴覚メディアに対する需要は、図書館がとても対処し切れないスピードで増大した。しかし、図書館が読者を失い、それによって中期的にその存立が危うくなるという事態を回避するには、是が非でも新規性とコレクションの拡大を優先しなければならなかった。1991年と1992年の中核的問題は、特に予算の不確実さであったが、他にも西ドイツと西ヨーロッパの書籍市場に関する知識の不足、流通経路や入手経路に関する知識の不足等に起因する問題もあった。また、西側諸国の書籍価格の異常な高さも大きな問題となっていた。

大学や単科大学、専門学校に付属している学術図書館は、予算が不足してもかなりの程度運営が可能であったのに対して、個々の地方自治体の管理下に丸投げされた県立、市立、郡立、自治体、農村地帯の地域中央図書館は危機的状況に陥った。組織と職員の存続、図書館の課題と目標設定、職業上の基本的知識といった事柄があらためて問われ、立ち入った議論がなされ、信頼できる回答を必要とした。新しい包括的な課題に伴って、種々の機関が運営停止となり財産関係も変化したため、地方自治体は深刻な危機に陥った。

まもなく最初の図書館閉鎖が起こることが予想され、まずは農村地帯で兼業的に運営された地方自治体図書館がそれに見舞われた。専業的に運営された大きな公共図書館では、西ドイツの同等規模の図書館の職員配置計画を導入し、一部では容赦ない人員削減が始まった。

　東西ドイツの統合後すぐに、旧東ドイツ地域の学術図書館に対しては、西側の連邦州からそれぞれ東側のパートナー州のための振興策が提起された。バイエルン、ヘッセン、ラインラント＝プファルツの各州はテューリンゲン州を支援し、バーデン＝ヴュルテンベルク州はザクセン州を、ノルトライン＝ヴェストファーレン州はブランデンブルク州を、ニーダーザクセン州はザクセン＝アンハルト州を、そしてシュレースヴィヒ＝ホルシュタイン州はメクレンブルク＝フォアポンメルン州を支援した。これらに加えて、連邦政府と諸財団（例えばフォルクスワーゲン財団）の資金的支援が加わった。それらはまず大学のための、特に法学、経済、社会学、人文科学の分野における文献購入に優先的に使われた。西側の専門書や教科書とともに、現代的なコ

写真2　ロストック大学図書館・暫定建物（1995年）

ピー技術や大規模なコンピュータ処理技術が獲得された。多数の西側の地方自治体もまた、それぞれのパートナー都市に支援を行い、行政機関や公共図書館のために物品、図書、機器などを寄付した。

旧東ドイツにおいて、郡の文献サービスも管轄していたかつての市立＝郡立図書館は、東西統合後、東側の新しい連邦州の多くで市立図書館に変えられた。郡と地方自治体による混合財政は望ましくなく、図書館の財政的責任はたいてい個々の地方自治体の側に転嫁された。

1989年の国境の開放から1991年にかけて、東側の公共図書館は、内容的・実践的にその固有の位置づけを新たに規定され、今後の活動の可能性を明確にすることで方向づけられた。かつては国家機関であった東側の公共図書館を、新たに地方自治体の自主管理機関として理解し直すことは、東側の図書館員と図書館を運営する自治体にとって、また東側のすべての人々にとって切実な課題であった。地方自治体行政がすべての面でますます官僚化しかねない状況の中で、公共図書館の運営と支出に関する自己責任は、一から習得されねばならなかった。そして公共図書館では、コレクションの再編成に加え、新しい利用形態と新しい組織構造が模索されねばならなかった。

図書館中央研究所（ZIB）は1990年、東側のすべての市町村行政当局に『地方自治体が責任を持つ図書館。市町村は何のために公共図書館を必要とするか。公共図書館はどのような業務を必要とするか』というタイトルのパンフレットを送付した。これによって、地方自治体は公共図書館を必須の地域インフラの一部として運営するように、またそのためのあらゆる負担を引き受けるように促されたのである。

1990年6月から1992年の末まで、東西ドイツの共同作業委員会を引き継ぐ組織として、統合ドイツの東西諸州の図書館機構の代表者から構成される「連邦・諸州作業委員会」が活動していた。この作業委員会は、以下のような問題に関して連邦、州、地方自治体に向けた提言を作成した。

1) 公共図書館の状況
2) 職員・資格問題

写真3　メクレンブルク=フォアポンメルン州立図書館（シュヴェリーン）（円形回廊）

写真4　ポツダム専門大学図書館（体育館に設置された暫定書架）（1995年）

3）総合大学・単科大学図書館における文献サービスと職員ニーズ
4）地方と中央のサービス拠点、および相互貸借機関
5）図書館・情報サービスのための技術
6）法的問題

連邦・諸州作業委員会は非常に実践的で専門的なよい仕事を行ったが、ここではそれを一つ一つ叙述することはできない。代表例として、第1作業委員会「公共図書館」の成果を挙げておこう。この作業委員会は、指摘や提言を行いながら変革プロセスを見守り、基準値として住民3千人以上の地方自治体には公共図書館を置くべきこと、住民1人当たり2件の所蔵メディアを備えるべきこと、住民1人当たり2マルクから4マルクの購入予算を準備するべきことを提言するとともに、州図書館支援センター再建の論拠を明確化した。

東側の新しい諸州では、旧東ドイツ時代の学術一般図書館のPAK（計画・指導・調整）部局を母体として、「ドイツ連邦共和国・州図書館支援センター専門会議」と密接に接触を保ちながら、州図書館支援センターが設置された。

東側の図書館を取り巻く体制の変革にはさらに数年を要し、1990年代半ばになっておおよそ完了した。公的予算の恒常的逼迫の影響で、西ドイツのほとんどの図書館は、以前から苦しい節約を強いられていたが、東西ドイツ統合後もこの予算不足が続いたため、東の新しい連邦州の図書館では、統合に伴う多くの希望が充たされない結果となった。東西で相異なる発展を辿った20世紀末のドイツ図書館制度は、他の先進工業国と比較するとき、やはりその分裂の影響が顕著に見られるのである。

訳注
（1）市民大学　http://www.vhs.de/
（2）学問・教育のための映画・映像研究所（FWU研究所）http://www.fwu.de/
（3）アドルフ・グリメ研究所　http://www.grimme-institut.de/
（4）メディア教育・コミュニケーション文化協会（GMK）http://www.gmk-net.de/
（5）教育・情報学会（GPI）http://www.gpi-online.de/

(6) ベルテルスマン財団　http://www.bertelsmann-stiftung.de/
(7) 2004年のドイツ出版流通協会の調べによると、出版社が823社、取次が78社、小売書店が4,349社である。注7から注13までは次のサイトを参照した。http://www.goethe.de/wis/buv/dos/dbb2/ja122050.htm
(8) 2004年には、9億6300万部（書名でいうと8万6543タイトル）の書籍が出版され、そのうち新刊書は7万4074件タイトル（85.5％）で、残りが再版本であった。
(9) 2004年には、最も大きな部分を占めるジャンルが大衆文学やドイツ文学で、新刊書の25.2％を占めており、これに続くのが、児童・青少年文学（7％）であった。
(10) 2004年にドイツで出版された書籍タイトルのうち、7.3％は翻訳書で、新たに他の言語からドイツ語に訳された翻訳書のタイトル数は5,406件であった。出版総数に対して翻訳書が占める割合は次第に減っていて、1975年以来の最低の数字を示している。
(11) 翻訳書（外国語からドイツ語へ）の原著の言語について見てみると、2004年には、英語からの翻訳が半数以上で56.8％と最も多く、前年比5.1％増である。しかし、その中で大衆文学が占める割合は、前年（2003年）の58.9％から50.6％に減っている。フランス語からの新規の翻訳は10％、イタリア語からは3.3％、これに続くのがオランダ語（7％）、スウェーデン語（2.6％）、スペイン語（2.2％）、日本語（1.6％）、ロシア語（1.2％）である。
(12) ドイツ語から他の言語への翻訳について見ると、2004年には、中国語への翻訳（10％）が最多で、これに続いて韓国語（7.5％）、スペイン語（6.8％）、英語圏全体での英語（6.6％）、イタリア語（6.6％）、チェコ語とロシア語の合計（6.6％）、フランス語（5.9％）となっている。分野別に見ると、最も多いのが児童・青少年文学（25.8％）であり、これが国際的に最も好まれているドイツ語の本の分野だと考えられる。
(13) 2003年には、専門・学術雑誌や視聴覚媒体を含めて、売上総額90億6700万ユーロ（前年比1.7％減）であり、2004年には、売上総額90億7600万ユーロ（前年比0.1％増）であった。
(14) ドイツ出版流通協会　http://www.boersenverein.de/
(15) 本の家・ライプツィヒ文学館　http://www.haus-des-buches-leipzig.de/Start.php
(16) 今日では有限会社「出版事業マーケティングサービス」（MVB）（Marketing- und Verlagsservice des Buchhandels GmbH）の名称になっているが、組織と業務は継続している。http://www.buchhaendler-vereinigung.de/
(17) ドイツ出版流通学校（フランクフルト・アム・マイン）http://www.buchhaendlerschule.de/
(18) ドイツ出版流通学院（ミュンヒェン）http://www.buchakademie.de/www/
(19) 『ドイツ出版流通広報』　http://www.boersenblatt.net/
(20) ミュンヒェン・ドイツ書籍資料館　http://www.bucharchiv.de/

（21）ミュンヒェン図書・メディア・資料センター　http://www.literaturhaus-muenchen.de/
（22）読書財団　http://www.stiftunglesen.de/
（23）ドイツ司教会議　http://dbk.de/
（24）ドイツ・プロテスタント教会評議会　http://www.ekd.de/ekd_kirchen/rat_der_ekd.html
（25）大学長会議　http://www.hrk.de/
（26）ドイツ図書館協会（DBV）http://www.bibliotheksverband.de/
（27）読書推進協会・読書財団友の会　http://www.stiftunglesen.de/unternehmen/personalien/freunde_der_stiftung/
（28）児童・青少年文学のパンフレットは2001年のものからオンラインで閲覧可能。http://www.stiftunglesen.de/eltern/f%C3%BCr-sie-getestet/
（29）「読書バス」は1992年から2004年7月までの12年間プロジェクトで、現在は終了しているが、詳しい内容を記したパンフレットをオンラインで閲覧することができる。http://www.nibis.de/nli1/chaplin/portal%20neu/projekte_wettbewerbe/projekt_archiv/lesebus/lesebus.pdf
（30）原文では「Hafer für den Pegasus」。ペガソス（ペガサス）は、紋章学上では教養や名声の象徴。ギリシャ神話では、最後に芸術の女神たちの所有となった。カラスムギ（燕麦）は馬の食糧として用いられる。ここでは、「文学賞の受賞が、作家の評価を飛躍的に高める原動力となった」という意味合いであると思われる。
（31）「ビュヒナー賞」は通称であり、正式名称は「ゲオルク・ビュヒナー賞（Georg-Büchner-Preis）」である。2007年度はマルティン・モーゼバッハ（Martin Mosebach, 1951-）が受賞、賞金は4万ユーロであった。
（32）アレマン語（Alemannisch）は、シュヴァーベン方言などを含む高地ドイツ語方言の総称。
（33）原著では「ドイツ連邦女性・青少年省」（Bundesministerium für Frauen und Jugend）とあったが、ここでは正式名称を採用した。http://www.bmfsfj.de/
（34）ドイツ文学基金　http://www.deutscher-literaturfonds.de/
（35）1995年に制定され、1996年から実施されている記念日。原著では「Internationalen Tag des Buches」とあるが、ここでは正式名称の「Welttag des Buches」（世界図書・著作権デー）を採用した。
（36）サン・ジョルディは古代ローマのキリスト教の聖人。竜退治の逸話がある。聖ゲオルギウスとも。4月23日に殉教。
（37）ドイツ語協会　http://www.gfds.de/
（38）ゲーテ・インスティトゥート　http://www.goethe.de/
（39）ゴットフリート・ヴィルヘルム・ライプニッツ学術協会　http://www.wgl.de/
（40）DBIは2000年に閉鎖、その後については次の文献を参照。三浦太郎「ドイツ図書館研究所（DBI）の閉鎖とその後」『カレントアウェアネス』No.251, pp.7-8, 2000
（41）文芸著作権協会WORT　http://www.vgwort.de/

(42) GEMA（音楽演奏・技術的複製権協会）http://www.gema.de/
(43) VG BILD-KUNST（視覚芸術著作権協会）http://www.bildkunst.de/
(44) バウツェンはドイツ東部のスラヴ系少数民族ソルブ人の居住地。
(45) シュトゥットガルト印刷・メディア専門大学との統合により、現在はシュトゥットガルト・メディア大学後援会図書館情報部会（Förderer der Hochschule der Medien Stuttgart e.V. － Bibliothek und Information Sektion）となっている。
(46) 学術審議会　http://www.wrat.de/
(47) 注 40 参照。
(48) ドイツ学術振興会　http://www.dfg.de/
(49) 教育計画と研究振興に関する連邦・諸州委員会（BLK）http://www.blk-bonn.de/
(50) ドイツ都市連絡協議会　http://www.staedtetag.de/
(51) ドイツ市町村連絡協議会　http://www.dstgb.de/
(52) 自治体行政簡素化機構（KGSt）http://www.kgst.de/
(53) フリッツ・テュッセン財団　http://www.fritz-thyssen-stiftung.de/
(54) フォルクスワーゲン財団　http://www.volkswagen-stiftung.de/
(55) ドイツ学術財団協会　http://www.stifterverband.de/
(56) 「三部体制図書館」とは、1970 年代半ばにミュンスターの旧市立図書館でハインツ・エムンズにより提唱・実践され、1980 年代半ばにギュータースロー市立図書館の完成を契機に西ドイツで広く普及した蔵書の構造化と提示の手法で、公共図書館の空間形成と蔵書構築は利用状況に基づいて計画されるべきだという基本思想と、図書館利用者が開架エリアで図書やその他の情報メディアを探索する際、3 つの異なる関心を持って探索を行っているという発見に基づいている。探索における 3 つの関心とは、タイトルへの関心（特定のメディアの探索）、主題への関心（特定の分野への関心）、そして、浮遊的・無意識的な刺激による関心（第 3 の関心）である。タイトルへの関心にはアルファベット順に並べられた著者・事項目録（形式目録）が適切であり、主題への関心のための手引きとしては分類目録や索引（主題目録）が役立ち、第 3 の関心には、開架エリアの配列を関連する主題ごとに整備することや、主題別に本にラベリングすることなどで対処する。この構想は後の図書館マーケティングの展開へとつながっている。

第2部
さまざまな図書館のタイプ

◆

Die verschiedenen

Bibliothekstypen

　図書館のタイプは、主としてコレクションの量と性格、それが貢献する地域（サービス対象地域）、利用者集団、あるいは施設や予算を管轄し、実務的問題や人事に責任を持つ設置者（→ 1.6）等の観点によって識別される。

　ここでは、図書館をタイプ別に類型化するための尺度として、それぞれの図書館の「主要機能」に従って区別を行うこととする。ただし、州立図書館や地方図書館（→ 2.2）に関しては、その他の補足的な尺度もあり、課題設定や設置者の点で多くの混交形態が見られるが、それらの個々のタイプについては詳述せず、本質的な特徴のみを描写するにとどめ、ごく例外的な場合にのみ、具体的な図書館を取り上げて紹介することとする。

　現代の情報テクノロジーのおかげで、図書館は各館ごとの空間的境界を越え、一つの無限図書館となりつつある。長期的に見て、個々の図書館タイプ間の区別が消えていくのか、またそれがどの程度まで起こるのかという問いは、1998年時点のドイツの図書館事情のコンパクトな叙述の中では解き明かせない。ただ、技術的な発展により今日個々の図書館に起こっている変化や、今後起こりうる実践的な帰結については、随時、関連する個所で言及する。

2.1 国立図書館と中央総合図書館

　国際的な基準（ユネスコ基準）において国立図書館が担うべきだとされている課題を、ドイツ連邦共和国においてはドイツ国立図書館[1]が果たしている。それは、ドイツ国内の全文献（1913年以降のもの）を完璧に収集保存し、全国書誌を作成・刊行することによってこの収集文献を開示し、館内の閲覧空間で誰にでも利用可能にしている。

　他の多くの国々では、国立図書館が、外国の文献、言語や文化に関する代表的なものを集め、そのため非常に巨大な総合図書館になっているのに対して、ドイツ国立図書館が扱う対象は、基本的にドイツ語圏の文献の範囲にとどまっている。これは、その成立過程とも深く関連している。すなわち、ドイツ国立図書館は、ドイツ国家によってではなく、ドイツ出版流通協会（→1.3）によって創設されたのである。

　外国の言語や文化に関する学術文献は、ドイツでは特に他の2つの図書館により包括的に収集されている。それらの名を先に挙げておくならば、「プロイセン文化財団ベルリン国立図書館」とミュンヒェンの「バイエルン州立図書館」である。

　これら2つの図書館は、優先的に奉仕すべきある特定の教育機関に従属しているのではない。その点でこれらは、ドイツにおける総合的な学術文献のもう一つの収集拠点である大学図書館のグループとは異なる。この2つの図書館は、大学図書館とは違って自立した機関であり、かなり自由に広域的な課題に取り組んでいる。したがって、これらは「中央の、あるいは全国レベルでの総合図書館」と言える。図書館活動にとっての国家的な意味を持つ重要な領域において、例えば、団体名典拠データの作成と管理、個人名典拠データの構築、また「ドイツ刊行物収集計画」の実行といった活動において、ドイツ国立図書館と、ベルリン、ミュンヒェンの2つの国立（州立）図書館とは、緊密に連携しながら活動を行っている。

第2部 さまざまな図書館のタイプ

BIBLIOTHEKEN UND ANDERE EINRICHTUNGEN VON NATIONALER BEDEUTUNG

キール
キール世界経済研究所図書館・ドイツ経済学中央図書館

ドイツ国立図書館
ドイツ音楽資料館
プロイセン文化財団
ベルリン国立図書館(SBB PK)
フンボルト大学図書館学研究所

ハノーファー大学図書館・科学技術情報図書館(TIB)
ドイツ図書館研究所(DBI)

アウグスト大公図書館 ヴォルフェンビュッテル

ゲッティンゲン・ニーダーザクセン州立=大学図書館
ライプツィヒ
ドイツ国立図書館
ドイチェ・ビューヘライ

ケルン ドイツ医学中央図書館
ボン
ドイツ農学中央図書館

ドイツ国立図書館
ドイチェ・ビブリオテーク
フランクフルト・アム・マイン
市立・大学図書館
(+ゼンケンベルク図書館)

ドイツ刊行物収集の分担
ミュンヘン(BSB)   (1450–1600)
ヴォルフェンビュッテル   (1601–1700)
ゲッティンゲン   (1701–1800)
フランクフルト・アム・マイン (1801–1870)
ベルリン(SBB PK)   (1871–1912)

図書館購買センター(ekz)
ロイトリンゲン
バイエルン州立図書館(BSB)
ミュンヘン

◨ ドイツ国立図書館

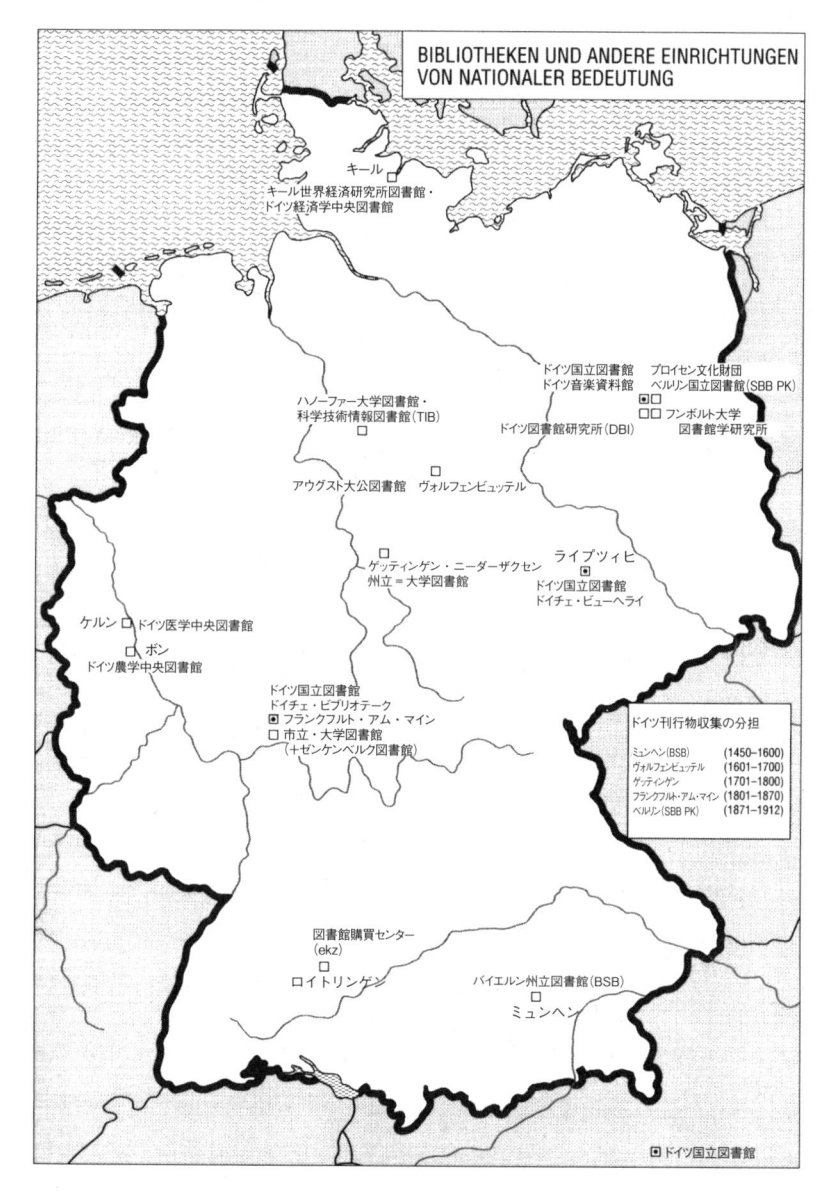

図1 国家レベルでの役割を担う図書館およびその他の施設

109

応用的学問分野に関しては、これらの中央総合図書館を、4つの中央専門図書館が補完している。すなわち、ケルンの医学中央図書館、ハノーファーの科学技術情報図書館、キールの経済学中央図書館、ボンの農学中央図書館である（→ 2.4.3）。また、人文科学の領域に関しては、ヴォルフェンビュッテル、ゴータ、ザーレ河畔ハレ、ヴァイマルにおける研究図書館と、その他のいくつかの大きな専門図書館により補完されている。

　ここに名を挙げた図書館は、全体として国家的規模の収集における協力システムを構成している。それらは地理的にドイツ全土に分散しており、ドイツ語の文献とドイツ国内の国際的文献の入手を比較的容易にさせている。

　この全国規模の協力システムは、傑出した国立図書館の欠如という歴史的に条件づけられた事態から生じたものであり、そのため今日でもある種の苦肉の策と見られがちであるが、ドイツにおけるその発展と成果は決して嘆かわしいものではない。今日、大規模な学術図書館の役割は、たとえそれが国立または州立の図書館であっても、国民文化を代表するということよりも、むしろ学術的課題を充たすために国内および国外の利用者集団にサービスを提供することにあるからである。この意味において、ドイツの協力システムは学術に対する実践的な稼働力をすでに実証しているのであり、それによって国民文化の威信がそこなわれたわけでもない。すなわち、ライプツィヒとフランクフルト・アム・マイン、ベルリンとミュンヒェンにおける各機関、そして大規模な各種の研究図書館は、ドイツの文化遺産を遺憾なく体現し、そのコレクションは現代的な形態で利用者に提供されているのである。

2.1.1　ドイツ国立図書館

　ライプツィヒのドイチェ・ビューヘライと、フランクフルトのドイチェ・ビブリオテークは、ベルリンの音楽資料館とともに「ドイツ国立図書館」を形成している。ドイツ国立図書館は、その地域的な分散にもかかわらず、統一的機関をなし、公法に基づく連邦直属の施設として組織されている[2]。

第2部 さまざまな図書館のタイプ

写真5 ドイチェ・ビューヘライ（ライプツィヒ）

この状況は、20世紀におけるドイツの歴史、特に第二次世界大戦後のドイツの分割と深くかかわっている。ドイツ国立図書館は、今日ではこのように統合された機関となっているが、それを構成する3つの館は、それぞれが成立した、ないしは存続し機能した特殊な歴史的条件に基づいて、相互に非常に異なる発展を辿った。

　ドイチェ・ビューヘライは、1912年に当時のライプツィヒにおけるドイツ出版流通協会により、ライプツィヒ市とザクセン王国の支援を得て、ライプツィヒに創設された。ドイチェ・ビブリオテークは、1946年にドイツ西側の出版事業者と図書館界からの発意に基づき、フランクフルト市の支援とアメリカ合衆国軍政府の同意を得て創設された。そしてドイツ音楽資料館は、1970年に連邦法による委託を通じて西ベルリンに創設された。

　フランクフルトにドイチェ・ビブリオテークが創設された背景には、次のような事情がある。すなわち、1945年の新年および夏季以降の連合軍によるドイツ占領の初期に各占領地域が閉鎖され、出版流通業も（他のすべての経済的、社会的機構と同様に）その活動を著しく狭められ、ソビエトに占領された東ドイツのライプツィヒにおいては、全ドイツに対する国立図書館的・全国書誌的な作業が不可能になった。そして、東ドイツの支配者が、西ドイツと西側諸国に対して東ドイツをイデオロギー的、政治的、経済的に遮断（いわゆる隔離政策）したために、西ドイツではその後何十年かの間、フランクフルトにドイチェ・ビブリオテークが存続することとなった。もはやライプツィヒには、全ドイツのための国立図書館的・全国書誌的な機能は期待できなかった。東ドイツ政府が自国をますます国際法的に自立したものと考え、西ドイツを外国とみなした事情を考えてみるがよい。東ドイツのドイチェ・ビューヘライが、全ドイツの国立図書館としての作業のために必要な、自由な言葉とその自由な普及という役割を果たすことは、もはや不可能であった。

　ドイチェ・ビューヘライが東ドイツに帰属し、ドイチェ・ビブリオテークがドイツ音楽資料館とともに西ドイツに帰属したという事情が、何十年にも

第 2 部　さまざまな図書館のタイプ

写真 6　ドイチェ・ビブリオテーク（フランクフルト・アム・マイン）

写真 7　ドイツ音楽資料館（ベルリン）

わたるこの機関の発展を決定的に条件づけた。両機関にとって、政治的、法的、社会的、経済的な外側の条件は著しく相違したが、課題設定と業務方式は原理的に同一であった。かくしてドイツ統合の機運が高まる中、共通の能率的な作業のために、両機関の合併を働きかける動きは始めから有意義であり、将来性のある事柄であった。

　ライプツィヒのドイチェ・ビューヘライとフランクフルト・アム・マインのドイチェ・ビブリオテークの統合は、1990年の新年と夏の短期間のうちに十分に準備され、1990年10月3日の統合契約により法的に拘束力を得た。それは（基本計画1、第2章、分野B、第2節、番号3）に明記されている。この合併は、統合ドイツの国立図書館にとって、実務的に間違いなく将来性のある決定であることがすぐに認められた。専門家筋からのいくつかの批判的な意見がなかったわけではない。しかし、共同で作成された筋道の通った構想とその迅速な実施の成果は、疑念を払拭するものであった。

　現在、ドイツ国立図書館は、全体として国立図書館的・全国書誌的なサービスを提供しており、それは質的にも量的にもかつてドイツになかったものである。

　ドイツ国立図書館は、

1) ドイツ語圏の文献と、いわゆるゲルマニカ（ドイツ語文献の外国語訳と、外国で公刊されたドイツについての文献）の保存図書館である。
2) ドイツの音楽中央資料館である。
3) 1933年から1945年までの亡命資料（ドイツ亡命資料コレクション）の中央保管所である。
4) 重要な特別コレクション（社会主義資料(ゾツィアリスティカ)、ポスター、特許明細書、国際組織記録、1848年の帝国図書館コレクション）の所蔵館である。
5) 所在地であるライプツィヒ、フランクフルト、そして特に音楽資料と音楽媒体に関してはベルリンにおいて、公的な館内閲覧図書館として機能している。
6) 全国書誌と、全国音楽書誌の情報センターである。

第 2 部　さまざまな図書館のタイプ

7) 国際専門委員会（国際図書館連盟（IFLA）、欧州国立図書館長会議（CENL）、ユネスコ）におけるドイツ代表である。
8) 拘束力を持つ基準と規格（RAK-WB、GKD、PND、RSWK、SWD、MAB、UNIMARC、OSI-Standards）の作成に参画する。
9) 書籍文化の資料センターである「ドイツ図書・文献博物館」を所管する。
10) 書籍保護センター（ZfB）の提案者であり、しばらくはその管理者でもあった。（ZfB は 1998 年に独立の株式会社となり、以来、営利企業としてその課題を続行している。）

　約 1550 万件のメディアを有するドイツ国立図書館は、間違いなく今日のドイツにおいて最大の図書館である。そしてドイツ音楽資料館は、33 万件の所蔵楽譜と約 60 万件の録音媒体資料を有するドイツ最大の音楽資料館である。

　1990 年まで、東ドイツではライプツィヒの旧ドイチェ・ビューヘライが、西ドイツではフランクフルトのドイチェ・ビブリオテークが、それぞれ国立図書館の機能を果たしていたけれども、それらは政治的または専門的な理由から、国立図書館という名で呼ばれることはなかった。統合された今日のドイツ国立図書館は、以前のような疑念なしに国立図書館と呼ばれうるものとなった。なぜなら、ドイツ分割時代に存続した国家法的・国際法的な疑念が払拭され、分離した機関の統合によって、各部門が分担すべき課題の諸相が完全なものとなったからである。さらに言えば、すでに言及した他のいくつかの図書館も、確かに国家的な地位と規模の機能を持っていると言えるのであるが、ドイツ国立図書館は、それらとは異なる課題と機能を受け持ちながら一般に受け入れられているのだから、これをドイツの国立図書館と理解しても、その他の大規模図書館のステータスが侵害されることはないのである。

コレクション

　ドイツ国立図書館は、ドイツ語文献の中央保存図書館として、1913 年 1

月1日以降に出版されたドイツ語の出版物を収集している（主要収集分野）。この日付の根拠は、ドイチェ・ビューヘライが1912年10月3日に創立されたことから説明できる。

ライプツィヒとフランクフルト・アム・マインにおけるコレクションは、ドイツ出版流通協会の働きかけにより、出版社が自発的な寄贈を行うことによって、数十年にわたって構築されたものである。

ライプツィヒのドイチェ・ビューヘライのための「義務納本法」は、ナチズムの時代に制定された。この法律は1955年以降、東ドイツ当局の指令に基づいて存続した。フランクフルトのドイチェ・ビブリオテークのための義務納本制度は1969年にようやく制定され、まずは1969年3月31日のドイチェ・ビブリオテーク法により、続いて1970年12月21日の納本条令により、最後に1982年12月14日の改正納本条令により施行された。これらの取り決めは、出版社に対して、東西ドイツのそれぞれの地域においてのみ拘束力を持ったのである。つまり、東ドイツの出版社はフランクフルトのドイチェ・ビブリオテークに寄贈する法的義務はなく、同様に西ドイツの出版社はライプツィヒのドイチェ・ビューヘライに寄贈する法的義務はなかったのである。それにもかかわらず、たいていのドイツの出版社は両方の図書館にそれぞれ1部の見本を送ったのであり、こうして東西分離の時代にもライプツィヒではドイツ語文献の包括的なコレクションが継続され、フランクフルト・アム・マインでも、出版年が1945年以降のものではあったが同様に包括的なコレクションが構築されたのである。

ドイツ統合以後は、出版社はドイツ国立図書館法[3]に基づいて、1990年9月23日の統合契約により補充された条項において、ライプツィヒのドイチェ・ビューヘライとフランクフルトのドイチェ・ビブリオテークにそれぞれ出版物の各1部を納本することになっている。

外国の出版社はドイツの法的な取り決めに拘束されてはいない。しかし、ドイツ語圏の外国における出版社の大部分は、ドイツ語の出版物を2部自発的に寄贈している。欠落部分はドイツ国立図書館が購入している。

第 2 部　さまざまな図書館のタイプ

　同様のことがゲルマニカについても言えるわけで、それらは外国の出版社から自発的に寄贈されるか、外国の国立図書館との交換によってドイツ国立図書館に送付されるか、あるいは購入によって入手されている。

　受け入れた書籍は、ライプツィヒとフランクフルトで配架され、閲覧に供されている。作業効率の理由から、それらは2か所のうちの一方で、つまりライプツィヒかフランクフルトのいずれかで書誌的に把握されている。内部的な取り決めにより、新規購入図書は、6つの東の連邦州（統合ベルリンを含む）とノルトライン＝ヴェストファーレン州の出版社からのものはライプツィヒで、その他の連邦州の出版社から来る納本見本はフランクフルト・アム・マインで処理されている。両機関にとって共通に必要な『ドイツ全国書誌』に記載するための目録作成と書誌的作業は、要するにどちらか1か所で行われるのである。

　ドイツ国立図書館はまた、全ドイツのための「音楽中央資料館」として、ドイツの音楽出版社と録音媒体製作者から、流通している商品の義務納入を2部、オーストリアとドイツ語圏のスイスからは自発的な寄贈を得ている。この領域でも欠落部分は購入により補充されている。送付物件はベルリンの「ドイツ音楽資料館」に届けられる。ベルリンで処理されて後、各1部がライプツィヒの「ドイチェ・ビューヘライ音楽資料コレクション」のために送付され、もう1部はベルリンに残される。したがって、これらの音楽資料と録音媒体は、ドイツの2つの都市で利用できることになる。

　さらに、ドイツ国立図書館は1933年から1945年までの亡命関連資料の保存センターとして、20世紀ドイツ語文献の中でも、しかるべき理由から特別な保護を必要とする一群の資料を管理している。

　民族社会主義政府（ナチス）により人種的、宗教的またはイデオロギー的な根拠から行われた多数の著名な著作者のドイツからの追放は、ドイツにおける文献収集と学術の伝統に深い亀裂をもたらしている。1933年5月の時点で、これらの著作者の作品を、いわゆる非ドイツ的精神の産物として公的焚書により烙印を押したこと、彼らの著作を公的に利用できる図書館から遠

117

ざけた（または少なくともこれらの作品を開架エリアから撤去した）こと、また特に帝国文献省の検閲によって、ドイツの出版社での公刊を禁止したことは、かつてなかった断絶をもたらす結果となった。こうした重要な作品がまったく公表されないか、あるいは書き下ろされてから長い年月を経てやっと公表される、あるいは外国でのみ出版されるということは、ドイツの学術的財産と書籍文化にとって膨大な損失である。とりわけ、20世紀初頭からのドイツ語文献の包括的収集と保護を課題とするドイツ国立図書館にとって、ここには大きく困難な課題がある。

ライプツィヒのドイチェ・ビューヘライとフランクフルト・アム・マインのドイチェ・ビブリオテークは、部分的に広く分散して入手困難な亡命関連資料の収集と書誌的開示に取り組むことで、この課題に忠実であろうと努めた。こうして、ライプツィヒにおける「1933年から1945年までの亡命関連文献コレクション」およびフランクフルト・アム・マインにおける「1933年から1945年までのドイツの亡命関連資料」が成立するに至った。収集対象は、1933年から1945年までの時期にドイツ語圏出身の亡命者が外国で出版した本やパンフレット、さらに個々の移住者またはあらゆる種類の亡命者集団により公刊された雑誌である。亡命者組織資料と遺稿、新聞の切り抜き資料、写真収集、そして移住者の協力のもとに成立した第二次世界大戦下の連合軍によるビラの収集などがコレクションを補充している。

ライプツィヒのコレクションでは、この時期の亡命者に関する約1万2千の単行本と約600種の雑誌1万6千号を、フランクフルトのコレクションでは、約17万件（そのうち約14万件は文書）を所蔵している。双方の亡命資料は印刷された書誌によって開示され、特別閲覧室で利用に供され、展示やそれに伴う目録でさらに多くの公衆に紹介されている。

「アンネ・フランク・ショア図書館」（ショアはヘブライ語で迫害を意味する）は、1992年に「忘れないための図書館」としてライプツィヒのコレクションの内部に構築された。それは、ヨーロッパのユダヤ人をはじめとして、ナチのテロリズムの犠牲となった人々の迫害と抹殺に関する文献を集

め、研究のために提供し、こうして20世紀ドイツ史のこの一章に対して、ドイツの国立図書館として期待されうる貢献をなすという目標を持っている（目下約5千冊の本、地図、視聴覚メディア、雑誌）。全資料が開架で配架され、閲覧室での利用が可能となっている。

こうした亡命文献の収集と保護を行うことによって、ドイツ国立図書館は、独裁の世紀において自由な言葉の擁護者であると自認していることは明らかである。この意味において、亡命文献は他の特別コレクションとは別のより高い位置づけを持っている。ドイツ国立図書館がまさにこの活動を通じて、全ドイツ史とそれに対する自由でこだわらない精神的対決に貢献することにより、それは言葉の新しい意味において国立図書館としての実を示している。2つの亡命関連資料のコレクションをもとに行われた展示については、ドイツ国立図書館が作成した『ドイツ国立図書館特別刊行物』という一連の資料に記録されている。

ドイツ国立図書館におけるその他の特別コレクションもまた、以下のように、高い質と並外れた規模の歴史的原典資料を含んでいる。

1) 1830年から1912年までの、すなわち主要収集分野の着手時以前の時期における労働運動の歴史に関する出版物を含むコレクション「社会主義資料」（ソツィアリスティカ）（ライプツィヒ）

2) 第一次世界大戦、1918年の11月革命とその後の時期、第二次世界大戦、ソビエト占領地域における終戦直後および初期東ドイツの歴史に関するポスターのコレクション

3) ドイツ帝国、旧東ドイツ、旧西ドイツの特許明細書コレクション

4) UNO、UNESCO、EGないしEU、WHO、GATT等の「国際組織関連文献のコレクション」（以前は、フランクフルト・アム・マインとライプツィヒにおいてそれぞれ部分的に収集されていたものを、1990年10月3日以降はライプツィヒでの収集に一元化した。）

5) 1848年の帝国図書館コレクション。これは、書籍業界からパウルス教会の議会[4]への4,600冊の寄贈本で、ニュルンベルクのゲルマン国立

博物館を経由して1938年にライプツィヒに送られ、それ以来そこで保管されている。

ドイツ国立図書館は、「公的な館内閲覧図書館」として、その膨大なコレクションを、ライプツィヒ、フランクフルト・アム・マイン、そしてベルリンにおいて、誰に対しても閲覧室で利用可能にしている。ドイツ国立図書館は、書籍の格別に丁寧な長期にわたる保存と保護という義務を負う保存図書館であるので、利用者への貸出は行っていない。この図書館は、紛失や損傷のリスクを負ってはならないのである。この理由から、ドイツ国立図書館は、ドイツ相互貸借制度には限定的にかかわっているにすぎない。貸出地域のどこにおいても地域外貸出が実現できず、ドイツ国立図書館には希望する件名の見本が存在するという特別な場合にのみ、ドイツ国立図書館はその見本を利用に供している。

ドイチェ・ビューヘライは1916年に完成されたドイツ広場の代表的な建物に収められており、1982年に書庫塔の部分だけ増築されているが、これは本館にも近くに位置するロシア教会にも調和しない、あまり美しくないものである。東ドイツ時代に、何十年にもわたりないがしろにされたために生じた本館の損傷は、1991年以来少しずつ修復されているが、まだ到底完全とは言えない。この建築様式は後期ユーゲントシュティールの重要な要素を示している。そのため、1990年以来実施されている旧ライプツィヒの再構築の一環として20世紀初頭の典型的な名所に挙げられている。1920年代の様式で装飾された2つの大きな閲覧室が、日々ドイチェ・ビューヘライを訪れる多数の利用者のワーキングスペースとなっており、それは精神的作業に非常に調和する作りになっている。

1946年、破壊されたフランクフルト・アム・マインにおいて、想像もつかない原始的な諸事情から作業を開始しなければならなかったドイチェ・ビブリオテークは、1959年にはツェッペリン通りに新しい建物を得た。それは1950年代の様式で実践的目的に合致した建物であり、利用者にもそこで働く人々にもようやく正常な作業環境を提供するとともに、増大するコレ

ションに対しても新しい書庫空間を備えるものとなった。その後、この建物も手狭になったので、新たにアディッケス通りにゆとりのある新館が増築された。それは1997年5月14日に華々しく一般公開された。

ベルリンのドイツ音楽資料館は、1977年以来一貫してベルリン・ランクヴィッツ地区のいわゆるジーメンス館に置かれている。それは第一次世界大戦以前の時代の美しいゆとりのある建物である。

全国書誌

ドイツ国立図書館は、全国書誌と全国音楽書誌の中央機関として、多くの課題を果たしている。

ライプツィヒとフランクフルトにおいて別個に作成され出版されていた、旧東ドイツと旧西ドイツの書誌が、1990年の末をもって従来の形態での刊行を停止して後、再び唯一の、しかし多様に区分された書誌が存在する。すなわち、出版事業会から刊行されている『ドイツ全国書誌と外国で出版されているドイツ語文献の書誌』である。それは一般書誌と専門書誌から成り立ち、いくつかのシリーズに区分され、種々の採録期間から成り立っている。

シリーズと採録期間	記載と開示
シリーズA 週刊目録	出版社により刊行されている本、雑誌、非音楽的録音媒体、さらに視聴覚メディア、縮小形態、電子出版物を採録する。複合的週刊目録（著者、タイトル、件名、検索語、ISSN／ISBN、出版社目録）により開示され、月刊目録にまとめられる。
シリーズB 週刊目録	書店で扱われない本、雑誌、非音楽的録音媒体、視聴覚メディア、縮小形態、電子出版物を採録する。複合的週刊目録（著者、タイトル、件名、検索語目録）により開示され、月刊目録にまとめられる。
シリーズC 3か月ごとに刊行	地図を採録する（アルファベット順に）。複合目録（著者、タイトル、件名、ISSN／ISBN、出版社目録）により開示される。

シリーズ D 半年ごとの目録	週刊目録のタイトル（シリーズ A とシリーズ B）をまとめ、1 月から 6 月、7 月から 12 月までの 2 期間において、半年ごとに 2 部（第 1 部：アルファベット順タイトル目録、第 2 部：件名・検索語目録）で刊行される。
シリーズ E 5 か年目録／ ドイツ図書目録	10 巻の 6 か月目録（シリーズ A、B）のタイトルをまとめ、5 年ごとに 2 部（第 1 部：アルファベット順タイトル目録、第 2 部：件名・検索語目録）で刊行される。
シリーズ G ゲルマニカと翻訳 3 か月ごとに刊行	ドイツに関する外国語の出版物と外国で出版されるドイツ語の著作の翻訳を記載する。
シリーズ H 大学文献目録 毎月刊行	ドイツの大学の博士論文と教授資格論文および外国のドイツ語圏の大学文献を出版形態の如何（紙媒体・縮小形態）にかかわらず採録する。複合月刊目録（著者、タイトル、件名目録）により開示され、年刊目録にまとめられる。
シリーズ M 楽譜と音楽関連文献の目録 毎月刊行	流通しているか否かにかかわらず楽譜（アルファベット目録）および音楽関連文献（主題別分類）を採録する。楽譜については出版社、作者、タイトルの複合月刊目録により、音楽関連文献については作者、タイトル、件名・検索語の複合月刊目録により開示され、両方とも年刊目録にまとめられる。
シリーズ N 週刊目録	単行書と定期刊行物の出版予告（CIP = Cataloging in Publication）、すなわち、CIP 計画に参画する出版社の新刊書または新版書を採録する（主題別分類）。複合週刊目録（著者、タイトル、件名・検索語目録）により開示され、月刊目録にまとめられる。
シリーズ T 音楽録音媒体目録 毎月刊行	流通していないものを含めて音楽録音媒体を採録する（主題別分類）。企業、作者、タイトルの複合月刊目録により開示され、年刊目録にまとめられる。

　ドイツ国立図書館の全国書誌業務は、単に上に列挙したシリーズに基づいてドイツ全国書誌を作成し、印刷により公刊することに尽きるものではない。一度把握され保存されたデータは、中央のサービスとして、目録カード、機械可読サービス（フロッピーディスク、磁気テープ）および CD-ROM の形態で提供される。また、オンラインデータベース『BIBLIODATA』

により、さまざまな観点から検索される。検索語基準データ（SWD）もまた、さまざまな形態（磁気テープ、フロッピーディスク、マイクロフィッシュ）で提供される。出版形式による検索手段の提供にはRAK方式が、主題による検索手段の提供にはRSWK方式が利用される。

「目録カードサービス」は、伝統的なカード目録を使用している図書館に提供される。特定の選択コードに従って要請されるこのサービスは、今日なお、特に公共図書館の領域で大きな役割を演じている。「機械可読サービス」は、より一層の処理のためデータをデジタル形式で必要とする顧客のために用意される。彼らはフロッピーディスクによる入手か、磁気テープによる入手のいずれかを選択できる。

ドイツ国立図書館では、目下6つの異なるCD-ROM版で、多様に利用可能な対話型データベースが用意されている。一つ一つ列挙するならば、以下のようである。

1）DNB-CDカレント版1993年～（シリーズA、B、C、G、H、Nを含み、年6回まとめられた新版が現れる）
2）DNB-CDカレント版1986年～1992年（シリーズA、B、C、G、H、Nを含む）
3）DNB-CD遡及版1945年～1971年（1945年から1971年までの出版物）
4）DNB-CD遡及版1972年～1985年（1972年から1985年までの出版物）
5）Diss-CD（1945年から1992年までの博士論文と教授資格論文）
6）DNB-Musik（1976年以降のシリーズM、T、および1982年以降の音楽関連文献を含む）

ドイツ国立図書館が一度把握したデータを何度でもさまざまな用途のために利用するという考え方は、1960年代の中頃のドイツにおいて、図書館のオートメーション化の開始とともに生じたもので、過去30年の間にドイツ国立図書館によって継続的に実施され、データベースサービスに関するより詳しい考察が示しているように大きな成果を上げている。

標準と規格：国際交流

「国際標準書誌記述」に基づく形式把握のためのドイツの目録規則 RAK（アルファベット順目録規則）に関して、ドイチェ・ビューヘライとドイチェ・ビブリオテークは（いくつかの他の図書館とともに）主要機関としてかかわってきた。新規則集は 1970 年代の中頃から種々の応用形態（RAK、KRAK、RAK-WB、RAK-ÖB）で導入され、それまでドイツでさまざまなヴァリエーションで流布していた「プロイセン図書館アルファベット順目録規則（PI）」に取って代わった。両図書館は、特別な規則である RAK-Karten（地図）、RAK-Körperschaften（団体）、RAK-Musik（音楽）、RAK-AV（視聴覚）に関しても中心的な役割を果たしている。この東西ドイツ間での協力関係は、オーストリア、スイス、ルクセンブルクの専門家の協力を得て実現したものであるが、政治的「隔離政策」の時代に両国の専門家による効果的な協力作業が行われた稀なケースである。

ドイツ国立図書館はまた、主題目録規則（RSWK）、検索語基準データ（SWD）、団体名典拠データ（GKD）、個人名典拠データ（PND）、図書館用機械交換書式（MAB）等にも、主要機関としてかかわっている。

ドイツ国立図書館は、図書館活動の国際的上位団体である国際図書館連盟（IFLA）において、種々のプログラムに参画している。特に、「国際書誌コントロール・国際マーク」コアプログラム（UBCIM）や、「UNIMARK フォーマット」の保護と展開、そして「資料保存」コアプログラム（PAC）を強調しておこう。

館長は、ドイツ国立図書館の代表として欧州国立図書館長会議（CENL）に参加し、その関連で種々の EU プロジェクトに参画している。

ドイツ国立図書館は、ヨーロッパ研究図書館連盟（LIBER）、国際音楽資料情報協会（IAML）、国際標準化機構（ISO）、米国規格協会（ANSI）での業務に参加している。そのほかに、種々のユネスコ委員会にも協力している。

第 2 部　さまざまな図書館のタイプ

書籍保存、書籍文化

　「書籍保護センター」（ZfB）は従来、ドイツ国立図書館の一部局であったが、1998 年以降は有限会社として独立し、物理的対象としての書籍の保存に努めている。ZfB は、法律に規定されたドイツ国立図書館の課題、すなわちコレクションを長期間保存するという課題の実現を支援している。ドイツ国立図書館が収集課題を遂行し、その収集対象を記載することは、収集された対象が現実に保存されているときのみ、長期にわたり意味を持つことである。19 世紀の中頃から紙が繊維素材（くず布）の代わりに砕木パルプを用いて生産されるようになって以来、紙の崩壊の危険性ははるかに増大しているので、紙の保護は文献遺産の長期にわたる収集、保存、提示を司るすべての図書館の急務となっている。そのことは、国家的な文献保存機関としての役割を担う図書館にとっては特に重大である。

　ZfB は次の方法でこの課題を充たすべく、試みている。
1）危険に瀕した書籍を手工業的方法で修復する。
2）危険に瀕した書籍をマイクロフィルムによって確保する。
3）紙を切り剥がす方法（Papierspaltung）で補強する。
4）紙に脱酸処理で耐久性を与える。

　「紙を切り剥がす手法」と「脱酸処理」は、1994 年からライプツィヒのドイチェ・ビューヘライにて大規模に実施されたが、今では ZfB によりそのまま引き継がれている。紙を切り剥がす手法では、引き裂いたページの内部に新しい耐久性を与える核としての紙が挿入される。脱酸処理では、まだ十分に耐久性があり、紙を切り剥がす手法を必要としない紙が扱われる。新しい大規模装置で本から十分に湿気が抜かれるとき、酸が抜かれる。図書館のコレクションに対する長期の積極的な効果は計り知れない。

　ライプツィヒのドイチェ・ビューヘライの一部門である「ドイツ図書・文献博物館」は、活字・書籍文化の見本を収集保存し、利用に供するという課題を担っている。それは、ドイツ語文献に関するドイツ国立図書館の全般的課題を、ごく一般的な側面で、つまり世界文学という観点から補充してい

る。この博物館は今日、書籍技術、カリグラフィー、紙、書体、印刷、装丁の歴史に関する50万件以上の見本を用意している。この博物館は実物を提示することにより、図書館制度、書店業、印刷技術といった学習領域での研修と生涯教育に貢献している。コレクションは1884年から「ドイツ出版流通博物館」として存続していたが、1950年にドイチェ・ビューヘライに合併された。この博物館は、1996年に抜本的に姿を変えて再開された。

ドイツ国立図書館は、「ドイツ・エディトリアルデザイン財団」への協力を通じて、実用的および芸術的なアートブックに関する諸々の努力を奨励している。ドイツ・エディトリアルデザイン財団の創立者は、ドイツ出版流通協会（→ 1.3）、フランクフルト・アム・マイン市、そしてドイツ国立図書館である。この財団は、印刷技術的に特に成功している本に対して賞金を与えている。毎年行われるコンクールの結果は、その都度カタログ『ドイツの最も美しい本』で公開されている。

刊行事業

ドイツ国立図書館は書誌刊行事業の他に、コレクションやサービス、諸活動に関して情報を提供する文献（のシリーズ）を発行している。

第1に、1991年以来、統合されたドイツ国立図書館の諸機関の活動について包括的に報告している『年報』を挙げることができる。（かつて諸機関が分離していた時代には、それぞれが独自の年間報告を発刊していた。）

1989年から年に3回刊行されている雑誌『図書館との対話』で、ドイツ国立図書館は、他の図書館との協力に関するテーマ、すなわち、特に全国書誌のサービスとその利用から生じるすべてのテーマを取り上げている。

1965年から刊行され、目下22号に達しているシリーズ『ドイツ国立図書館特別刊行物』は、個々の特殊なイヴェントや事業について報告している。それらは、例えばフランクフルト・アム・マインの新館建築のための建築家コンペ、ドイツ亡命文献目録等である。

最も多く読まれている図書館学の専門雑誌『図書館学と書誌』（ZfBB）

第 2 部　さまざまな図書館のタイプ

は、1982 年よりフランクフルト・アム・マインのドイチェ・ビブリオテークに編集部を置いている。

2.1.2　プロイセン文化財団ベルリン国立図書館

「プロイセン文化財団ベルリン国立図書館」は、ヨーロッパで最も大きく、かつ重要で名声高い学術総合図書館の一つであった、かつてのベルリン王立図書館、後のプロイセン国立図書館の伝統を継承している。プロイセンの国立図書館は、第二次世界大戦とそれに続くドイツおよびその首都ベルリンの東西分割によって最も過酷な受難を経験した。この深刻な状況は今日、東西ドイツ統合の後、少しずつ改善されつつある。今日のベルリン国立図書館は、統合ドイツとベルリンにおいて、再び重要な地位を獲得しようとしている [5]。

プロイセン国家の崩壊後、その国立図書館が今日の立場を獲得するまでに置かれた何十年もの困難な状況を明らかにするためには、その歴史を概観する必要がある。

歴史的発展

この図書館は 1661 年に「ケルン・アン・デア・シュプレーの選帝侯図書館」として創設された。1701 年に「王立図書館」となり、1918 年の王国の崩壊と自由州プロイセンの設立後は「プロイセン国立図書館」となった。

王立図書館は特に 1880 年代以降大きく発展し、1920 年代から 1930 年代におけるプロイセン国立図書館の発展も大変大きな成果であったが、第二次世界大戦の結果かなり唐突な終止符を打った。空襲の危険に脅かされたため、図書館のコレクションは 1941 年から 1944 年まで全部で 30 か所のドイツ帝国全体に及ぶ疎開地に分散された。1914 年にベルリンの中心部ウンター・デン・リンデン街に増築が完成した、ゆとりのあるヴィルヘルム館は、第二次世界大戦中の 4 回にわたる爆撃によって手痛い打撃を受けた。

戦後、コレクションのすべてをベルリンに戻し、本来の場所で一括するこ

127

とは不可能であった。戦争で損壊した建物には、もはや旧コレクションを収容できなかった。それだけでなく、秩序ある返却輸送自体があり得ないことで、特に当時のドイツにおけるいくつかのサービス機関が持っていた可能性の枠を越えていた。蔵書の一部はアメリカの占領地域にあり、他の部分はフランスやソビエトの占領地域にあった。さらに、蔵書の避難移動先はポメルン、シュレジア、ボヘミアにまで及んでいた。そこは、新しいポーランドやチェコスロヴァキアの支配地域になってしまったのである。

　1946 年と 1947 年に、図書の疎開地からの部分的な返還が、ソビエトとアメリカの地域で行われた。ソビエト地区の疎開地と、ボヘミアのテプル（テプラー）河畔のプレモントレ修道院、シュレジアのヒルシュベルク（今日のポーランドのイェレニャ・グラ）に預けられていた書籍は、ベルリンのソビエト地区（東ベルリン）の図書館に移され、「公共学術図書館」という名で再開された。1954 年には、それは東ドイツ国立図書館 (Deutsche Staatsbibliothek) という名を与えられた。それは明らかに、特定の計画ないし要求を意味する命名であった。アメリカ地区の疎開地から帰った図書、とりわけヘッセンのカリ鉱山ハットルフから戻った 150 万冊という巨大な蔵書は、ラーン河畔のマールブルクに集められ一時的に保管された。「ヘッセン図書館」と呼ばれていたこのコレクションは、1949 年以降は「西ドイツ図書館」と呼ばれ、マールブルクで再び（制限つきで）利用できた。ドナウ渓谷ボイロンのベネディクト修道院にある写本や印刷本は、フランス占領軍の承認を得て、ようやく 1948 年にテュービンゲン大学図書館に運ばれ、そこで利用可能になった（テュービンゲン寄託コレクション）。そのほか、大量の蔵書が長期間失われ、30 万冊の運命が今日まで明らかにされていない。また、シュレジアの疎開地にあった蔵書は、戦後ポーランド当局によりクラクフのヤギェヴォ図書館に運ばれ、今日まで返還されていない。

　かつての図書館のコレクションをベルリンで一括することが実際上不可能である上に、まもなく戦勝国間の分裂という政治的困難が加わった。ソビエト占領軍による、1948 年から 1949 年までの 11 か月間のベルリン封鎖を考

第 2 部　さまざまな図書館のタイプ

えれば十分だろう。

　ドイツの西側地域では、1949 年にドイツ連邦共和国（西ドイツ）が建国されたわけだが、その地域にもプロイセン国立図書館に由来するコレクションは存在していた。しかしながら、それらを効果的に統制することは法律的根拠から困難をきわめた。1947 年 2 月 25 日、連合軍統制委員会の法律 46 条によりプロイセン国家は法律的にも解体され、それによってプロイセン国立図書館はその設置者を失うことになった。一方、プロイセン国家の文化財は、それが所属する各州によって管理されることになった。

　これらの文化財（それには図書館コレクションの他に特に重要な博物館資料も属する）を長期的に各州に分散させておくことは、決して理にかなうものではなかった。関連し合うものが引き裂かれては、そこに新しい意義が生まれるはずもない。それにもかかわらず、西ドイツに散在するこれらのコレクションのための有効な統制が見出されるまでには、なお 10 年以上を要した。そして、1957 年に制定された連邦法により、「プロイセン文化財団」が設立されたのだが、まもなく憲法上の疑念からいくつかの連邦州がこの法律に異議を唱えたため、この財団の存立自体が危惧された。1959 年の憲法裁判の決定により、ようやくこの法律の合憲性が保証され、西ドイツにおいて、プロイセン国家の大きな文化的遺産と、かつてのプロイセン国立図書館のコレクションのための長期的な統制への道が開かれることとなった。

　1962 年にプロイセン文化財団はその活動を開始した。それは博物館、国家機密文書館、ラテンアメリカ研究所、国立音楽研究所の他に、プロイセン国立図書館の西ドイツ側の部分を引き継いだ。この図書館は「プロイセン文化財団国立図書館」と改名され、1968 年にはもっと単純な「プロイセン文化国立図書館」という名を与えられ、1992 年に旧東ドイツの国立図書館と再統合されるまでその名を保持した。

　プロイセン文化財団は、建築家ハンス・シャロンの設計に基づいて、1967 年から 1978 年にかけて、西ベルリンのポツダム通りに大規模な図書館の建物を建てた（現在の新館）。この建物はベルリンの壁からわずか数百メート

129

写真8　プロイセン文化財団ベルリン国立図書館・旧館（第1館）

写真9　プロイセン文化財団ベルリン国立図書館・新館（第2館）

第 2 部　さまざまな図書館のタイプ

ル、そしてウンターデンリンデン街の東ドイツ国立図書館（現在のベルリン国立図書館の旧館）からは直線距離にしてわずか 2 キロしか離れていなかったのだが、それは将来的には東西に分断されたコレクションの再統合を達成したいという財団の希望の表明であった。当時の専門家グループからは、贅沢な建物に対する批判や、また立地条件的にも西ベルリンの端に、つまり期待される利用者から遠く離れた地点に建てることに対する批判があった。しかし、図書館の建物をまさにこの位置に建てるという財団の決定は、正しく将来を展望したものであった。それは、当時の条件下においても、今日の視点から見ても最善の判断であった。すなわち、それによって西ベルリンの図書館環境には一つの重要な学術総合図書館が加わったのであり、それはやがて西ドイツにおける広域的・国家的機能を引き受けるものとなった。その機能は、ドイツ統合とベルリン統合の後に変化した今日の条件下においても継続され、発展しているのである。

　ラーン河畔のマールブルクとテュービンゲンにおける暫定書庫からのコレクションの移動は、すでに 1964 年に始まっていた。このコレクションは、ベルリンにおいてもしばらくは暫定的な場所に保管され、1978 年の秋に、ポツダム通りに完成された上述の新しい建物に最終的な居場所を見出した。1978 年 12 月 15 日に、この「部分」図書館は華々しく公開された。

　ベルリンの壁の向こう側では、東ドイツ国立図書館（ベルリン国立図書館）が再び機能性の高い学術総合図書館になってはいたが、東ドイツのすべての図書館と同じく、国家統制の縛りに悩んでいた。主な問題は、非社会主義経済圏での購入に必要な予算的措置（東ドイツで「割当予算」と呼ばれた）の厳しい制限、公衆に利用させてはならない特定のコレクションの隔離、コンピュータ利用の遅れ、コレクションの保護状態に重大な影響を及ぼすほどに建物がひどくないがしろにされたことである。厳しい国家統制にもかかわらず、東ドイツ国立図書館はドイチェ・ビューヘライとともに、何十年も東ドイツの国立図書館としての課題を分担し、東ドイツの図書館活動にとって重要なセンター的機能を引き受けていた。

それにもかかわらず、東西ベルリンの両図書館とも、ライプツィヒのドイチェ・ビューヘライとフランクフルト・アム・マインのドイチェ・ビブリオテークの場合と同じ動向が見られた。すなわち、2つの分離した機関が置かれていた条件がどんなに違っていても、課題設定と図書館司書のメンタリティーの点で、明らかに将来の統合への展望を持っていたのである。

　1990年の東西ドイツ統合契約（→ 1.1）により、すべてのプロイセンの文化財をプロイセン文化財団の傘下に集結することが決定された。徹底した準備作業の後、1992年1月1日づけで、「プロイセン文化財団ベルリン国立図書館」という名の下に両図書館の統合が実現された。かくして、図書館史においてかつてなかった50年に及ぶオデュッセウスの旅は幸福な結果をもたらした。すなわち、それは「2つの建物からなる一つの図書館」であり、それが統合されたこの図書館のモットーなのである。

　統合された新しいベルリン国立図書館は、かつての東西分離の時代においても、上述したあらゆる困難にもかかわらず、すでに多くの事柄を実現していたのであり、それを継続することによって、全ドイツのための学術総合図書館として、また、重要な国民的事業の担い手としてのかつての役割を再び果たすことになるだろう。

収集事業

　今日のベルリン国立図書館のコレクションは、900万件を超える図書と雑誌から成っているが、その中核をなすものは旧プロイセン国立図書館のコレクションである。東西分裂前の第二次世界大戦当初は、約300万冊のあらゆる知識分野の印刷物、12万件を超える写本、その他多数の資料がコレクションに含まれていた。

　戦後の分裂の時代、東西の各図書館ではしばらくの間、一部では極度に困難な状況下において、引き続き資料の収集が行われた。主な収集対象分野は、人文学（歴史、哲学、教育学、ドイツ語とドイツ文学、芸術史）である。これに加えて、法律学（特に外国法）、社会科学、経済学、政治学、さ

第 2 部　さまざまな図書館のタイプ

らに自然科学、技術と医学の資料も集められた。今日統合されたベルリン国立図書館の年間図書購入数は約 15 万冊である。この数字を見ても、ベルリン国立図書館が、従来型の総合図書館（大学図書館、州立図書館）レベルの資料購入計画をはるかに越えようと努力していることがわかる。

　ベルリン国立図書館のコレクション構成を形式的観点、すなわち出版形式の観点から見ると、幅広い専門分野の学術雑誌、特に外国の雑誌が特に多く、目下約 3 万 8 千の予約購読を行っている。ドイツの行政文書は、州と連邦の条令に基づいて無料提供されており、外国の行政文書は、国際的な文書交換により収集されている。同様に多数の国際的組織の刊行物も収集されている。その他に、出版形式の観点から収集活動の対象とされている資料としては、「博士論文」、「学校計画書」（以前は非常に好まれた出版形態であるが、今日ではそれほど多くない）、「地図資料」、「新聞」、「議会資料」が挙げられる。

　ベルリン国立図書館におけるこれらの重点分野は、ドイツ学術振興会により奨励されている広域的な重点計画[6]の中で、次の分野を担当している。

1）法律学
2）東洋学と関連領域
3）東アジア、東南アジア
4）地図資料
5）スラヴ語・スラヴ文学と関連領域
6）個別のスラヴ語・スラヴ文学
7）外国の新聞
8）議会資料
9）地形図

　ベルリン国立図書館の 2 つの館は、東西ドイツが分離されていた数十年間、新規購入に際して多くの同じタイトルを調達していたため、今日、望ましくない重複本を少なからず所有しており、それがいろいろな面で困難な問題を提起している。

現存するコレクションの長期的な配置は、第1館（ウンターデンリンデン）が歴史的な研究図書館としての、そして第2館（ポツダム通り）が学術的利用図書館としての特色を得るように計画されている。

　ベルリン国立図書館の管理下にある「プロイセン文化財団映像資料館」は、特筆すべきコレクションを構築している。それは約1100万件の膨大な数の画像（写真、グラフィック、銅版画、木版画、石版画、および約2万のスライド等）を所持している。

　ベルリン国立図書館の「特別コレクション」は、量的にも質的にも並外れており、西洋と東洋の写本、音楽写本、インクナブラ、後期インクナブラ時代（1500年以降）の貴重な印刷物と装丁、自筆原稿、遺稿、音楽関連印刷物、16世紀から20世紀までの地図や地図帳を包含するものである。それらは途方もない価値を有する資料群であり、したがって図書館にとって特に重大な義務を意味する。

　地域的な観点では、東ヨーロッパ、オリエント、東アジアが収集事業において特に留意されている。

　特別コレクションの管理を担当しているのは、図書館における個別の担当部門、すなわち、写本部門、音楽部門、地図部門、歴史的印刷物部門、児童・YA図書部門、東ヨーロッパ部門、オリエント部門、東アジア部門、そしてすでに言及したプロイセン文化財団映像資料館である。

　貴重品としては、例えば、9世紀のルートヴィヒ・ドイツ王の詩篇、グーテンベルク聖書の羊皮紙版、ニコラウス・フォン・クーのゲルマニア地図（15世紀）、偉大な作曲家の自筆作品（その中には、バッハのミサ曲ロ短調と両受難曲、モーツァルトの多数のオペラ、ベートーベンのいくつかの交響曲が含まれる）、聖書の箴言のコプト人による写本（同図書館の最古の本で3世紀の作）、8世紀日本に由来する印刷された仏教の経典（！）、1560年のハーフィスの詩集の豪華写本といった異文化の大きな記念碑が挙げられる。

　最近の注目すべき新規図書としては、傑出した芸術家や学者、例えば、モーゼス・メンデルスゾーン、ヨハン・ゴットリープ・フィヒテ、アンネッ

テ・フォン・ドロステヒュルスホフ、テオドール・フォンターネ、ゲルハルト・ハウプトマン、マックス・ボルン、ディートリヒ・ボンヘーファーの遺稿や書簡集、さらにまたアウフバウ出版社より寄託品として受け継いだ資料が挙げられる。

　第二次世界大戦後にソビエトの所有に帰し、そこで今日に至るまで数十年の間ふさわしい管理もされず、一般の人々に、いや学問的世界に限ってさえも利用されることのなかったコレクションの返還問題は、残念ながら今日でもほとんど見通しのつかない事柄である。ただし、ソビエト連邦の２つの後継国家は、自由な国際的・学術的な協力活動と他国民の文化財に対する尊重という意味で前向きな兆しを見せている。グルジア共和国は、ソビエト時代以降に自己の領土にあった旧ドイツのコレクション約７万冊を返還することを決定し、1996年10月30日に、ボン駐在のグルジア大使がベルリン国立図書館の広間での象徴的儀式を通じてドイツへ返還した。この時点ですでにコレクションはベルリンに運ばれており、本来それらが所蔵されていた個々の図書館への配置を待つのみであった。アルメニア共和国がそれに続いた。アルメニアの外務大臣が1998年にボンを訪れた際、ドイツの外務大臣に、第二次世界大戦後にアルメニアの学士院に移動されていたドイツの図書館に由来する575件の印刷物、写本、総譜を公的に返還したのである。ポーランド共和国は、オーデル・ナイセ国境の向こうの戦時中の疎開地に由来するクラクフのヤギェヴォ図書館に保管されたコレクションを、以前から学術研究の利用に供している。もしこのコレクションが統合されたベルリン国立図書館へ返還されれば、避難措置の偶然性からばらばらになってしまったコレクションが再び集結されることになるのだが、それは今日まで実現していない。

今日の課題

　ベルリン国立図書館は、そのコレクションを２つの建物の閲覧室において、すべての関心ある利用者に対して利用可能にしているとともに、損傷や紛失を防ぐという理由から生じる通常の制限を伴ってはいるが、館外貸出も

行っている。閲覧室には現在、利用者のための約1千の作業机が置かれている。第1館、つまりウンターデンリンデンの建物の改造により、この数はもっと増えるであろう。東西から集まった膨大な図書館所蔵新聞のために、1997年にはベルリンのヴェストハーフェン地区のかつての倉庫に、閲覧室と近代的な技術的設備を備えた特殊な書庫が設けられた。それによって、この特別なコレクションを種々の形態（オリジナル、マイクロフィルム、あるいはデジタル形式）で利用するための条件が著しく改善された。

ベルリン国立図書館は、年間100万人を超える利用者数と120万件の貸出数を記録している。また、国内および国際的な相互貸借業務において、特に「提供する側」の図書館としてきわめて大きな役割を果たしている（他の図書館から年間約10万件の資料借用希望が寄せられている）。第2館には、統合ドイツに11ある総合目録の一つである「ベルリン総合目録」が所蔵されている。この図書館はまた、東ヨーロッパ（東ヨーロッパ収集目録）、アジアとアフリカ（オリエンタリア総合目録）の文献、ならびに国内の自筆原稿と遺稿（自筆原稿総合目録）のための専門目録を管轄する中央機関でもある。

貴重な古コレクションの中から精選された部分が各種の展示により一般公開されており、学術的に丁寧に作成された立派な目録が、それらの展示に関する情報を与えている。こうして次々と作成される目録は、同図書館に保存・保護されている文化財の量と質を裏づけるものとなっている。

ベルリン国立図書館は、かつてのベルリン王立図書館の時代も、そして後のプロイセン国立図書館の時代も、ベルリン現地における利用だけに制限されてはいなかった。だが、プロイセンおよび後のドイツの首都であり多数の学術機関を擁するベルリンにおける利用に限定して見ても、この図書館が学問的営為に重要な貢献をしてきたことがわかる。

今日のプロイセン文化財団ベルリン国立図書館が、単にベルリンにおいてだけでなく、重要な広域的・国家的な課題を充たしているのは、はるかに過去に遡る伝統が背景にある。すなわち、この図書館はかつて、全プロイセンの総合目録の作成、そして後のドイツの総合目録の作成を担う中央図書館的

な機関であり、ドイツのすべての大きな学術図書館のコレクションに関する記録とその提供（今日の言葉で言えば書誌情報サービス）の点で群を抜いていた。さらに「ドイツ図書館情報局」が設置されたことにより、同図書館は、国家の中央図書館的な課題を相続していたのである。「インクナブラ総合目録」もまたこの関連に属する。

当時始まった総合目録関連事業は、その後、特に「広域的書誌サービス」部局が現代的情報技術を利用したデータベースとして継続している。

第1に、「雑誌データバンク」（ZDB）が挙げられる。これは目録作成と相互貸借のための中央データベースである。1996年の時点では、約88万の雑誌タイトルについて、ドイツ国内といくつかの外国にある3,500以上の図書館における約375万件の所蔵を明らかにしており、さらにそれと関連して、（しばしば検索が困難な）議事録や会議文書などをより簡単に検索するための「会議文書総目録」（GKS）を収録している。

第2に、「団体名典拠データ」（GKD）が挙げられる。これは、ベルリン国立図書館がドイツ国立図書館とバイエルン州立図書館の協力を得て作成・管理しているデータベースであり、ドイツ語圏のすべての図書館にとって重要な基準データである。そのデータには、団体名がRAK（アルファベット順目録規則）の視点で規則書どおりに正確に対応する形式で採録され、RAKに基づいて目録作成する図書館に支援材料として提供される。

ベルリン国立図書館の広域的書誌サービス部局は、国際標準図書番号（ISBN）を世界的規模で広め、適用するための機関（ISBN・ISSN国際本部）を管轄している。この部局はドイツ統合以前の時期から、当時のプロイセン文化財団ベルリン国立図書館（西ベルリン）に本拠を置いていた。

さらにベルリン国立図書館は、国際的図書館間協力における重要な役割を担っている。この図書館は、外国の図書館との包括的な「行政文書交換」を行っており、約40の国々と約60の国際組織に関する「寄託資料図書館」（Free Copy Library）として、また国際的相互貸借における精算事務担当機関としての役割を引き受けている。

2.1.3 バイエルン州立図書館 (BSB)

　ミュンヒェンのバイエルン州立図書館（BSB）[7]の成立は、16世紀中葉にまで遡る。BSBは今日、700万冊に及ぶ図書資料、4万を超える継続雑誌、そして貴重かつ膨大な古蔵書をコレクションとして有する、ヨーロッパの最大かつ最も重要な学術総合図書館の一つである[8]。

　BSBは、ドイツで2番目に大きな学術総合図書館であり、またフランクフルトとライプツィヒのドイツ国立図書館、ベルリン国立図書館に次いで、ドイツで3番目に大きな図書館である。BSBは、ベルリン国立図書館とともに、ドイツにおける学術的文献の最も重要な収集拠点の一つである。BSBは、すべての知識領域、言語、文化に関連する文献を包括的に収集している。『図書館計画'73』の区分によれば、BSBは「第4レベルの機能を持つ図書館」に属する。BSBは、ベルリン国立図書館、ドイツ国立図書館とともに、ドイツにおける全国規模での資料収集を実現する協力システムの一端を

写真10　バイエルン州立図書館 (BSB)（ミュンヒェン）

担っているのである。

歴史的発展

　BSB は、数百年にわたって連続する歴史的伝統を持っている。その点でそれは、20 世紀にひどい断絶を経験したベルリン国立図書館とは異なる。BSB は、もともと 1558 年にアルブレヒト 5 世侯爵が「侯国宮廷図書館」として創立したものであり、それが後に「選帝侯図書館」となり、さらに「王国宮廷図書館」となり、そして第一次世界大戦期の 1918 年から 1919 年の中断の後に「バイエルン州立図書館」（BSB）となったのである。この間、この図書館は、自己のアイデンティティを十分に保持しながら、設置者が政治的・国家法的に交替する歴史を経験した。

　BSB のアイデンティティは、ヴィッテルスバッハ王家やバイエルン州との緊密な結合にのみあるのではなく、特に連続するコレクションの増大に見ることができる。BSB のコレクションには、確かに個別事情による突然の増加もあった。例えば、1773 年イエズス会解散後のミュンヒェン・イエズス会図書館の 2 万 3 千冊編入、1803 年マンハイムのプファルツ選帝侯宮廷図書館における 10 万冊のコレクションの相続、そして特にその後の時代の修道院世俗化に伴う遺産の膨大な増加である。しかし、全体として BSB のコレクションは有機的に連続しており、それがあらゆる時代を通してこの図書館の固有のプロフィールを形成し、保持したのである。

　第二次世界大戦時の空襲により、BSB は約 50 万冊という痛ましいコレクションの喪失を甘受しなければならなかった。写本や他の貴重な作品は、幸いにも早い時期に安全な場所に運ばれ、戦後 BSB に戻された。

　BSB は、ミュンヒェンのルートヴィヒ街にある擬古典主義的建物に収められている。この建物は、バイエルン国王ルートヴィヒ 1 世が 1832 年から 1843 年にかけて、宮廷都市の構築計画の一環として、フリードリヒ・フォン・ゲルトナーを起用して建設させたものである。かくして BSB は、18 世紀以来この図書館が格別に貢献することになったバイエルン学士院と隣り合

わせの位置に置かれている。

　このルートヴィヒ街の建物は、1943年から1945年にかけての空爆でさらにひどい損傷を受け、85％まで破壊されてしまったが、1950年代に再び建て直された。だが、まもなくこの建物は、急速に増大するコレクションと利用者数に対応する十分な空間を提供できなくなった。1966年に後方の部分が増築され、さしあたり（石綿で）修復されてはいるが、より大きな開架式閲覧室を確保するために根本的に改造されることになっている。

コレクション

　BSBのコレクションの中核をなすものは、人文主義の時代に建てられた宮廷図書館に、当時集められた大規模かつ貴重なコレクションである。ヨハン・ヤーコプ・フッガーのコレクションが、すでに1571年に宮廷図書館に加わっている。そこには、有名なニュルンベルクの医師にして人文主義者であるハルトマン・シェーデルのコレクションも含まれている。また、18世紀末と19世紀初頭に上述のような編入があったため、コレクションが急激に増加した。その結果、この図書館は1千年にもわたる文献遺産を持つこととなった。それは、1万8600の写本（初期中世と最盛期中世における書籍文化の貴重な見本を含む）と25万冊の古い印刷本である。BSBの前身である当時の宮廷図書館は、コレクションの量と質から見て、ヨーロッパの図書館の第一線に並んでいた。その時代から、この図書館は世界最大のインクナブラ・コレクションを所持しており、今では1万8600冊以上に及ぶ[9]。

　19世紀を通じて、持続的にコレクションを補充するという大きな努力をしたおかげで、コレクションは19世紀の末にはすでに100万冊に増大していた。

　すでに述べたように、BSBは第二次世界大戦の空爆によって甚大な損害を被っている。第二次世界大戦の初期にあったコレクションの約4分の1が1945年に失われており、これはコレクション構築においては手痛い後退を意味した。

戦前のコレクション量を再び達成するためには、約15年もの歳月を要した。この間、失われたタイトルの再確保、戦時および戦後の時期に入手できなかった外国のタイトルを買い揃える努力が必要であった。

　上に言及した700万冊[10]の図書資料の中には、技術と農業を除くあらゆる知識分野と、世界中のあらゆる言語の資料が含まれるが、その中でも人文科学と社会科学にある程度の重点が置かれている。その他には、DFG（ドイツ学術振興会）により特に推進されている「特別収集分野」がある。これは、特定の図書館が全国レベルでの収集課題を担当する分野であり、BSBは以下のような多くの分野を担当している。

1) 先史と初期史
2) 古代史、中世および近世ラテン語文献学を含む古典的古代研究
3) ビザンチン
4) ソ連邦以後の独立国家共同体諸国
5) ポーランド、チェコ、スロヴァキア、ブルガリア、かつてのユーゴスラヴィア、アルバニアの地域
6) ルーマニア
7) 歴史、一般的分野
8) ドイツ、オーストリア、スイスの歴史
9) フランスとイタリアの歴史
10) 音楽学

　上記の諸分野の他に、以前からBSBが歴史的に引き受けてきた課題として、「写本」と「稀こう本」の分野が挙げられる。BSBは今日7万8317件の写本を所有するが、そのうち33万6811件が西洋の、1万2806件が東洋の、2万8700件が音楽の写本である[11]。写本の中には、9世紀の作品である『ヴェッソブルンの祈祷書』、『ヘーリアント』、『オトフリート・フォン・ヴァイセンブルクの福音書』、11世紀の韻文騎士物語である『ルーオトリープ』、12世紀のテーゲルンゼーの反キリスト劇、そして13世紀の作品としては、『ニーベルンゲンの歌』の2つの写本、ヴォルフラム・フォン・エッ

シェンバッハの『パルチヴァール』、ゴットフリート・フォン・シュトラスブルクの『トリスタン物語』、そして『カルミナ・ブラーナ』が含まれる。また、古典ラテン語文献と古代ギリシャ語文献についても、多数の傑出した作品を所蔵している。

ライヒナウ派やレーゲンスブルク派などの「西洋挿絵」における稀有の作品は、修道院世俗化の時代以降、この図書館コレクションの国際的名声を高めるのに大きく貢献した。その中には、セルビアの詩篇、ブルガリアとアルメニアの福音書のようなビザンチン書籍芸術の作品もある。

「東部・中部ヨーロッパにおける国民文化」の初期の資料の現物としては、特に10世紀布教時代の古スロヴァキア文献が保存されている。

「アラビアの写本」としてはコーランの豪華本の現物、「その他の東洋の写本」としてはペルシャの漆の装丁とチベットの表紙がある。また「東アジア」の領域では、8世紀日本と10世紀中国の仏教の書物があり、「インド文化」の領域では、叙事詩『マハーバーラタ』を収めた83メートルの巻物がある。

BSBで保存・保護されている写本は、素材の面でもまた非常に多様であり、パピルス、羊皮紙、紙、さらにまた皮、シュロの葉、ダルワン（ジャワ産植物でイスラム文献に使用される）、白樺の表皮、竹、木、布地、象牙、骨、金属、石などがある。

「稀こう本」としては、あらゆる時代、あらゆる知識分野の原典と、過去の印刷技術による多数の印刷物、木版本と片面刷りから近代のアートブックに至るまで多数の見本がある。すでに言及したインクナブラと後期インクナブラのコレクションは、この種のものでは世界最大のコレクションである。表紙のコレクションでは、16世紀から19世紀までの歴史的装丁技術による約3,500の作品を所蔵している。近代における稀こう本としては、特にドイツ、イギリス、フランスの活版印刷、蔵書票、ブックカバー、ポスターといった多様なグラフィック資料を挙げることができる。

この図書館は以前から、単に書籍文化にとって重要な資料を全世界から集

第 2 部　さまざまな図書館のタイプ

めることのみではなく、特にバイエルンの文化的・公的な生活を記録することを重要とみなしてきた。そのため、バイエルン関連文献（ババリカ）、つまりバイエルンで刊行されたすべての出版物と、バイエルンに関する、またはバイエルンの作家によるすべての出版物の収集には特に力を入れている。この収集活動は、1663 年以来さまざまな形態で存続している「義務納本制度」に支えられており、それにはバイエルン州にあるすべての出版社が従うことになっている（→ 2.2）。さらにこの収集活動は、今や 900 名以上の著作者の遺稿収集にまで及んでいる。その内容は芸術、学術、政治のすべての領域にわたり、バイエルンに特にかかわるものを重視している。

　BSB の「写真資料アーカイブ」は、現代史的に大きな価値を持っている。そのコレクションは、特にハインリヒ・ホフマンの写真収集のおかげで、1933 年前後の民族（国家）社会主義ドイツ労働者党（ナチス）に関する包括的な写真資料があり、さらに、フェリシタス・ティンペの写真収集のおかげで、1950 年代から 1980 年代にかけてのミュンヒェンの学術的、文化的、政治的生活に関する多数の記録がある。

　「楽譜コレクション」は、量と質において、この種のコレクションとして世界で第一級のものに数えられる。それは 23 万件の楽譜[12]、2 万 7 千を超える音楽写本、5 万 4 千の録音媒体、そして約 9 万 2 千の音楽に関する活字文献を含んでいる。DFG（ドイツ学術振興会）特別収集分野の「音楽研究」が BSB に委託されていることにより、このコレクションは学術的な音楽研究の方面でも強化されている。1988 年から 1990 年にかけて、17 巻からなる『音楽印刷物目録』が出版されており、また『音楽雑誌目録』（1990 年）も豊富なコレクション情報の提供に貢献している。

　「地図コレクション」では、地籍図（土地台帳）を含むバイエルンのすべての市街図と区域図はもちろんのこと、ドイツ連邦州の行政的な個々の地図と地図帳（特定縮尺まで）、すべての国の地形図（特定縮尺まで）、主要な世界地図、国家地図、州地図、そして、その他のさまざまな地理関連資料を包括している。地図コレクションには多数の貴重な古い時代の地図や地球儀も

含まれる。地図の総件数は現在 34 万件[13]である。

BSB はまた、連邦と州の行政文書と、国際連合、ユネスコ、EU の刊行物の収集拠点でもある。

今日の課題

上述のコレクションの性格から言って、バイエルン州立図書館（BSB）は傑出せる保存・研究図書館であり、成立以来（そして特に 19 世紀初頭の膨大なコレクション拡張以降）、全世界の研究者から、まさにそのとおりの評価を受けている。そのことは、過去の時代の著名な人物たちによる多数の利用の記録が示しており、また、現在では地域内外における貸出数および館内閲覧利用者数の高さに表れている。

BSB のコレクションは、当然のことながら、第 1 にバイエルン州都ミュンヒェンの市民に役立っている。コレクションは、館内閲覧だけでなく自宅利用のためにも提供されている。BSB は、ミュンヒェン大学（ドイツ最大の大学の一つ）の本館に向かい合った場所に位置しているので、大学生に対する補完的なニーズも非常に頻繁に充たさなければならないのであり、学生たちも、大学図書館を補充する都合のよい図書館として BSB を利用している。こうした学生たちによる利用は、BSB の利用の全体像を変えてしまうものであり、保存・研究図書館としての本来の課題を著しく損ねている。

BSB のオンライン蔵書目録（OPAC）は、館内だけでなくインターネットを介しても利用可能である。これは 200 万件の図書（ただし出版年が 1982 年以降のものと、出版年が 1501 年から 1840 年までのもの）、継続発刊中の雑誌、その他の資料に関する書誌データベースとして無料で提供されている。

地域の利用者のための貸出申請手続きは自動化されている。資料全体の約半分がすでにディスプレイ上で検索できる。書庫からの資料を借りる利用者は、図書館の至るところに設置されている対応する機器に、請求記号を打ち込むだけで借りることができる。

BSB は、バイエルン州における中央学術図書館としての機能も果たして

第 2 部　さまざまな図書館のタイプ

いる。それは、すでに述べたバイエルン地域の納本義務制度とバイエルン関連資料（ババリカ）の収集活動においても認められるが、州全体における利用の数という面においてもはっきりと現れている。バイエルンは大きな連邦州であり、機能性の高い大学図書館や専門図書館は他にも多数あるけれども、BSB の市外貸出の 50％と有料の資料提供の 85％は、バイエルン州の内部からの利用が占めているのである。

　さらに、BSB はベルリン国立図書館、ドイツ国立図書館とともに、「全国レベルでの総合図書館」（→ 2.1）として位置づけられる。これは、相互貸借制度において「与える」側の図書館として高い実績を示していることからも言えるし、地域を越えた広域的な書誌と目録の作成を行っている点からも言えることである。後者の例として、BSB はロンドンの大英図書館の協力を得て、ドイツにあるすべてのインクナブラの所蔵地目録と 16 世紀ドイツ語圏の印刷物の書誌（VD16）を作成している。また、17 世紀の目録（VD17）に関しては、ゴータ研究・州立図書館、ヴォルフェンビュッテルのアウグスト大公図書館（→ 2.4.4）、ドレースデンのザクセン州立図書館（→ 2.2）、ベルリン国立図書館（→ 2.1.2）、そしてハレのザクセン＝アンハルト大学＝州立図書館との連携において作成作業が行われているが、そこでも BSB が指導的機関としての立場を持っている。「ドイツ刊行物収集計画」の一環として、バイエルン州立図書館は 1450 年から 1600 年までの期間を担当している。BSB は、団体名典拠データ（GKD）と個人名典拠データ（PND）の作成に関しても協力を行っている（→ 2.1）。

　BSB は、貴重な古いコレクションを入念に保護することを重要な義務と考えている。これに関しては、図書館内に「書籍・写本修復センター」（IBR）が設けられており、その起源は 1944 年以降の戦争被害を受けた図書の修復に遡る。今日では、歴史的な価値を持つ貴重な文献の物質的保存状態を管理しており、写本、古印刷物、その他の種類の収集資料が専門的視点で修復されている。このセンターの意義は、BSB 一館を越えるものである。すなわち、バイエルン以外の州における州立図書館が所蔵する資料も、ここ

145

で修復されているのである。

　BSB は、そのコレクションと新規購入図書から重要なものを、多数の展示により一般に公開している。それらの展示目録は、時間がたつにつれて研究のための重要な資料になる。BSB における展示会、会議、学会のようなイベント、あるいは特別な入手品に関しては、雑誌『バイエルン図書館フォーラム』で詳しく報告される。BSB の全活動についての定期的な報告は、1972 年以降 BSB が定期的に発行している年鑑に掲載されており、それには BSB における資料の受入や利用に関する多数の統計データが含まれる。

2.2　州立図書館と地方図書館

　州立図書館とその他の地方図書館は、その成立の時期と事情、発展史、コレクションの量と性質に関して、また個々の図書館の名称に現れている設置者の点で、その一つ一つは大きな違いを見せているけれども、ドイツの図書館制度の中で一つの固有のタイプを形成している。ヨーロッパの他の諸国、特にイギリスやフランスのように古くから中央集権化した国家管理機構を持つ国々では、このタイプの図書館はあまり例がない。

　この地方図書館のグループに属するのは、次の3つのタイプである。まず、「国立」(staatlich) という名称を含む多くの図書館を含めたすべての州立図書館。次に、特定の大学のための第一義的課題の他に州立図書館としての課題も果たし、たいていそれに対応する名称（大学＝州立図書館、州立＝大学図書館、地方＝大学図書館）を持っている大学図書館。そして最後に、わずかではあるが、地域の公共図書館とは別に今日なお独立して存続し、地域に関連する収集活動を行っている市立学術図書館である。

　これらのうち、「地域的機能」だけを主要課題としている図書館はごく一部にすぎないことを強調しておかねばならない。というのも、ここに名を挙げた多くの図書館は、他の主要機能（市立学術図書館または大学図書館）を

第 2 部　さまざまな図書館のタイプ

持ち、それの他に追加的課題として地域的な機能を担っているのである。地域的な機能とは、特に次のようなことである。すなわち、地域に関する文献の収集と保存、その書誌的記録の作成と提供、地域住民の利用環境整備、地域外貸出における本部図書館としての課題の遂行、地域連携体制の構築への協力、当該地域における過去および現在の文学活動支援のための諸活動である。

　今日の、またかつての州都にある多数の州立図書館（ドレースデン、シュヴェリーン、カールスルーエ、シュトゥットガルト、ハノーファー、オルデンブルク、コーブルク、デトモルト、オイティン、ゴータ、デッサウ）は、その由来が侯爵の「宮廷図書館」に遡るものであり、歴史的に貴重な、一部非常に包括的なコレクションを有している。また他の図書館は、かつての領邦貴族等の図書館に遡るもの（例えばアウリヒ）であったり、古い時代の市の施設（例えばアウグスブルクやリューベック）であったり、また修道院世俗化時代のいわゆる「保存図書館」（バイエルンの規模の小さい州立図書館）であったり、あるいは特定の地域的な収集課題を担当する機関として最近設立されたもの（キール、コブレンツ、シュパイアー）であったりする。他にもさまざまな混合形態があるが、中でも若干回りくどい名称を持つカッセルの地方図書館は、そこに表現されている種々のルーツが特に興味深い。

　ベルリン国立図書館（→ 2.1.2）とミュンヒェンのバイエルン州立図書館（→ 2.1.3）も、歴史的にはかつての侯爵家の宮廷図書館に遡るが、この 2 つの機関は 19 世紀の初頭より、それまでの地方的な枠をはるかに越えて国家的・国際的な意味を持つ図書館に発展したので、ここでは考察の対象外とする。また、ヴァイマルのアンナ・アマーリア公妃図書館やヴォルフェンビュッテルのアウグスト大公図書館については、州立図書館としての特徴を持ち合わせてはいるものの、主要な役割として見れば、今日では研究図書館という図書館類型に帰属させるべきものなので（→ 2.4.4）、やはりここでは対象外とする。

　地方図書館は、『図書館計画'73』では「第 3 レベル」の機能を担う図書館

図2 州立図書館とその他の地方図書館

第 2 部　さまざまな図書館のタイプ

と位置づけられているが、それはしばしば「第 2 レベル」の公立公共図書館とも関連しており、後者もまたそれ自体より小さな地域での文献・情報サービスに貢献している（→ 2.5.1）。東の連邦州における地方図書館は、一部、旧東ドイツ時代に活動していた市立＝郡立図書館や市立＝県立図書館を継続する形で運営されている。それらの個々の名称は、今日では「市立＝地方図書館」という名（例えばコットブス、フランクフルト・アン・デア・オーダー、ゲーラ、ザーレ河畔のハレ、ズール）であったり、あるいは東ドイツ時代に由来する「学術一般図書館」という名（例えば州都エアフルトの公共図書館）であったりする。また「プラウエンのフォークトラント図書館」（1992 年まで市立図書館）のように、地域を表す名称を持ち、地域関連文献の保護を明確に表現しているものもある。いずれにせよ、地方図書館が地方自治体における文献サービスと最も緊密な結びつきを持つのは、「市立学術図書館」がすでに長い以前から同時に地方図書館であったような場合である。例えばアウグスブルク、バウツェン、ブラウンシュヴァイク、ライプツィヒ、リューベック、マインツ、トリーア、ヴォルムス、ツヴィッカウの図書館がそれであり、いくつかのケースでは公共図書館とも組織的に結びついている。「地方図書館」という図書館のタイプを識別するための特徴は、州または小さな地域に関連する資料の収集活動で、これはたいていの場合、地方の義務納本制度と結びついている。

連邦州ごとの地方図書館

連邦州	地方図書館	地方図書館的特色	職員数／コレクション数（1997 年）
バーデン＝ヴュルテンベルク州	[1] バーデン州立図書館（カールスルーエ）（1500 年創立）[14]	[1] ● 義務納本対象地域：バーデン＝ヴュルテンベルク ● 州書誌：バーデン＝ヴュルテンベルク州の地域資料の収集・保存	[1] 96.5 人 [16] ／183 万 9 千冊

149

	[2] ヴュルテンベルク州立図書館（シュトゥットガルト）(1765年創立)[15]	[2] ●義務納本対象地域：バーデン＝ヴュルテンベルク ●州書誌：バーデン＝ヴュルテンベルク（編集本部） ●バーデン＝ヴュルテンベルク州雑誌目録 ●州内で刊行された文献と、同州について記された文献の収集・保存	[2] 127.5人／ 262万1千冊
バイエルン州	[3] アンベルク州立図書館（地方図書館）(1805年創立)[17]	[3] ●特定収集分野：オーバープファルツ地方関連文献、アンベルク関連文献	[3] 5人／ 10万2千冊
	[4] アウグスブルク州立＝市立図書館(1537年創立)[18]	[4] ●義務納本対象地域：シュヴァーベン地方（1987年以降）、シュヴァーベン地方行政文書（1911年以降） ●特定収集分野：アウグスブルク地方関連文献、バイエルン・シュヴァーベン地方関連文献、B.ブレヒト[22]関連文献	[4] 20人／ 44万冊
	[5] バンベルク州立図書館(1803年創立)[19]	[5] ●義務納本対象地域：オーバーフランケン地方（1987年以降）、オーバーフランケン行政文書（1911年以降） ●特定収集分野：バンベルク関連文献、フランク地方関連文献、E.T.A.ホフマン[23]関連文献	[5] 16人／ 39万4千冊
	[6] コーブルク州立図書館(1550年創立)	[6] ●コーブルク書誌（1976年以降） ●特定収集分野：コーブルク関連文献、テューリンゲン地方関連文献	[6] 14人／ 37万冊
	[7] ディリンゲン研究図書館(1549年創立)[20]	[7] ●特定収集分野：アウグスブルク司教区関連文献	[7] 4.5人／ 14万8千冊

第2部　さまざまな図書館のタイプ

	[8] パッサウ州立図書館（1612年創立）[21]	[8] ●義務納本対象地域：ニーダーバイエルン地方（1987年以降）、ニーダーバイエルン行政文書 ●特定収集分野：バイエルンとオーストリアの歴史、ニーダーバイエルンの歴史と文学	[8] 9.5人／ 27万87千冊
	[9] レーゲンスブルク州立図書館（1816年創立）	[9] ●義務納本対象地域：オーバープファルツ地方（1987年以降）、オーバープファルツ行政文書（1922年以降） ●特定収集分野：オーバープファルツ地方関連文献、レーゲンスブルク地方関連文献	[9] 9.5人／ 25万3千冊
ベルリン州	[10] ベルリン中央州立図書館（ベルリン市立図書館とアメリカ記念図書館）（創立年：1901年；1951年；1995年）[24]	[10] ●義務納本対象地域：ベルリン（1994年以降）（東ベルリンでは1960年から義務納本対象地域、西ベルリンでは1965年から提供義務） ●州書誌：ベルリン州（1990年以降） ●特定収集分野：ベルリン関連文献、ベルリン人名簿	[10] 281.5人／ 191万冊
ブランデンブルク州	[11] ポツダム市立＝州立図書館（創立年：1922年；1992年）[25]	[11] ●義務納本対象地域：ブランデンブルク（1955年以降） ●州書誌：ブランデンブルク ●特定収集分野：ブランデンブルク地方関連文献、ゴットフリート・ベン[26]関連文献	[11] 90.5人／ 68万8千冊
ブレーメン州	[12] ブレーメン州立＝大学図書館（1660年創立）[27]	[12] ●義務納本対象地域：ブレーメン（1934年以降）	[12] 156人／ 300万3千冊
ハンブルク州	[13] ハンブルク・カール・フォン・オシエツキー州＝大学図書館（1479年創立）[28]	[13] ●義務納本対象地域：ハンブルク（1696年以降） ●特定収集分野：ハンブルク関連文献	[13] 227人／ 284万1千冊

151

ヘッセン州	[14] ダルムシュタット州立＝大学図書館(1567年創立)(29)	[14] ●義務納本対象地域：ダルムシュタット（1950年以降） ●特定収集分野：ヘッセン、ダルムシュタット地域関連文献	[14] 89.5人／ 180万2千冊
	[15] ヘッセン州立図書館（フルダ）(1778年創立)(30)	[15] ●義務納本対象地域：フルダ ●特定収集分野：フルダ地方関連文献、ウルリヒ・フォン・フッテン(33)関連文献	[15] 21人／ 32万2千冊
	[16] カッセル統合大学(GH)図書館・州立図書館・カッセル市立ムルハルト図書館(1580年創立)(31)	[16] ●義務納本対象地域：カッセル（1949年以降）（それ以前は1770年からヘッセン・カッセル伯爵領） ●州書誌：(1978年以降) ●特定収集分野：クアヘッセン、ヴァルデック関連文献	[16] 104人／ 141万5千冊
	[17] ヘッセン州立図書館（ヴィースバーデン）(1813年創立)(32)	[17] ●義務納本対象地域：かつてのヴィースバーデン（1970年以降）（それ以前は1814年からフランクフルト市を含まないナッサウ公爵領） ●特定収集分野：ナッサウ関連文献	[17] 41人／ 66万9千冊
メクレンブルク＝フォアポンメルン州	[18] メクレンブルク＝フォアポンメルン州立図書館（シュヴェリーン）(1779年創立)(34)	[18] ●義務納本対象地域：メクレンブルク（1938年以降） ●特定収集分野：メクレンブルク＝フォアポンメルン地方関連文献	[18] 27人／ 61万4千冊
ニーダーザクセン州	[19] アウリヒ地方図書館(1696年以前創立)(35)	[19] ●特定収集分野：オストフリースラント、フリースラント地方関連文献	[19] 5人／11万冊
	[20] ブラウンシュヴァイク市立図書館(1861年創立)(36)	[20] ●特定収集分野：ブラウンシュヴァイク市、ニーダーザクセン州	[20] 14.5人／32万3千冊

第 2 部　さまざまな図書館のタイプ

	[21] ゲッティンゲン・ニーダーザクセン州立＝大学図書館（1734年創立）(37)	[21] ●義務納本対象地域：ニーダーザクセン州行政文書（1970年以降）	[21] 290人　／397万3千冊
	[22] ハノーファー・ニーダーザクセン州立図書館（1665年創立）(38)	[22] ●義務納本対象地域：ニーダーザクセン（1950年以降）（それ以前は1737年からハノーファー選帝侯領） ●州書誌：ニーダーザクセン（1971年以降） ●特定収集分野：ニーダーザクセン州史、ライプニッツ(39)関連文献	[22] 162人　／205万8千冊
	[23] オルデンブルク州立図書館（1792年創立）	[23] ●特定収集分野：オルデンブルク、オストフリースラント、ハノーファー・エムスラント地方関連文献	[23] 33人　／51万5千冊
ノルトライン＝ヴェストファーレン州	[24] ボン大学＝州立図書館（1818年創立）(40)	[24] ●義務納本対象地域：ケルン（1994年以降）（それ以前はケルンとデュッセルドルフ）	[24] 125人／221万8千冊
	[25] リッペ州立図書館（デトモルト）（1614年創立）(41)	[25] ●義務納本対象地域：デトモルト地域行政文書（1969年以降） ●州書誌：リッペ郡 ●特定収集分野：リッペ、ヴェストファーレン地方関連文献、グラッベ(45)、フライリヒラート(46)、ロルツィング(47)、ゲオルク・ヴェールト(48)関連文献	[25] 25人／45万冊
	[26] ドルトムント市立＝州立図書館（1907年創立）(42)	[26] ●特定収集分野：ヴェストファーレン地方関連文献	[26] 128人／115万1千冊
	[27] デュッセルドルフ大学＝州立図書館（1770年創立）(43)	[27] ●義務納本対象地域：デュッセルドルフ（1994年以降）（それ以前は1909年からデュッセルドルフ地域行政文書）	[27] 160人／241万2千冊

153

		●州書誌：ノルトライン＝ヴェストファーレン（1983年以降） ●特定収集分野：ライン地方地域資料	
	[28] ミュンスター大学＝州立図書館（1588年創立）[44]	[28] ●義務納本対象地域：アルンスベルク、デトモルト、ミュンスター（1966年以降）（それ以前は1824年からかつてのヴェストファーレン地方） ●州書誌：ノルトライン＝ヴェストファーレン（1983年以降） ●特定収集分野：ヴェストファーレン地方関連文献	[28] ● 147.5人 ● 219万7千冊
ラインラント＝プファルツ州	[29] プファルツ図書館（カイザースラウテルン）	[29] ●特定収集分野：プファルツ文学、芸術、工芸	[29] 5人／7万冊
	[30] マインツ市立図書館（1477年創立）[49]	[30] ●義務納本対象地域：かつてのラインヘッセン地域（1965年以降） ●ラインラント＝プファルツ州書誌協力（1991年以降） ●特定収集分野：マインツおよび隣接地域の関連文献、ラインヘッセン地域関連文献、ライン史、中部ライン	[30] 36.5人／55万4千冊
	[31] ライン州立図書館（コブレンツ）（1987年創立）[50]	[31] ●義務納本対象地域：コブレンツ ●州書誌：ラインラント＝プファルツ（1991年以降） ●特定収集分野：中部ラインおよび隣接地域の歴史と地域資料	[31] 35人／35万冊
	[32] プファルツ州立図書館（シュパイアー）（1921年創立）[51]	[32] ●義務納本対象地域：かつてのプファルツ地域（1947年以降） ●ラインラント＝プファルツ州書誌協力（1991年以降） ●現在および過去のプファルツ書誌 ●特定収集分野：かつてのプファルツおよび隣接地域の関連文献	[32] 48人／80万冊

第 2 部　さまざまな図書館のタイプ

	[33] トリーア市立図書館(1798年創立)[52]	[33] ●義務納本対象地域：トリーア（1991年以降）（それ以前は1966年からコブレンツとトリーア） ●ラインラント＝プファルツ州書誌協力（1991年以降） ●特定収集分野：トリーア、モーゼルラント地域関連文献	[33] 24.5人／ 38万冊
ザールラント州	[34] ザールブリュッケン大学＝州立図書館（1950年創立）[53]	[34] ●義務納本対象地域（提供義務）：ザールラント（1965年以降）（1967年からはザールラント行政文書） ●州書誌：ザールラント（1968年以降） ●特定収集分野：ザールラント、ロートリンゲン地域関連文献	[34] 102.5人／ 149万冊
ザクセン州	[35] ザクセン州立図書館・ドレースデン州立＝大学図書館（1556年創立）[54]	[35] ●義務納本対象地域：ザクセン（1990年以降）（それ以前は旧東ドイツのドレースデン県、カール・マルクス・シュタット県、ライプツィヒ県） ●州書誌：ザクセン ●特定収集分野：ザクセン地方関連文献	[35] 388人／ 374万冊
	[36] オーバーラウジッツ学術図書館（市立芸術コレクション）（ゲルリッツ）（1779年創立）	[36] ●特定収集分野：ラウジッツ地方関連文献、シレジア地方関連文献、ヤーコプ・ベーメ[55]関連文献	[36] 3人／11万冊
ザクセン＝アンハルト州	[37] アンハルト州立図書館（デッサウ）（1898年創立）[56]	[37] ●特定収集分野：アンハルト地方関連文献	[37] 43.5人／ 27万3千冊
	[38] ザクセン＝アンハルト大学＝州立図書館（ザーレ河畔のハレ）（1696年創立）[57]	[38] ●義務納本対象地域：ザクセン＝アンハルト（1991年以降）（それ以前はかつてのザクセン地方） ●地方書誌：ザクセン＝アンハルト（1965年以降）	[38] 187人／ 486万5千冊

155

		●特定収集分野：ザクセン＝アンハルト地方の地域資料、州史	
シュレースヴィヒ＝ホルシュタイン州	[39] オイティン州立図書館（1450年創立）	[39] ●特定収集分野：オイティン地域関連文献、ヨハン・ハインリヒ・フォス(59)関連文献	[39] 7人／ 5万2千冊
	[40] シュレースヴィヒ＝ホルシュタイン州立図書館（キール）（1873年創立）	[40] ●義務納本対象地域：シュレースヴィヒ＝ホルシュタイン（1964年以降） ●州書誌：シュレースヴィヒ＝ホルシュタイン（1928年以降） ●特定収集分野：シュレースヴィヒ＝ホルシュタイン、デンマーク、低地ドイツ語圏、フリースラント地方関連文献	[40] 23人／ 20万1千冊
	[41] ハンザ都市図書館（リューベック）（1620年創立）(58)	[41] ●義務納本対象地域（提供義務）：シュレースヴィヒ＝ホルシュタイン（1964年以降）（それ以前は1756年から、かつてのリューベック自由州） ●特定収集分野：リューベック、ハンザ、バルト海圏の関連文献	[41] 72人／ 118万9千冊
テューリンゲン州	[42] ゴータ研究・州立図書館（1647年創立）(60)	[42] ●特定収集分野：テューリンゲン地方関連文献、宗教改革史	[42] 33人／ 60万2千冊
	[43] テューリンゲン大学＝州立図書館（イェーナ）（1558年創立）(61)	[43] ●義務納本対象地域：テューリンゲン（1990年以降）（それ以前は1935年から1954年まではかつてのテューリンゲン州、1983年から1990年まではかつてのエアフルト県、ゲーラ県、ズール県） ●州書誌：テューリンゲン（1983年以降） ●特定収集分野：テューリンゲン地方関連文献	[43] 170人／ 320万8千冊

第 2 部　さまざまな図書館のタイプ

　ここに掲げた図書館の多くは、確かに地方的な性格の違いから強い差異性を示すものの、基本的にはすべての知識分野に関する資料を収集しているので、学術総合図書館の一種とみなすことができる。しかし、中央総合図書館であるベルリン国立図書館やバイエルン州立図書館（BSB）と比べると、コレクションの量と予算額の点ではるかに下回っているので、まさに地方に限定された小さなニーズを充たすものにすぎない。これらの図書館のいくつかは、傑出した質の高いコレクションを所持しているけれども、ベルリン国立図書館やミュンヒェンの BSB のような国家的意義を持っているものはない。上記のリストでは、コレクション数と職員数が少なく、これといった地方図書館的プロフィールを持たない図書館や、注目すべき収集活動を行っていない図書館については特に掲載しなかった。

　もちろん、地方図書館に関しては、コレクションの意義は量のみで計られるべきものではない。「写本」や「古印刷物」の貴重なコレクションおよび「特殊コレクション」を有する多くの中規模・小規模の図書館は、学術研究にとって、他をもって代えがたい意義を持っている。例えば、ドレスデン、ハノーファー、カールスルーエ、シュトゥットガルトの大きな名を知られた州立図書館はもちろんのこと、中世の写本に関してはバンベルク、フルダ、トリーア、東洋学に関してはゴータ、ブレヒトに関してはアウグスブルク、E. T. A. ホフマンに関してはバンベルク、グラッベとフライリヒラートに関してはデトモルト、ヨハン・ハインリヒ・フォスに関してはオイティン、ヤーコプ・ベーメに関してはゲルリッツ、ゴットフリート・ベンに関してはポツダムという具合である。過去の時代の学校計画書については、歴史資料の一種として、相当な量を州立図書館で保存している。ヴュルテンベルク州立図書館は、ドイツ学術振興会が推進する、ドイツの図書館における西洋写本の目録作成プロジェクトにおいてぬきんでた役割を果たしている。

　表中に掲げた地方図書館のいくつかは、重要な「アーカイブ」を管轄している。ここでは特に、国際的な学術研究拠点となっているハノーファー・ニーダーザクセン州立図書館のライプニッツ・コレクション、ヴュルテンベ

ルク州立図書館のヘルダーリン・コレクションとシュテファン・ゲオルゲ・コレクションを挙げておこう。

州立図書館としての課題を持った大学図書館や、地方自治体図書館と結びついた機関は別として、通常、地方図書館は特定の機関に従属しておらず、したがって、何らかの機関の構成員に貢献しなければならないような義務もない。その点では、地方図書館は大学図書館よりも自由であり、むしろベルリンとミュンヒェンの中央学術総合図書館に類似している。一般に、地方図書館はすべての利用者に等しく開かれている。

地方図書館の中で最大規模の4館は、工科大学の拠点としての重要な伝統を持つ大学都市にある。すなわち、ザクセン州立図書館（ドレースデン州立＝大学図書館、大学図書館コレクション数は374万冊）、ハノーファー・ニーダーザクセン州立図書館（200万冊）、カールスルーエのバーデン州立図書館（180万冊）、そしてシュトゥットガルトのヴュルテンベルク州立図書館（260万冊）である。ドレースデン、ハノーファー、カールスルーエ、シュトゥットガルトの単科大学は、今日では総合大学として再構築されているけれども、現在でも理工系の分野に重点を置いた研究・教育活動を行っており、それらの大学図書館のコレクションもまた、理工系の分野に重点を置いた構成になっている。そういうわけで、ドレースデン、ハノーファー、カールスルーエ、シュトゥットガルトの州立図書館は、それぞれの地域の大学図書館の機能を補完すべく、幅広い人文社会科学分野のコレクションを備えているのである。

新設大学のあるオルデンブルクでは、豊富なコレクションを持つ州立図書館が、新設の大学図書館の利用者に対して重要な補完機能を果たしている。同じことは、アウグスブルク州立＝市立図書館、バンベルク州立図書館、トリーア市立図書館のような地方図書館にも当てはまる。この3つの町にも新設大学があり、そこでは十分な量のコレクションがまだないのである。計画中のエアフルト大学が新設されれば、近くにあるゴータ研究・州立図書館がそれに対応する機能を持つことになるだろう。

第 2 部　さまざまな図書館のタイプ

　以前から州立図書館を特徴づけている固有の性格は、「地域の保存図書館」としての機能である。州立図書館は、何らかの特徴を持った総合的収集課題の他に、その地方で刊行された文献と、その地方に関連して記述された地域資料を完璧に収集・保存し、文献目録を作成・提供しなければならない。

　ここで言う「地域資料」とは、単に古い歴史的に固定した意味ではなく、むしろ政治的、法的、経済的な内容の州にかかわる出版物のことである。また、多くの州書誌に見られるように、時には博物学や技術文献をも含むものである。このような地域資料には、その州または地域に生まれ、そこで活動している（活動した）政治、経済、芸術、学問、宗教の分野の人々の著作や、彼らに関する文献が含まれる。地域資料を完全に記録するために、地方新聞をはじめ、地方に特別な関連を持つあらゆる種類のポピュラーな文献・資料が収集される。そのような文献（料理本、児童書、祈禱書、教科書、旅行案内、地図、市街図、絵本、スポーツや芝居のパンフレット、漫画、カレンダー）は、短期的には最新の情報価値を持った資料であり、長期的には大きな歴史的資料価値を有するコレクションとなる。

　上記の州立図書館・地方図書館の多くが「州書誌」の作成を行っており、その州または地方において刊行された出版物と、その州または地方に関して記述された出版物について定期的に収集し、目録を作成している。

　いくつかの州立図書館は、この他にも地方図書館特有の重要な課題を引き受けている。それはとりわけ、当該地域の図書館の総合目録の作成という課題である。例を挙げれば、シュトゥットガルトのヴュルテンベルク州立図書館によるバーデン＝ヴュルテンベルク総合目録、ハンブルクの州立＝大学図書館による北ドイツ総合目録、ゲッティンゲンの州立＝大学図書館によるニーダーザクセン総合目録、ドレースデンのザクセン州立図書館によるザクセン総合目録、ハレの大学＝州立図書館によるザクセン＝アンハルト総合目録、そしてイェーナの大学＝州立図書館によるテューリンゲン総合目録などがある。さらに、地方新聞目録の作成（ヴュルテンベルク州立図書館）や、公務員資格として養成される一部の図書館司書養成機関としての課題（ハ

159

写真11　バーデン州立図書館（カールスルーエ）

第 2 部　さまざまな図書館のタイプ

ノーファー、カールスルーエ、シュトゥットガルト）が加わる（→第 3 部）。

　地域資料の入手は、主としてその地域に所在する出版社の「義務納本」によって行われる。ライプツィヒのドイチェ・ビューヘライとフランクフルト・アム・マインのドイチェ・ビブリオテークに、新しく出版されたタイトルに関して各 1 部ずつ見本を提供するという国家的な義務納本制度（→ 2.1.1）の他に、ドイツでは多数の地域的な義務納本が実施されている。このことは、多数の古い州立図書館の存在が示しているように、とりわけドイツの南西部、中央部、北西部を幾世紀にもわたって特徴づけた小国家構造から理解できるものである。地域的な義務納本規則の適用範囲は、必ずしも今日の州の境界と同一ではなく、しばしば現在の連邦州のより小さな範囲で行われている。地域的な義務納本については、多くの場合、各州の出版法（例えば、1992 年 4 月 3 日公布のザクセン出版法第 11 条）で規定されており、またその他の場合には特別な州法（例えば、1993 年 5 月 18 日公布のノルトライン＝ヴェストファーレン州の義務納本法）によって規定されている。これらの法的規定は、さらに地方・市町村行政府の行政文書の提供を義務づける別の規定によって補完されている。

　概して確認できることは、地方図書館がドイツ国立図書館よりも多くの文献（特に一般のルートで流通していないもの）を当該地方において入手できるということである。同じように、公立公共図書館もまたドイツ国立図書館が把握可能であるよりも多くの地域文献を入手している。

　地域資料のコレクションについては、雑誌記事や全集をもカバーする特別な目録が作成される。地域資料の目録作成と公刊はたいてい、地方図書館の所在地域の歴史委員会との共同作業で行われる。多くの州立図書館では、そのための作業スペースと、歴史委員会のための資料庫を備えている。

　地域資料コレクションの保存のためには、資料の保護と修復が必要である。当然のことながら、コレクションは利用に供されねばならないが、しかし後世の歴史的研究の原典としては消耗されてはならず、他の図書館におけるよりも保護を受け、使い古されることがないように守られねばならない。

写真12　アウリヒ地方図書館

　地域資料には印刷された資料だけでなく、しばしば自筆原稿のコレクションや作家の遺稿などが加わる。これはたいてい、同郷人として図書館に愛着を感じる人物によって個人的に寄贈される資料である。こうした地域に関連する著述家の遺稿の把握、記録、提供という課題は、一般に地方図書館が担うべきものと考えられている。デュッセルドルフ大学＝州立図書館では、ノルトライン＝ヴェストファーレン州全体を包括する特別な作業スペースを設け、そこからこれまで尊重されなかった遺稿が把握されたり、これまで知られていなかった遺稿が探し出されたり、電子的に記録されたり、印刷形式やデジタル形式で公刊されたりしている。
　地方図書館同士が共通に関心のある問題を討論したり、共通の措置を理解し合ったりする場として、DBV（ドイツ図書館協会）の第4部門の「地方図書館研究会」がある。この研究会の下には、例えば「地域資料作業部会」などがあり、特別な目標設定をもって活動している。

2.3　総合大学と単科大学の図書館

　以下においては、3つの異なるタイプの大学図書館を手短に描写する。ここでは、すでに粗描したように（→ 1.2.2）、現行の大学法の規定に従い、専門的論文で一貫して採用されている大学図書館の図式を基礎に置くことにする。

　第1のグループ（総合大学・単科大学の図書館）に関しては、以下のような特殊なケースについては立ち入らない。すなわち、2つの連邦軍大学の図書館、バーデン＝ヴュルテンベルク州だけで存続している独立した機関としての教育単科大学の図書館、そして、ヴェストファーレン州のハーゲン通信教育大学の図書館。同様に、第2のグループ（専門大学の図書館）に関しては、以下のものを除外する。すなわち、行政専門大学の図書館、行政・経済高等専門学校の図書館、そして3つの連邦州だけで存続している職業高等専門学校の図書館。これらについては以下では言及しない。

2.3.1　総合大学および同格の単科大学の図書館

　総合大学およびそれと同格の単科大学の図書館（以下、簡単に「大学図書館」と呼ぶ）は、一つの図書館類型として見るとき、比較的統一され相互に緊密に関連し合った、割合に全体を見渡しやすいグループである。これは1960年代から1970年代にかけての抜本的な変革と、大学図書館の課題の大幅な拡張の後でも、なお当てはまる認識である。

　大学図書館というタイプの図書館は、その「機能」と「内部組織」の面で共通の特徴を持つのであり、利用者の数とか、資料購入費や人件費の額とか、コレクションの規模などに共通の特徴があるわけではない。

　個々の大学図書館の主たる利用者である大学生の数は、その大学の特徴（特にその大学が扱う学問分野の構成）と、何よりも大学自体の「人気」に

図3　大学図書館

第 2 部　さまざまな図書館のタイプ

左右される。全ドイツで 3 万人を超える学生が、さまざまな都市の大学に所属している（アーヘンのライン・ヴェストファーレン工科大学、ベルリン自由大学、ベルリンのフンボルト大学、ベルリン工科大学、ボーフム大学、ボン大学、フランクフルト・アム・マイン大学、ゲッティンゲン大学、ハノーファー大学、ハイデルベルク大学、ハンブルク大学、ケルン大学、ミュンヒェン大学、ヴェストファーレン州のミュンスター大学）。

　大学図書館の資料購入費や人件費の額に影響する要素は、たいていの場合、大学が扱う学問分野の構成、教授ポスト、そして学生数である。資料購入費は大体 150 万マルクから 450 万マルクの間で変動している。まだ構築が完了していない新しい図書館や東の連邦州の図書館では、特別予算が支給され、はるかに高い予算が与えられているところもある。個々の大学図書館では、ごく大雑把に言って 50 名から 200 名程度の職員が雇用されている。これらの数はそれぞれの大学の規模（構成分野と学生数）に関連しているのみ

写真 13　テュービンゲン大学図書館

ならず、図書館の組織構造（図書館システムが一元的であるか、多元的であるか）にも関連している。

　種々の大学図書館は、その「コレクション」の質と量において大きな差異を見せているが、それは各館の歴史的展開の相違から説明することができる。

　一連の大学図書館は、古くから連続的に増大した収集に基づくもので、それらの創設は、例えば創設の古い順に挙げるならば、ハイデルベルク、ライプツィヒ、ロストック、フライブルク、テュービンゲンの大学図書館は14世紀ないし15世紀に遡り、ラーン河畔のマールブルクやヴュルツブルクの大学図書館は、宗教改革ないし反宗教改革の時代に遡る。さらに、ザーレ河畔のハレ、ゲッティンゲン、エアランゲンなどの大学図書館は啓蒙主義時代の創設であり、またベルリンやボンの大学図書館のように19世紀初頭のプロイセン教育改革に遡るものもある。それぞれの大学図書館コレクションには、図書館創設の時代と背景の事情が反映されている。もちろん、ここに名を挙げたいくつかの大学図書館（特にボン、ヴュルツブルク）は、第二次世界大戦の時期に甚大な被害を蒙った。

　20世紀に新設されたいくつかの大学図書館は、それ以前にそこに存在した古いコレクションをもとにして成立した。これは、1902年創設のミュンスター大学（ヴェストファーレン）や、1914年創設のフランクフルト・アム・マイン大学の図書館などに該当する。19世紀に創設された最初期の工科大学（ブラウンシュヴァイク、ドレースデン等）の図書館も、そのコレクションの一部を以前の建築学院や他の前身機関のコレクションに依存して成立した。

　しかし、その後の20世紀に創設された大学図書館は、ほとんどの場合コレクション構築をまったく一から始めねばならなかった。そのため、これらの比較的新しい大学図書館では、特筆すべき古コレクションを所蔵していることは稀である。しかしいくつかの幸運なケースでは、新しい大学図書館が大規模な古いコレクションを獲得する機会を得て、大学の精神科学（人文科学）的研究のための基盤の大幅な改善に成功した例もある。例えば、これは当時大変話題となったケースであるが、新設のアウグスブルク大学図書館が

第 2 部　さまざまな図書館のタイプ

エッティンゲン・ヴァラーシュタイン侯爵のコレクションを獲得した例などがこれにあたる。逆に、新設のコンスタンツ大学図書館が、当時コンスタンツ市より提供が持ちかけられたスーゾ・コレクションとヴェッセンベルク・コレクションの獲得に踏み切らなかったことは、誠に遺憾なことである。だが、いずれにしても、新設大学の図書館がこうした価値ある古コレクション獲得のチャンスを得られること自体が少ないのであって、そのような機会に恵まれなかったその他の大多数の新設大学図書館は、誰かの遺稿の入手とか、何らかの目標を設定して古書市で探すなどの手段である程度の改善を試みた。その一環として、1960年代の西ドイツで創設された大学図書館（例えばボーフム大学図書館）は、東ドイツの大学からさまざまな古いコレクションを買い上げている。それらは、東ドイツの大学で廃止された学部の図書室がかつて所蔵しており、その後、非社会主義経済圏に提供されたものである。このようにして貴重なコレクションが完全な散逸から守られ、今日に至るまで一般に利用されているのである。

　1964年に学術審議会により学術的大学の発展に関する答申書でなされた、コレクション構築の大幅な統一化のための提言は、当時としては必然的であり、その後しばらくの間、大学図書館のコレクション構築にも役立った。しかしその後、分野構成や学生数に関して各大学間で大きな格差が生じたために、この提言は数十年の間に徐々に意味を失った。

　以下の数値は、ドイツの大学図書館のコレクションの規模に関して、一つのイメージを作る助けになるだろう。

　ドイツの大学図書館における最大規模の部類に属するのは、「300万冊から400万冊のコレクション」を持つ次の5つの館である。すなわち、ベルリンのフンボルト大学図書館、フランクフルト・アム・マイン市立＝大学図書館（ここには、ゼンケンベルク図書館のコレクション（主として自然科学）が含まれる）、ゲッティンゲン・ニーダーザクセン州立＝大学図書館、ザクセン＝アンハルト大学＝州立図書館、そしてライプツィヒ大学図書館である。

　次に大きな規模の大学図書館は、約「250万冊から300万冊」の、やはり

167

相当な規模のコレクションを持つグループである。それらは、フライブルク大学、ハイデルベルク大学、イェーナ大学、テュービンゲン大学といった歴史ある大学の図書館の他、第一次世界大戦後に創設されたものでは、ハンブルク大学図書館、再建されたケルン大学図書館、そして1960年代に創設されたものでは、ブレーメン大学、デュッセルドルフ大学、レーゲンスブルク大学の図書館が該当する。

幅広い中間的な規模の大学図書館は、約「150万冊から250万冊」のコレクションを持つグループである。まず、歴史のある大学図書館としては、ベルリン工科大学、ボン大学、ドレースデン大学、エアランゲン大学、グライフスヴァルト大学、キール大学、ラーン河畔のマールブルク大学、ミュンヒェン大学、ロストック大学の図書館が挙げられる。また、20世紀になってから創設された一連の大学図書館としては、アウグスブルク大学、ベルリン自由大学、ビーレフェルト大学、ボーフム大学、ドルトムント大学、コンスタンツ大学、マインツ大学、マンハイム大学、ミュンスター大学（ヴェストファーレン）、ザールブリュッケン大学の図書館がこのグループに該当する。

1960年代から1970年代に創設された大学図書館の多くは、コレクション量が100万冊近くに達するか、またはすでにそれを超えている。多くの工科大学図書館についても同様のことが言える。

その他の大学（主として教育と研究の課題が限定されている大学や哲学・神学大学）の図書館は、平均して10万冊から50万冊のコレクションを持っている。

たいていの大学図書館では、5千から1万タイトルの雑誌を継続的に予約購入しており、これより大きく上回るもの、あるいは下回るものはごくわずかしかない。

上述の数値において、特に歴史ある大学の図書館については、大学内の独立した部局が持つコレクションの数が必ずしも把握されていない（数値に含まれていない）ために、個々の大学で実際に利用できるコレクションの総数はしばしばこれを上回るものであることを考慮しなければならない。ともあ

れ、ここに挙げた大雑把な冊数は、公刊された博士論文を含めてすべて印刷された文献に関するものである。歴史ある大学図書館の一部では、非常に豊富な写本、音楽と地図に関するコレクションが所蔵されており、また工学系の大学では、特許明細書や調査報告書の膨大なコレクションがあるけれども、それらについてもここでは大学図書館のコレクションの数量としてはカウントしていない。

大学図書館の課題と貢献範囲

　大学図書館の主要課題は、研究、教育、学習に直接奉仕することにある。それは大学の構成員、すなわち大学における研究と教育に携わる教授その他の教職員と学習者に対し、必要とされる図書、雑誌、および他の情報資料を整備し、利用可能にしなければならない。以前は学術的な単行書、ハンドブック、参考書が収集活動の中心にあったが、1960年代の後半からは教科書も重要な収集課題となっている。当時フォルクスワーゲン財団により提案され、それ以降広く普及した教科書コレクション（LBS）は、最近の30年間における学生数の急速かつ持続的な増大に正しく対応したものであった。情報技術の発展を受けて、1970年代の末より大学図書館に情報サービス仲介部局（IVS）が設置された。このサービスを通じて、大学図書館から館内外・国内外のデータベースにアクセスできる機会が提供され、今日の大学図書館利用者の多くの層に利用されている。

　大学図書館の機能は、以上のように大雑把に記述した課題の実施に尽きるものではない。通常、大学図書館のサービス対象はむしろ大学の範囲を越えるものであり、大学が存在する町や、さらに周囲の地域、それが位置する州の住民にまで及んでいる（→ 2.2）。また、どの大学図書館も他の単科大学図書館やその他多数の国内外の図書館とさまざまな形で連携しており、その協力体制を通じて広域的な課題を担っている。こうした広域的な課題として、具体的には地域的、国家的、国際的な相互貸借、特別収集分野の担当、それぞれの図書館協会における協力作業の推進といった事項が挙げられる。

大学図書館が市立学術図書館または州立図書館としての機能を同時に兼ねるという事情は、次のような点から説明できる。まず、以前分離していた諸機関の統合という歴史的発展による場合（フランクフルト・アム・マイン、ケルン、ドレースデン）。また、多くの連邦州に州独自の州全体を管轄する州立図書館がないという実際的な条件による場合。後者が該当するのは、例えばヘッセン州（ダルムシュタット州立＝大学図書館）、ノルトライン＝ヴェストファーレン州（ボン、デュッセルドルフ、ミュンスターの大学＝州立図書館）、ザールラント州（ザールブリュッケン大学＝州立図書館）、ザクセン＝アンハルト州（ハレ大学＝州立図書館）、そしてテューリンゲン州（イェーナ大学＝州立図書館）などである。

　大学図書館がこのような共通の課題に関与する責務を担うことは、結局のところ、世界的に増大する出版活動の必然的な帰結でもある。出版物の爆発的増大の前には、単独の図書館のあらゆる自給自足的努力は無力であり、相互協力体制の形成が必然的なのである。それぞれの図書館が、多様な特殊領域に特化した重点的収集活動を分担し、そのコレクションが相互貸借制度において生かされることなくして、いかなる図書館も今日期待される程度に利用者の正当な希望を充たすことはできない。図書館連携（相互貸借）への参加は、以下の2つの観点から必要である。第1に、他の図書館や外部のデータベースへのアクセス手段を可能な限り提供し、利用者に情報技術の利益をもたらすべきであるという大学図書館の責務から、第2に、人件費節約のために、不必要な二重作業を回避するという目的からである。

伝統的な総合大学における図書館の構造

　伝統的なドイツの総合大学における図書館構造を表すものとして、2本の平行して走るレールの比喩がしばしば用いられている。すなわち、一つのレールの上を大学「中央」図書館が走り、もう一つのレールの上を、大きな時には100を超える「分散的な」（時折やや大きな統一へと結合される）講座、施設、セミナー、クリニック、研究所、専門分野、学部の図書館が走っている。（後者に

ついては、以後一般的な集合概念として「学内部局図書館」(Institutsbibliothek) を用いる。）こうして、あまりよい表現ではないが、伝統的な大学の「2線式」図書館システムと言ったり、これまたあまり芳しくないが、「2層式」図書館システムと言ったりする。ここでは「多関節型」とか、または「多部局型」の図書館システムという概念を用いることにする。

　大学中央図書館も学内部局図書館も、教員と学生により、同じく高い比重において利用されている。大学中央図書館は自宅への貸出のために、学内部局図書館は主に館内での閲覧のために利用されている。したがって、両者は相互に補完し合っているのである。伝統的な大学における図書館の事情を理解しようと思うならば、この2つの部分を視野に入れておかねばならない。

　学内部局図書館は、そのほとんどが大学のために、またそれが本来的に属する学科、専門分野、学部のために構築されている。学内部局図書館は大学外の、または地域外の課題についてはめったに担当することはない。学内部局図書館の長は普通、該当する部局（施設・研究所）の長であり、それは図書館課題の処理に際して、助手または他の学術的協力者を起用できる権限を持つ教授である。部局図書館の職員は、大学図書館ではなく各部局・施設に属している。すなわち、彼らは施設の実務担当所長の部下であり、大学図書館長の部下ではない。選書に関しては、それぞれの部局の長が責任を負っている。

　それに対して大学（中央）図書館は、すでに述べたように、その大学だけでなく地域的・広域的な図書館サービスという課題を持っている。今日の大学図書館の長は以前とは異なり、大学全体の図書館の職員とみなされている。大学図書館の関連事項におけるその共同行為と共同責任は、州大学法、大学基本法、および他の諸規則（例えば特殊予算規則）において、すべて法的にも確定している。

　古い伝統的な大学においては、大学図書館と学内部局図書館とが機関的・組織的に分離している。この分離の影響は、通常の図書館業務のすべての領域（選書、受入、目録作成、利用者サービス）に及ぶのであり、したがって

すべての利用者に大きな影響を及ぼしていることになる。

　大学教員の多くは、学内部局図書館が選書において自立性を持つこと、すなわち大学図書館からは独立して選書を行えることを、きわめて重要なこと、まさに大学教員の研究・教育における自由の一部、またはその前提とさえみなしている。そのような責任を意識した多数の大学教員による尊重のおかげで、伝統的な大学では、狭い専門領域で並外れて高い専門性を示す重要なコレクションがたびたび成立したのである。他方、常に幅広く収集し、全知識分野に奉仕する機関をめざした大学図書館では、全般的な知識の貯蔵庫が生まれたのであり、それは閲覧室や地域内貸出と地域外貸出を通じての何千という読者の希望を充たすことによって、その機能性を毎日実証しているのである。大学図書館のこの発展を可能にしたものは、とりわけ丁寧な、我慢強い、そしてたいていは人目につかない場所で行われる専門職員の仕事である（→ 3.4）。

　このように、伝統的な大学においては一方で高度に専門化した学術図書館をめざし、他方では充実した一般図書館をめざす動きがあったのであり、その結果、相互に非常に隔たった2つの図書館サービスの形態が実現した。このシステムには、実は見逃しえない不都合な側面もある。

　すなわち、多数の伝統的な大学では、学内部局図書館と大学中央図書館のそれぞれが選書とそのために当てられる予算の管理において独立性を持ったために、結果として図書購入方針における大学全体としての調整の機能が欠如しており、これは明白な大問題となった。複数の学内部局図書館と大学図書館において、同一の大学で高価な基本文献（特に多数の巻で構成される版等）を意図せずして、二重、三重、あるいはそれ以上に重複して購入するといった事態が起こり、さらには利用頻度の少ない専門雑誌ですら、二重、三重、あるいはそれ以上に重複して存在することもあった。このような事態は、とりわけ予算面で長期的に正当化できるものではなかった。

　こうした理由から、学内部局図書館と大学図書館との新たな連携体制が必要とされた。このことは、選書という特にデリケートな課題を調整するため

第 2 部　さまざまな図書館のタイプ

だけではない。図書購入と目録作成という技術的なプロセスにおいても、多くの不必要な二重、三重の作業が同一の大学で行われてきたのである。また、何よりも利用者にとっての便という点から見て、学内部局図書館と大学図書館が何の有機的関連もなくただ並存するという状態は不便きわまりないことであり、これ以上続けられないことであった。大学全体にある学術的コレクションのための総合目録の構築と運営が開始されねばならなかった。どの図書を閲覧用にし、どの図書を貸出用にするかという問題が新たに考慮されねばならなかった。学内部局図書館がコレクションの性質の如何にかかわらず常に館内閲覧図書館であり、大学図書館が常に貸出図書館であるという原則は、もはや十分でなかった。経済効率的な観点からのあらゆる熟慮が、新しい大学図書館システムのための構想を浮かび上がらせた。

　ドイツ学術振興会は、戦後の比較的早い時期、まだ再構築時代の真っ只中に、答申書『学内部局図書館と大学図書館』（1955 年）において、この問題に最初に取り組んでいる。次に、学術審議会が 1964 年と 1967 年の提言でこの問題に言及した（→ 1.7.1）。その後、再びドイツ学術振興会が、『大学図書館と学内部局図書館の連携作業のための提言』（1970 年）において、いくつかの抜本的改革における最初の実際的経験に基づいた提言を行っている。

　特に最後に挙げた提言は、簡潔で明晰な形で一連の提案を行っており、伝統的な大学の多くで実現され、非常に有意義な作用をもたらした。それをいくつかここに列挙しておく：

1) 二重、ないし多重の図書購入は、実際に必要な程度に縮小すること。
2) アルファベット順目録規則による大学全体の総合目録と雑誌の総合目録の作成に参加すること、ならびに参加したすべての学内部局図書館は、タイトルの採録に統一的規則を利用すること。
3) 稀にしか利用されない図書は、学内部局図書館の開架式コレクションから大学図書館の書庫に移すべきこと。
4) 部外者にも学内部局図書館を公開すべきこと。
5) 定型的な図書館業務を軽減するために、大規模な教科書コレクション

を構築すべきこと。

 1990年代の半ば以降の緊迫した財政事情の下、伝統的な大学では節約のために、図書館構造の改革に関してさらに一層の努力が必要とされた。これの最新の例がベルリン自由大学の図書館システムである。それまでベルリン自由大学の総長は、同大学の図書館がドイツで最も高コストな図書館システムであると公言していた。ベルリン自由大学には、多数の独立した単位組織（中には非常に小さなものもある）に属する100を超える学内部局図書館があり、それぞれが他の学内部局図書館や大学中央図書館との調整なしに、独自の課題のみを遂行していたのである。現在いくつかの専門領域を包括し、それによって一層合理的に機能する、全体として10から12の分野図書館へとまとめ上げる方向で、ベルリン自由大学の多すぎる図書館の数は一歩一歩縮小に向かっている。それによって、長期的には約125名の職員ポストが節約できると大学当局は期待している。ところが、その後明らかになった構想には問題が含まれていた。すなわち、この新しい大学図書館システムを管理

写真14　ゲッティンゲン大学図書館

の面で大学から独立した組織にしようというのである。このような計画は、大学図書館の自律的な権限を麻痺させ、別の面で再び妥当性を欠くシステムになりかねない。

新しい総合大学における図書館の構造

　伝統的な大学図書館では、多部局体系というシステム自体を全体としては問題視せず、その不利益な点のみを是正する試みがなされたが、1960年代後半以降に構想された新しい大学（ビーレフェルト、レーゲンスブルク）では、大学図書館システムに関する決定的な一歩が踏み出された。そこでは、大学全体のための統一的図書館が構想され実現されたのである。

　すなわち、新構想大学には従来的な意味での大学中央図書館も学内部局図書館もなく、大学全体のための「一つの」図書館が置かれたのである。したがって、この図書館は大学の唯一の図書館として、あらゆる課題を充たさねばならない。すなわち、それは貸出のための図書館であり、しかもコレクションの一部を閲覧用に提供しなければならない。また、一般的な文献と大学で扱われる全分野の専門文献の両方を収集し、図書購入に際しては広がりと同時に深さが求められねばならないことになる。

　種々の変種はあるけれども、ボーフム大学（1961年創立、1965年施行）以降のすべての新構想大学は、統一的な大学図書館システムを持った大学として特徴づけることができる。統一的な大学図書館システムを明確に持つ大学は、ビーレフェルト大学、ノルトライン＝ヴェストファーレン州の5つの統合大学（GH）（デュースブルク、エッセン、パーダーボルン、ジーゲン、ヴッパータール）、そしてバイエルン州（アウグスブルク、バンベルク、バイロイト、レーゲンスブルク、パッサウ）および他の連邦州における新構想大学、そして、専門大学全般がそうである。旧東ドイツの大学においても、統一的な大学図書館システムが導入されていた。これは、現在の東の連邦州においても基本的には継続されているのだが、これらの大学では建築上の問題が解決されず、未だ多くの著しく分散した分館が存続しているところもあ

るので、その利点の実現はこれからというものである。

　統一的な大学図書館システムを持った大学では、すべての図書館業務は中央集権化され標準化されている。こうして新規図書の予約、受入、目録作成を担当するテクニカル・サービス部門は中央に一元化されているのである。大学中央図書館がこうしたテクニカル・サービスを一元的に行うということは、必ずしもすべての資料を大学中央図書館に配架することを意味してはいない。確かにいくつかの新しい大学図書館（ビーレフェルト、ブレーメン、コンスタンツ）では、すべてのコレクションを空間的にも集中させているが、しかしこれは一般的な手法ではないし、統一的な大学図書館システムの基本思想から見ても絶対に必要なわけではない。大学中央図書館が購入し、処理し、管理する資料を、学内の複数の部局に分散的に配置することは、多くの場合合理にかなったものである。その実際の例としては、11の学内部局図書館を持つレーゲンスブルク大学図書館、12の分野別図書館を持つドルトムント大学図書館、そしてノルトライン＝ヴェストファーレン州の統合大学（GH）と専門大学（FH）の図書館が挙げられる。この最後のものは、建築上の条件から、さほど分散していないいくつかの専門図書館により構成されている。

　すべての新しい大学図書館に共通していることは、一貫して「開架エリアでの提供」を採用していることであり、それはドイツの図書館事情において、とりわけ19世紀初頭以来のドイツの大学図書館史において大きな進歩である。というのも、当時は特に場所と費用の問題から、比較的大きなコレクションは書庫に収めることが常であり、コレクションの大部分を開架で提供するということは実現しなかったからである。今日では、コレクションの大部分が開架エリアに配列されており、誰でも利用できるようになっている。伝統的な大学の学内部局図書館においては、今日でも入館資格の制限が残っているところが多いが、こうした制限は新しい大学図書館にはない。もちろん、個々のケースにおいて、どの資料を閲覧用にし、どの資料を貸出用にするかという決定は困難である。これは特に、相互貸借制度において「与

える側」に立つ場合に重要となる問題である。

　図書館業務の「自動化」は、西ドイツにおいて新たに創設された大学図書館において最初に着手された。

　コンピュータによる自動データ処理は、1960年代以降、資料の発注とその後の処理において、とりわけ新設の図書館や構築段階にある新しい図書館で、処理しなければならない膨大な量の資料の目録を作成する上で大きな支援となった。利用者サービスにおいても、コンピュータは導入直後から決定的な役割を果たし、まもなくそれなしには成り立たなくなった。コンピュータがなければ、さまざまな学内部局図書館における多数の貸出窓口を管理したり、すべての貸出業務（貸出、返却、予約、停止）を中央で把握して、いつでも処理可能な状態を保持したりすることは可能でなかっただろう。また、コンピュータがなければ、縮小版の目録を作成・コピーして、拡張された開架式書庫や学内部局図書館の多数の場所に蔵書目録を置くといったことも可能ではなかっただろう。

　1970年代から1980年代には、サービス業務をさらに効率化させ、資源を実際に有効に使えるようになるために、ドイツの図書館活動の全体において、コンピュータ処理の導入と統一的な図書館システムの実現が平行して進められる必要性が認識されるようになった。

　全体的に見て、新しい大学図書館における利用者と職員のあり方を決定的に特徴づけたものは、ボーフム大学（1965年創立）以降の新設大学の図書館におけるコンピュータ処理の導入と、その後、続々と新設された大学の図書館における実践活動の発展である。新しい大学図書館の大学の教員や学生たちは、コンピュータ処理と統一的な図書館システムの長所を知り、伝統的な古い大学に移籍した際にもこの長所を手放したくはないと考えた。こうして、伝統的な大学図書館においても、コンピュータによる自動化の導入と統一化された組織形態の構築のための刺激が与えられたのである。

　1990年の政治的転換の時期には、まだ旧東ドイツ地域では、図書館の自動化はほとんど実際的な意味を持つ水準に達していなかった。それだけに、

ドイツ統合後の東の連邦州では、旧西ドイツで達成された高い水準を一層速やかに受け継ぎ発展させたのである。

統一的な図書館システムにおいては、選書は大学図書館の専門職員と、研究・教育の代表者である専門分野の代表者との共同作業で行われる。この共同作業は、各大学図書館ごとに多様な形で展開されている。幸運なケースでは、図書館員と特定分野の専門家とが「一つの」大学図書館のコレクション構築のために協力し合っている。こうしたことは、古い大学図書館のシステムでは多数の学内部局図書館が独立し、それらの責任範囲が別々であったために不可能であった。今日、新しい大学図書館の専門職員にはますます高い要求が寄せられている。そのため、大学図書館員のための継続教育（研修）は特に重要であり、彼らが大学で専攻した分野、そして大学図書館で従事している専門分野に関する定期的な研修の機会が必要である。

コレクションの性格

大学図書館は、図書館類型という点で見ると、学術総合図書館という古典的なグループ、すなわち、原則としてすべての知識分野に関して収集活動を行う図書館に該当する。「総合図書館（Universalbibliothek）」という概念には、長い間ドイツとヨーロッパの大学の多彩なイメージを規定してきた「総合大学＝学問の総体（ウニウェルシタス・リテラルム）」という概念が反映されている。ただし、もちろん今日の膨大な書籍生産（→ 1.3）のもとでは、「総合図書館」といえども、一つの大学図書館が言葉の厳密な意味で「総合的」に資料を収集できているわけではない。そもそも「総合図書館」は、19世紀に応用関連分野が自然科学から分離し、工科大学が形成されたとき以来、すでに厳密な意味では「総合的」な収集を行っていないのである。ましてや、限られた研究・教育の課題を持つ多数の単科大学の図書館では、仮にそれが「総合大学」という名を名乗っていたとしても（→ 1.2.2）、厳密な意味で総合的な収集活動を行っていると言うことはできない。

こうした強い留保があるとはいえ全体的に見れば、大学図書館の収集活動

第 2 部　さまざまな図書館のタイプ

を特徴づける性格というのは、やはりそれが「総合図書館」であり、「総合的収集課題」を持つという点にある。例えば神学部を持たない大学の図書館であっても、神学の文献を完全に無視するということはないであろう。神学に関する書籍や文献の多くは、哲学、歴史、芸術史、および他の分野にとっても意味を持っている。また、法学部のない大学の図書館でも、法学の文献を完全に無視することはないに違いない。特に経済学や社会学の分野では、法律がらみの専門文献が多数存在する。そのため、法学部や法学科を持たない統合大学（GH）でも、たいてい法律の条文、判例集、注釈、そして教科書をも集めている。なぜならば、統合大学（GH）で比重の高い経済学と社会学にとって、法学は大きな意味を持つからである。他にも例は多数挙げられる。しかしすでにここで挙げたことから、今日異なる知識分野の相互依存が以前よりも進んでおり、そのためにそれぞれの大学で開講される分野の隣接分野を一層考慮することが必要となっていることがわかる。これらの隣接分野で最も必要なものだけが集められるとしても、この隣接分野を含んだ収集活動は、それ自体が「総合的」な性格を帯びるのであり、それが今日の大学図書館のイメージともなっているのである。

　このように、今日の大学図書館のコレクション構築は、それぞれの大学の教育・研究の重点から規定されるだけでなく、さらに関連分野による補充の必然性からも規定されるのである。

　大学図書館のコレクション構築を規定する要因をさらに挙げるとすれば、すでに言及したドイツ学術振興会の「特別収集分野」計画、あるいは、例えば州立図書館的な性質を持った他の「特定収集課題」の枠内で、個々の大学図書館に課せられる課題などがある。多くの大学図書館に見られる多数の特別コレクションについては、ここでは一つ一つ立ち入らないが、例として大規模な写本コレクション、個々の大学図書館の楽譜コレクション、多数の工科大学における規格・特許文書のコレクションを指摘しておこう。

　大学図書館が担う多様で固有の課題と、学術的営為全体のための責任は、（大きな留保を伴った）総合的な収集課題と、上述の特殊的な収集課題から

179

生じてくるのであり、これは古い伝統的な大学図書館にとっても、新しい大学図書館にとっても同様である。これらが大学図書館の具体的業務のレベルで実際にどのような形をとっているかについては、後でさらに立ち入って検討することとする。

2.3.2　専門大学の図書館

　ドイツに 130 ある専門大学の図書館は、比較的新しいタイプの図書館であり、1970 年代の始め頃、さまざまな前身機関から今日の意味での専門大学が成立したときに形成されたものである。

　個々の専門大学が、学生数、教員数、そこで開講される分野においてそれぞれ大きく異なっているように（→ 1.2.2 (2)）、それらの図書館もまた、コレクションの性質と量に関して明らかに種々の違いを示している。

　専門大学の分野として典型的で最大規模のものとして、工学分野（機械工学、生産プロセス工学、電気工学、通信技術等々）、社会福祉、社会教育学、経済学を挙げることができる。これらは、それぞれの学習に必要な図書の性質と量の観点でも非常に異なっている。

　ノルトライン＝ヴェストファーレン州では、かつて独立していた「複数の」前身機関が「一つの」専門大学に統合されたため、多様なコレクションを包括した大規模な専門大学図書館が成立した。その多くが、25 万冊規模の蔵書を持ち、500 から 1 千の雑誌を継続購入している。それに対して、例えばバーデン＝ヴュルテンベルク州では、工業学校や高等経済専門学校がそのまま昇格して、個々の小さな専門大学が形成されたため、専門大学図書館の規模もきわめて小さい。こうした多数の小さな専門大学図書館では、専任の司書を置いた専門的な運営はなされておらず、専門大学の教員によって兼業的な運営が任されている。

　専門大学図書館の中心的課題は、学生と教員のために専門文献を入手し提供することである。その課題は、学術的な大学（総合大学・単科大学）の図

第2部　さまざまな図書館のタイプ

書館とは異なり、通常専門大学の直接的な活動範囲を越えるものでない。そのコレクションは、学術的な大学図書館のそれとは異なり、性格と量において地域的または広域的な利用に十分に耐えうるものではない。とはいえ、専門大学図書館が専門大学に属さない利用者に対しても、閲覧室での利用、地域内外への貸出において貢献することがまったくできないわけではない。

　今日、「専門大学」という大学のタイプが法律的に基礎づけられてから四半世紀がたち、これらの機関のほとんどが（少なくとも西の連邦州においては）新しい建物を持っているので、専門大学図書館もゆとりのある独自のスペースと開架式の書庫を持っている。専門大学図書館の貸出件数は、大部分は10万件と20万件の間であるが、年間20万件を超えているものも多く、中には年間30万件を超えているものもある。この数値は、学生数が5千名から1万名の大学としては確かに注目すべきものであるが、統計的な意義としては次の点に留意が必要である。すなわち、専門大学図書館のコレクションは、総合大学図書館のそれと比べて、はるかに大きな部分を教科書が占めていること、しかもしばしば同じ見本が大幅に重複しており、そのような教科書コレクションが、貸出件数統計においておそらく非常に強く結果に影響するであろう、ということである。

　ともあれ全体として言えることは、専門大学図書館が今日、教育と学習の条件改善のためにもはや看過し得ない固有の貢献を行っているということである。もちろん、この生まれたての図書館グループにおいては、なお多くの点が流動的であり、全体についての行き届いた展望は可能ではない。このことは、特に東の連邦州においてようやく1991年から形成された専門大学図書館に言えることである。とりわけ多数の小さな専門大学の図書館事情には、いまだ改善の余地が多く残されている。

2.3.3　美術大学と音楽大学の図書館

　ドイツに46ある美術大学と音楽大学の図書館は、記述対象としてはこれま

であまり取り上げられてこなかったタイプの図書館であり、ドイツ図書館年鑑やドイツ図書館統計においてもそのデータは完全には記録されていない。

美術大学・音楽大学は、学生数の点でドイツでは最も小さな大学である。ほとんどの場合、学生数は1千人未満であり、これは総合大学の学生数のほんの一部でしかない。すでにこの点から、他の大学におけるような大きな図書館は期待し得ないだろう。

コレクションの量は、総合大学や単科大学の図書館と比べると、いやそれどころか、小さな専門大学の図書館と比べてすらとうてい及ばない。しかしながら、一つ一つの美術・音楽大学図書館について見てみると、それらは個々に多様であって、一般的な記述で済ませてしまうことができないほどである。

美術大学・音楽大学の図書館と総合大学・専門大学の図書館との最大の違いは、コレクションの量ではなくその性質にある。言葉の狭い意味における「図書」は、美術・音楽大学の図書館ではたいした役割を持っていない。ベルリン美術大学の大学中央図書館を例外として、たいていの美術・音楽大学図書館の蔵書数は10万冊をはるかに下回る。雑誌はほんのわずかな量（たいてい100タイトル未満）が継続購入されているにすぎない。

美術大学・音楽大学の図書館では、その大学の性格に対応した図書以外の資料、つまり美術大学では複製写真、写真、スライドのコレクション、音楽大学では楽譜や各種の録音媒体のコレクションが第1に重要なのであって、図書館はこれらの資料の収集に重点を置いている。芸術は学問とは異なる表現手段を持っているのである。

このような美術・音楽関連の資料は、今日では一般に図書館の正当な収集財産とみなされている。特に公共図書館ではそのニーズは急速に高まっている。しかし、美術大学や音楽大学図書館においては、こうした美術・音楽関連の資料やメディアは学術図書館とも公共図書館とも異なる形で、第1に重要なものとして位置づけられているのである。美術大学・音楽大学の教員と学生は、何よりもまず芸術・音楽関連の資料とメディアに関心を持つのであり、図書に関心を持つのはその次なのである。これが美術大学や音楽大学の

図書館が演じる特別な役割を理由づける背景であり、コレクションの固有性と魅力をなす要素でもある。

美術大学と音楽大学は、専門大学の図書館と同じく、総合的な収集を行わず、特定の知識分野に限定した資料を専門に扱っているので、専門図書館（→ 2.4）のグループとも少し似ているように見える。しかしそれでも、美術大学・音楽大学の図書館は以下のような特徴から、やはり大学図書館のグループに属するものと言ったほうがよい。すなわち、収集活動が大学における研究、教育、学習のための学術的・芸術的な文献・情報メディアに集中していること、開架式での自由な閲覧利用が可能なこと、地域住民への貸出を行っていること、相互貸借制度に無条件で参加していること、さらに地域的・広域的な図書館プロジェクトに、特に国家的な推進計画（例えば連邦の大学建設推進法）に完全に組み込まれていること。こうした特徴は、美術・音楽大学の図書館が、総合大学の図書館と同じく大学図書館としての性格を持つ図書館であることを示すものである。

2.4 専門図書館、研究図書館

学術的な専門図書館は、幅広い、それ自体すこぶる雑多な図書館集団を形成している。専門図書館の設置・運営母体という面から見ると、州立の専門図書館、地方自治体の専門図書館、教会の専門図書館に加え、民間の学会や協会、企業を設置者とする専門図書館もある。

それらすべての専門図書館に共通していることは、どれもある特定の、多かれ少なかれ狭い範囲の収集分野に限定していることである。

そう見るならば、本書ですでに取り上げた図書館のタイプの中でも、専門大学や美術・音楽大学の図書館、そして自立した単位をなしている大学の専門学部等の図書館などは、専門図書館に近いものと言うことができる。それ

らは国立図書館、地域の公共図書館、総合大学の図書館とは違って、総合的な範囲の収集は行っていないからである。しかし、専門大学や美術・音楽大学の図書館、そして大学の専門学部等の図書館は、何よりも「大学に属する」という性格が強いので、本書でも伝統的な区分に従うことにし、専門図書館のグループには含めないことにする。

　ドイツ図書館研究所の推定によると、ドイツには2,700もの専門図書館がある。それらのうち871件に関する統計データが、ドイツ図書館統計のC部門「学術的専門図書館」において提供されている。単なる資料室と専門図書館との区別に関しては、コレクション量、コレクション構築の特徴、職員、年間予算、設備などの観点があるが、これまでのところ明確な基準は定まっていないので、境界線は常に流動的であろう。

　狭義の専門図書館の中で特別なグループとして際立っているのは、議会、官庁、裁判所の図書館、中央専門図書館、そして研究図書館である。これらのグループは厳密な区分ではないが、それぞれ別項目として取り上げることにする。

2.4.1　専門図書館

　狭義の専門図書館のグループは、設置・運営母体という点から見ると、第1に公的機関によるもの、第2に教会によるもの、そして第3に民間の機関によるものに分けられる。

　第1のグループ、つまり公的機関が設置・運営している専門図書館としては、連邦や州の研究所図書館、学士院やマックス・プランク研究所の図書館、ならびに文書館、博物館、病院の図書館が属する。個々の国防区域司令部にある連邦軍の軍事関連学術図書館もこれに属する。第2のグループとしては、教会の団体や機関（司教区、州教会、教会教育機関、修道院）の図書館が含まれる。第3のグループ、つまり民間で運営されている専門図書館としては、工業や商業を営む企業の図書館、経済や技術に関する諸団体の図書

第 2 部　さまざまな図書館のタイプ

館、ならびに構成員の会費で賄われる学術的、専門職向けの学会や連盟の図書館がある。最近の数十年で著しく縮小した貴族図書館も、私的な設置者による図書館という意味でこのグループに属する。

　このように、専門図書館というグループはすでに設置・運営母体という観点だけでも非常に多様な特色を持っている。それらは特定の組織的従属関係や課題区分からとらえることが難しい。中には、単独で設置・運営母体に関連する狭い課題領域のみで活動する専門図書館もある。ワン・パーソン・ライブラリー（OPL）、すなわち職員が1人だけで、すべての専門的重要業務に責任を持っている専門図書館も少なくない。最近では調整や協力作業も行われているが、もちろんそれぞれの図書館独自の創意と自発的な基盤に基づいている。専門図書館の場合、設置・運営母体とその専門分野における個々の関心は、あまりにも種々雑多なのである。専門図書館が厳しく組織されるのは、かつてのソビエトの支配地域の場合がそうであったように、中央の国

写真 15　ケルン司教区・大聖堂図書館（マテルヌスハウス）

家的管理と経済や工業の国営化を企てる国に見られるにすぎない。

「専門図書館協会」（ASpB）[62]は専門図書館間の協力活動の場を提供しており、さまざまな仕方でその協力関係を促進している。ASpBはドイツ図書館協会全国連合の構成員でもある。ASpBには目下657名の会員がおり、その83％は何らかの組織を代表する会員である。

専門図書館のグループには、そのサービス対象が設置・運営母体の機関に限定されず、その範囲をはるかに越えるコレクションを持つものがある。例えば、「中央専門図書館」（→ 2.4.3）や「研究図書館」（→ 2.4.4）のグループがそうである。それらは特定の専門領域の研究にとって傑出した、あるいは唯一無二の価値を持つコレクションを構築している。

このほかの専門図書館グループとして、収集分野という点で見ると、一つの知識分野を越え出ていて特定の専門領域には帰属しないが、出版形式という点で見ると、その収集対象となる資料群が非常に限定されているために、専門図書館の部類に属するという図書館グループもある。これは、例えばベルリン・ブランデンブルク科学アカデミー（かつてのプロイセン学士院）の図書館[63]に当てはまることで、その主な収集対象は、全世界の学士院と学会の文書から学問研究と学問史全般にまで及ぶ。この図書館が扱う知識分野は幅広いが、収集対象となる資料の出版形式は限定されている。そのコレクションは85万冊を超える。

これと（非常に異なってはいるが）比較できるケースとして、シュトレーレン（ニーダーライン）に1978年に創立されたヨーロッパ翻訳者協会図書館[64]がある。この図書館は、世界中の言語について、また非常に幅広いあらゆる類の知識や生活の領域についての文献を収集している。だが、それは総合図書館ではなく専門図書館である。なぜなら、そのすべての収集活動が個々の内容の調査と、異なる言語における的確な表現の探求という視点から行われているからである。もちろん、この図書館が収集活動を行う分野は上述の科学アカデミー図書館と同様、一つの知識や学問の領域に帰属しうるものではない。だが、この図書館は文学関係の翻訳者をターゲットに構築され

ているので、条件つきで「言語と文学」分野の専門図書館グループに含めることができる。それは270を超える言語と方言に関する1万8千冊の参考書と、5万5千冊の（たいていは原著と翻訳からなる）世界文学の作品を収めた文学的コレクション、そして1万7千冊の実用書を所持している。

　以下にドイツの専門図書館のリストを掲げた。これを見ると、専門図書館というグループがいかに多様性を持つものであるかがわかる。中には、何十万冊をも包括する大きな図書館もあれば、コレクションが10万冊を下回る小さな図書館もある。これらの専門図書館は、自然科学、社会科学、精神科学（人文学）のいずれかに特化していたり、あるいは設置・運営母体や利用者集団の面から種々雑多な特徴を持っていたりする。ここでリストに掲載した専門図書館は、それ以外の専門図書館よりも「重要」だということではない。むしろこのリストの目的は、読者に「専門図書館」という多様な図書館グループについて一つの生きた印象を提供することである。

　リストに掲載した専門図書館は、例えばハンブルクの商業図書館が工業・商業会議所の図書館の一例であり、フリードリヒ・エーベルト図書館が政治的財団法人と教育機関の図書館の一例であり、あるいはケルン市立美術博物館図書館が他の美術図書館の一例であるように、もっと多数の比較しうる類似の図書館を例示するものである。専門図書館の中でも、特に重要な役割を果たしているのが「純粋自然科学、応用自然科学、技術・工学」分野の専門図書館である。それゆえに、それらはリストの一番目に掲げてある。

純粋自然科学、応用自然科学、技術・工学分野の専門図書館

所在地	専門図書館	コレクション数
[1] ブラウンシュヴァイク	[1] 連邦物理・技術研究所図書館	[1] 13万冊
[2] ダルムシュタット	[2] E. メルク社本部図書館	[2] 10万冊

[3] デュッセルドルフ	[3] シュタール・ドイツ製鉄所職員協会情報センター図書館	[3] 12万冊
[4] エッセン	[4] 鉱山資料館	[4] 23万5千冊
[5] フランクフルト・アム・マイン	[5] グメーリン研究所図書館（無機化学関連領域）	[5] 12万冊
[6] フランクフルト・アム・マイン	[6] ヘキスト株式会社学術図書館	[6] 28万2千冊
[7] ハレ（ザーレ河畔）	[7] ドイツ自然科学アカデミー・レオポルディーナ図書館	[7] 24万5千冊
[8] ハンブルク	[8] 航海・水路学連邦事務局図書館	[8] 14万冊
[9] ハンブルク	[9] ヘルゴラント生物研究所図書館	[9] 13万冊
[10] ハノーファー	[10] 地球科学・資源連邦研究所兼ニーダーザクセン州土壌研究事務局図書館	[10] 31万5千冊
[11] ユーリヒ	[11] 有限会社ユーリヒ研究センター中央図書館	[11] 60万冊／報告書28万件
[12] レヴァークーゼン	[12] ケクレ図書館	[12] 65万冊
[13] ミュンヒェン	[13] ドイツ博物館図書館（自然科学・技術とその歴史のための専門図書館）	[13] 84万冊
[14] オッフェンバッハ（マイン河畔）	[14] ドイツ気象情報図書館	[14] 16万冊
[15] シュトラウスベルク	[15] 連邦軍情報通信アカデミー図書館（以前はドレースデン軍事図書館）	[15] 47万5千冊

国家学、法学、経済学分野の専門図書館

所在地	専門図書館	コレクション数
[1] フライブルク	[1] 国外および国際的刑法のためのマックス・プランク研究所図書館	[1] 28万冊
[2] ハンブルク	[2] ハンブルク世界経済研究所図書館[65]	[2] 110万冊
[3] ハンブルク	[3] 国外および国際的私法のためのマックス・プランク研究所図書館	[3] 35万冊
[4] ハンブルク	[4] 商業図書館	[4] 17万1千冊
[5] ハイデルベルク	[5] 国外の公法および国際法のためのマックス・プランク研究所図書館	[5] 45万冊
[6] ケルン	[6] ドイツ経済研究所図書館	[6] 21万冊

歴史、現代史、政治分野の専門図書館

所在地	専門図書館	コレクション数
[1] ベルリン	[1] ドイツ歴史博物館図書館	[1] 19万冊
[2] ボン	[2] フリードリヒ・エーベルト財団図書館	[2] 54万5千冊
[3] ドルトムント	[3] 新聞研究所図書館	[3] 11万5千冊
[4] ヘルネ	[4] マルティン・オーピッツ図書館（以前はドイツ東部図書館）	[4] 11万8千冊
[5] ケルン	[5] 東部研究と国際研究のための連邦研究所図書館	[5] 29万5千冊

[6] ケルン	[6] ゲルマニア・ユダイカ（ドイツユダヤ人の歴史のためのケルン図書館）	[6] 5万2千冊
[7] ミュンヒェン	[7] 現代史研究所図書館	[7] 16万冊
[8] ミュンヒェン	[8] ドイツ中世研究所図書館	[8] 9万7千冊
[9] ローマ（イタリア）	[9] ドイツ歴史研究所図書館	[9] 14万冊
[10] シュトゥットガルト	[10] 国際関係研究所図書館	[10] 38万冊
[11] シュトゥットガルト	[11] 現代史図書館	[11] 30万冊

宗教・神学分野の専門図書館

所在地	専門図書館	コレクション数
[1] ボイロン	[1] 聖マルティン大修道院図書館	[1] 39万5千冊
[2] デュッセルドルフ	[2] 州教会図書館	[2] 8万2千冊
[3] エムデン	[3] エムデン大教会ヨハネス・ア・ラスコ図書館	[3] 6万5千冊
[4] フライブルク（ブライスガウ）	[4] ドイツ・カリタス会図書館	[4] 20万冊
[5] ハンブルク	[5] 北エルベ教会図書館	[5] 18万冊
[6] ケルン	[6] ケルン司教区・大聖堂図書館	[6] 40万5千冊
[7] マインツ	[7] 司教区僧侶神学校図書館	[7] 21万冊

第 2 部　さまざまな図書館のタイプ

[8] マリア・ラーハ	[8] マリア・ラーハ修道院図書館	[8] 23 万冊
[9] ノイエンデッテルザウ	[9] アウグスターナ大学図書館	[9] 11 万冊
[10] ロッテンブルク	[10] 司教区図書館	[10] 15 万冊

美術史・考古学分野の専門図書館

所在地	専門図書館	コレクション数
[1] ベルリン	[1] ベルリン国立博物館芸術図書館（プロイセン文化財団）	[1] 23 万冊
[2] フィレンツェ（イタリア）(66)	[2] 美術史研究所図書館	[2] 21 万冊
[3] ケルン	[3] ケルン市立美術・博物館図書館	[3] 26 万 5 千冊
[4] ミュンヒェン	[4] 美術史中央研究所図書館	[4] 35 万冊
[5] ニュルンベルク	[5] ゲルマン国立博物館図書館	[5] 53 万冊
[6] ローマ（イタリア）(67)	[6] ドイツ考古学研究所図書館、ローマ支部	[6] 17 万冊

言語・文学分野の専門図書館

所在地	専門図書館	
[1] バウツェン	[1] ソルブ中央図書館	[1] 8 万冊
[2] ベルリン	[2] ラテンアメリカ研究所図書館（プロイセン文化財団）	[2] 76 万 5 千冊

191

[3] フランクフルト・アム・マイン	[3] 自由ドイツ財団図書館（フランクフルトゲーテ博物館）	[3] 12万5千冊
[4] マンハイム	[4] ドイツ言語研究所図書館	[4] 7万冊
[5] マールバッハ（ネッカー河畔）	[5] ドイツ文学資料館（シラー国立博物館）図書館	[5] 60万冊
[6] シュトレーレン	[6] ヨーロッパ翻訳者協会図書館	[6] 9万冊

教育学分野の専門図書館

所在地	専門図書館	
[1] ベルリン	[1] マックス・プランク教育研究所図書館	[1] 16万冊
[2] ベルリン	[2] ドイツ国際教育学研究所教育史図書館	[2] 68万5千冊
[3] ブラウンシュヴァイク	[3] ゲオルク・エッケルト国際教科書研究所図書館	[3] 19万2千冊

　上に挙げた蔵書の冊数は、ぞれぞれの専門図書館のコレクションの大きさと意義について、ごく大雑把な印象を提供するにすぎない。この他に、それぞれの専門分野に関連するマイクロフィルム、スライド、レコード、録音テープ、地図、写本、調査報告書、博士論文、特許明細書、規格文書などの資料も加わるのであり、それによって専門図書館のコレクションの価値はさらに高まるのである。
　上記の図書館はその多様性にもかかわらず、「専門図書館」として共通に特徴づけられる性格を持つのである。専門図書館に共通の特徴としては、収

第 2 部　さまざまな図書館のタイプ

集課題が特定の専門領域に集中していることの他に、以下のような点が挙げられる。

a)　専門図書館の「目的と課題」は、一般に設置・運営母体となる各機関（研究所、学会、博物館、工業関連企業、経済連盟等）によって規定され、図書館はそれらの一部として各機関に所属している。したがって、専門図書館は独立した存在ではなく、それが貢献するべきより大きな組織に組み込まれている。専門図書館で行われる受入、整理、利用サービスは、まさにそれらの母体機関の要求に応えるための形で行われるのであり、それを越えた一般の利用については考慮していない。その点で、専門図書館はたとえそれが学術的な分野を専門に扱うものであっても、学術総合図書館とは明確に性格が異なり、また言うまでもなく公共図書館とも大きく異なるのである。

　専門図書館は、一般に設置母体に従属する非独立的な機関であると述べたが、これの例外として、例えばシュトゥットガルトの現代史図書館を挙げることができる。これは自立した機関（民法上の公益財団法人）として、ヴュルテンベルク州立図書館の内部にその位置を占めている。

　しかし、当初の小さな資料室から生粋の専門図書館へと発展することにより、もともと内部向けだけの働きをしていたものが、外部向けの働きもするように次第に変化してきている。公立の専門図書館のみでなく、工業関連企業のいくつかの図書館でも、利用と情報サービスは外部に向けて開かれている（d と e の項目を参照）。この発展はますます続き、個々の専門図書館がもはや単独では対処しきれず、外部からの支援を必要とするまでになるだろう。

b)　専門図書館における「資料の受入」は、所属機関のニーズが最大の要因となるのだが、個々の専門図書館は狭く限定された個別の主題領域に関する完璧な収集、すなわちすべての新刊書の網羅的な把握をめざしている。しかし何よりも必要なことは、大学の学内部局図書館と同様に、その時々の個別課題や調査にとって必然的な資料を調達することである。専門図書

館においては、一般に流通していない文献（灰色文献）、とりわけ調査報告書や社内文書が重要な役割を果たす。こうした灰色文献の入手のためには、外部機関との相互交換や、外部との私的なかかわりが利用される。

　学術総合図書館の場合は長期的な収集が主であり、ごく例外的な場合にのみ廃棄処分を行うのだが、学術専門図書館の場合はこれとは異なり、時代遅れのコレクションを随時廃棄している。このことは人文社会科学分野を扱う機関については当てはまらないが、しかし、例えば企業図書館のように、直接実践的な目的に貢献する図書館については当てはまることである。

c)　「目録作成」は、一般的ではない自家製の規則に基づいて行われることも多く、何よりも各図書館の実際的な要請によって規定されている。例えば「プロイセン目録規則」は、大学図書館などでは幅広く評価され尊重されることもあったが、専門図書館ではそうではない。専門図書館の目録においては、キーワードの語順と共著者からの検索に重点が置かれており、このことは、「アルファベット順目録規則（RAK）」がドイツの図書館に導入されるよりもずっと以前から、専門図書館の目録の特徴となっている。

　特に技術分野の専門図書館の件名目録では、大学図書館などとは異なり、しばしば十進分類法が適用される。専門図書館においては、記念論文集や会議録、調査報告書、そして（少なくともその専門分野で）重要な雑誌に関する検索手段の提供が、他のところよりもより重要な役割を演じている。

d)　目録作成と平行して、組織内部に対する「資料紹介サービス」もまた、たいていの専門図書館における主要業務として長い間行われてきた。外部の資料サービスを通じた予約や外部データベースの利用は、かなり以前から当然のことになっている。専門図書館は個々の利用者の特殊な研究テーマのために、自館のコレクション（特に新しく入手された文献）に関する情報を提供することにおいて特別の強みを持っている（例えば独自のタイトル目録を作成したり、書評サービスを行うなどの手段で）。いくつかの専門図書館は、資料紹介サービスの面で、当該機関を越えて外部者にも資料情報を提供している。

第 2 部　さまざまな図書館のタイプ

e)　専門図書館は、たいてい館内閲覧図書館である。もちろん、今日少なからぬ図書館が地域外貸出事業に参加しており、それらのいくつかは多数の資料を相互貸借のために提供しており、こうした相互貸借業務によって生じる大学図書館の大きな負担を軽減することに貢献している。その他、専門図書館はコピーや縮小コピーを作成したり、情報を提供したりすることによって、外部の利用者の希望を充たすことに協力している。これに該当するのは、研究機関や連邦研究施設の図書館、工場図書館などである。例えばマックス・プランク研究所の「国外および国際的私法に関する図書館」(ハンブルク)、同研究所の「国外の公法および国際法に関する図書館」(ハイデルベルク)、地理学と宇宙研究のための連邦研究施設(ボン)のドイツ地理学と地図のコレクション、ケクレ図書館(レヴァークーゼン)、鉱山資料館(エッセン)、ドイツ製鉄所職員協会情報センター図書館とドイツ鋳造専門職員協会図書館(デュッセルドルフ)、ドイツ・ガラス技術学会の図書館(フランクフルト・アム・マイン)などが挙げられる。

f)　専門図書館の「組織構成」については、固定した図式がない。1 人の図書館員によって運営される専門図書館(最近の用語では OPL、ワン・パーソン・ライブラリーと呼ばれる)も少なくない。そこでは、図書館司書としての専門的予備訓練を受けていない職員が、現場の作業の中で、手引きもなしに司書のノウハウを習い覚えねばならないこともしばしばある。そのため、こうした小さな専門図書館では、図書館サービスの質という面で必ずしも最善の仕事がなされていないこともある。しかしその一方で、専門家である図書館司書が指揮権を持った、大規模な、明確に組織された専門図書館もある。先ほどの小さな図書館についても、またこの整備された図書館についても共通に言えることは、その時々の要請に応じて仕事を行われねばならないことが多いため、柔軟な組織が欠かせないということである。

　　大きな専門図書館の場合には、大学図書館や公共図書館のシステムの場合と同様に、本館と支部図書館との協力作業のあり方も調整されなければ

195

ならない。コレクションの最適利用のために、本館と支部図書館を合わせた統一的視点から調整が行われる必要がある。本館が事務的作業全般の処理と総合目録の作成を担当し、それによって不必要な多重図書の購入を回避するというのが一般的なケースである。

g) 専門図書館が行う「図書館間協力作業」は、専門分野に関連した研究会というゆるやかな形式が一般的である。それは「学術的分野によって規定された」グループであって、経験や情報、あるいは出版物の交換を通じて相互に結びついており、最近ではまたCD-ROM版やインターネットでの専門分野に関連したオンライン総合目録の作成によって注目を集めている（例えば教会図書館総合目録（KiVK）[68]）。専門図書館は、その専門分野に関係する外国の（特にドイツ語圏の）図書館と緊密に協力し合っている。これは「美術・博物館図書館研究会」（AKMB）のような人文学分野の機関だけでなく、「プロテスタント教会図書館研究会」（AABevK）、「カトリック神学図書館研究会」（AKThB）、「法学図書館・ドキュメンテーション研究会」（AjBD）、「医学図書館研究会」（AGMB）のような、他の知識分野の図書館にも当てはまる。上述の研究会には、それぞれの専門組織に属する会員が100名から200名、医学図書館研究会については280名もいるので、専門知識の基盤が相当に固まっており、そこから公表される研究成果は図書館制度全体にとって有益なものとなっている。法学図書館・ドキュメンテーション研究会は、最新の専門的論文を公表する『法律・図書館・ドキュメンテーション』という独自の雑誌を年に3回公刊し、また『作業ノート』というシリーズを公刊している。カトリック神学図書館研究会は年に1回、分厚い『報告論集』を公刊しており、1997年の時点ですでに44巻になる。学術的な専門分野によってではなく、共通の図書館業務上の課題から規定される研究会については、別の個所で言及されるべきであろう。

すでに言及した、すべての専門図書館を結ぶ研究会（ASpB）も、もともとは一つの専門分野の連合（技術・経済図書館連合）から発展したものであ

る。地方的なレベルでは、専門図書館は特にドイツ図書館協会下の州連盟において、他の図書館グループと協力関係にある。

すでに『図書館計画'73』の中で、一般的な目標設定に関する提言として、ドイツの全図書館ネットワークの中に専門図書館をより緊密に組み入れることが推奨されていたが、ここで提唱者は同時に、専門図書館のグループがさまざまな支援者とさまざまな関心にかかわらなければならないものであり、そのことから起きる特別な問題があるということも明確に意識していた。したがって、その計画はその限りにおいて非常に控えめなものであった。『図書館'93』では、この慎重な線がさらに推し進められている。小さな図書館をも含めたネットワーク化の推進は、今日、設置者の側の雑多な関心とは別に、以前よりもはるかに緊密な協力関係を可能にしている。

2.4.2　議会、官庁、裁判所図書館

議会、官庁、裁判所図書館は、1957年から存続している「議会・官庁図書館協会」(APBB)[69]（なんとこの名前に裁判所図書館が欠けている！）の活動のおかげで、今日比較的独立したグループを形成している。それは、議会図書館（州、連邦）、行政当局の図書館（地域団体、地方自治体、州、連邦）、そして裁判所図書館（州、連邦）に区分される。このグループはまた、公的な課題を担当する機関であるという点で、工業・商業会議所、保険会社等の図書館をも包括する。これらの図書館は非常に多数に上るが、そのうち500件はAPBBが発行する目録で確認できる。

これらのうちいくつかは、そのコレクションの量から言っても、また資料紹介サービスや情報サービスの活動を通じても、学術的図書館制度の重要な支えとなっている。例えばボンの「ドイツ連邦議会図書館」は、今日120万冊を超える国内と国外の文献の大きなコレクションを持つ、世界最大規模の議会図書館の一つに数えられている。さらに、ボンの「外務省図書館」（28万冊、約9万の地図と地図帳）、ミュンヒェンの「ドイツ特許庁図書館」（特

許明細書を含む 89 万 5 千冊のコレクション、3700 万件の特許証書、その他多数の幅広い資料)、カールスルーエの「連邦最高裁判所図書館」[70](48 万 7 千冊)、ヴィースバーデンの「連邦統計局図書館」(43 万冊)、フランクフルト・アム・マインの「ドイツ連邦銀行図書館」(19 万冊)、そして「ベルリン市議会図書館」[71](49 万冊) がある。

　これら図書館の大部分は、第二次世界大戦後に新しく建設されたものである。これは、帝国議会図書館を継承できなかったドイツ連邦議会図書館についても言えることである。帝国議会図書館の膨大なコレクション (約 41 万冊) は、1945 年 5 月 2 日のベルリンをめぐる戦闘で壊滅的な打撃を受け、わずかに 8 千冊を残したにすぎない。しかしドイツ特許庁図書館と外務省図書館は、以前のドイツ帝国における機関の継承者となることができた。衰退し、もはや存続し得なくなった機関のコレクションは、さまざまな図書館が継承している。例えばベルリン市議会図書館は、以前のドイツ市町村連絡協議会と帝国軍隊裁判所 (後の帝国戦争裁判所) のコレクションを継承したのである。

　上述の図書館には、大きな学術的専門図書館について言える多くのことが当てはまるが、一方その他の議会、官庁、裁判所図書館の大多数は、以下のように特徴づけることができる。

1) 各機関の図書館は、ほとんど終始それが所属する機関のために奉仕している。公共の利用は単に制限つきで認められているにすぎない。
2) コレクションは最新のもので、日常の使用に適合しており、すばやいアクセスがいつでも可能なように配列されている。
3) 法律関連の文献や行政文書がコレクションの大半を占めており、その他に、各機関の課題分野に対応して政治、経済、地理、社会、技術等に関する専門文献がある。
4) 請願書、鑑定書、議事録、統計のようないわゆる「灰色文献」もコレクションの主要部分を構成している。
5) 古くなった、もはや使用されない資料を処分することによって、コレク

ションの量は一定の枠内に収まっている。すなわち学術図書館で一般に重視されている保存義務というものは、ここではきわめて限定的な意味でしか当てはまらない。図書館は相互に貸し借りの関係を保っている。

6)「灰色文献」の開示に対する強い要求によって、1970年代の末以降、形式目録のための独自のRAK（アルファベット順目録規則）適用規則（RAK-PB）が開発され、RAKの変容がもたらされた。これは特に議会、官庁、裁判所の図書館に適したものであるが、問題がないわけではない。主題検索のためには、ドイツ連邦議会図書館のシソーラスがよく用いられている。論文・記事レベルでの目録作成も多くの図書館で行われている。

7) 議会、官庁、裁判所の図書館は、一般的には館内利用図書館である。しかし、文献は実際には勤務する職員の仕事場に貸し出され、閲覧室での利用はむしろ例外である。何より迅速に利用できることが肝要なのである。いくつかの図書館では、外部者による制限つきの利用を認めている。また、地域外貸借事業に加わっている図書館もある。

8) 機関内のさまざまな勤務室に参考図書を置いたり、職員間で雑誌や新聞を回覧したりすることは、十分に組織的になされねばならず、図書館員の十分な監視を必要とする。

9) 議会、官庁、裁判所の図書館においては、図書館専門職でポストを埋めることは、以前は必ずしも実現していなかった。その後、これに関しての2つの規定が1979年と1981年に施行された。これは連邦の議会、官庁、裁判所図書館の要請に即した、連邦の中級職および上級職の図書館員のための経歴、教育、試験に関する規定で、これらの図書館に専門的な資格を持った図書館員を配置することに貢献した。州の管轄領域では、そこで実質的に以前から存続している養成規定が適用されている。地方自治体の「行政図書室」（概してごく小規模なもの）には通常、公務員は置かれず、必ずしも司書資格を持たない一般職員が配置されている。

2.4.3 中央専門図書館

　ドイツ連邦共和国における4つの[72]中央専門図書館は、ケルンにある「ドイツ医学中央図書館」、ハノーファーの「科学技術情報図書館」(TIB)、「キール大学世界経済研究所図書館」(ドイツ経済学中央図書館)(ZBW)、そしてボンにある「ドイツ農学中央図書館」である。

　これらの中央専門図書館は、それぞれ唯一の収集分野(もちろん拡張されてはいるが)を持ち、その専門分野の文献を広く深く保護しているという点では確かに専門図書館の類に属する。

　だが、その役割は通常の専門図書館の域をはるかに越えている。中央専門図書館は、第一義的には特定の個別機関に貢献しているわけではなく、語の最も広い意味において、「広域的な」文献サービスを行っているのである。

　したがって、すでに専門図書館の特徴として挙げた事柄が、すべて中央専門図書館に当てはまるわけではない。このことは特に、利用の形態について一般に言えることである。すなわち、中央専門図書館はおよそ館内閲覧図書館ではないのである。その特徴は、図書館の外部において、とりわけ貸借システムにおいて、図書館のコレクションを集中的に利用することである。ハノーファーのTIBは、外部からの利用注文を受け入れて処理する件数が年に約40万件に達しており、ドイツにおけるすべての図書館の中で第1位にランクされている。

　ドイツの中央専門図書館は、『図書館計画'73』と『図書館'93』においても大変重要なものと位置づけられており、それらは「機能レベル4」の図書館グループに数えられている。すなわち「中央専門図書館は、専門領域の文献を、図書や雑誌以外にも、あらゆる種類の調査報告書、行政的および半行政的文書や記録的な資料を可能な限り網羅的に収集する。そのコレクションは、当該専門分野の目録作成と情報サービスにも貢献する。この作業については別の機関が行う場合もあるが、一部はこれらの中央専門図書館自身が遂行している。また、中央専門図書館はアクセス困難な言語からの翻訳資料も

調査する。中央専門図書館はそのコレクションをドイツ全土での相互貸借に役立てており、それは有料の直接送付の形でも行われる。」さらに最近では、電子的な注文と提供も可能であることを付け加えておきたい（オンライン注文、JASON、SUBITO）。

『図書館'93』におけるこの明確な描写から、中央専門図書館がそれぞれの専門領域においてすでに全国レベルでの役割を果たしていること、それによって総合的な資料収集を行う3つの国立図書館が担当する課題（→ 2.1）を補完していることがわかる。1988年、西ドイツの学術審議会は中央専門図書館を次のように評価している。すなわち「中央専門図書館の事業は、広域的な重要性を持ち、大規模な全国的・学術政策的意義を示しており、連邦と州が奨励・支援するに値する基準を充たしている」と。

こうしたことから、中央専門図書館は広域的・全国的な課題のために割り当てられる予算で運営されている。中央専門図書館はいずれも、研究推進外廓協定に基づいて、連邦と州の双方から予算的支援を受けている。予算比率は執行上の申し合わせに基づいて、連邦が30％、州が70％となっている。

旧東ドイツにおいても似たような目標設定と、注目すべきことに、同様に「中央専門図書館」という名前で呼ばれる図書館があった。それらは、1972年1月5日の図書館令のための第7執行規定（中央専門図書館の課題と業務方式）に基づいて、中央専門図書館のステータスを与えられた。中央専門図書館の外郭規則も同じ日に成立している。当時、最初に東ドイツで中央専門図書館のステータスを得たのは、

1）ベルリン教育中央図書館

2）ベルリン農学中央図書館

3）ドレースデン東ドイツ軍事図書館

の3館であった。

10年後の1982年1月には、さらに5つの図書館が東ドイツにおける中央専門図書館のステータスを得た。すなわち、

4）ベルリン経済大学図書館（東ドイツ経済学中央専門図書館、経済学情

報・資料中央図書館）
  5）ザクセン地方図書館（ドレースデン）（美術・音楽分野）
  6）ドレースデン工科大学図書館（東ドイツ技術中央図書館）
  7）フライベルク鉱山学院図書館（東ドイツ鉱山・製錬中央専門図書館）
  8）カール・マルクス・シュタット（旧ケムニッツ）工科大学図書館（東ドイツ機械技術中央専門図書館）

である。

　ヴァイマルのドイツ古典主義中央図書館（今日のアンナ・アマーリア公妃図書館；→ 2.4.4）は例外であった。それも「中央図書館」という名前を持ってはいたが、上述の8つの図書館のように、1972年の規定や1982年の特別称号授与に基づくものではなく、それとは無関係にすでに1950年代の中頃からそう呼ばれていたのである。

　さて、ザクセン地方図書館（ザクセン州立図書館）は旧東ドイツにおいて、美術・音楽分野の中央専門図書館としての役割を果たしてきたわけであるが、東西ドイツの統合以後も、「1945年以降の現代芸術」という広域的な重点収集（特別収集分野）を担当することで、その役割を担い続けることとなった。また、フライベルク鉱山学院図書館も、東西統合後はフライベルク鉱山学院工科大学図書館[73]となり、西ドイツのゲッティンゲン大学図書館が担当していた「鉱山、鉱山測量、製錬」に関する重点収集分野と、ハノーファーのTIB（科学技術情報図書館）が担当していた「地理学、鉱物学、岩石学、土壌学」に関する特別収集分野を引き受けることとなり、現在も中央専門図書館としてのステータスを維持している。

　旧東ドイツの軍事図書館もまた、今日、従来の収集課題を継続している。1992年の末に、西側のデュッセルドルフにあった「連邦軍中央図書館」が閉鎖され、そのコレクションがドレースデンに移送され、東側の軍事図書館に吸収された。1998年には、ドレースデンの軍事図書館のこの統合されたコレクションがシュトラウスベルクの軍事図書館に運ばれ、1999年より同じくシュトラウスベルクにある連邦軍専門学校のサービス機関として、情報

第 2 部　さまざまな図書館のタイプ

とコミュニケーションのために貢献している。旧東ドイツ時代のベルリンの教育学高等専門学校の教育学中央図書館は今日、公法上の財団法人であるドイツ国際教育学研究所の傘下にあって、教育史研究図書館[74]として、その役割を引き継いでいる。

　一方、ドレースデン大学図書館は、旧東ドイツにおける技術中央図書館としての役割を果たしてきたが、東西ドイツ統合以後、東側の利用者も西側の TIB（ハノーファー）のサービスを利用できるようになったおかげで不必要になった。同様に、ケムニッツの中央専門図書館が担当していた機械技術の分野も、今日では TIB によってカバーされている。また、旧東ドイツの経済学分野と農学分野の中央専門図書館も、今日では中央専門図書館としての役割を失った。それらよりもはるかに大きく多様性のあるコレクションを備えた、西側のドイツ経済学中央図書館（キール）とドイツ農学中央図書館（ボン）が、ドイツの東側へのサービスも引き受けることができるようになったからである。

*

　ケルンの「ドイツ医学中央図書館」[75]は、人間医学とそのさまざまな基礎学のための中央専門図書館である。その課題は国内外の医学文献の入手と提供である。収集の重点はドイツの文献と、英米、日本、ロシアの文献である。この図書館はノルトライン＝ヴェストファーレン州の機関である。ケルン大学＝市立図書館の医学部門を前身として生まれ、今日までケルン大学とも組織的に結合している。永らくケルン大学の医学部の建物に収まっていたが、最近大学キャンパス内に新しい建物を得た。

　1998 年時点では、ドイツ医学中央図書館は、上述の学部図書館とあわせて約 100 万件の資料と情報媒体を所蔵しており、その内訳としては、図書 90 万冊、縮小形態のメディアが 5 万件、それに多数の新しい種類のメディアが含まれている。コレクションには、博士論文が 35 万 3 千件あるが、そのうち 34 万 7 千件は印刷形式で、3 万件はマイクロフィルムやマイクロ

フィッシュで所蔵されている。継続的に購入されている雑誌類は約8,100タイトルで、そのうち約85%は外国のものである。また、英米の調査報告書や準行政的資料も多数収蔵している。

ドイツ医学中央図書館では雑誌目録を発行している。1997年発行の活字版雑誌目録は358ページに及び、同図書館に所蔵されている約1万5千の雑誌タイトルを、保管データや整理番号とともに記録している。この目録はフロッピーディスク版でも入手できるし、オンラインでも検索できる[76]。出版年が1997年以降の雑誌についてはOPACで検索でき、収蔵タイトル（医学に関する新しい専門文献のすべてを含む）は、ウェブを通じて確認が可能である。

ドイツ医学中央図書館のサービスは、同じくケルンにあるドイツ医学情報資料研究所（DIMDI）[77]の活動によって補完されている。この研究所は、連邦厚生省の下位に位置づけられる機関で、医学関連分野の多数のデータベースを提供している。

外部との相互貸借について見ると、1995年には約43万1千件の注文がドイツ医学中央図書館に寄せられており、そのうちの約95%に対応している。このことから、ドイツ医学中央図書館は、ドイツの図書館制度にとって抜群の、また学問にとっては非常に喜ばしい成果を上げていると言うことができる。医学雑誌の利用ニーズは非常に高いため、やむを得ず雑誌は原則として閲覧利用のみとし、個々の論文に関連する貸出希望に対してはすべてコピーの提供で対応し、雑誌自体または製本した年間雑誌の貸出は行わないという方針をとっている。

*

ハノーファーの「科学技術情報図書館」（TIB）[78]は、1959年の創立以来、技術とその基礎学、とりわけ化学、情報学、数学、物理学の中央専門図書館として活動している。それはニーダーザクセン州に属する機関であり、組織的にはハノーファー大学図書館と結合している（予算は分離している

が、組織と運営は共通）。TIB の課題は、技術と自然科学に関する専門文献、特に外国のものを入手し提供することである。一般のルートでは入手しにくい資料や、外国語の新刊書が特に重視される。

TIB はハノーファー大学図書館とともに、1965 年に建てられた図書館の建物の中に収められている。1984 年から 85 年にかけて機能的な大収納庫が増設されて、それにより書庫の収容能力が 50％ 増大した。1986 年には、近くにあるかつての厩舎が図書館の一部として改築され修復されている。そして 1991 年には、新しい建物（ヴィルヘルム・グルンヴァルト館）と 85 万冊を収容できる外部書庫が加わった。

TIB は、技術と自然科学の専門分野に関する雑誌や単行書に加え、学会報告、研究報告、博士論文、特許明細書、規格書、基準書、技術的マニュアル、技術特殊語彙辞典を収集していることが特筆に値する。

TIB とハノーファー大学図書館は、あわせて 310 万冊（TIB ＝ 160 万冊、ハノーファー大学図書館＝ 150 万冊）の図書資料と、約 160 万件の縮小形態メディアと、CD-ROM 版でのドイツと諸外国の特許記録の包括的なコレクションを有している。縮小形態メディアは、ほとんどすべてが TIB にあり、内容は特にアメリカ合衆国の調査報告書が多い。CD-ROM の特許情報は、大学図書館に連結しているハノーファー特許情報センター（PIZ）で利用できる。これに加え、TIB は約 18,200 件の継続刊行中の雑誌を所蔵しており、そのうち約 5 千件がドイツ、オーストリア、スイスのもので、その他が非ドイツ語圏の外国のものである。後者の中では、特筆すべきものとして東アジア、南東アジア、インドの定期刊行物、約 3,600 件のコレクションが挙げられる。

TIB の「翻訳情報課」は、デルフト（オランダ）の国際翻訳センター（ITC）と緊密な協力作業を行っている。

すでに以前から TIB は、コンピュータによる目録作成を行っている。ゲッティンゲン大学（州立）図書館に置かれているニーダーザクセン州図書館計算機センター（BRZN）では、TIB 所蔵の雑誌については 1970 年から、

単行書については 1977 年から、コンピュータで目録を作成している。当初はオフライン（磁気テープの送付）であったが、1980 年代の中頃からはオンラインでの提供となっている。今日、TIB の目録はハノーファー大学のデータ処理ネットワークを経由してオンラインで、外部からは Datex-P とインターネットを経由して利用できる。また、雑誌と単行書に関するすべての機械可読タイトルは CD-ROM 版でも流通している。それはまた TIBKAT という名称で、カールスルーエ専門情報センター（FIZ）の STN international でデータベースとしても公開されている。カード目録は、出版年が 1992 年のタイトルを最後に中断された。

TIB は、1996 年には少なくとも 127 万 7 千件の注文を処理しており、そのうち約 87 万件が地域内貸出で、40 万 7 千件が外部からのもの（18 万 5300 件が相互貸借注文、22 万 1800 件が有料の直送注文）である。TIB は、外部から寄せられた資料利用要求の約 90％に対応できており、この面でも他の中央専門図書館と同様に非常に成功している。

TIB は、国内外の情報・資料サービス施設と緊密に連携している。また、TIB は ISRN（国際標準テクニカルレポート番号）の国内支部を担当している。

最後に TIB は電子図書館への発展途上にあることを強調しておこう。この企画は、教育、学術、研究、技術のための連邦省奨励の TIBQUICK プロジェクトとして推進されている。

*

「キール大学世界経済研究所図書館」（ドイツ経済学中央図書館）（ZBW）[79]は、1914 年にキール大学の学部図書館として建てられ、今日では広い意味での経済学、すなわちマクロ経済・ミクロ経済学とその関連領域のための中央専門図書館となっている。ZBW は 1972 年より、キール湾の古い施設の建物の特別な増築部分に位置している。

図書館のコレクションは、世界経済と国内経済の領域に重点が置かれてい

る。法学、政治、地理、社会学等の周辺領域は、主要収集分野にとって意味を持つ程度に組み込まれている。

　学術的な専門文献の他に、経済的事件が記録されている「灰色文献」、例えば経済連盟、工業会議所、商業会議所、手工業会議所、官庁の会計報告や運営報告、企業の事業報告、政党の刊行物、宣伝用パンフレット、請願書、統計、予算計画等々も大量に集められている。国際組織の刊行物も重視されており、原則として世界のすべての国と言語の文献が集められている。

　ZBWは世界最大の経済学専門図書館の一つであり、約210万冊の図書資料を所蔵し、1997年の新規購入は3万8千件を超えた。キール湾の建物は、目下大きく拡張されており、そのために建物の一部分が取り壊されている。建設作業の期間中は、いくつかの暫定書庫を建てる必要があった。建設作業は2001年までかかる見通しで、その間は一部の資料については地域的な利用にのみ限定される。

　ZBWの古いコレクション（処理年が1985年まで）については、カード目録で組織化され、所蔵情報が提供されている。このカード目録は、多面的に組織化された約850万のカードから成り、書誌的に独立した単位の文献についてだけでなく、いくつかの雑誌や選集については個々の論文や記事の単位からも検索できるように目録が作成されている。かつて長期にわたって所長を務めたヴィルヘルム・ギューリヒ（1895-1960）が、この図書館のために設計したシステムでは、形式目録と内容（主題）目録の分離がない。このシステムの導入は、ドイツにおける目録作成と資料提供の関係についての新しい理念を導く重要な刺激となった。いわゆるギューリヒ目録システムは、1949年にボンに設立されたドイツ連邦議会図書館（西ドイツ）の構築において採用されている。

　ZBWが所蔵する新しい単行書（処理年が1986年以降のもの）は、ECONISというデータベースで書誌事項と主題から検索することができる。ECONISは今日約80万件のタイトルを記録しているデータベースで、ドイツ学術ネット、ラインモード・ヴァージョン（Telnet）、ミュンヒェンの経営

情報学会（GBI）のホスト、デュッセルドルフのゲニオ経済データバンク（出版社グループ商業新聞）を通じて利用できる。CD-ROM ヴァージョンは GBI で配布しており、それには 49 万 4 千件（1996 年 5 月時点）のデータが収められている。

　ZBW は、約 5 千の雑誌と約 1 万 1500 の年鑑を所蔵している。定期刊行物は、すべてベルリンの雑誌データベース（ZDB）に記録されている。ヴィルヘルム・ギューリヒの理念的伝統に基づいて、定期刊行物の資料価値を高めるための組織化が特に重視されている。約 1,500 の定期刊行物からの論文と約 150 の雑誌の記事は完全に目録化されており、定期的に提供されている。

　ZBW は他の中央専門図書館と同様に、ドイツ国内外の貸借システムを通じて利用することができる。ZBW も資料の利用の要望に対して主にコピーの送付で対応することが多い。会社や研究所は直接 ZBW に依頼して、希望する資料またはそのコピーを有料で直接送付してもらえる。特に緊急の注文は、ZBW へのオンライン注文またはテレファックス・サービスの一環として有料で処理される。

　ZBW は『キール経済・社会文献情報』というシリーズを刊行しており、そこには 1960 年以降の主題別書誌といくつかの辞典が収録されている。

＊

　「ドイツ農学中央図書館」[80] は、1962 年に始まったボン大学図書館農学部門の計画的な拡充によって成立した。そのルーツは 1847 年にまで遡る。この図書館は長い間、急激に増大したコレクションを抱えながら、農学部に属する古い建物の中の不十分な位置に甘んじていたが、ようやく 1983 年に目的にかなったゆとりのある新館を獲得した。

　農学中央専門図書館として、それは農学、応用生物学、生化学、バイオテクノロジー分野の専門資料を収集している。農学の中で一つ一つを挙げるならば、農業政策、農業社会学、農業法、農業経済、農業史、家畜生産、植物生産、熱帯農業、菜園、果樹栽培、葡萄栽培、林業、漁業、栄養学、家政

学、環境学、遺伝子工学、生態保護農業、土壌学、自然保護がある。

アメリカ合衆国や（かつての）ソビエト連邦などの当初の国家的重点地域の枠を越えて、今日では熱帯や発展途上国の農学文献が重要な位置を占めている。

ドイツ農学中央図書館は50万冊のコレクションを所蔵しており、その中には活字化された4万4千の博士論文、縮小形態の2千の博士論文に加え、官庁・研究所・協会の文書、会議資料、各種の大学出版物、多数のアメリカ合衆国調査報告書とFAO（国連食料農業委員会）の出版物（たいていはマイクロフィッシュ）、それに1,300以上のドイツの雑誌と3千以上の外国の雑誌が含まれている。交換または寄贈による入手が大きな役割を果たしている。この方法で、特に多数の「灰色文献」が図書館に入ってくる。また、今日では資料の検索・入手を支援する手段として、各種のデータベースが提供されている。コレクションの量と質は、利用要求の85％に対応できるレベルに達している。

ドイツ農学中央図書館の目録の一部は、AGROKATという名称のデータベースとして、デジタル形式でも利用が可能である。AGROKATの目録データは約7万5千件で、主としてドイツ語と英語による多数の地域の資料を収録している。具体的には、1985年以降の単行書、博士論文、それにすべての雑誌とシリーズである。年間の追加は約1万2千件で、年に2回の修正が行われる。AGROKATは、ホストのDIMDIを通じていつでも有料で検索できる。

同図書館の所蔵資料のうち、出版年が1985年以前の文献情報はマイクロフィッシュに収められており、それは書店を通じて流通している。雑誌とシリーズは、補足的にDBI（ドイツ図書館研究所）の雑誌データベースにも収録されている。

ドイツ農学中央図書館の業務は、同じくボンにある農業資料・情報センター（ZADI）の活動によって補完されている。このセンターによって運用されるデータベースDAINET（ドイツ農業情報ネット）から農学中央図書館

のホームページに入ることができ、AGROKATを無料のオンライン検索で利用することができる。

*

　以上に挙げたドイツの中央専門図書館は、いずれも応用的な学問分野の研究と実践にとって重要なあらゆる言語の文献を、ドイツの少なくとも1か所に用意し、できる限り容易に利用できるようにするという目的の達成に、大きな貢献をしているのである。
　中央専門図書館は、そのコレクション（特に雑誌、学術会議資料、研究調査報告書の類）の量と質において、専門図書館グループのトップの座を占めると同時に、国家的な役割を果たす図書館グループという観点においても、傑出した地位を占めるものである。そしてこれらの中央専門図書館は、国際的にも高い評価を受けているのである。
　MEDIKAT、TIBKAT、ECONIS、AGROKATというデータベースによる電子的な蔵書目録の提供、ZDBや他の機関を通じての雑誌タイトルの利用可能性、近代的な建物、そして直接利用と相互貸借におけるよく整備された利用者サービスは、これらの中央専門図書館を、ドイツのみならず国際的な図書館ネットワークにおける不可欠の要素にしているのである。

2.4.4　研究図書館

　ドイツの学術図書館事情に関する叙述の締めくくりとして、小さいが、しかし今日重要な意義を持つ「研究図書館」のグループについて述べておこう。研究図書館というグループは、これまでの図書館類型の中では独立した位置づけを与えられておらず、大雑把に学術的な専門図書館または州立図書館の一種として扱われていた。
　研究図書館のグループは、一見したところ専門図書館の一類型と言ってもよいような特徴を持つ。というのも、研究図書館の収集活動は大きな総合図

書館（→ 2.1）や州立図書館（→ 2.2）、また大学図書館（→ 2.3.1）におけるような総合的なものをめざしているのではなく、特殊な目標設定を持ち、なおかつ主として非常に特殊な関心を持つ小規模な利用者集団に対応しているからである。だが研究図書館は、他の多くの観点では学術総合図書館に近い位置にある。研究図書館の特徴は以下のように叙述される。

『ドイツ図書館年鑑』によると、ヴォルフェンビュッテルのアウグスト大公図書館は、この伝統的な呼び名に加えて、1975年に「近世文化史・精神史研究図書館」という付属名を与えられた。1983年にはこの付属名が「近世文化史・精神史研究所」になり、1985年には「近世文化史・精神史のための国際研究所」へ、1989年には「近世文化史・精神史のための大学外研究所」へと変更され、1991年以降は「西洋文化史のための大学外研究・学習機関」という名称に落ち着いている。

この付属名のたび重なる変更は、まさにこの図書館の課題をいかに特徴づけるかという点において、ある種の不確実さが伴うことを示している。だがいずれにしても、人々はこのアウグスト大公図書館が、端的に言って、古いブラウンシュヴァイク・リューネブルク地方の州立図書館とか、多数存在する人文科学領域の専門図書館の一つとかではないこと、この図書館が、州立図書館やいわゆる専門図書館のグループからは明白に区別され、「研究図書館」または「研究機関」という独自の名称を与えられるべき特別な役割を持っていることを、十分に意識していたのである。

ミュンスターの英文学者であり、学術組織の主催者でもあるベルンハルト・ファビアンの研究『図書、図書館および精神科学研究』は、1983年の出版以来、西ドイツにおいて精神科学（人文科学）研究の条件はいかに改善されうるかという論争に火を付けた。当時の西ドイツにおける状況は、統合ドイツにおけるよりもはるかに切実であった。というのも、そこには国立図書館もなく、一部の時代については全国書誌が欠如しており、今日の情報技術の類もまだ利用されていない古典的で非効率的な貸借手法がとられていたのである。この状況は、人文科学研究の基盤構造に注意を喚起し、改善の可

能性を議論する必要性を示す十分な根拠であった。この議論は司書たちの間ではそれまで度外視されていたのだが、ファビアンの研究成果を受けて急速に浸透し、一定の具体的な効果をもたらした。その後大きく前進したプロジェクト「ドイツ刊行物収集計画」は、1980年代の中頃に行われたこの議論の成果である。また、この議論を通じて「研究図書館」に関する学術政策が必要であることも明らかになったのである。

それに加えて、東西ドイツの統合が「研究図書館」構想への思索をさらに活気づけた。というのも、かつての東ドイツの地域には、例えばヴァイマルのアンナ・アマーリア公妃図書館[81]（東ドイツ時代はドイツ古典主義中央図書館）やザーレ河畔のハレにあるフランケ財団中央図書館[82]の施設のように、「研究図書館」という名称を直接に適用できそうな多数の機関があったからである。その上、今日のゴータ研究・州立図書館[83]は東ドイツ時代にはまさに「ゴータ研究図書館」と呼ばれており、この種の図書館グループに対して新しい名称を示唆する存在であった。こうして、「研究図書館」という図書館のタイプがより明白に専門家の意識に上ったのである。

この「研究図書館」というグループは、図書館類型の研究においては比較的最近に定義されたわけであるが、その後の政策文書『図書館'93』でもこの概念が採用され、こうして一般的な評価を得た。『図書館'93』では、研究図書館は地方図書館のグループとは別個のものとして、すなわち大学外での研究に貢献するグループとして特徴づけられている。研究図書館については、図書館独自の研究活動や、出版補助、奨学金の授与、学術関連イベントの実施を通じての研究の奨励が強調されている。この点は、大学図書館や個々の州立図書館とはまったく異なる、研究図書館の固有の特徴である。この特徴は、例えばヒルデスハイムの大聖堂図書館のように、教会が設置者となっている特定の古い図書館に共通して当てはまる。同様に、ネッカー河畔マールバッハのドイツ文学資料館（シラー国立博物館）のような独特の機関にも当てはまる。

例として、上で取り上げたヴォルフェンビュッテル、ゴータ、ハレ、ヴァ

写真 16　アンナ・アマーリア公妃図書館（ヴァイマル）

イマルの研究図書館について見るならば、次のような次元で研究図書館に共通する類型的特徴が見出される。

「どの分野に属するか」という観点では、研究図書館のタイプは歴史的手法で作業を行う人文科学・文化研究の領域に限定される。というのも、他の応用的な学問分野（医学、科学技術、経済、農学）については、既出の「中央専門図書館」のグループがすでに確立しているからである（→ 2.4.3）。

「コレクションの量」という観点では、研究図書館は 10 万冊以上を所持す

る施設とみなすことができ、文化史の多くの領域で密度の高い学問的研究を可能にするようなコレクションの広がりと深さを前提としている。コレクションの量がこの最低限の数字を下回る図書館では、そうした高度な研究支援はほとんど不可能である。

「コレクションの性質」という観点では、第1に個々の図書館が固有の膨大な歴史的価値のあるコレクションを持っていることが、研究図書館の特徴である。第2に学術的な二次資料について見ると、研究図書館は地域外貸出の請求には応えず、館内で利用者が一貫した研究ができるように整備している。このためには、多数の参考図書、ハンドブック、伝記、書誌の類が館内で常に利用できる必要がある。例えば、ヴォルフェンビュッテルのアウグスト大公図書館において、従来の歴史的コレクションに加えて、1955年からエアハルト・ケストナーが近代的コレクションとして収集を始めた「画家装丁本」コレクションは、同図書館に一つの新しい特色を付け加えたし、最近同図書館で収集している「アイセン・コレクション」（20世紀の書籍芸術）も、この関連で挙げておくことができる。

「利用」の観点では、研究図書館には開架での配架と館内閲覧が必要不可欠である。特に新しい学術文献にとっては開架での配架が重要であり、コレクションの館内閲覧が最善の形で機能するためには、できるだけ分類順に配架される必要がある。また、研究図書館は古い特に貴重なコレクションについては、相互貸借で提供する立場にはならない。比較的新しいコレクション（二次資料）については、研究図書館は相互貸借の要請から完全に逃れることはできないし、またそうすべきでもない。それについては、できるだけ多くの貸出希望をコピーまたはマイクロフィルムを送付することによって充たすよう努力している。研究図書館の顕著な特徴として、よく実践的に装備されたワーキングスペースが館内にあることが挙げられる。というのも、研究図書館の典型的な利用者は、自宅への図書の借り出しではなく、館内での研究をすることが主だからである。

研究図書館は中央専門図書館とは異なり、利用頻度の数値を図書館の成功

の指標とみなすことはできない。というのも、研究図書館でなされる学術的研究は比較的少数の学者によって行われるので、図書館業務が質的に「成功」していても、それはただちに統計的数値の形では現れないからである。むしろ、人文科学分野に通じ、利用者のために短時間で相談に答え、実際的な手助けとなれる司書の存在こそが重要なのであり、それが研究図書館におけるサービスの成功を示す実質的内容である。

　研究図書館のさらに大きな特徴の一つとして、館内コレクションのカタログやコレクション目録の作成を通じて、内容的にも深く立ち入ったコレクション情報の提供を積極的に行っていること、そしてコレクションに関連する学問的研究と、その研究成果の報告をしかるべき出版物において行っていることが挙げられる。この点では、研究図書館は大きな学術総合図書館（→ 2.1）や地方図書館（→ 2.2）にも類似しているが、一方そのことでそれは大学図書館や専門図書館とは大きく異なるのである。

　研究図書館は、膨大で貴重な古い資料をコレクションとして持つため、当然ながら他の図書館よりも保護すべき図書の管理、保存、手入れに力を注いでいる。この保守的で復古的な課題が主要な業務の一つであるという点でも、研究図書館は大学図書館や専門図書館よりも、むしろ大きな総合図書館や州立図書館に近いと言える。

　研究図書館の要件の一つである「機関としての独立性」は、図書館サービスの次元ではなく、政治的・行政的な次元の問題である。ゴータとヴォルフェンビュッテルの図書館は、エアフルトとハノーファーにあるそれぞれの管轄省に直接従属しており、ハレとヴァイマルの図書館は、いずれも独立した公法的財団法人の一部である（→ 1.6.2）。機関としての独立性という点で、研究図書館は大学図書館とは明確に異なるし、一般的な専門図書館の類とも異なる。大学図書館や専門図書館は、設置者ないしその会員または構成員に対するサービスを無条件に優先するが、研究図書館のサービスはその独立性のおかげで、どの研究者に対しても法人規約的な、あるいは他の拘束や制限を顧慮せずに開かれているのである。

研究図書館は組織としての独立性を生かして、長期間にわたる出版事業、固有の書誌、データベース等々、自ら人文科学関連の大プロジェクトの運営母体となったり、それらを支援したりしている。組織的独立性を持つ研究図書館は、学会やシンポジウム等々も独自に容易に計画できるし、それらの企画は他の図書館におけるよりも大規模に実施されている。ヴォルフェンビュッテルにおけるアウグスト大公図書館の年間プロジェクトは、そのような活動の代表的なものである。

2.5　公立公共図書館と州図書館支援センター

2.5.1　公立公共図書館

　地方自治体および地方自治体連合は、基本法28条（2）に基づいて、地域共同体のすべての関係事項を法律の枠内で独自の責任において定める権利を持つ。そして、地方自治体の課題の一つには、その管轄地域における経済的、社会的、文化的な機関の運営という目標設定が含まれている。

　公立公共図書館はこの種の機関の一つである。それは「いかなる階層の住民であっても、一般的に利用できる原典から学ぶことを妨げられてはならない」という市民の基本権（基本法5条（1））の遂行に重要な貢献をしており、それにより文化的・社会的生活への参加に道を開いている。これはIFLA（国際図書館連盟）が1994年の「公共図書館宣言」で表明した基本的立場である。東西ドイツの図書館利用頻度の統計からも裏づけられているように、図書館サービスの教育制度に対する市民のニーズは、ここ何十年か増大の一途を辿っている。そのため公共図書館は、専門教育、継続教育、生涯教育などの職業訓練制度、および雇用機会均等の実現において、中心的な役割を担っている。また余暇の活用方法についても有意義な提案を行い、重要な役割を果たしている。公共図書館は情報、メディア、サービスにおいて、

20世紀末の失業率の上昇、書籍価格の高騰、視聴覚メディアと電子メディア市場の爆発的増加、余暇の増大などに基づく市民の高まる要求に対処し続けることが課せられている。

一部の農村地域では、いまだに公共図書館の空白地帯があるけれども、全体としては、第二次世界大戦後の50年間の再建時代に成立した公立公共図書館ネットワークが、住民に対する図書資料その他の情報メディアに関する基本的サービスを担っていると言える（人口20万以上の都市については図4を参照）。「図書館」を表す言葉としては、ドイツ全土で「ビブリオテーク」が一般化しつつあるけれども、地方の町や自治体の図書館では、今日でもしばしば「（ゲマインデ）ビューヘライ」という名称を見かけることがある。分館や特別部局（児童・青少年図書館、工芸図書館、音楽図書館）（→2.7）を伴う大都市の整備された図書館だけでなく、中都市、町村、町村連合、および郡（→1.6.1）の図書館が公立公共図書館に属する。これらは大きさや設置者の違いにより、「市立図書館」、「町村立図書館」、「郡立図書館」等と区別されている。また「中央図書館」、「市立＝郡立図書館」、「市立＝地方図書館」などといった名称も使われている。時にはマインツの「アンナ・ゼッガース公共図書館」や、ベルリンの「ノイケルン市立図書館－ヘレネ・ナータン図書館」などのように、文学や文化活動における著名人の固有名詞が図書館の名前に付されていることもある。

公立公共図書館と市立学術図書館

公共図書館は一般に、誰もが閲覧できる最新のコレクションを所蔵する図書館である。西側の旧連邦州においてはそれほど多くないが、東側の新連邦州においては、しばしば資料・利用図書館の機能や非常に貴重な古蔵書を持つ「市立学術図書館」を見かけるが、それは公共図書館と併設あるいは連携しており、主として市の予算で運営されている（例えばバレンシュテット、バウツェン、ブラウンシュヴァイク、ライプツィヒ、リューベック、マグデブルク、マインツ、プラウエン、シュヴァインフルト、トリーア、ヴォルム

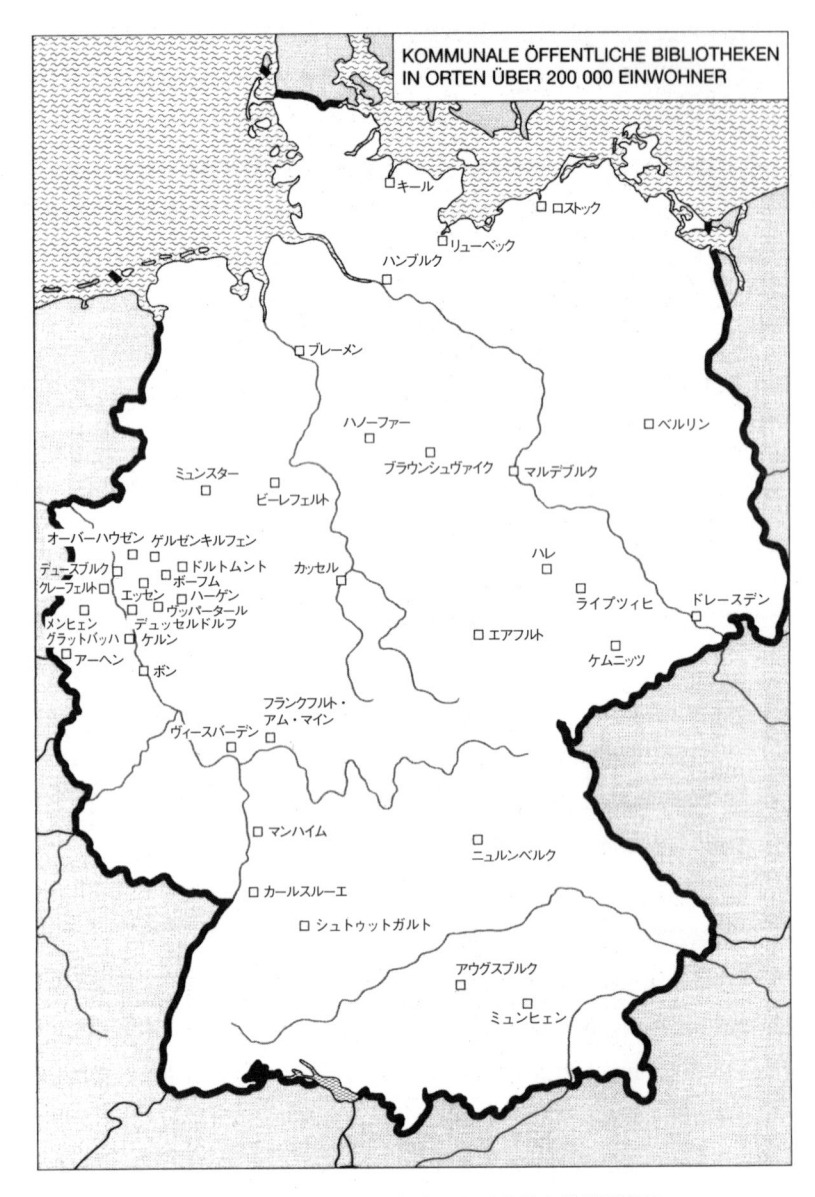

図4 人口20万以上の都市における公立公共図書館

第 2 部　さまざまな図書館のタイプ

ス、ツヴィッカウ)。かつての東ドイツの大都市においては、「学術一般図書館」(WAB) が数十年の間、公共図書館と学術図書館の両機能を担っており、西ドイツのような公共図書館と学術図書館との領域の溝はそれほど明白になっていなかった。

　歴史上最初の市立学術図書館は、宗教改革の時代に成立したものである。マルティン・ルターは、市長と市参事会員への回状で、「大都市におけるよい図書館・書籍館の設置」を訴えた。また、人文主義の教育理念の立場からも、そのような機関が奨励された。17 世紀から 19 世紀にかけて多数の市立学術図書館が設立され、その一部は地方特有の収集課題を引き受けるものとなった (→ 2.2)。しかし、市立学術図書館の歴史上の発展プロセスは一様ではないため、市立学術図書館という類型をその点から特徴づけることはできない。市立学術図書館の多くは、市民のために、市民によって創立されたものであるが、いくつかは廃止された大学の図書館から生まれたものもある (マインツ、トリーア)。20 世紀においては逆に、市立学術図書館が大学図書館へと拡張されたり、大きな大学図書館に編入された例もある (ブレーメン、デュッセルドルフ、ケルン、マンハイム)。旧東ドイツの WAB (学術一般図書館) は 1990 年以降、東の新連邦州においてさまざまな形で発展した。一部は市立＝州立図書館へと再構築されたが (例えばポツダム)、他の大部分は市立公共図書館となり、学術的に価値のある古いコレクションは引き続きその管理下に置かれるか、または近隣の大学や州立の図書館に譲渡されることとなった。「市立学術図書館」という名前と機能を残した例は、ごくわずかである (例えばエアフルト)。

　フランクフルト・アム・マインとハンブルクでは、以前の市立図書館は今日、事実上公式に市立学術＝大学図書館と州立＝大学図書館の二重の機能を引き受けている。市立学術図書館と文書館を同一の建物ないし管理下に置くというスタイル (ボン、ヒルデスハイム、マインツ、トリーアに見られる) は、以前はよく見られた形であり、今日でもなお注目に値するモデルである。独立した市立学術図書館 (アウグスブルク、リンダウ、ツヴィッカウ)

219

は、州の振興策により、地方図書館や研究図書館の機能も一部引き受けている。

公共図書館が広がりを見せるようになると、それまでの市立学術図書館が公共図書館と結合するケースも多くなった。そのような事例は、アーヘン、エッセン、ハノーファー、リューベック、ミュンヒェン、ニュルンベルク、ウルム、ヴッパータールなどで見られる（それぞれ少しずつ異なったかたちではあるが）。ドルトムントでは1980年代中頃、市立公共図書館が市立＝州立図書館と合併し、後者の名で一つの公共図書館とされた。これ以前の1950年代には、ベルリンのアメリカ記念図書館（AGB）に市立学術図書館が組み入れられた例があり、これはドイツにおける近代的なパブリック・ライブラリーの最初のモデルとして構想されたものである。東西ベルリン統一後、西のAGBと東のベルリン市立図書館の役割が新たに定義された。西のAGBは、どちらかというと公共図書館としての性格を持つ一般利用図書館と位置づけられたのに対し、東のベルリン市立図書館は、地域貸借システムの統括機能を持つ学術図書館としての性格を受け継ぎ発展させるものと位置づけられた。1995年9月以降、両機関は公法上の財団法人の傘下で「ベルリン中央州立図書館」となった。1998年にエムス河畔リンゲンの市立図書館とオスナブリュック専門大学図書館の支部が合併して「リンゲン市立＝専門大学図書館」となったが、現時点ではこのような例は他では見られない。

統合ドイツにおける公共図書館は、多方面に広がった諸々の課題を担うべく、抜本的な構造改革の過程にある。新しい運営形式、新しいタイプのメディア、情報コミュニケーション技術の進展、図書館間協力、ネットワーク化等々、多岐にわたって新たに慎重に考え抜かれた構想の実現が期待されている。1970年代から80年代の考え方は、もはや抜本的に見直されるべきであり、現代の社会的・教育政策的要求への適合を考えなくてはならない。また、旧東ドイツの図書館が積み上げた成果を、統合ドイツの将来の図書館活動に適切に組み込む試みも必要である。公共図書館活動の目標に関する基本思想や計画は、専門文献、学会、会議において多数提示され論じられてき

第 2 部　さまざまな図書館のタイプ

た。詳細についてはここではひとまず措くとして、手短に言うと、公共図書館はもはや単に情報、教育、娯楽を提供するだけでなく、人々が触れ合うコミュニケーションの場としての性格を持っている。今日の公共図書館は、各種の幅広い催しものが行われる文化センターともなっており、またさまざまな手法で新しい電子メディア利用の手引きを行い、電子情報の利用を支援する施設へとなりつつある。

　近代社会において、公共図書館は読書や活字メディアを通じたコミュニケーションを促進した。つまり、人々は主要な文化的技術の一つに貢献する機関を創造したと言えるだろう。もちろん公共図書館は、活字メディアの提供と仲介に留まるわけではない。制御し難い情報の氾濫と生活環境の複雑かつ急速な変化の中で、図書館は電子ネットワークを含む現代的な記録媒体を利用する必要に迫られた。利用者ニーズに応える情報の収集・組織化・目的に適した提供は、これによってのみ実現できるであろう。データと情報の氾濫により、個々人のライフプラン設計は今や他者の支援なしでは困難な状態となっている。生涯教育と継続的な専門教育は、図書館職員にとっても市民1人1人にとっても不可欠になってきている。多様な意見が集まる民主主義のフォーラムでは、教育と職業の専門化とニーズの増加、余暇の増大という現状があり、市民1人1人と社会全体にとっての図書館の存在意義は大きい。しかし情報学者や図書館員とは対照的に、政策の決定権者たちはこの事態をまだ十分には認識していない。

政策的・法的枠組みと図書館計画

　公立公共図書館が、人間が生きる上で必要不可欠な機関と定義されるにしても、課題はさまざまである。地方自治体は、公共図書館の設置と運営に関わる大部分の事項は地方自治体が担うべき課題であり、地域の図書館サービスの内容と規模、あるいは空間、人員、コレクションなどの図書館形成に関して自治体は政策責任を有している。ドイツ統合以降、東の新しい連邦州の公共図書館は、旧東ドイツ時代の通例であった国家措置による制度形成か

ら、自治体による自主運営に変わり、かの地にとっては未知の状況に取り組まなければならなかった。

　ドイツの公共図書館は、誰もが自由に利用できる機関である。1990年代に至るまで、わずかな例外を除いて利用・貸出料金は不要であった。1980年代初頭の経済危機の時代に、利用料や年間費としてサービスの一部料金を利用者から徴収したが、それによって利用者が減少したため、しばしば撤回を迫られた。1990年代、さらに深刻な構造危機と経済危機が訪れ、地方自治体は再度やむを得ず、納付金や利用料金を通じて公共予算の赤字軽減を図った。こうして大多数の大都市や中都市は、図書館協会、文化省、州図書館支援センターの反対にもかかわらず、年間の図書館利用料を通じて市の予算財源を改善するという決定を下した。

　公共のサービスにおいても、費用と利用の関係を考慮することは当然必要なことではあるが、公共図書館への利用料の導入は、文化・教育政策の観点から大きな問題がある。金額のいかんによらず、料金または代価を課すこと自体が図書館利用の減少に大きく影響するため、ドイツ図書館協会や他の専門委員会は常に料金・代価の撤廃を訴えている。また、利用料の導入は人件費やシステム投資費用の増大を伴い、1件当たりの貸出コストは明らかに高くなる。つまり、図書館全体としては高コストになり、あらゆる階層の住民にメディアの利用機会の均等を保証するという目的は、まさに利用料によって危険にさらされるのである。利用料は単なる一時的な窮余の策であり、これによって教育政策および社会政策における経済効果を期待するものではない。西側の連邦州における公共図書館は、1945年以降、明確な教育目標を持った小さな「民衆図書館」（→ 1.8.2）から発展した。その後、英米のパブリック・ライブラリーが発展の見本となり、いわゆる公共図書館のスタイルが世界的に広く展開した。これを基礎に、公立公共図書館は今日に至るまで、地方あるいは連邦州ごとにバラエティを示しながら発展した。この発展に常に影響を及ぼしていたのが、図書館専門家の委員会や、政治的な委員会による数々の答申書や提言であった。

第2部　さまざまな図書館のタイプ

　特に、「自治体行政簡素化機構」の評価文書（ケルン、1964年版と1973年版）（→ 1.7.6）や、当時のドイツ図書館会議において提示された『図書館計画'73』、ドイツ図書館協会の請願書『公共図書館：地方自治体を母体とする図書館の役割設定と将来的視点』（ベルリン、1989年）、さらに1994年に公刊された「ドイツ図書館協会全国連合」の『図書館'93：構造、課題、位置づけ』は、公共の情報関連サービスにおける公共図書館の役割を明確化した。それにもかかわらず、各地方自治体の文化的インフラの一部としての公共図書館は、今日においてもなお確固たる地位を築いていない。一部の連邦州は、より強力な法的位置づけを試みた。ラインラント＝プファルツ州、ザールラント州、ザクセン州、ザクセン＝アンハルト州、そしてシュレースヴィヒ＝ホルシュタイン州の各州憲法では、公共図書館を地方自治体と州において特に促進すべき機関の一つに挙げている。ザクセン州においては、1994年の末に「文化環境法」を制定し、「文化環境」という観点から公共図書館の追加的な支援を可能にした。ベルリン、ブランデンブルク、そしてザクセン＝アンハルトの各州においては、それぞれの「図書館発展計画」をもとに今後の州の図書館活動が展開されることになっている。

　諸州文化大臣常設会議（KMK）（→ 1.7.4）も数回にわたり、図書館の課題とサービスに関する意見を表明している。KMKは、公共図書館活動に関する3度目の提言、すなわち、1994年9月9日に公示された『稼働率の高い図書館の設置と整備を促進する』という提言によって、「読書の奨励に貢献すると同時に、文化的活動を可能とする情報センターであり、コミュニケーションの場である」ところの公共図書館のさらなる展開に刺激を与えた。KMKは公共図書館整備の第1の目標として、利用者が適当な時間内に教育、情報および娯楽のためのメディアを利用できるように、「都市と農村地域間の、ならびに個々の地域間のサービスに関する大幅な落差を解消する」ことを挙げている。また、KMKは現代的な情報コミュニケーション技術によるデータへのアクセスと管理、ネットワーク化への対応を特に重視している。すなわち、「中小の図書館においても、資料購入、目録作成、検索、

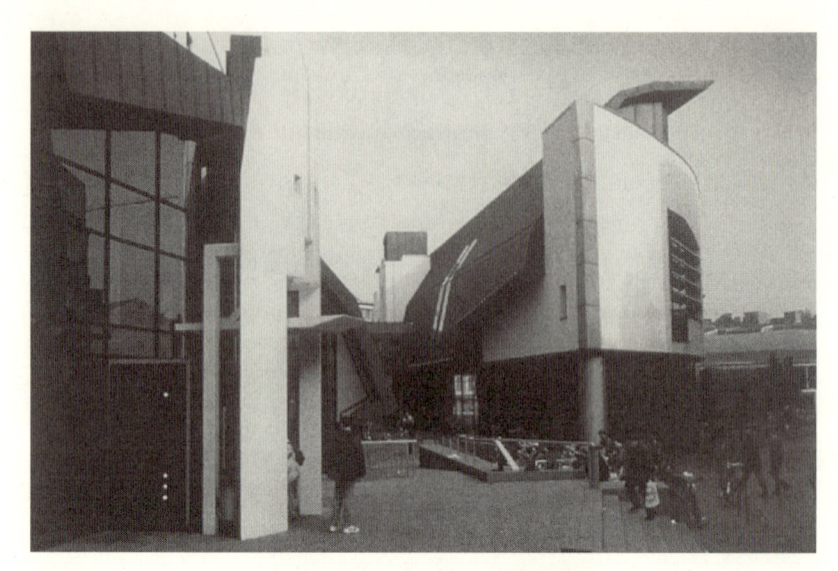

写真 17　ミュンスター市立図書館

写真 18　ミュンスター市立図書館（館内）

第 2 部　さまざまな図書館のタイプ

貸出記録、統計のためにコンピュータを活用し、図書館支援センターや他の専門機関が提供する中央のサービスを利用できる状態になければならない。公共図書館が、電子化された図書館ネットワークに参加できる環境が整っている状態が望ましい」ということである。

活動分野とサービス

　大都市・中都市の図書館の大部分は、コレクションの拡大と多様化によって、増え続ける文献利用ニーズに対応することができた。市内、地域内あるいはドイツ国内における相互貸借により、より多角的な図書や雑誌の貸出が可能となった。活字メディアの他に、1970 年代においてはレコード、ゲーム、カセットテープへのニーズが増大し、1980 年代初頭からは音楽 CD、ビデオ映画、フロッピーディスクつき図書の利用ニーズが急増した。さらに 1990 年代からは、CD-ROM に電子的に記録されたマルチメディアが主要なメディアに加わった。公共図書館もまた、広域的あるいは世界的な図書館間協力ネットワークを介して、情報交換に参加し始めている。

　1994 年末に KMK の第 3 提言により成立した SUBITO（図書館文献提供サービス）プロジェクトと、それに付随するすべての副次的プロジェクト（JASON、JADE 等）は、協力作業のネットワーク化を実現し、学術図書館と公共図書館の間の相互貸借を飛躍的に促進することになるだろう。既存の、またはこれから作られるネットワークやデータベースによって、ドイツ全土において人々が直接的に利用できるオンライン検索とオンライン注文システムが、一歩一歩着実に実現に向かっている。

　注目すべきことに、公共図書館において視聴覚メディアと電子メディアが占める割合は、西側の連邦州より東側の新連邦州のほうが何パーセントか高い。東側の諸州に対しては連邦と州の予算補助が交付されたため、新しいメディアと新しい機器に対するニーズへの対応が可能になったのである。パソコン作業スペース、コンピュータ・ソフトウェア（例えばパーダーボルンの「コンピュータ図書館」）、電子的データ利用とオンライン検索のための CD-

写真19　グラートベック市立図書館

写真20　グラートベック市立図書館（館内）

ROM、DVD または DAT（デジタル・オーディオ・テープ）カセットが公共図書館の自明の売り物となるのも間もないことである。

公共図書館は、可能な限り広い公衆を図書館に引き寄せるという一般的な目標に加え、個々の利用者集団（特に若い層）にも特別な配慮を払い、年齢にふさわしい機器や文献を準備している。多数の大都市の公共図書館は、社会的責任の一環として、老人、障害者、外国人労働者とその家族に適したメディアと訪問サービスを提供している（例えば移動図書館（→ 2.7.1））。いくつかの連邦州では、公共図書館が学校と協力作業を行い、学校図書館運営に大きく貢献している。また、公共図書館と学校図書館が一つの施設に統合したり、学校図書館内の作業の効率化を図るために、公立図書館内に「学校図書館サービス課」を設けたりしている州もある（→ 2.7.2）。

アート・ライブラリーや公共図書館の映像資料コーナーなどで提供されている、絵画、地図、グラフィックなどの映像資料は、依然として利用者に大変好まれている（→ 2.7.4）。

コレクション配置については、利用者が自由に手にとれる書架領域（開架式配架）をさらに工夫して、1970 年代以降、新しい資料提供スタイルが試され一定の効果を示している。それは、例えば「三部体制図書館」（ミュンスター）、「トレンド図書館」（ベルリン中央）、「小陳列室」（パーダーボルン市立図書館）といった形で、種々の関連施設やメディア・マーケット、特別展示などの実施を試みている。こうした取り組みは、ますます多くの図書館で、多くの修正と改良を伴いながら普及し始めている。最近の例では、ベルリン市の中央区域に復活したフィリップ・シェーファー図書館が、「2000 年トレンド・ライブラリー」として未来のシミュレーション用実験室を装備し、内部施設、コレクション紹介、マーケット戦略、メディアサービスにおける新たな道を志向している。

ますます手軽で高性能になっているコンピュータの導入は、多くの場合、総合的なデータ処理システムに統合される形で行われる。これは図書館管理の合理化と利用者サービスの改善に決定的に貢献し、コレクション情報の組

織化と情報検索において基本的な利点を持つとともに、外部とのネットワーク化と、あらゆる種類の統計的推定が可能となる。今日では、コンピュータにより、秩序立ったコレクション構築と効率的な組織運営が実現されている。データ処理技術は、今日の図書館サービスにとってきわめて重要である。また、マルチメディアは多様な表現機能を備えており、現代の情報社会における図書館イメージと、その公衆へのアピールにとっても重要な要素になっている。コンピュータを日常の処理業務に導入すると同時に、図書以外の新しい情報メディアをできるだけ多く備え、利用に供し、活用することは、公共図書館の主要課題の一つとなるであろうし、またそれがどの程度実現するかによって公共図書館の未来も左右されるのである。

利用者がデータや知識、文献や各種の情報メディアを検索する際に、「利用者を助け、助言を行うこと」は、図書館におけるサービス業務の柱の一つである。書誌データだけでなく、資料の内容に関する問い合わせがますます多くなってきている。その際、図書館はまず自館所蔵の文献や情報メディアから、次に電子的な情報チャンネルを通じて他の機関とも接触し、利用者に助言している。さらに、図書館の内外部における展示やいろいろな催し物などのイベントも、現代の公共図書館のイメージを形づくるものの一つである。企画展示とPRは、地方自治体の文化政策の一部となっており、図書館マーケティングの成果に基づいて行われている。こうして、公共図書館は地域のコミュニケーション・文化センターとなり、地方自治体の社会的・文化的なインフラを豊かなものにしているのである。

公共図書館が包括的で多様なサービスを提供するためには、それに対応できる建物や空間が必要である。図書館建築の大きさや形態、特に内部設備は1970年以降大きく変化し拡張された。機能的にも、美的・建築学的にも一見に値する図書館が多数建てられた地域は、ノルトライン＝ヴェストファーレン州、バーデン＝ヴュルテンベルク州、そしてバイエルン州であり、またヘッセン州、ニーダーザクセン州、ラインラント＝プファルツ州、シュレースヴィヒ＝ホルシュタイン州においても、少数ではあるが建造された。ドイ

ツ統合の後、東の新しい州の多くのところで荒れ果てていた図書館の建物の修復が進んだ。旧東ドイツ地域の公共図書館ではこのような修復が主であり、新しい建物はまだわずかしか建てられていない。

計画と展開、基本データ

　図書館計画文書の提言では、公共図書館のコレクション構築と拡充のための数値目標が掲げられている。この基準値は、例えば住民1に対してメディア件数2といったような国際的基準に対応している。1995年のドイツ図書館統計によると、この目標値は1990年代の初めに西ドイツの公共図書館の約30％が達成しているにすぎないが、『図書館計画'73』が公表されて以来、多くの公共図書館がこの方向性をもとに着実な進歩を遂げている。

　旧東ドイツの図書館では、コレクションの中に重複タイトル（重複本）が多数あったので、東西ドイツの公共図書館の直接の比較は不可能であった。ドイツ統合以後、内容的に時代遅れの古い資料や不必要な重複本の廃棄が遂行され、初めて妥当な比較が可能となった。また、1990年代の初めから中頃までに、東側の新しい連邦州の公共図書館に対して、連邦と州から比較的高い特別予算措置が与えられたため、充実した最新のコレクションの構築が成功した。

　国家的な標準や数値目標に関する評価は、もちろん地方自治体の行政や政治の状況によってさまざまに異なる。西ドイツの個々の都市やいくつかの連邦州、州図書館支援センターが提示した図書館発展計画は、公共図書館への計画的な資金助成を明確に要請するものであったため、西ドイツの至るところでコレクション構築のための有益な根拠となった。だが、残念ながらこうした計画が実を結ぶことがなかったケースもいくつかはある。

　地方自治体の公共図書館の数と、それらが所蔵する図書・情報メディアの数については、信頼性のある比較数値の算出は部分的なものに限られる。というのも、ドイツ統合以後の新しい東の連邦州においては、地方自治体の構造改革が一部未完了だからである。しかし1997年のドイツ図書館統計から

は、(いくつかのデータは急速な政治的展開のためにすでに時代遅れになっている可能性もあるが、) 有効な認識が得られる。

　1967年の西ドイツでは、2万4368の自治体と425の郡があったが、1982年1月1日には、8,504の自治体と237の郡になっている。東西統合後のドイツにおいては、1994年12月31日の時点で、1万4805の自治体と329の郡がある[84]。

　1981年初めに行われた、ドイツ図書館研究所による『ドイツ図書館アドレスブック』のためのアンケート調査によると、西ドイツにおいては、公共図書館を設置している自治体または郡の数は3,206であった。この中には、移動図書館を所有する自治体も含まれるが、その移動図書館がカバーしている他の自治体は含まれていない。1981年には、公立公共図書館が全部で6,238館あり、そのうち1,380館 (21.1%) が1万件を超えるコレクションを持ち、796館 (12.9%) が5千件から1万件の図書その他のメディアを所持している。

　主として旧西ドイツ地域の連邦州においてであるが、地方自治体が運営する公立公共図書館のネットワークは、教会を設置者とする (ほとんどの場合、小さな) 公共図書館によって補完されている。1981年には、西ドイツで6千を超える教会公共図書館があった。当時1,595の地方自治体 (特にバーデン＝ヴュルテンベルク州、バイエルン州、ニーダーザクセン州、ラインラント＝プファルツ州に属する自治体) が、当該地域の教会を設置者とする公共図書館の存在を報告している。当時、住民人口が2万人以上の地方自治体は全部で493あったが、そのうち教会公共図書館があるのは30の自治体だけであった (→ 2.6.1)。また、1996年時点では1万件以上の図書・メディアを持つ教会図書館は10％未満である。

　1994年1月1日時点で、ドイツにおける地方自治体の総数は1万4805で、そのうち1万3474の自治体に公共図書館 (設置者はさまざま) がある。1997年のドイツ図書館統計によれば、この時期の公共図書館の総数はドイツ全土で1万2442館である。

第 2 部　さまざまな図書館のタイプ

　人口 20 万人以上のドイツの都市の公共図書館に関して、コレクション構築と機能レベルに着目して、1981 年と 1997 年のドイツ図書館統計（A 部門）の数値を見てみると、発展傾向を示していることがわかる。ただし、ドイツ図書館統計の A 部門には、市立学術図書館についての記述が一部しか含まれていないため、大都市における公共図書館サービスの比較は限定的にしか可能ではない。また、コレクションの量と貸出件数に関する数値も、公共図書館の稼動力に関して部分的な推定を可能にするものにすぎず、サービスの一部を把握しているにすぎないことを念頭に置かなければならない。平日および土曜日の開館時間、設備や空間的配置、コンピュータの導入、地域的な特殊課題、職員数等の要素に関する統計的数値は相対的なものにすぎないため、大局的な比較は困難である。

1997 年公共図書館（1997 年 12 月 31 日の時点）[85]

図書館設置者	図書館数	所蔵メディア件数	貸出メディア件数	資料購入費（マルク）	人件費（マルク）
公立公共図書館	6,118	9140 万	2 億 3850 万	1 億 3100 万	7 億 5110 万
カトリック公共図書館	4,026	1720 万	2560 万	1970 万	1570 万
プロテスタント公共図書館	1,045	3000 万	350 万	230 万	200 万
その他の設置者による図書館	1,253	1850 万	4860 万	2350 万	1 億 5360 万
総計	12,442	1 億 3010 万	3 億 1570 万	1 億 7650 万	9 億 2240 万

公共図書館を持つ人口 20 万人以上の都市（1981 年と 1997 年）
△：前述のとおり、統合以前の東ドイツの都市の数値は参考にならないので、掲載しない。

都市	人口 (1981 年)	人口 (1997 年)	コレクション (1981 年)	コレクション (1997 年)	貸出件数 (1981 年)	貸出件数 (1997 年)
統合ベルリン	–	3,446,000	–	6,308,000	–	21,334,800
ベルリン（東）	1,157,557	–	△	–	△	–
ベルリン（西）	1,890,300	–	786,200	–	1,013,200	–
ハンブルク	1,640,000	1,708,000	2,173,000	1,737,000	8,566,900	9,362,500
ミュンヒェン	1,294,000	1,226,000	2,203,000	3,031,000	6,783,000	9,538,600
ケルン	972,900	964,000	1,181,000	1,095,000	3,187,900	3,189,700
フランクフルト・アム・マイン	625,700	647,000	1,024,000	1,206,000	2,709,100	2,298,900
エッセン	645,000	612,000	989,000	846,000	2,973,500	2,107,200
ドルトムント	606,200	597,000	586,000	1,150,000	2,576,800	1,796,600
シュトゥットガルト	582,400	586,000	895,000	1,028,000	2,167,700	3,625,300
デュッセルドルフ	588,800	571,000	780,000	888,000	2,758,200	2,819,600
ブレーメン	553,500	549,000	1,003,000	665,000	2,627,000	2,001,800
デュースブルク	556,400	533,000	1,133,000	858,000	2,801,100	2,499,000
ハノーファー	531,100	523,000	1,446,000	1,431,000	△	3.213,300
ニュルンベルク	483,700	493,000	808,000	1,045,000	1,427,700	1,940,100
ドレースデン	516,600	461,000	△	779,000	△	3,494,400
ライプツィヒ	561,900	457,000	△	952,000	△	2,701,300
ボーフム	399,200	398,000	526,000	518,000	1,633,400	1,570,700

第 2 部　さまざまな図書館のタイプ

ヴッパータール	392,000	380,000	761,000	740,000	1,837,400	1,355,100
ビーレフェルト	312,000	324,000	524,000	636,000	1,469,300	1,255,000
マンハイム	304,100	312,000	561,000	588,000	1,737,300	1,290,900
ボン	289,400	303,000	430,000	394,000	1,211,900	1,440,100
ゲルゼンキルヘン	303,000	289,000	399,000	388,000	976,400	974,000
ハレ(ザーレ)	232,400	277,000	△	622,000	△	1,604,500
カールスルーエ	271,100	277,000	274,000	357,000	952,000	1,234,000
ヴィースバーデン	274,200	268,000	347,000	318,000	953,800	583,400
メンヒェングラットバッハ	258,300	267,000	426,000	507,000	616,500	566,500
ミュンスター	269,900	266,000	228,000	305,000	1,391,800	1,851,100
ケムニッツ	317,700	259,000	△	505,000	△	1,432,500
アウグスブルク	248,000	258,000	173,000	238,000	617,600	786,000
ブラウンシュヴァイク	260,700	251,000	286,000	288,000	313,700	836,200
マグデブルク	289,300	251,000	△	599,000	△	1,350,200
クレーフェルト	224,000	248,000	224,000	220,000	634,500	856,200
アーヘン	244,000	248,000	391,000	578,000	649,600	937,200
キール	250,000	244,000	365,000	361,000	1,244,500	163,900
オーバーハウゼン	229,000	224,000	170,000	239,000	541,200	1,016,600
ロストック	234,000	221,000	△	259,000	△	1,192,000
リューベック	221,000	216,000	907,000	1,176,000	1,574,400	993,100
ハーゲン	219,000	211,000	268,000	252,000	608,300	635,000

233

地方自治体の公共図書館のための予算総額のデータは、個々のケースごとに詳細な説明が必要である。全般的な予算状況、特に図書館資料の購入費についても年ごとに著しく変化する。また、大都市の予算と小さな地方自治体の予算とを、単純に住民数との関係によって比較することは適切とは言えない。個々のケースでは、データに1回きりの予算が含まれていることも考慮しなければならない。

　ドイツ図書館統計のデータによると、1997年末の各連邦州における公共図書館の資料購入費（第三者分配型補助金を含むすべての設置者からの予算）は、以下のとおりである。

連邦州	資料購入費 （マルク）	住民一人当たり （マルク）
シュレースヴィヒ＝ホルシュタイン州	841万6300	3.07
ブレーメン州	190万3500	2.81
バーデン＝ヴュルテンベルク州	2559万6800	2.47
バイエルン州	2881万8000	2.39
ノルトライン＝ヴェストファーレン州	4129万3000	2.30
ニーダーザクセン州	1732万8300	2.22
ハンブルク州	377万7000	2.21
ザクセン＝アンハルト州	590万7000	2.17
ザクセン州	903万2600	1.99
ベルリン州	658万7600	1.90
ブランデンブルク州	472万1400	1.85
テューリンゲン州	451万3700	1.81
メクレンブルク＝フォアポンメルン州	324万6000	1.79

ラインラント＝プファルツ州	572 万 4900	1.43
ヘッセン州	830 万 5700	1.38
ザールラント州	128 万 8000	1.19
総計	1 億 7645 万 9600	2.15

　シュレースヴィヒ＝ホルシュタイン州では、1995 年の初めまで、州の予算補助を受けた州レベルでの公共図書館システムの協力体制が存在していた。これは町村、郡、ドイツ国境協会、ホルシュタイン書籍協会が連携したシステムであり、町村、郡、公共図書館協会の間での契約に基づく協力システムがあったが、そこには大きな市立図書館（フレンスブルク、キール、リューベック、ノイミュンスター）はごく部分的にしかかかわっていなかった。この協力体制は、シュレースヴィヒ地域（1921 年以降）とホルシュタイン地域（1947 年以降）とで、相互に独立して 1995 年の初めまで運用されていた（→ 2.5.2）。

　1995 年 3 月 28 日、州内で統一された「シュレースヴィヒ＝ホルシュタイン州図書館協会」が発足し、以前の 2 つの地域の協会の機能は、協定により新しい一つの協会に移された。それによってこの協会は、フレンスブルクにあるシュレースヴィヒ＝ホルシュタイン州立中央図書館、フレンスブルクの（その後廃止された）シュレースヴィヒ＝ホルシュタイン州図書館支援センター、レンツブルクとフレンスブルクの図書館センター、移動図書館、そして母体となった以前の 2 つの協会のスタッフを引き継いだのである。

　これ以外の西ドイツの州では、公立公共図書館はさまざまな条件下で異なる発展を遂げた。各州は、州図書館支援センターを通じて公共図書館の活動を支援しており、特に人口密度の低い農村地域と都市の周辺地域において、地方自治体の自主決定機能を高め、住民へのサービス向上意欲を高めることをめざした。国の地域整備計画によって、1970 年代から 1980 年代初めにかけて、図書館サービスを含めた公共サービスをより効果的に構造化するため

の重要な基礎が作られた。すなわち、それまでの多数の地方自治体がより大きな地方自治体に統合され、一つの地域において、その中での小規模なセンター、下位のセンター、中間のセンター（中都市）、上位のセンター（その地域における大都市）が位置づけられ、計画的な振興策が可能になったことで、『図書館計画'73』で示された全国図書館ネットワーク構想のように、段階づけられ、相互に関連するサービスを行う稼働率の高い公共図書館ネットワークの構築が促進されたのである。

「ドイツ図書館協会全国連合」が策定した政策文書『図書館'93』は、『図書館計画'73』を基礎とし、その構造を受け継いだ。すなわち、公共図書館が充足すべき利用者のニーズを（1）基礎的ニーズ、（2）高度なニーズ、（3）専門的ニーズ、（4）高度に専門的なニーズ、という4段階に区分して、個々の図書館はそのどれか一つを目標とするように位置づけ、全体として階層的な機能レベルを持つ図書館ネットワークを構想したことがその特徴である。

どれか一つの機能レベルを受け持つことによって、各段階の図書館に特有の課題が生じてくる。すなわち、「機能レベル1」の図書館は中小の図書館であり、専門的な管理のもとに、住民の基礎的ニーズを充たすべく最低1万件の図書その他の情報メディアを持ち、また、公共図書館の全国ネットワークへのアクセスを、住民から手軽な距離において仲介することが目標である。したがって、大人と子どものための常設図書館が、少なくとも5千人以上の住民を有するまとまりのある集落の中心部、小規模な個々の自治体の中心部、市町村内の各地区、またさほど中心地的な意味を持たない比較的大きな自治体や、中規模の自治体の中心部においても建てられねばならない。「機能レベル1」の図書館と地域の学校図書館との機能的統一もまた、この目的にかなったものである。

人口密度の低い地域では、「機能レベル1」の図書館は移動図書館であってもよく、その設置者は郡や市である。

その地域において中心地的な意味を持たない程度の中規模都市（いわゆる中間センター）においては、基礎的ニーズよりもやや広いニーズに対応する

第 2 部　さまざまな図書館のタイプ

ために「中間拠点図書館」が置かれている。これは、「機能レベル 2」の図書館の一部機能を持ち合わせた「機能レベル 1」の図書館としての位置づけである。中間拠点図書館は、レベル 1 とレベル 2 の図書館の結合組織として、相互貸借、情報仲介、職員研修、公共サービス、コレクション構築の協力・仲介に関する課題を担っている。

「機能レベル 2」の図書館は、一般にはその地域において比較的大きな都市にある図書館をさすが、地域計画の動きの中で上記の中間センターの図書館が拡充されて「レベル 2」となる場合もある。これは地域図書館システムないし地方図書館間協力体制の中心機関であり、基礎的ニーズと高度なニーズを充たし、さらにすべての分野での専門的ニーズをも充たすべきものと位置づけられている。また、「レベル 2」の図書館は、自館の所蔵コレクションの中から「レベル 1」の図書館にメディアを貸し出したり、相互貸借のルートを通じて「レベル 3、4」の図書館の文献を仲介したりする。「レベル 2」の図書館は、その地域における中央図書館的な役割を担い、情報サービス部門を持ち、地域内の図書館間協力活動を促進することが期待されている。

設置・運営母体

公立公共図書館の直接の設置・運営母体は、一般的には市や町村であるが、それ以外の特に注目すべきケースとして、ベルリン、ハンブルク（財団法人）、ギュータースロー、シュリースハイム（有限会社）を挙げておかなくてはならない。

「ハンブルク公共図書会館」は、私法で規定される財団法人としてのステータスを伝統的に持ってはいるのだが、都市州ハンブルクからの公的な支援を受けてもいる。ベルリンでは、1995 年にアメリカ記念図書館（AGB）とベルリン市立図書館が組織的に統合され、「ベルリン中央州立図書館」という名の公法上の財団法人に属することとなった。以後、ベルリンのこの 2 つの図書館はそれぞれの図書館長が管理し、両者を統括する財団の管理は総館長と財団評議会、議長、諮問委員会に委ねられている。

ギューターズローにおいては、市とベルテルスマン出版株式会社との契約に基づき、1979年「ギューターズロー市立図書館有限会社」が設立された。現存する市立図書館はその中に組み込まれている。市とベルテルスマン財団はこの市立図書館有限会社に対して、市が51％、財団が49％の割合で共同出資している。ベルテルスマン財団は、市の文化政策的責任を遵守した非利己的な協力を義務づけられており、市立図書館が行うメディアの選択（選書）に対していかなる影響も及ぼさない。その後、ギューターズロー市立図書館は行政的・財政的な企業経営的思考のもと、組織経営とサービスの面で新しい道を切り拓いている。

　シュリースハイム（バーデン＝ヴュルテンベルク州）に、もう一つ公立公共図書館が民営化された例がある。シュリースハイム市と図書館のための図書館購買センター（ekz）が1996年に「シュリースハイム市立図書館有限会社」を設立し、市立図書館の業務を民間が行うという新しい法的形式で、1997年1月1日から運営されている。この図書館の民営化が、他の地方自治体でどの程度模倣され、公共図書館活動にどのような（積極的または否定的な）影響を持つかは、今のところわからない。

　公共図書館の民営化は、その他の都市（例えばゴータ、マイン河畔のオッフェンバッハ、ジークブルク）においても検討され始めている。公的課題を担う機関を民営化することの是非に関して議論が行われる中、ドルトムントとルール河畔のミュールハイムにおいて、公共図書館が「地方自治体の自営企業」に変容した最初のケースが登場した。地方自治体が「市連携企業」に変化し、国庫式予算計画と従来の事務機構の上意下達的中央統制から離脱していく動きは、新経営モデル（ニュー・パブリック・マネージメント）の一環として至るところで広がり始めている。予算の自主運営、財源の分散的確保、費用対効果の厳密な評価を伴う企業的予算管理手法は、公的行政と公共図書館が、ますます少なく制限されていく財源の中で、協力して意思決定と運営を行うための新たな機会となるだろう。

　同じくらいの大きさの地方自治体であっても、自治体ごとに公共図書館の

ありように著しい差異が見られる。これは、各自治体が公共図書館を設置する権利、放棄する権利と同時に、公共図書館の整備の仕方に関する決定権をも有しているからである。自治体の住民数は、一般に公共機関の財政力とニーズの量を反映する指標となるが、それはまた公共図書館サービスの規模をも本質的に規定する要素となる。州計画の一環として、州の周辺地域において何らかの中心地的な機能を担う都市において、その都市の公共図書館をいかに整備するかは、サービス対象となる住民数の規模により決定される。全体的に見て、都市地域と一部農村地域との間には公共図書館サービスの面で著しい格差がある。この問題は今日に至るまで、計画的・集中的な図書館間協力を通じても、また州図書館支援センターの介入を通じても、ある程度までしか解消できなかったことである。同様に、個々の連邦州（東と西）の違いも非常に大きいものがある。

　ドイツの公共図書館活動は、外国の（特に北西ヨーロッパの）モデルと比較するとき、依然として見劣りがある。それは大都市の図書館についてすら言えるのである。その理由は、ドイツではオペラ、芝居、オーケストラ、美術館のような他の文化的機関のほうがより高い社会的ステータスとより大きな圧力団体を持っており、地方自治体や州の自発的課題として積極的に運営または助成されているからである。このため、必然的に地方自治体の文化的予算や連邦州の助成金にあずかる公共図書館の財政的配分は低くなるのである。

郡立図書館

　旧西ドイツの『図書館計画'73』にも、統合ドイツの構想文書『図書館'93』にも、郡の地域全体に及ぶ公共図書館サービスの体制については十分に記述されていないし、地域を越えて機能する「郡立図書館」や「郡立後方支援図書館」の機能と課題についても述べられていない。それとは対照的に、旧東ドイツにおける図書館計画は、郡レベルでの広域的公共図書館サービスの意義と可能性が認識されており、当時の図書館制度の中に組み入れられて大き

な成功を収めている。

統合ドイツの西側の8つの旧連邦州には284の郡があり、東側の5つの新連邦州には111の郡がある[86]が、一般公衆への公共図書館サービスの確保という観点で見ると、個々の郡はそれぞれ非常に異なる状況にある。その主な理由は、ドイツ各地の集落・経済構造に関する大都市と小地方自治体の不均等な分散である。すなわち、一方では人口密度の高い工業地帯（例えばラインとルール、ライン・マイン地域、または大都市ベルリンの周辺、ハンブルクやミュンヒェン）があり、他方では広い農村地帯（特にバイエルン州、メクレンブルク＝フォアポンメルン州、シュレースヴィヒ＝ホルシュタイン州）があるのであり、個々の郡の広さや郡人口（5万から60万まで）が大きく異なることも、このことから理解できる。したがって、各郡に求められる公共図書館サービスとそのための財政的措置へのニーズはさまざまである。その際、前提として考えなければならないことは、「郡から独立した都市」だけでなく、「郡に属する地方自治体」もまた、独自の地方自治体図書館を設立する権利と第1の管轄権を持つ地方自治体であり、前者はドイツ全土で116（旧連邦州では91）あるが、後者はそれよりずっと多く1万4310（旧連邦州では8,513）にも及ぶということである。これについては今後、東の新しい連邦州における地方自治体改革が進んだ結果、何らかの変化が生じる可能性もある。さらに、公共図書館サービスにおける郡の役割がさまざまに異なるもう一つの理由は、「郡」と「郡に帰属する地方自治体」との間の役割分担を規定する法的関係が、州ごとに異なるからである。

『公共図書館年鑑1994〜1995年』には、西側の旧連邦州における1,222館の公共図書館のデータが掲載されているが、そのうち76館（6.2％）は郡立図書館（48が常設図書館、28が移動図書館）であった。これらは72の地方自治体に位置し、それぞれ異なる機能を持っている。このうち、学校図書館の補完的機能を担っている郡立図書館は16館、「郡立後方支援図書館」としての機能を持っている郡立図書館は7館であった。

公共図書館への郡の具体的なかかわり方としては、郡が管轄する稼働率の

第 2 部　さまざまな図書館のタイプ

高い郡立中央図書館が郡庁所在地の公共図書館と連携して、中間拠点図書館となっているケースがある。他にも、郡を構成する地方自治体の協定によって、郡が地域の常設公立図書館や移動図書館の設置者となることがあり、この場合には、それらの図書館は郡内の複数の地方自治体にまたがって図書館サービスを提供することもある。また、郡内のすべての公共図書館の相互貸借を支援するために、図書・メディアのストックを持つ後方支援図書館を運営している郡もある。今後の郡による公共図書館制度への貢献としては、さらなる財政的補助、中央サービス業務の担当、調整的・助言的活動が期待される。

　旧西ドイツ地域における郡立図書館、郡立後方支援図書館、郡立移動図書館の実態は非常に不統一であり、一貫した構想について語ることができない。公立公共図書館や町村の民衆図書館と比較すると、ドイツの西側の郡立図書館はむしろ陰の存在である。財政難と法的な裏づけの欠如のために、西の地域では郡立図書館の存在価値が著しく低下するに至っている。

　一方、これとは対照的に、東の新連邦州（旧東ドイツ地域）においては、統合後の倹約措置や郡地域の改革、その他の抜本的構造変革にもかかわらず、現在もなお旧東ドイツ時代に構築された機能的な郡立図書館システムが有効に稼働している。東側の郡立図書館は、以下のようないくつかの形態で地域の図書館構造に組み込まれている。

a)　郡立図書館が郡庁所在地の市、または郡に所属する市の市立図書館を兼ねるケースでは、郡立＝市立図書館は一元的に管理され、機能的統一を持っている。

　　このタイプの郡立図書館は、郡行政または市行政の下に置かれ、場合によっては市立図書館とともに一つの建物を共有している。郡行政と市行政の間の協定で、図書館運営のための財政的支出の分担が取り決められている。郡立＝市立図書館は、地域内の広域的な図書館サービスを担っている。そのような構造的統一は、図書館制度の面でも、組織経営の面でも、非常に効果的な手法であると言える。

241

郡全体へのサービスを主とし、補足的に市関連の課題も引き受けているようなタイプの郡立図書館は、郡内の地方自治体の公共図書館の協力システムと連携した形で運営されているものもあり、また単独で運営されているものもある。また、郡全体の課題と同等に市関連の課題をも充たすタイプの郡立図書館は通常、本館１館のみで成り立っている。このいくつかのケース（特にバイエルン州、ニーダーザクセン州、ノルトライン＝ヴェストファーレン州、そして東の連邦州）では、しばしば郡立移動図書館が法的、組織的、空間的に郡立図書館の活動を補完している。さらに、バイエルン州、ヘッセン州、ニーダーザクセン州における郡立図書館は、しばしば学校や学校センターの中に置かれ、補足的にではあるが学校図書館としての役割も果たしているものがある。

b)「郡立後方支援図書館」の設置者は郡であり、その運営費はすべて郡の財政的措置に依存している。後方支援図書館は、独自の所蔵メディアを用いて、郡内の公共図書館の少ない蔵書を補完する役割を担っている。一般の利用者は、後方支援図書館には直接アクセスできない。郡立後方支援図書館と地方自治体の市立図書館の結びつきは相乗的な効果を生んでいる。

c)「郡立移動図書館」は、地域に常設の建物を持つ郡立図書館の一部局として運用されている。設置者は郡である。郡立移動図書館は、農村地帯に投入するために構築された独自のコレクションを持っているが、それに加えて郡立図書館（常設）の所蔵メディアを利用することもできる。

多くの連邦州においては、稼働率の高い郡立図書館の構築と運営は重要な意味を持ち、一部の州ではきわめてよく活用されている。郡が独自の図書館の建物を持つことによって、そこに十分な量のメディアのコレクションをプールすることができるのであり、郡内のすべての公共図書館はそれを利用することで、自館の少ない所蔵メディアを補うことができる。この郡立図書館の補充コレクションからの複数の館に交替で貸し出すという手法は、同じメディアのストックを重複利用できるため、効率の高い形態である。

郡立図書館（郡立後方支援図書館を含む）は、地域によって、また職員数

や設備の質によって差異を示しながらも、概して次の機能と課題を充たしている。

1) 郡立図書館は（高度に学術的なレベルには至らない内容の）地域的相互貸借における「相互貸借結節点」であり、郡内の公共図書館から寄せられた利用希望に応じて、個々の文献や、場合によっては特定テーマのメディアを集中的に調達したり仲介したりする。

2) 郡立図書館は郡内の公共図書館のための「コレクション補充の結節点」であり、各公共図書館の利用希望に応じて、全般的なさまざまな内容の、あるいは特定テーマに関する図書資料や各種メディアを、ある程度まとまった量で、郡内の公共図書館に対して長期間貸し出している。この際、たいていは各公共図書館の職員が郡立図書館まで出向いて受け取りに行くことになっているが、一部では郡の輸送サービスにより、例えば、郡映像局または郡メディアセンターの車で送り届けられるケースもある。

3) 郡立図書館は「情報サービスの結節点」であり、各種情報サービスのための専門知識や、個々の公共図書館のレベルでは対応できない、よく整備された参考資料を必要とする高度な内容の問い合わせに答える。

4) 郡立図書館は「文化の結節点」であり、各種の公共サービスやイベントの企画・調整に関して公共図書館を支援する。こうした支援は、郡立図書館が企画する独自のイベントを通じてか、または各地域の公共図書館のイベントを仲介したり、財政的に支援したりして行われる。

5) 郡立図書館は「郡の中央図書館」であり、空間的にも、また場合によっては職員の位置づけにおいても、市立図書館と一体化している。それによって、それは全体として郡で利用できる所蔵メディアを拡張できるし、後方支援図書館とは違って現地に直接利用者が訪問し貸出を受けることも可能である。

移動図書館

　移動図書館は「巡回図書館」、「自動車図書館」、「図書館バス」とも呼ばれ、郡の約 20％と地方自治体の約 2％に導入されている。それは特に 1970 年代から 1980 年代にかけて、常設図書館の代用または補充として、都市地域と農村地域の両方で導入が推進され、一定の成功を収めた。東西ドイツ統合の動きの中で、1991 年から 1995 年までの時期に、東の新連邦州の多数の郡が、たいていは連邦政府の再建予算から補助を受けて移動図書館を導入したが、それは当時、農村地域の小自治体にあった多数の常設の中央図書館の閉鎖という事態を補う役割を果たしたのである。こうして、ザクセン州が 14 台、ザクセン＝アンハルト州が 12 台、ブランデンブルク州、メクレンブルク＝フォアポンメルン州、テューリンゲン州が各 10 台の図書館バスを導入した。これは、それぞれの地域の住民に急速に受け入れられた。

　移動図書館は、停車時間と利用空間が非常に制限されているために、最低限のレベルの図書館サービス提供を可能にするにすぎない。常設の図書館と比較して、移動図書館が持っている最大の短所は、現地に常時開かれておらず、開館時間が（時には不都合な）時間帯にのみ制限されていることである。しかし一方で、移動図書館の長所も挙げられる。まず、非常勤の職員のみで運営しなければならない地方自治体図書館が、その少ない予算で魅力的な図書やメディアを提供できる。さらに、常設図書館には遠すぎてアクセス困難な集落に住む人々に対しても、移動図書館の導入によってサービスが可能となる。移動図書館は、集落構造、地理、交通の便といったさまざまな条件に対応して、停車地点の選択、停車時間、利用密度を計画することができるため、経済性が高いのである。

ドイツにおける移動図書館（1997 年 12 月 31 日時点）[87]

移動図書館の所在地	自動車台数	所有メディア件数	貸出メディア件数	購入予算（マルク）
143	159	3,202,200	11,270,100	3,620,400

第 2 部　さまざまな図書館のタイプ

　現在の統合ドイツにおいては、約 160 台の移動図書館が 8 千以上のサービス地点を巡回しているが、その半数は都市の周辺地帯や人口密度の希薄な住宅地へのサービスのために、大都市と中都市が導入したものである。一連の郡（特にシュレースヴィヒ＝ホルシュタイン州とバイエルン州、そして東の 5 つの新連邦州における郡）では、移動図書館が多数の地方自治体における図書館サービスを引き受けている。移動図書館の巡回地は、集落構造に対応して地域の核となる場所はもちろんだが、わずかな家しかない最小の居住地にも停車する。大都市で分館が閉鎖された地域のための補充としても、散発的に移動図書館が導入されているところがある。

　乗り物のタイプとしては、大小のバスと、大きいものでは約 8 千件の図書とメディアを搭載できる書庫連結車タイプがある。最も頻繁に用いられるのがバスで、1 台で 3 千件から 5 千件の図書その他のメディアを運ぶことができる。移動図書館が搭載する情報メディアは定期的に取り替えられており、さらに相互貸借を利用して本や雑誌論文を注文できるので、小さな常設の図書館よりも移動図書館が提供する情報メディアのほうが、より多様でよりよく利用されていることが多い。農村地域への移動図書館の導入を増やすことは、図書館サービスの空白地帯をなくすためにも、機会均等の観点からも望まれていることである。しかし、特に西側の旧連邦州では、著しい財政的手段の欠乏のために実現が困難である。約 5 千件の情報メディアを搭載できる大きさの図書館バスを 1 台調達する費用は、1997 年の時点で 45 万マルクから 50 万マルクである。

　該当する基準によれば、1 台の移動図書館が備えるべき図書および情報メディアの総数（交換用のものを含む）は、1 万 2 千から 1 万 5 千である。たいていの移動図書館では、この基準は達成されている。交換用のメディアは、常設図書館の書庫または独自の拠点に保管されており、図書館バスはそこから必要に応じてピックアップしていく。コンピュータの導入は、移動図書館においても、作業を効果的に行い検索効率を高めるのに役立っている。充電可能な携帯用パソコンの作業能力と記憶能力が非常に高まったため、バ

スの中でも記録作成、データ検索、さらに中央図書館のデータへのアクセスのための専門的な図書館用ソフトの利用を、ほとんど問題なしに、毎日最新の状態で行うことができる。

　移動図書館の導入は多くの要素に左右され、その要件は地域によって非常にばらつきがあるため、非常に入念な計画を要する。かくして、都市地域で停車地が10か所にもみたない移動図書館もあれば、農村地域で停車地が150か所を超えるものもある。停車地の数によって、移動図書館は1週間から4週間の間隔で運行される。停車時間は数時間の場合もあれば、15分から20分くらいの場合もある。

　移動図書館は、主として一般的・基礎的な図書館サービスをカバーしている。しかし、青少年（YA）、小学校の本課程と後期課程、外国人の施設、工場、老人ホームのための図書館サービスに特化する例も多くなってきた。移動図書館の設置者は、大都市の地域では自治体であるが、農村地域ではそれは通常郡である。郡に帰属する地方自治体が法的権者であるときには、郡庁も運営費、人件費、図書購入費に関与することがある。

地方自治体と州の責任

　国土計画と、図書館政策のための提言に盛り込まれた公共図書館サービスの目標設定と構想は、個々の計画地域における公共図書館の発展と、そのための連邦州の振興策をこれまでさまざまな形で具体化させる根拠となってきた。いくつかの州では、それは実践においても生かされた。バーデン＝ヴュルテンベルク州では、「生涯教育・図書館活動振興法」として具体化されたが、それは公共図書館の「設立」に関する支援に留まった。「バイエルン州発展構想」は、1980年代に地方自治体と教会の公共図書館の計画的拡充のための基礎を作った。この州発展構想に基づいて承認されたメディア購入費、人件費、図書館建設費のための州助成は、この20～30年の間バイエルン州における公共図書館活動の発展にとって効果的な刺激となった。ノルトライン＝ヴェストファーレン州では、1973年より文化大臣によって提示さ

第 2 部　さまざまな図書館のタイプ

れた「図書館制度整備のための提言」に基づき、公共図書館に対して州予算が支出されている。

　図書館設置者である地方自治体と、都市州であるベルリン、ブレーメン、ハンブルクの独自の出資と比較すると、一般公共図書館に対する州の助成は少なかった。

　1994 年と 1997 年のドイツ図書館統計によれば、既存の公立・教会公共図書館への支援と、新しく設立された公立・教会公共図書館の整備のための州助成は以下のとおりである（図書・メディア購入予算、設備と備品。東の連邦州に対する連邦政府推進予算を含む。ただし、建設費は除く）。

連邦州	1994 年助成総額（マルク）	1994 年住民一人当たりの助成額（マルク）	1997 年助成総額（マルク）	1997 年住民一人当たりの助成額（マルク）
シュレースヴィヒ＝ホルシュタイン州	11,165,000	4.14	11,520,000	4.20
ベルリン州	13,560,000	3.90	9,958,870	2.88
ブレーメン州	1,800,000	2.64	1,700,000	2.51
ハンブルク州	3,500,000	2.06	3,600,000	2.11
ザクセン＝アンハルト州	3,271,137	1.18	4,712,500	1.73
テューリンゲン州	2,550,000	1.01	1,750,000	0.70
バイエルン州	6,806,135	0.57	6,605,000	0.55
メクレンブルク＝フォアポンメルン州	3,761,081	2.04	714,400	0.39

ノルトライン＝ヴェストファーレン州	7,675,000	0.43	6,473,000	0.36
ラインラント＝プファルツ州	875,000	0.22	1,345,000	0.34
ヘッセン州	2,202,000	0.37	1,883,000	0.31
ブランデンブルク州	1,800,000	0.71	600,000	0.23
ザクセン州	6,700,000	1.45	0	0
バーデン＝ヴュルテンベルク州	0	0	0	0
ニーダーザクセン州	0	0	0	0
ザールラント州	0	0	0	0
総計	65,665,353	0.80	50,861,770	0.62

　根本的にもっと強力な州の関与がなければ、地域を網羅し十分なニーズを充たせるだけの公共図書館サービスは実現し得ないであろう。各地方自治体が、自分の地域の公共図書館の予算を独力で捻出すべきだという主張は、なるほど地方自治体の自治＝自己責任の意味において、また自治権の独立にとっては上からの行政支出が少ないほうが望ましいという意味では正当化されうるかもしれない。しかしそのような方向性は、各地方自治体の財政的資力が大きく異なる現状から考えると、明らかに図書館の均等な発展という方向性を脅かすものである。以前より図書館界から提案されている要望として、公立公共図書館の建設を「州図書館法」という形で規定し、そのコレクション構築と維持を州助成で確保すべきである、という要求がある。今日でもその必要性は依然として変わらない。そうした法律は、州が地方自治体の自治管轄権を侵害することなく、公共図書館の拡充を長期間保証するものと

第 2 部　さまざまな図書館のタイプ

なろう。例えば、基礎的サービスを担う図書館をどのくらいの広さの場所に建てるべきか、といった事柄や、その他の事項に関する基準や規格については、現在の「ドイツ図書館協会」（DBV）とその前身組織によって、繰り返し検討されてきた（→ 1.8.2）。

　1995年のデータによると、公共図書館1館当たりがサービスを提供した利用者の数は、西側の連邦州で専任の司書によって運営される図書館では、平均して2万2千人の利用者であったが、旧東ドイツ地域の新しい州では約9千人であった。住民1人当たりの資料・メディア件数は、西側が平均して1.2件、東側が2.2件であり、住民1人当たりの貸出件数は、西側が3.1件、東側が3.9件であった。同年の資料・メディアの新規購入予算について見ると、西側の旧連邦州では、平均して住民1人当たり1.85マルク、東側の新連邦州では約3マルクであった。また、公共図書館の経常費は住民1人当たり、西側が約14マルク、東側が16マルクである。住民1万人当たりの公共図書館職員数の平均は、西側で1.5人、東側で2.5人であり、東西地域の間で極端な差がある。この理由は、図書館員のポストの30%が東の新しい連邦州にあるが、そこにはドイツの人口の20%しか住んでいないからである。

　以上のような事情で、ドイツにおける公立公共図書館は、統合後の今日においてもなお種々さまざまであり、農村地帯ではしばしば整備が行き届いていない観がある。ドイツ統合は、東西の変換率において、西ドイツの図書館にはごくわずかな刺激しかもたらさなかったが、東の新しい連邦州における公共図書館制度の変革は政治的・法律的な変化の点でも何倍も重いものである。多くの場合、東の新しい諸州に協力した西側のパートナー州とパートナー自治体は、西側の図書館と図書館構想に関する考え方を、旧東ドイツにおいて発展した構造の上にすっぽり被せたのである。東の新しい連邦州において、今日非常に不統一な図書館制度の構造が多く見られるのは不思議でない。一部では、例えば図書館業務の郡レベルでの協力関係のように、旧東ドイツの図書館活動に由来する多くの成果も継続されている。

　ドイツにおける公立公共図書館の大多数は、設定された目標からはもちろ

んまだ遠く離れている。都市間の格差、地域間の格差も非常に大きい。概して小自治体や人口希薄な農村地帯における図書館サービスは、大都市に住む人々に対する図書館サービスよりも明らかに劣悪である。さらに、地方自治体や州の財政的資力が制限されている今日の困難な経済状況のもとでは、従来の発展水準すら保証されていないのである。

2.5.2 州図書館支援センター（州図書館局、州図書館推進局）

　公共図書館の設置と運営が、各地方自治体における自主管理の課題であるからといって、より大きな連邦レベルのシステムにおいて文化と教育を管轄する「州」が、稼働率の高い公共図書館制度の構築と拡充のための共同的努力から無関係なわけではない。各連邦州は、都市と農村のそれぞれのレベルに対応した、できるだけ統一的で緻密な公共図書館ネットワークを実現するという目標設定をもって、構造的、局所的・地域的な不均等の是正に貢献すべき立場にある。公共図書館の構築と支援は、多数の管理規定や条令、そしてまた一連の州憲法において、州、地方自治体、地方自治体連合の共通の課題として定義されているのである。

　個々の地方自治体と地方自治体連合の財政の力は非常に異なるため、連邦州の役割としては、社会的・公共的生活に関する基本的なニーズに応えるべく、市民に同等のサービスを可能にする均衡のとれた基盤構造を構築する義務がある。市民の機会均等、すなわち、特に人間の能動的かつ受動的な情報活動の自由を保証し、ドイツ連邦共和国のすべての地方において同一の生活条件を実現するために、州が平均化の役目を遵守すべきであるということは、基本法第5条、20条、30条が根拠となっている。これは基本法第72条(2)の3GGにも述べられている基本思想であり、これには公共図書館による文献・情報メディアの供給も含まれている。

　地方自治体や自発的な設置者による公共図書館の場合、財政的な力の限界から、一般的、地域的な諸々の課題の遂行についても限界があるので、それ

ぞれの連邦州が支援や振興策により協力することが不可欠である。

この目的のために、支援機関として「州図書館支援センター」(「州図書館局」、「州図書館推進局」または「州図書館センター」とも呼ばれる)が設置されている(→図5)。地方自治体や郡も補足的な支援を行っている。個々の公共図書館と州図書館支援センターとは緊密に結びついている。州図書館支援センターの課題と機能は、各州のガイドライン、サービス規定、支援方針によって規定されている。そこでは、図書館ネットワークにおける役割だけでなく、州の公的行政における位置づけとしても定義されている。

州と地方自治体組織は、それぞれの地域の文化に関する責任を負うべき立場にある。州図書館支援センターは、それぞれの管轄下にある公共図書館を通じて、すべての住民階層に対する平等な教育可能性と機会均等、さらには文化的基盤構造の改善に向けて努力するのである。州図書館支援センターは、公共図書館とその設置者に対して、助言や振興策を通じて図書館活動に関する多くの支援を提供している。

すでに言及した1994年の『公共図書館活動のための文化大臣会議第3提言』において、次のことが確認されている。「各州は、州と地方自治体組織の公共図書館活動に対する責任を基礎として、公共図書館に専門的な助言を与え、サービス業務を提供する図書館活動の中央機関としての役割を果たすものである。」また、BDB(ドイツ図書館協会全国連合)の文書『図書館'93』では、次のように言われている。「図書館活動の振興のために、各州は図書館支援センターを置く。それは地域的な計画、助言、業務支援を担当する部局である。図書館支援センターは、公共図書館活動を相互協力的な稼働率の高い図書館ネットワークに発展させるために必要である。」

州図書館支援センターは、州政策上の重要な文化・教育事項の実施課題に即して任務を遂行する。その基本的目的は、地方自治体、郡、また自発的設置者の自主管理権を尊重し、その枠内で、稼働率の高い図書館および図書館システムの構築と発展を州内のすべての地域において実現することである。地域州の農村地帯の人々に著しい不利益を与えるような、都市と農村との間

の情報格差を解消することが、その課題の中心である。

　そのために、州図書館支援センターは、専門的に評価されている基準や規格に基づいて図書館を発展させるべく活動を行っている。図書館支援センターの活動の主要な目的は、以下のようなことである。

1) 州の全地域、特に情報利用のためのインフラが構造的に弱い地域において、稼働率の高い公共図書館、学校図書館、移動図書館を構築・拡充すること。
2) 図書館を、利用者の立場に立った近代的な情報・教育・文化センターに発展させること。
3) 稼働率の高い地方図書館ネットワークを形成すること。

　これらの目的を実現するため、州図書館支援センターは、以下のような主要課題領域に取り組んでいる。

1) 現代情報社会において公共図書館が不可欠のものであるという政治的・社会的意識を育成・強化すること。
2) 図書館サービスを、公的に利用可能な情報・教育機関として明確化すること。
3) 新しい時代にふさわしい未来志向的な図書館・メディアサービスに対応できるような図書館員の資格整備。
4) 学術図書館、公共図書館、そして州オンライン協力センターが相互にコンピュータ・ネットワークによって連携体制を構築するための協力活動。
5) 個々の図書館の内容に即した空間、職員、財政の確保。
6) 公共図書館の運営費とメディア購入費のために州が支出する振興予算の交付と仲介。
7) 地域的な、または州全土にわたる図書館プロジェクトの企画とコーディネート。
8) 新しい技術、新しいコミュニケーションツール、現代的なメディア（例えばマルチメディア製品）の図書館への迅速な導入。

　州はすでに第一次世界大戦前から、文化省の管轄領域における独自のサー

第2部　さまざまな図書館のタイプ

図5　州図書館支援センターとその管轄領域

253

ビス機関を通じて、公共図書館活動を支援する仕事を行っていた。1910年3月31日に、ドイツで最初の州公共図書館支援センターがドルトムントに設立された（この支援センターは1917年からはハーゲンに移って継続）。続いて、同じく1910年にエルバーフェルトにも図書館支援センターが設立された。ヴァイマル共和国の時代が終わるまでに、さらに多くの州図書館支援センターが成立した。それらが設置された都市は、フランクフルト・アン・デア・オーダー（1917年）、ハノーファー（1918年）、フレンスブルク（1921年）、シュパイアー（1921年、後にヴァインシュトラーセのノイシュタットに移る）、ミュンヒェン（1921年）、シュトゥットガルト（1921年）、そしてライプツィヒ（1924年）である。続いて、ナチス時代にも多数の州図書館支援センターが成立した。第二次世界大戦後、西ドイツでは、図書館支援センターのネットワークが新しい連邦州の行政区分に適合するように、新たに構築されなければならなかった。西ドイツではまず1945年に、アウグスブルク、バイロイト、ダルムシュタット、デトモルト、エッセン、フライブルク（ブライスガウ）、イェーナ、カッセル、ザールブリュッケンに州図書館支援センターが設置された。一方、東ドイツにおいては州の解体（1952年～53年）の後、それまで存在した図書館支援センターは、東西ドイツ統合までの約40年の間、消滅することになった（→1.8.3）。1989年の末には、西ドイツにおいて全部で27の州図書館支援センターが存在した。

　東西ドイツ統合で復活した東の連邦州においては、図書館支援センターを新たに構築し、その活動を方向づける必要性が生じた。西側の連邦州は、東側のパートナー州の政治的、行政的な構造の再建に尽力し、その一環として、州図書館支援センターの新たな設立に関してもさまざまな形で大きな影響を与えた。例えば、西側のノルトライン＝ヴェストファーレン州は、図書館政策の面で東のブランデンブルク州に明白な影響を及ぼした。また、西側のシュレースヴィヒ＝ホルシュタイン州の図書館支援センターは、東側のメクレンブルク＝ポンメルン州のモデルとなった。西側のニーダーザクセン州は、東側のザクセン＝アンハルト州に助言を与えた。西のヘッセン州とライ

ンラント＝プファルツ州は、東のテューリンゲン州を支援した。西のバイエルン州とバーデン＝ヴュルテンベルク州は、東の新しい自由州ザクセンに助言をもって支援した。かくして、1995年までに、東のすべての新しい連邦州において、公共図書館活動のための州図書館支援センターが設立されたのである。これによって、東ドイツで州が解体され、州図書館支援センターが消滅した時（1952年～1953年）以前につながる体制が再構築された。東側の諸州に設立された新しい図書館支援センターの多くは、旧東ドイツ時代に機能していた比較的大きな国立一般図書館（市立＝県立図書館）の「PAK」（計画・指導・調整）部局を母体として誕生したものである。

　1997年中頃の統合ドイツでは、州によって運営されるか、または州から補助を受けている図書館支援センターが全部で37存在したが、そのうちの10は東側の新連邦州にあった。これらの他に、ドイツ国内の司教区とカトリックないしプロテスタントの州教会が、それぞれ独自の図書館支援センターを設置・運営している（→ 2.6.2）。

　州図書館支援センターの設置者は、ほとんどの場合それぞれの連邦州である。しかしいくつかの州では、次のように民法上の扱いを受ける図書館支援センターがある。

1) ニーダーザクセン州リューネブルクの図書館センター（アウリヒとヒルデスハイムに支部を持つ）。
2) シュレースヴィヒ＝ホルシュタイン州の、フレンスブルクとレンツブルクの図書館センター。
3) ハンブルクの「ハンブルク公共図書会館財団」の図書館支援センター。

メクレンブルク＝フォアポンメルン州では、1991年から1995年まで法人として活動する3つの図書館支援センターがあったのであるが、州はその支援を停止してしまった。1996年以降は、同州の図書館支援センターの仕事は地方自治体に連結する形で、著しく縮小した課題領域のプロジェクト形式で、ロストック市立図書館において継続されている。ブランデンブルク州では、以前はポツダムに置かれた図書館支援センターがコットブスとフランク

フルト・アン・デア・オーダーに外部支局を持って幅広く活動をしていたが、1998年からは単に「公共図書館担当州専門部」として、組織的にはポツダム市立＝州立図書館に編入されて存続している。

　民法上の組織として運営される図書館支援センターは、程度に差はあるがすべて州による支援を受けており、目標設定と課題においては州の図書館支援センターとほぼ同等のものである。

　ザールラント州とテューリンゲン州では、それぞれザールブリュッケン州図書館支援センターとエアフルト州図書館支援センターが州全体を管轄している。シュレースヴィヒ＝ホルシュタイン州では、1995年に「ドイツ国境協会」と「ホルシュタイン図書館協会」の2つの機関を法的に引き継ぐ組織として「シュレースヴィヒ＝ホルシュタイン州図書館協会」が設立され、それが組織統合された2つの図書館センターの運営組織となっている。その他の地域州では、図書館支援センターの活動は一つの、またはいくつかの県、あるいはそれに相当する行政区域に広がっている。いくつかの連邦州では、人事面の管理は管轄の県長官（知事）が担当し、図書館サービスにかかわる専門的な部分の管理は文化省が担当している。バイエルン州では以前から、ミュンヒェンのバイエルン州立図書館（BSB）総務部が州図書館支援センターの役割を果たし、職員とサービスの管理を行ってきたが、1999年には新しい展開が起こっている。すなわち、BSBの総務部がそれまでは州教育文化省に従属する中間官庁としての位置づけであったわけだが、それが単にBSBの一部局として位置づけられる形になったのである。それと同時に6つの支援センターでは職員が減らされ、そのうちの2つは閉鎖された。将来は、BSBに新しいバイエルン州の図書館支援センターが置かれることになるだろう。ラインラント＝プファルツ州では、州図書館支援センターは県行政に連結することなく、上部の州官庁として文化省に直接に属している。

　一部の州でドラスティックに行われている節約措置は、公共図書館（特に農村地帯）に痛切な打撃を与えるであろう。

　各州において上述のような差異が見られるとはいえ、図書館支援センター

第2部　さまざまな図書館のタイプ

は、原則的に地方自治体およびすべての規模の公共図書館に対して、図書館サービスの面で支援と推進を行う機関である。公共図書館の活動は、地域的・歴史的な条件、また個々の州の政治的・文化的な展開の特殊性との緊密な絡み合いの中にあるため、個々の図書館支援センターの課題はそれぞれ違った複雑さを示し、管轄地域、人口や集落の密度、または機関の職員と設備の水準に応じて異なっている。例えば、大都市のような人口集中地帯が多数存在し、小都市や中都市とのかかわりが少ない地域の図書館支援センターと、人口密度の希薄な周辺地帯において多数の下部・小・中間センターを担当しなければならない図書館支援センターとを比べれば、双方の課題は具体的レベルにおいて異なったものとならざるを得ない。

　各州において図書館支援センターが実践面でどのように活動するかは、自治体ないし図書館の規模に応じて、たいてい申し合わせや管理規定により、特別な取り決めがなされている。このように図書館サービスの内容が州ごとに異なっていることは、一方で中小の自治体や都市の図書館にとっては有益でもある。郡に帰属しない大きな都市に対しては、特に問い合わせがあるときのみ、州図書館支援センターから専門的な指導が行われている。例えばラインラント＝プファルツ州では、州図書館支援センターの管轄は特殊図書館（学校・病院・刑務所図書館等）を含む図書館活動のすべての関係事項に及ぶが、大きな都市の図書館に対する実践的な影響力としては、助成金の支出、統計調査、図書館員の研修、地域内協力と連携事業におけるコーディネートの役割に限定されている。

　ドイツの基本法、各州憲法、そして地方自治体条令においては、自治体の自己管理が強調されているため、州図書館支援センターの役割は終始控えめになっている。以前はほとんどの州において、公立公共図書館に対する州図書館支援センターの役割は助言や特定の主要課題に限定されており、図書の購入や処理についてはノータッチであった。公共図書館がメディア・文化センターへと発展し、教育・図書館政策の広範にわたる目標設定へ向かうにつれて、1970年代の評価文書や計画に反映されているように、州図書館支援

センターにも新しい機能が加わった。バイエルン州やノルトライン＝ヴェストファーレン州では、登録団体として企業組織的に構築された協会組織が創設されており、それが多数の小さな公共図書館のために本と各種情報メディアの購入を一手に引き受けて処理している。そのような協会団体の活動は、地方自治体や郡の当局を巻き込み、文献提供サービスの発展プロセスと図書館サービスの課題実現に直接にかかわらせるので、図書館政策的にも意味がある。ニーダーザクセン、ラインラント＝プファルツ、ザールラント、シュレースヴィヒ＝ホルシュタインの各州では、図書館支援センターの正規の仕事として、中小の図書館のための図書や各種メディアの購入、それらを貸出可能にするための処理が含まれている。

　稼働率の高い公共図書館ネットワークを構築するために、今日図書館支援センターが担うべき役割はきわめて大きい。その課題は、業務方式の合理化という面で各図書館を支援し、都市と農村の格差を解消することである。東ドイツが崩壊し、新しい東の連邦州の農村地域の公共図書館が廃止された後に、新たに創設された州図書館支援センターは、新たな図書館ネットワークの構築と運営の原動力であったし、またあり続けるであろう。

　ドイツ全土からの書評協力と、その支援のもとに成立した「図書館購買センター」（ekz）の情報サービスは、コレクション構築における図書館間の協力作業に関して、図書館支援センターに新しい刺激を与えた。1968年からekzと「ドイツ州図書館支援センター全国専門会議」のワーキンググループが共同で半年ごとに作成している選書リスト『新刊書籍情報』は、年間約1,500の書評を掲載しており、基礎的サービスを担う中規模図書館やもっと小さな図書館が、図書・メディアを購入する際の重要な支援となっている。

　基礎的サービスを行う「機能レベル1」の図書館向けに、あらゆる分野の主要文献とその解題（内容説明）が掲載されている、いわゆる『基本コレクションリスト』は、何年間も図書館支援センターとDBI（ドイツ図書館研究所）との協力作業のもとに作成され、特にコレクションの構築段階にある新しい図書館に役立てられた。1998年に、そのサービスは職員削減のために

第 2 部　さまざまな図書館のタイプ

停止された。

　州図書館支援センターが発行（または発行を支援）している地域雑誌は、各州における公共図書館制度の発展と水準に関する状況を報告し、重要な刊行物、規定、提言の参照を促している。そうした州図書館支援センターが関わる地域雑誌の例としては、バイエルン州立図書館（BSB）総務部が発行している雑誌『新しい図書館』、ラインラント＝プファルツ州の『ディー・ビューヘライ』、ニーダーザクセン州とザクセン＝アンハルト州の共通広報誌『mb』、そしてノルトライン＝ヴェストファーレン州で1996年から刊行されている雑誌『Pro Libris』（これは以前、『ノルトライン＝ヴェストファーレン州図書館協会報告誌』と州図書館支援センターの雑誌『biblio』に分かれていた）を挙げることができる。

　公共図書館の建物と設備に関する支援も、州図書館支援センターの重要な活動の一つである。これについては、州図書館支援センターが前面に立って協力することも稀ではない。しかし、建築助成のための名を挙げるに値するほどの州予算を確保している所は少なく、バイエルン州、シュレースヴィヒ＝ホルシュタイン州、そして若干ではあるがノルトライン＝ヴェストファーレン州の図書館支援センターくらいしかない。シュレースヴィヒ＝ホルシュタイン州では、レンツブルクの図書館センター内に建築・設備課が置かれている。建物以外にも、移動図書館、視聴覚メディア、コンピュータの導入に際して協議したり、プロジェクトや宣伝の後援者となったりしている。また学校図書館も、州図書館支援センターの支援を求めるようになっており、これは特に東の新連邦州において顕著である。ザクセン＝アンハルト州の図書館支援センターには、学校図書館課が設けられるに至っている。

　近年の州図書館支援センターの重要な課題として、図書館員の再教育と資格付与が比重を増している。それは、メディア・情報サービス専門員（旧・公共図書館助手）や図書館学士の養成にも部分的にかかわっている。

　各州の図書館支援センターは小規模な図書館に対し、テーマ別の、あるいは全般的なジャンルにわたる一括貸出用のコレクションを提供するために、

後方支援図書館を運営している。この最大のものは、15万冊を擁するザールブリュッケンの州図書館支援センターの後方支援図書館である。

いくつかの州では、地域的または学術的相互貸借に参加していない公共図書館のために、州図書館支援センターが予約を仲介している。その際、オンラインでアクセスできるデータベースが中央のコレクション紹介の手がかりとなっており、これは将来それぞれの図書館地域内の協力システムで重要な役割を果たすことになるだろう。例を挙げるならば、シュレースヴィヒ＝ホルシュタイン州では、1996年からコンピュータを用いて作成された総合目録があり、ブランデンブルク州とラインラント＝プファルツ州では、1998年からインターネットを通じてアクセスできる図書館支援センターOPACがある。これによって近い将来、文献予約も可能になるであろう。

ロイトリンゲンの「図書館購買センター」（ekz）は、小さい図書館が発注作業を軽減し、書籍市場をすばやく展望できるように、いくつかの州図書館支援センターに対して見本用参考図書を提供している。これには図書館に適した装丁処理とカード目録が備わっている。

州図書館支援センターは、州の助成金の分配権を持つことで、公共図書館制度の維持のための重要な手段を保持している。もちろん、州の助成金は予算額がしばしば不十分であるし、交付の条件となる基準も高く設定されているために、一部の利用者層にしか役立たないということで、その効力には限界がある。公共図書館への州の助成金は、州のガイドラインに基づいてさまざまな目的のために交付されるが、その大半はコレクションの構築・拡充と、設備・備品の補充のために与えられる。助成の基準となるのは、地域の規模、自治体の自己予算額、前年度の貸出件数と収入額、そして開館時間や特別な重点企画である。

州からの経常的助成金は、各州の自発的支出であって、州の予算計画の枠内で図書館に与えられる。シュレースヴィヒ＝ホルシュタイン州では、州による経常的助成が契約協定により義務づけられており、図書館の計画的運営を確実なものにしている。州の支出はたいてい、図書館の設置者である各自

第 2 部　さまざまな図書館のタイプ

治体の側からの分担も同時に要求するものである。

　州図書館支援センターは、各地方に属する地方自治体図書館制度の現況を統計的に把握しており、州に関連する図書館状況の概観を可能にするために必要な情報トゥールを提供している。こうして集約された数値資料は、州統計の基礎となり、同時に「ドイツ図書館統計」（DBS）へのデータ提供のための基礎となるものである。

　図書館支援センター同士の間では、情報交換や協力作業は一部分、州の中の司教区や州教会の図書館支援センターの協力も得ながら行われる。州を越えたレベルでは、1952 年から活動している「ドイツ州図書館支援センター全国専門会議」が最も重要な調整機関となっている。それは、ドイツ連邦全体の図書館専門委員会であり、毎年催される州図書館支援センターの研修・調整会議の名称でもある。この全国専門会議は、図書館に関する協会や研究機関のための連邦のレベルでの議論と調整の窓口である。全国専門会議の活動は、各州から 1 人の図書館支援センター代表が参加し、3 人の代表理事が統括する代表者会議において決定されている。例えば、コンピュータの導入問題、公共サービス、あるいは学校図書館に関する専門委員会があり、それらが図書館のための具体的な支援体制を策定する。

　1997 年に、全国専門会議により発行された『州図書館支援センター、その課題およびドイツ連邦共和国の公共図書館活動における州の成果』という表題の声明文は、州図書館支援センターの今日と将来の役割を述べ、情報社会の一部として図書館を意味づける筋道を明らかにしている。

　急速に発展する情報技術と電子的コミュニケーションのインフラを背景として、将来、情報関連サービスが政治的・社会的生活の中で主要な役割を果たすことになるであろう。情報に対する迅速な、直接的で自由なアクセス環境と、マルチメディア形式でのデータの利用技術は、個人のレベルでも、政治のレベルでも、諸々の決定プロセスにおける基礎となるだろう。情報ネットワークへの技術的アクセスと伝統的な書籍提供の普及が全地域にわたって成功するならば、公共図書館は、知識・情報コミュニケーションにおける地

域的・広域的な仲介センターとなるであろう。

　しかしこの発展プロセスには、それに見合った働きかけが伴わねばならない。州図書館支援センターは、単に図書館の諸活動を観察したり、経験を記録したり、比較を行ったりするのみではなく、州の政策課題を実行する機関として、その知識と経験を生かし、図書館に能動的に働きかけ、支援することができる。州図書館支援センターは、将来的には情報コミュニケーション・システムの全体を射程に置いて、その原動力、増幅器として活動し、関係機関と協議し、調整を行いながら相互のコンタクトを図り、図書館活動全体の持続的発展を課題として活動することになるだろう。

　州図書館支援センターは現在の役割を果たしつつも、近い将来、特に次のような課題に取り組むことになるだろう。

1) 図書館支援センターは、公共図書館のシンクタンクとして、文化と教育に関する諸機関のパートナーとなり、公共図書館活動の発展構想に寄与するための協議を行う。

2) 図書館支援センターは、公共図書館サービスのための情報仲介センターとして、地域的にも、また広域的にも、一般向け情報サービスのすべての事柄に関して、公共図書館、行政、文化的施設に対して協力、調整、助言を行う。

3) 図書館支援センターは、州の専門機関として、公共図書館システムの構造的・地域的落差の軽減に公平な姿勢で対処する。

4) 図書館支援センターは、図書館に関する専門家の立場として、公共図書館活動における地方自治体および州のインフラ改革のプロジェクトを評価し支援する。また、適当な額の州助成金の支出を計画し、革新的措置、特に地域レベルでの図書館ネットワーク構築を促進する。

5) 図書館支援センターは、図書館員研修を行う機関として、他の広域的機関（例えばドイツ図書館研究所、ドイツ国立図書館、大学図書館センター、図書館購買センター）と協力しながら、専門職としての、また兼任職としての公共図書館員のための研修と資格付与を計画・推進する。

6) 図書館支援センターは、広域的・国際的な調整機関として、広域的な、また国境を越えた公共図書館ネットワークを計画・構築する。「ドイツ州図書館支援センター全国専門会議」は、他のヨーロッパ諸国の中央諸機関と交流し、地域を越えた国際的協力作業の遂行を課題とする。
7) 図書館支援センターは、公共図書館活動の推進・支援機関として、公共図書館活動と公共図書館政策における諸々の課題に積極的にかかわり、重要な問題については広く議論を喚起し、適切な実践的解決をもたらす。その課題は、図書館の専門的サービスにおける基準の統一化と、図書館活動における経験や成果の交換である。特にデジタルメディア、学術図書館との協力、経営手法、予算配分に関する事項が中心的課題となるであろう。

2.6 教会公共図書館と教会図書館支援センター

　地方自治体の公共図書館以外では、第二次世界大戦後、西ドイツにおいてプロテスタント教会とカトリック教会により運営される図書館が、一部州や地方自治体の財政的援助を受けたこともあって、再び大きく発展することになった。ある程度の地域格差はあるものの、教会公共図書館は、旧西ドイツ地域の諸州では教区への結びつきのおかげで、人口が集中している都市部と人口のまばらな農村地帯とを問わず比較的に均等に広がっていった。それに対して、ドイツ統合以後の東の新連邦州においては、教会図書館が新たに設立されることはほとんどなく、あってもきわめて遅々として進まなかった。たいていの大都市における教会図書館は、文献を一般の人々の利用に供するという役割においては、明らかに公立の図書館に比べて数の上で遅れをとっていたが、牧師管轄教区の図書館（以下、今日一般に流布している「教会公共図書館」という表記で統一する）は、小規模の地方自治体でも都市部でも、単に「不足分を補う」という二次的な役割以上にもっと主要な立場を

担っているのである。特に旧西ドイツにおける農村地帯では、この教会公共図書館が、一般の人たちが唯一アクセスできる図書館となっているケースが多いのである。したがって、この図書館こそが、ごく普通の公共図書館の役目を担っていると言ってよい。その際、州図書館の場合と同様に、教会図書館の支援センターが教会図書館活動の成立と発展を支えているのである。

2.6.1 教会公共図書館

19世紀において公共図書館制度が一般に発展していくのと平行して始まった教会の図書館活動は、最初の何十年かは特にカトリック教会の側で、まずは自らの登録会員にのみ図書文献利用を可能にする図書会員制度（図書クラブ）によって運営されていた。こうした会員制度のもたらす恩恵として良書が普及し、各教区で読書生活のスタイルが浸透していくことになった。この「下からのカトリック的国民教育」の考え方は、学校の義務教育課程以外ではほとんど本に接する機会のなかったカトリック教徒たちのニーズに応えるものであった。

カトリックの図書館活動の歴史は、1844年から1845年にかけて創設された「ボロメーウス協会」と密接に結びついており、それは1995年に、ドイツ語圏における図書文化を促進する最も古い機関の一つとして、創立150周年を祝ったのである。この協会は、こうした活動を通して「カトリック的生活」の理念を押し広げ、良書を優遇・普及させるための団体として創設された。こうした支援活動によって、各図書館にはより多くの人たちに書物を提供できるだけの基本蔵書数が徐々に揃っていった。こうした一連の図書館運動（→ 1.8.2）が機縁となり、またそうした機運に乗じて実際に行動を起こすことで、この世紀の変わり目の年（1900年）には教会の「民衆図書館」が成立したのである。そして、それは非会員にも自由に利用できる初めての図書館となった。そうした図書館設立の流れは1930年代まで順調に進んで、カトリックの側からいえば、1933年には5千を超えるカトリック民衆図書

第 2 部　さまざまな図書館のタイプ

館が設立された。こうして、図書館設立の動きに関しては、プロテスタントよりも大きな成果を収めることになったのである。

　プロテスタント図書館は 19 世紀中葉に、最初にキリスト教社会事業団の地区協会で、ヨハン・ヒンリヒ・ヴィーヘルン（1808-1881）の提唱により創設され、1919 年までキリスト教社会事業団により運営された。それは最初、社会福祉的な目標を前面に掲げた団体であったが、1920 年からは国民教育運動という新しい方向性が加わった。すなわち、各教区が公共図書館の担い手として乗り出したのである。ここにおいて、図書館活動の重点は単に社会的な福祉事業のみではなくなり、図書館設立・拡充の動きが目に見えて活発になっていった。

　ナチズムの時代には、教会の図書館活動はどんどん制限されるようになった。最初は、教会図書館の扱う図書資料が、純粋に宗教的な図書にのみ強制的に制限された。最後には、あらゆる図書活動が禁止されるに至った。何百万冊もの書籍が、国家の介入により、また戦争の結果として失われた。それでも再建後は、1960 年まで教会図書館は着実に復興していった。1960 年代になると、貸出件数は頭打ちになるか、ないしは後退した。しかし、教会図書館の数は 1965 年にはついに約 8,200 を数え、最高水準に達する。その後しばらくの間、教会図書館の数は急速に後退し、1965 年から 1971 年までわずかな期間に約 1,800 の教会図書館が閉鎖された。とはいっても、1970 年代の中頃からは、教会図書館数の減少ペースはゆるやかなものになっていった。こうした動きと平行して、1970 年以降の蔵書数と貸出件数には、比較的に一定した上昇傾向が確認できるようになるが、これは人々の間で図書と各種情報媒体（メディア）へのニーズが増大していることの証拠となる。この発展は次の表で裏づけることができる。

年号	図書館数 プロテスタント公共図書館	図書館数 カトリック公共図書館	メディア単位数 プロテスタント公共図書館	メディア単位数 カトリック公共図書館	貸出メディア単位数 プロテスタント公共図書館	貸出メディア単位数 カトリック公共図書館
1980	1,173	5,106	2,302,895	13,935,580	3,454,531	19,996,569
1988	951	4,827	2,619,894	17,342,897	3,076,068	23,365,470
1994	892	4,519	2,696,339	18,536,110	3,608,617	25,150,113

（データは、西側の連邦州および西ベルリンにおける教会公共図書館で、患者図書館と老人ホーム図書館を除いたもの）

　今日、教会公共図書館の法的責任と権限を担っているのは、たいていの場合プロテスタント教区ないしカトリック教区である。両教会が特に力を入れて支援している患者図書館（病院図書館）、老人ホーム図書館、その他の各種施設図書館では、その施設自体か、またはそこで活動している司牧会が図書館活動の母体である。

　どの公共図書館においてもそうであるように、教会公共図書館においても、所蔵図書と各種情報メディアの質を可能な限り内容的に広く多様化することが大きな課題である。1980年代の中頃までは、実用書、娯楽文学、児童・YA文学がそれぞれ3分の1を占める形であったが、次第に児童、YA、成人のための実用書と情報誌へのニーズ傾向が強く現れてきた。1980年代の末まで高い数値を示していた娯楽文学の貸出件数は、近年明らかに後退しており、平均して見ると全貸出件数の約30％にとどまった。最近ではこれに加え、多くの図書館で学習用または娯楽用のゲーム、雑誌、録音装置、ビデオカセットの類が含まれる。所蔵メディア件数は、1994年時点の統計の平均数で見ると、カトリック図書館では約4,500件、プロテスタント図書館では約3,700件である。設備の整っていない地域（主として農村地域）をサービス対象とする図書館では、メディアの所蔵件数は30％から40％低くなる。教会公共図書館の蔵書数は、平均して年間に1.4倍に増加している。

多くの施設が図書館間協力システムを通じて、教会図書館支援センターの補充蔵書を利用することが可能となっている（→ 2.6.2）。

　プロテスタント教会とカトリック教会は、その図書館活動を教区活動ならびに文化活動の一環と理解している。その際、教区において読書を薦め、図書文献を紹介することに重点が置かれている。公共図書館サービスは、教区への地域奉仕と理解されている。それはコミュニケーションと親睦の場であり、信仰問題における手引きであり、また、実践的な読書の薦めとメディア教育に関する親身な相談窓口という性格が前面に現れている。学校以外の教養施設の中では、公立公共図書館が最も大多数の住民に利用され、利用者の年齢層と社会的階層の点でも広い影響を及ぼしているのに対して、教会教区の図書館は礼拝や魂の涵養に留まらず、さまざまな交流やコミュニケーションの拠点となっている。教会図書館は今日、たいてい数の上で縮小してしまっている主要教区に奉仕するのみではなく、教区内に新しく引っ越してきた家族にとって、さまざまな形で最初の手ほどきを与え、彼らにとって重要な地域交流のきっかけの場所ともなっている。しかし、教会図書館がそのような仲介的機能を果たすことができたのは、それが過去何十年も当然のものとしてきた「魂の涵養のための施設」といった立場を脱し、宗派や世界観の拘束をも越えて、「万人のための図書館」として門戸を開いたからである。

　プロテスタント州教会とカトリック司教区は、1964 年に教会公共図書館の機能と教育課題についての新しい着想を、いわゆる『トゥツィング宣言』として成文化した。そこでは、教会図書館の施設の無制限の公開を宣言している。それにより、教会は今日住民への一般図書の提供のために独自の貢献をしたいと考えているのであって、それは単なる「内部」（教会に属する人々）向けのサービスのレベルを大幅に越えたものとなっている。この明確な前提があってこそ、他の図書館との、とりわけ公立公共図書館との協力作業が可能となる。こうした背景において、地方自治体を設立責任者とする図書館との関係では、課題の重複や役割分担、さらにまたこの両者の旧態依然とした競合関係など入念な検討を要し、決着をつける必要のある懸案事項も

見出された。

　教会公共図書館というものは、純粋に私的な機関だと考えてしまってはいけない。そのような考えは、教会図書館が地方自治体において図書の不足を補うという公的な役割を与えられている事実にそぐわないものである。今日のドイツの社会においては、文化活動を筆頭として、学校以外のほとんどすべての教育活動が「余分な贅沢」として疑問視され、深刻な制度と財政上の危機に見舞われている。このような状況下で今必要なのは、異なる図書館活動の相互の縄張り意識や競争といった発想ではなく、図書館同士で公共のために図書資料や情報を与え合うことのできる、生産的な連携・協力体制なのである。

　各種の図書館が、地域内および地域を越えた具体的な協力作業をしていく必要があるという認識は、近年広い地盤に浸透しつつある。そのことは、州と教会の合同研究会の数が増大していることからも言えるし、この両者が共同で行う図書館員研修事業や、共同の図書館会議、図書館支援センター会議が行われていることからも見てとれる。こうした積極的で前向きな発展の引き金となったのは、1974年に教会公共図書館が、ドイツ図書館協会（DBV）において、公立公共図書館と同等の権限を得て、専門書図書館や一般図書館の政策課題（ここでは特に第6分野「州立・教会図書館支援センター」の政策課題）に取り組むという合意がなされたことであった。

　すべての教会公共図書館の95％以上が、依然として無給の職員によって運営されている。無給職員の助言、指導、養成を行っているのは、専任の図書館員を置いている都市と地方の教会図書館支援センターである（→2.6.2）。カトリックの図書館活動においては、できるだけ多数の協力者に図書館運営にかかわってもらうために、例えば「基礎12コース」という研修プログラムで、図書整理のための実践的基礎知識を提供するように努めている。一方、プロテスタントの側では、無給職員の高い割合が聴講している多数の研修コース、教育課程、諸企画と平行して、「教会図書館助手」養成のための基礎セミナーが設けられている。1996年の半ばまでに、1千人を超え

第 2 部　さまざまな図書館のタイプ

る図書館職員がそれぞれに該当するコースを修了している。

　この教会による、もちろん州の側では評価されていない「基礎 12 コース」のような研修コースは、通常いくつかの、たいてい 1 週間コース（基礎養成コース）を組み合わせたものである。それは 2 年から 3 年に及び、「図書館専門知識と実践」、「図書館活動の計画と構成」、「娯楽文学と実用書」に重点を置いた筆記および口頭の試験で終了する。

　無給職員採用の問題は、地方公共図書館の領域では、財政管理をなおざりにしてきた結果として、図書館職員の雇用政策上の大問題として何度か大騒ぎになったが、教会の側では無給職員採用の問題をある程度「既成事実」として黙認する醒めた態度をとっている。その活動は「隣人に対する社会奉仕」と理解されているので、教会はそれと知って無給職員のボランティア活動に依存する体質になっているのである。しかし、図書館がその蔵書数と貸出利用数において無給職員だけでは処理できず、兼任または専任の職員を必要とする規模に達することもありうることは見逃されてはならない。生涯教育への意欲や創造性、サービスの技量とともに、管理能力、秩序を尊ぶ心、ふれあいの情、集団行動の能力、手仕事的能力と組織作りのセンス、および図書文献に関する専門知識が、職員に求められている資質である。

　このような職員組織においては、教会図書館サービスといった特殊な性格上、重要な役割を演じているのが、中央機関で念入りに作成された独自のマニュアルである。教会図書館の蔵書構築の参考とされる専門資料の書評は、プロテスタントの側では、『プロテスタント図書案内』（ゲッティンゲンのドイツ・プロテスタント図書館協会により公刊）、カトリックの側では、『新刊書・カトリック図書館活動のための図書案内』（ボンのボロメーウス協会とミュンヒェンの聖ミヒャエル協会により共同で公刊）である。図書館における技術上あるいは組織上の諸問題に対する手引き、マニュアル、教科書、学習資料は、各々の職員に対して提供されている。

　20 世紀末の教会公共図書館の活動は、地方自治体の公共図書館と同じく、困難な状況に直面している。教会税収の削減、教会の悩みの種になっている

写真21　教会＝市立図書館（プラットリング）

写真22　教会＝市立図書館（プラットリング）（館内）

人々のキリスト教会離れの傾向、電子メディアとの競合、州予算からの振興助成金の減少は深刻な問題である。

2.6.2　司教区と州教会における教会図書館支援センター

　連邦州と同様に教会もまた、州教会ないし司教区のレベルで、教区図書館の支援と推進ための図書館支援センターを設置している。1997年には、全ドイツにおいて38の教会図書館支援センターがあった。

　プロテスタントの側では、「ドイツ・プロテスタント図書館協会」（DVEB、1927年創立）が、州教会の14の図書館支援センターといくつかの公共図書館協会を傘下に置いており、教区、病院、老人ホームにおける1,200を超える無給と兼任の職員が運営するプロテスタント公共図書館の業務を支援、推進している。DVEBは、プロテスタント教会図書館活動のための中央機関であり、1951年の再創立以来ゲッティンゲンに拠点を置いている。1947年から年に4回発行されている書評雑誌『プロテスタント図書案内』の刊行のような主要なサービスが実施され、1979年からは毎年「プロテスタント図書賞」が授与され、さらに、教会に奉仕する教会図書館助手の研修が組織される。州教会の教会図書館支援センターは、組織の運営や計画といった案件、協力関係や広報活動、図書資料とその組織化に関する助言、さらには組織再編に関しても責任を負う。プロテスタントの教会図書館支援センターは、助成金を得るための仲介局としても機能し、専門的職業教育と学校卒業後の継続教育を行い、中央機関からの補充蔵書の一括貸出を通じて、関係する図書館の蔵書拡充を推進する。

　プロテスタント系の教会図書館支援センターが置かれている都市は、ベルリン、ビーレフェルト、ブラウンシュヴァイク、ダルムシュタット、デュッセルドルフ、ゲッティンゲン、ハンブルク、ハノーファー、カールスルーエ、カッセル、ニュルンベルク、オルデンブルク、シュパイアー、シュトゥットガルトである。

カトリックの側では、司教区に置かれている 24 の教会図書館支援センターが、カトリック公共図書館の計画、諮問、支援の機関として活動している。それは司教区の内部で、教会、州、地方自治体のサービス課と協定して図書館ネットワークを形成しており、常設図書館の創設、拡充、組織に関する相談に応じ、司教区と連邦州の助成金を管理し、多くの場合、蔵書の充実、図書館の設備や内装に関して実践的な手助けを行っている。特に、図書館サービスのための基礎的指導と養成も重要な課題である。

カトリック系の教会図書館支援センターがある都市は、アーヘン、アウグスブルク、バンベルク、ベルリン、ドレースデン・マイセン、アイヒシュテット、エアフルト、エッセン、フライブルク、フルダ、ヒルデスハイム、ケルン、リンブルク、マインツ、ミュンヒェン、ミュンスター、オスナブリュック、パーダーボルン、パッサウ、レーゲンスブルク、ロッテンブルク・シュトゥットガルト、シュパイアー、トリーア、ヴュルツブルクである。

教会図書館支援センターは、州レベルでは「州カトリック図書館研究会」（LAG）（バイエルン州では「司教区民会議」）を形成し、州の内部で他の専門的機関と協力しながら、図書館政策と教育政策に関与している。また、教会図書館支援センターの連邦レベルでの活動としては、1957 年に創立された「ドイツ・カトリック教会図書館研究会」（BAG）と「ボロメーウス協会」（ボン）が、教会図書館活動の総合計画やコーディネートを担当してきた。前者の BAG については、1996 年 5 月の総会において解体が決議され、それ以降は新しい規約と運営規則に基づいて、「教会図書館支援センター専門会議」が BAG の業務を継続している。

聖ミヒャエル協会（1901 年創立）は、バイエルン州におけるカトリック系協会の州協会として、かつ「カトリック図書館活動のための州図書館支援センター」として活動している。規約に従えば、これは「図書館活動とそれに関連するメディアの領域での、カトリック教会設置者における教育活動を制度的に統括し、代表する立場としてのバイエルン司教の認証」を根拠とするものである。1995 年 11 月のボロメーウス協会の新しい規約によれば、こ

第 2 部　さまざまな図書館のタイプ

れはドイツの別の地域におけるボロメーウス協会の活動領域にも当てはまる。そのサービス項目としては、図書館の新設と設備の問題における助言と助力、コレクション再編成、地域外貸出、職員の研修・再教育、蔵書拡充のための支援、刊行事業や選書リストに関する協力などがある。

　ボロメーウス協会はまた、図書館活動にかかわる多数の中央サービス機関の設置者でもある。それらの機関としては、例えば州の認定を受けているボンの公共図書館専門大学（FHöBB、1921 年創立）、中央図書館、書評雑誌『新刊書』の選定部門がある。加えてボロメーウス協会は聖ミヒャエル協会と緊密な組織的連携を保ち、ドイツ出版流通協会に所属するある種の特別な書店を支援している。この書店は関係する図書館に対して、希望に応じて貸出用に装丁された図書、MC、ビデオ、図書館資料、さらに図書館向けの視聴覚機器、特殊備品を調達する。協会献金課は地域のボロメーウス協会に、賛助会員により申し出のあった協会献金を納入し、図書館に与えられる「配当額」としての払戻金を残して清算する。このような仕方で、カトリック公共図書館は図書購入予算の約 10％を賛助会員の献金によって賄っている。

　教会図書館のための州研究会は、西側のほとんどすべての連邦州において、何年も前から宗派を越えて活動しており、公立公共図書館のための州図書館支援センターとも緊密にコンタクトし、定期的に情報交換を行っているところもある。教会図書館のための全国共通のワーキンググループとしては、1957 年に創設された「ドイツ教会図書館協会研究会」が活動している。

2.7　公共図書館活動の特殊領域

2.7.1　児童・YA 図書館

　児童とヤングアダルト（YA）のための図書館サービスは、公共図書館の主要な課題の一つである。そこには依然として大きな社会政策的・教育政策

的な意義がある。それは学校教育を補充し、かつ学外の教育課程に奉仕するものであり、成長しつつある子どもたちの人格形成に貢献し、彼らが多様な文化と多様なメディアに色づけられた社会に参画していくための重要な助けとなっている。図書館の児童・YA サービスは、特に幼稚園と学校を支援し、職業教育における機会均等を求める努力をも支えている。

　図書館は特に児童と YA の精神的・心情的状態に対応した図書館サービスを提供することに努め、彼らが図書館訪問を通じて本や現代的メディアに馴染めるようにと働きかけている。こうして彼らは余暇と日常生活において、有意義なメディア利用の機会を得、さらには生涯教育のための機会を得ることになる。

　ドイツの全人口に対する利用者の割合という点で見ると、今日児童と YA は、他の住民階層よりもはるかに大きな割合で公共図書館の利用者となっており、いくつかの図書館サービスエリア、とりわけ農村地帯ではこの世代の利用率が 80％に達している。彼らは図書館の多様なサービスを、熱心に目的意識を持って利用している。

　「児童・YA 図書館」という概念には、多様な目標が設定されうるが、いずれにしても図書館施設の幅広い機能を包括した多様なサービスを提供しているのである。独立した児童・YA 図書館もあるが、大きな図書館の部局として運営される児童・YA 図書館もある。中には、例えば児童・YA のためのメディアセンターのようなものが特別に作られており、その大多数が公共図書館と学校図書館の連携によって実現されたものである（→ 2.7.2）。近年では、現代的な視聴覚・電子メディアを多数提供する独立したメディアセンターも作られている。最近の考えでは、児童と YA とを分けて、それぞれの世代のニーズによりよく対応できるように、児童図書館と YA 図書館とにそれぞれ違った役割が与えられるようになっている。

目標集団

　児童と YA という目標集団は、年齢段階別の社会集団、社会的階層、社会

第2部 さまざまな図書館のタイプ

写真23 ギュータースロー市立図書館（児童・YA図書館）

的に規定された成長段階の差異を含む混合体とみなされるが、特に今日、児童と YA とはそれぞれの成長段階に応じて、社会組織の中での自己意識と立場を見出さねばならない。言葉を変えれば、社会化の成果が求められる。「ヤングアダルト」（Jugend）とは、彼らの後から成長してくる児童と、彼らに先立つ成人社会一般との間の相互作用領域であり、この両方の側からの経験を考慮しなければならない。すなわち、YA にとっては第１に教育と資格が必要なのであり、それは職業選択や職場探しの諸問題と関連している。結局のところ、社会的に評価されるという目的が肝心なのである。それに対して、児童の段階では家庭への強い結びつきと周辺世界に対する遊戯的関係がより重要なものであり、この点で YA の段階とは明確に異なっている。

　体験の世界と学習の世界に導き入れるメディアは、どちらの年齢集団にとっても重要な役割を演じている。

　中央図書館、地区の分館、あるいは移動図書館を通じての公共図書館との出会いは、多くの人たちにとってすでに幼稚園の年齢で始まっている。両親に連れられて、子ども自身が一般のコーナー、または児童書のコーナーで、絵本や読んでもらう本を見つけることも稀ではない。利用者証が与えられ、児童・YA コーナーへの入館が認められる最低年齢は、6 歳から 8 歳までの間である。

　一方、YA のニーズ、特にその年齢層の移行段階に適切に対応したサービスを提供することは、児童に対してのサービス提供よりも本質的にもっと困難なことである。

　近年、多くの図書館で 13 歳から 16 歳までの YA のための特別なサービス部門またはコーナーが設けられているが、その際に重要なことは、余暇、学校、職業教育との関連において YA が特に必要としているメディアと、彼らの問題意識を可能な限り正確に知り、考慮することである。このことは必ずしも簡単でない。というのも、その振る舞いや欲求を、単に年齢からだけでは確定することがむずかしいのがこの目標集団の特徴であり、そのため図書館サービスにおいても、全般的に依然として躊躇が見受けられる。

第 2 部　さまざまな図書館のタイプ

　しかし、独自の児童・YA サービス部門を置かないところでは、児童・YA コーナーから一般コーナーへの移行は、たいていすでに 13 歳から 14 歳までに起こっている。ここでは YA に一般コーナーのコレクションが開かれているので、個々の図書・メディアグループにおける利用の境界線は、むしろ流動的と言わねばならない。このような形態の一連の図書館においては、児童・YA のためのコレクションは、一般成人のためのコレクションと空間的な関連性をもって配列されており、両者は外見的にも識別できるようになっている。図書とメディアの多様な提供、個別の利用目的、一人一人の児童・YA の異なる成長といった観点において、図書館内の出入りがより開放的で柔軟になっている。YA のための分離したコーナーを置くのではなく、YA にとって特にふさわしいと思われる一般成人コーナーのコレクションが補足的に紹介され、それが外見的にも特徴づけられている。

　YA サービス部門の空間的配置（一般書架との分離または統合）が図書館によって異なる形で展開したのに対して、児童サービス部門は通常、空間的にも分離されたものになっている。ここでは適切な家具を用いて、子どもにふさわしい雰囲気を、つまりぱらぱらめくって見たり、遊んだり、勉強をしたり、お互いにしゃべったりすることが自明な体験世界を作る試みがなされている。

　いくつかの都市では、1960 年代と 70 年代において中央図書館や分館が空間的に手狭になったため、児童・YA 図書館が分離されて独立した建物に設置され、またいくつかのケースでは YA ホールや学校の中に設置された。ブレーメン市立図書館では、一貫した構想のもと、独立した YA サービス部門の包括的ネットワークが構築されている。それは同時に学校図書館的な機能も併せ持っており、それによって生徒の非常に高い割合を利用者として獲得している。しかし、このように独立した児童・YA 図書館では、授業がますます多様化する上級学年のためのコレクションが十分でないという結果をもたらしている。こうした問題は、YA・学校図書館が一般成人用の図書館と結合しているところでは起こらない。

コレクションの構築と組織化

　児童・YA 図書館のコレクションは、自由に手にとれる書架、閲覧台、箱、ガラスケース、展示壁に陳列されている。図書館員の教育的役割は、個人的指導、利用の手引き、文献やメディアの選択にある。その原則は繰り返し新たに吟味されるべきものである。本や雑誌に加えて、ゲームや音楽、特殊な子ども番組（物語、歴史、放送劇、童謡）の録音テープがますます多く見られるようになった。それらは自宅に借り出すこともでき、図書館内で利用することもできる。また、近年大きく台頭してきた児童と YA のための電子メディア（CD-ROM）は、マルチメディア対応のパソコンを用い、遊びを交えた知識の習得（教育娯楽と情報娯楽）を可能にしている。

　児童と YA のための資料は、中小の図書館では全コレクションの約 35％ から 50％、大きな図書館では約 15％ から 20％ を占めている。内容的に見て、所蔵資料は絵本、御伽噺、漫画から、初期の読書年齢のための物語作品を経て、青少年のための実用書、一般成人のコレクションの中にも含まれている実用書や小説にまで及ぶ。図書購入のための基礎的な選書の手引きとなるのは、書評協力に基づいてカード、ノート、CD-ROM の形式で出されている情報サービス（ID）や、ロイトリンゲンの図書館購買センター（ekz）のさまざまな選書目録や、専門雑誌『図書と図書館』における批判的書評集、個々の大都市図書館の目録、そしてさまざまな組織の目録・パンフレットの類である。最後のものの例としては、「児童書ワーキンググループ」や、教育・学術労働組合の「児童・図書・メディア研究会」、「読書財団」（→ 1.4）、教会図書館（→ 2.6）、ワーキンググループ「児童のための良書」などが挙げられる。

　児童・YA 文学は若い人たちにさまざまな知識を与えるとともに、彼らの人格形成を助け、また楽しませる読書として普及している。それはここ 20 年ほどの間に、従来の道徳的狭さ、教育的統制、イデオロギー的影響から大幅に開放されることができた。それは電子メディア利用の増大にもかかわらず、児童と YA の社会化過程において重要な役割を担っている。

第 2 部　さまざまな図書館のタイプ

　児童・YA 図書館のコレクション（図書とメディア）へのアクセスのためには、書架分類、伝統的なカード目録、選書リスト、そしてコンピュータにより支援された検索装置（OPAC）が用意されている。配架のための統一的な手法はない。物語作品の配架については、その素材領域や内容、異なる年齢の読者対象により、また時にはこれらを併用しながら、その秩序が定められる。「一般図書館分類表」（ASB）をもとに作られた「児童・YA 図書館分類表」が、実用書コレクションの区分と同様に、ここでも役立っている。9 つの記号で記したグループに限定するか、または ASB の文字記述に対応してもっと細かく区分けするかは各館の裁量に任されており、種々の年齢集団とコレクションの量に応じて選択できるようになっている。東の連邦州で適用されている「一般図書館分類法」（KAB）もまた、児童書・YA 資料のための配架手法として有用である。コンピュータの導入に伴い、カード形式のアルファベット目録や分類目録は減少の一途を辿っており、伝統的な件名・主題・タイトルの目録は、もはやところどころで見受けられるにすぎない。

　蔵書検索と配架の種々の形態を提供することは、利用者への導入的な図書館利用教育の一部ともなっている。それは個々の利用者に対してのみならず、YA グループや学校の授業に対しても同様である。図書館で本を見たり、読んだり、音楽 CD や録音テープを聞いたり、コンピュータの初歩的な使用法を教わったり、個人または共同で勉強したり、遊んだりするという通常の利用活動に加えて、多様な企画が YA 図書館を特徴づけている。こうしたさまざまな企画に児童や YA が参加する機会を通じて、図書館はその魅力をアピールし、図書館と有意義なメディア利用への糸口をいまだ見出していない年齢集団を新たな利用者として獲得するのである。1984 年に実施されたヴッパータール市立図書館の企画「本の船」は、図書館が人々に働きかけ、パブリック・リレーション（PR 活動）を行い、かつ模範的な児童・YA 中央図書館の形態と提示手法を独特の体験世界として構想し得た優れた例である。

　外国人労働者の子どもたちに対しても、至るところで特別な努力が注がれており、子どもたちにふさわしい多言語の図書や非図書資料が提供されてい

る。多数の調査やアンケートが明らかにしたように、問題の境界線は約14歳である。すなわち、ここでは本から他の現代的メディアへの転向が特に強く現れており、多くのYA利用者が図書館に背を向けることになる。まさにこの年齢層のためには、新しい欲求に合ったサービスを提供することが大切である。これは図書館界の共通認識であり、共通の要請であるが、その一般的実施はこれまで一向に成功していない。

特殊な要求課題

　社会的な問題が起こっていたり、文化的基盤が弱かったりする地域および都市区域では、YAの欲求と好みに対応した解放的な図書館活動が、訪問者と貸出件数の喜ばしい増加をもたらしていると同時に、また深刻な問題をも引き起こしている。これは、他の図書館利用者に迷惑をかけること、サービス業務の邪魔になる言動を行うこと、いたずらに設備を破壊することにまで及んでいる。都市の近辺で、薬物問題、万引、外国人に対する敵意、個人の排除といった社会的諸問題があまりにも立て込んでいるような一部の地域では、公共図書館がしばしば児童とYAのための唯一の公的施設となっており、こうした迷惑行為や破壊行為などの問題行動が、図書館運営における日常的な負担となっている。しかしながら、図書館員の側ではそのような「社会活動」のための十分な訓練など受けているはずがなく、とにかく現場で非常に多種多様な要求に同時に応えねばならないという事態となっている。そのため、図書館員の味方になって支援してくれるであろうソーシャルワーカー、教育者、心理学者との情報交換、そして文化的・社会的な基盤構造を形成する立場にある地方自治体の決定権者との緊密な協力関係を築くことが、ここでは是が非でも必要である。同時に、YA自身に「自分たちの」図書館の内的構築に自由に参加させるという新しい構想は、一種の信頼を形成し、扱いの比較的むずかしい集団においても図書館に対する評価を呼び覚ますことができる（これの成功例は、ロストック・ディルコーまたはハンブルク・ミュンメルマンスベルクの図書館である）。

第 2 部　さまざまな図書館のタイプ

　YA 図書館の外形は、それぞれの空間的条件を生かしながら、それを 1 人 1 人にとっても、グループにとっても、できるだけ魅力的で刺激的であるように設備し、同時に多様な利用形態に機能的に対応させることを目指している。そのためには、『図書館計画'73』で提案されているくらいの、公共図書館の全面積に対する YA 図書館の割り当てでは決して十分ではない。多くの YA 図書館が、現在使われている以上の空間を必要としていることは間違いない。

　職員の不足もまた、YA 図書館がその多様な利用の機会を十分に提供できていない理由の一つである。YA サービスを担当する図書館員は、通常の図書館司書のための専門教育ではほとんど教わらない難しい要求が突きつけられることになる。YA サービスのための特別な研修といったものは存在しないし、もっと言えば、いくつかの YA 図書館では、図書館司書のための専門教育を受けた職員がまったくいないところさえある。しかし、大きな地方自治体の図書館システムの一部として YA 図書館が置かれ、YA サービスと YA 分野のコレクション構築に関して専門の職員が置かれ、中央から管理されているような場合は、もちろんこの例には当てはまらない。

　図書館の YA サービスに関する重要な活動報告や提言は、ドイツ図書館研究所が管轄する専門委員会（「児童・YA 図書館」小委員会）が行ってきた。そのほか、「YA 文学ワーキンググループ」や IFLA の「YA 図書館セクション」のような委員会もまた、この分野にかかわる人々に対してさまざまな情報発信を行っている。

ミュンヒェンの国際児童図書館[88]

　ここで特に言及すべきは、1948 年ミュンヒェンに創設された「国際児童図書館」（IJB）[89] である。これは世界で唯一の学習・情報センターで、今日約 50 万冊のコレクションを有しており、100 種類以上の言語による児童・YA 文献が集められている。古いドイツの児童文学に関しては 5 万冊のコレクションがある。資料の組織化は、ドイツ学術振興会の支援を得て行われた

写真24　国際児童図書館（ミュンヒェン）

写真25　国際児童図書館（ミュンヒェン）（館内）

（→ 1.7.2）。児童・YA 文献そのものの他に、児童・YA 文献の理論、歴史、およびその挿絵の歴史に関連する国際的な二次文献も収集されている。

　IJB の全コレクションは 3 つの部門、すなわち学習図書館、児童・YA 図書館、視聴覚メディア部門に区分されている。

　学習図書館には、児童用の 15 か国語からなる研究・実験用の貸出用コレクション空間が付属している。この約 2 万冊のコレクションを有する研究用児童図書館は、子どもの読書態度を観察しデータを得るために、ストーリーテリングや読み聞かせ、古書や図書についてドイツ語や外国語で論じたりする時間が設けられており、実証的調査のためにもよく利用される。子どもの映像イメージの発達に関する研究等を可能にするスタジオも用意されている。特別な奨学金制度があって、毎年 12 人の外国人の学習者と研究者に、それぞれ図書館内での 3 か月間の研修滞在を可能にしている。

　IJB の最も重要な催しとして、四半期計画で公表される書籍展示がある。それは年に 1 度の国際的な新刊書の概観、年 2〜3 回の国内新刊書の概観、特定のテーマにおける国際的な比較展示、著名な作家や挿絵画家のための記念展示等である。これらの展示のいくつかに関しては、数か国語によるカタログが発行されている。IJB の国際児童・YA 文献に関するその他の出版物としては、四半期ごとの季刊雑誌『IJB レポート』、『IJB 紀要』、『白からす』や、カタログ『受賞児童文学』、『良書の中の良書』などがある。

　IJB の情報サービスは、主として大学教員やドクター・コースの学生が利用しているが、そのほかにも出版社が児童書の翻訳の可能性を検討したり、古典児童書のリニューアルのための材料を探したり、啓蒙的なテーマで国際的な共同制作を企画したりする場合にも、その要求に応じて情報サービスが行われる。

　IJB は 1996 年 1 月までは「国際児童図書館協会」によって運営されていたが、1996 年 1 月 24 日以降、設置者は民法上の公的財団である「国際児童図書館財団」に移行した。予算は主として、ドイツ連邦共和国、バイエルン州、ミュンヒェン市から来る。世界中の YA 文学出版社は、IJB のサービス

に賛同し、自社の新刊書を無償で提供している。IJB はユネスコの「共同プロジェクト」として、ロックフェラー財団からの有効な助成金も獲得した。

2.7.2　学校図書館・学校メディアセンター

　教育活動というものは、常に急速な社会的、技術的、学術的な変化の諸相を考慮しなければならない。学校図書館の機能を教育的観点から考察しようとする場合、この変化のプロセスの帰結を見逃すことはできない。一方には、他の人と交わりながら価値観念を構築するための基礎を養うという教育があり、他方には、固有の専門教育において基礎知識や関連の洞察力、基本能力と主要資格の取得を主目的とする教育がある。そこにおいては、情報やデータを目的に即して探し、採用し、処理する能力が培われるのであり、それは生涯にわたる自己教育を可能にするための前提条件である。

　学校は、学習が体系的に行われる最初の場所である。児童と YA は、学校での学習内容を自らのものとし、その後の生涯における主要な元手の一つとして理解するように促される。このような背景において、学校図書館は新しい重要な役割を引き受けなければならない。学校は公共図書館または学校内に設置された図書館なしに、その教育課題に対応することはできないと、専門家たちは確信している。教室と並んで、図書館は第 2 の学習場所であり、そこではあらゆる種類の情報が検索され、採用され、処理される。学校教育における図書館利用の主眼は、単に実際的問題に対する解答を探すということではなく、むしろ、データや事実の選択、分析、要約と吟味の能力を養い、一般的な問題解決の方法を習得することにある。

　学校図書館は、図書、雑誌、視聴覚資料、その他の情報メディアを、すべての授業と余暇における学習のための教育手段として、生徒と教員が共通に利用できるように提供する。自立した活動と判断力がこうして養われ、余暇の自己形成のための刺激が与えられる。学校図書館は、重要な文化的能力の一つとしての読書と、印刷メディアや電子メディアの利用を促進し支援す

る。司書と教員が協力して生徒たちに図書館教育を行うとき、図書館は「読書奨励」の現実的基盤となる。それゆえに、学校図書館は各学校の教育上の全体構想の中で確固とした位置を占めるべきものである。そのための抜本的改革の試みが過去数十年の間にいくつか提唱されてきたけれども、それらは今日に至るまで、ほとんど単なる希望的理念に留まっている。ドイツ統合の後、新しい興味深い試みが、特に東の連邦州で起こっている。そこでは学校図書館の発展計画が示され奨励方針が公布されたが、その中で学校図書館の新たな構造化の可能性と、図書館支援センターにおける学校図書館サービスセンターの設置が取り上げられた。それは学校図書館が、政策決定権者の側からも、学校という学習場所の中心的構成要素として評価される積極的可能性を示す根拠となっている。例えば、ザクセン＝アンハルト州の図書館発展計画（1993 年）では、稼働率の高い学校図書館ネットワークを公共図書館の一部として構築することを成文化し、学校図書館の装備に関する専門的要求を明示している。

　学校図書館は、教員「と」生徒のための図書館であり、教育的な図書館活動の主要な部分をなしている。学校図書館は、実際の活動面において公共図書館制度と緊密な関係を持っている。確かに、1970 年代以降に成立した稼働率の高い学校図書館のいくつかの例や、小さな諸施設における多くの改善は、公共図書館、学校図書館サービスセンター、そして州図書館支援センターの積極的な働きかけなしには、現在の規模にまで到達することはできなかったであろう。

　情報探索は、指導と訓練を必要とする要求度の高い活動である。生徒たちが文献や情報を発見するための技法については、図書館と授業において紹介すべきものである。つまり、情報探索の方法と技術は正規のカリキュラムの中に適切に位置づけるべきものである。情報探索の技法が体系的に指導され、生徒たちがその技法を自ら実践して習得していくと、彼らはより積極的な姿勢で学校の教育を受けるようになり、授業からより多くを学び、知識の探求においてもより創造的になるということが、調査の結果として判明している。

ドイツの東側でも西側でも、基礎学校、本課程学校、実業学校の大多数において、教員用とか生徒用のコレクション、あるいは教室単位の学級文庫が見られるが、たいていの場合そこには専任の職員や専門教育を受けた職員がいない。1970年代に、当時の西ドイツの連邦州では、ギムナジウムと総合学校の図書館状況が目に見えて改善された。しかし1980年代以降の再出発への機運は、まもなく公的設置者の貧弱な予算状況に直面し、現状維持のための苦闘へと転じてしまった。

　学校における学習内容は変化し、新しい伝達形式も導入されつつある。そのため、学習センターとしての学校図書館の存在意義は衰えることがない。学校図書館でも、以前から図書、雑誌、新聞の他に、視聴覚資料と電子的な学習メディアを提供し、そのための装備を備えた、個人用・グループ用の学習室を設置している。これらは、学習・メディアサービスの主要な構成要素となっている。後述する「第2レベル」の学校図書館の大部分では、利用者のコンピュータ使用が可能となっている。1996年から、「学校をネットワークへ」という奨励運動が全国的に展開され、学校をインターネットに連結させようと努力している。これは学校図書館の将来の活動にとって大きなチャンスとなるだろう。

必要面積と設備

　学校図書館の課題と設備に関しては、州と地方自治体、専門的機関と連盟から出された一連の公的声明において言及されている。その最初のものは、1973年に出されたKGSt（自治体行政簡素化機構）の声明文『公共図書館』であり、そこではコレクション構築の基準値として、以下のような水準が示された。すなわち、最も小さな「第1レベル」の学校図書館では、生徒1人につき3冊の学習用図書と、生徒全員に対して5件の雑誌と新聞を備えるべきこと。より大きな「第2レベル（Ⅰ）」の学校図書館では、生徒1人につき5冊から8冊の学習用図書と、館全体で10件から40件の雑誌と新聞を備えるべきこと。最も大きな「第2レベル（Ⅱ）」の学校図書館では、生徒1

第 2 部　さまざまな図書館のタイプ

人につき 3 冊から 10 冊の学習用図書と、館全体で 30 件から 40 件の雑誌と新聞を備えるべきことが示された。続いて 1975 年に、当時の図書館サービス事業所の学校図書館委員会が、職業養成学校のために第 2 レベル（Ⅰ）と同等の基準値を推薦した。そこではまた、職業養成学校の学校図書館で、自由な興味に応じた活動のための文献として、生徒 1 人につきさらに 4 冊を用意することが提案されている。学校図書館に必要な面積の基準値としては、例えば、生徒と教員の全体数の少なくとも 5％が利用できるだけの学習机があるべきで、少なくとも 30 名分は確保されなくてはならない、という考え方から出発している。DBI（ドイツ図書館研究所）における学校図書館の専門家グループ（かつての「学校関連図書館活動」小委員会）は、学校図書館活動の手引きを作成し、東西の連邦州の異なる発展状況について報告をまとめ、教育活動のための図書館利用に関する教育学的問題に取り組んでいる。

　州レベルでの支援体制としては、いくつかの州（例えばヘッセン、ラインラント＝プファルツ、ザクセン＝アンハルト）において、管轄する省、図書館支援センターの作業グループ、そして委員会が置かれている。それらの組織は、学校図書館活動の計画と実行にかかわる諸問題に取り組み、例えばコンピュータの導入やその他の設備、コレクション構築の手引き等のための提言を行ったり、各種のソフトウェアを批判的に比較して紹介したりしている。

　KGSt は、1995 年に『人口レベル 5 の地方自治体のための組織モデル』を公表した（「人口レベル 5」とは、2 万 5 千人から 5 万人の人口規模である）。この文書には、学校、スポーツ、文化を所管する組織に関する提言も含まれており、そこで公共図書館と学校図書館の課題が述べられている。その中で、学校は今後ますます、生徒たちの自己学習と自力による情報の入手と処理のための能力を養成する役割を果たすべきだ、ということが確認されている。また、学校図書館はこの重要な機能を公共図書館に支援されて行うべきであり、公共図書館は学校や幼児教育機関とも協力し、読書奨励のための教育的にふさわしいメディアを提供すべきものとされている。そこでは、さしあたり読書の奨励が前面に置かれるが、それはもちろん多様な活動の一側面

にすぎない。

　原則として、学校図書館や学校メディアセンターが所蔵する図書・メディアは一括で管理されるべきであり、またできるだけ自由に利用でき、容易にアクセスできるように配架すべきである。このためには、伝統的なカード目録ないしはコンピュータで作成された図書館目録を一元的に管理し、利用に供することが必要不可欠である。学校図書館は個人の学習だけでなく、グループやクラス単位での学習も可能なように、規模と設備において機能的に構築されなければならない。分類検索のためには、現地の公立公共図書館の分類体系を援用することが望ましい。それは生徒たちが両方の機関を利用する上でも便利であり、また共通の処理作業も容易になるからである。

　学校図書館の職員配置に関しては、これまでのところ拘束力を持つ基準というものがない。学校図書館職員の任用は、地方自治体やその他の学校設置者によって行われている。しかし、教育職員と同様に州が任用すべきではないか、という議論があちこちでなされている。1988年、ラインラント＝プファルツ州の上級行政裁判所は、学校の図書館に専任の職員が配置されている場合、州の財政的支援を受けるべきだという判断を示した。しかし、学校図書館にはそもそも図書館専門職員を採用する義務はない。ただ、学校図書館の現場の側からは、当然ながら充実した大きな学校図書館を専門的に運営したいという要求が出されている。その要求は、実際には公立公共図書館との連携がなされる場合にのみ実現される。学校図書館と教員との協力関係は最低限必要であるが、それに加え、例えば図書館委員会への生徒と両親の参加もまた望ましいであろう。

学校図書館と公共図書館

　1980年代以来、個々の学校（とりわけギムナジウム）において、現地の公共図書館と学校との連携体制が改善された。ここ数年、ベルテルスマン財団から重要な関与が行われており、「公共図書館と学校」というプロジェクトによって新しい協力体制が推進されている。特に好都合な出発点となった

のが、それぞれの州の学校設立基準に基づいて成立した学校センターや、ギムナジウムと統合された総合学校（ゲザムトシューレ）の新設である。この州ごとの学校設立基準では、すべてのタイプの学校に、50 ㎡から 250 ㎡までの大きさの図書館空間が予定されている。

　この学校設立基準ではまた、公共図書館が行う学校図書館関連業務のさまざまなヴァリエーションの中から、基本的な 3 つの組織モデルが提示された。

　第 1 に、学校の建物の中またはその近くに学校と連結した公共図書館がある場合。特に市立図書館システムの分館や、地域の小さな公立図書館が、この効果的な二重の機能を引き受けることができる。

　第 2 に、学校図書館が現地の公共図書館の貸出窓口となる場合。

　第 3 に、学校独自の責任と財政的基盤において、生徒と教員のための学校「内」図書館が置かれる場合。この場合には、資源の有効利用のために現地の公共図書館との緊密な協力作業が求められる。

　第 1 のケース、すなわち学校と公共図書館が連結した形のものは、当該サービスエリアにおいて学校が便利な位置にあり、なおかつ公共図書館にも容易にアクセスできることが必要となる。学校と公共図書館とでは、異なるタイプの図書や情報メディアが利用されることが多い。いくつかの都市や地方自治体では、学校の図書館が文化・教養センターと連結している例も増えてきている。そこには、例えば市民大学や映像・メディアセンターも組み込まれていることがある。それによって、情報資源がよく活用されるとともに、学内と学外の生活領域が「開放された学校」として連続することになる。

　客観的事情から学校図書館を建てられないところでは、郡や都市区域にある移動図書館が基礎的なサービスを引き受けている。

　公立公共図書館が学校図書館のために提供するサービスは、しばしば非常に差異がある。学校図書館が公共図書館システムに属していないところでも、実際には多様な形で協力作業が行われている。広域的な州全体にかかわる近年の提言には、多数の都市、郡、県に見られるように、大きな公共図書館に「学校図書館サービスセンター」を設置すべきだという提案がますます

頻繁に述べられている。こうした学校図書館サービスセンターが置かれている公共図書館として、都市レベルでは、例えばアーヘン、ベルギッシュ・グラットバッハ、ベルリン、ビーレフェルト、ブレーメン、デュースブルク、エアランゲン、フランクフルト・アム・マイン、ゲルリッツ、グーテルスロー、ハノーファー、インゴルシュタット、ケルン、ライプツィヒ、マンハイム、ミュールハイム・ルール、ニュルンベルク、オーバーハウゼン、オッフェンバッハ、シュヴェリーン、ジーゲン、フェルベルト、ヴァインハイムが挙げられる。また、地域レベルでは、例えばベルンブルク、デッサウ、ハレ、マグデブルク、ヴィッテンベルク、ゴータの各公共図書館に、学校図書館サービスセンターが置かれているのに加えて、エアフルト、コブレンツ、ノイシュタット（ヴァインシュトラーセ）、ザールブリュッケンの州図書館支援センターに学校図書館サービスセンターの一部の機能が置かれている。

　学校図書館サービスセンターの課題は、学校図書館の再編と計画、図書館管理と利用のための手引きの作成、職員研修と専門的管理、学校の代表者との協力に基づくコレクション構築、資料の購入、処理、提供にまで及ぶ。公共図書館は学校図書館に対して、内外の相互貸借への参加を仲介することができる。すなわち、公共図書館の所蔵する蔵書や情報メディアの全体から学校図書館利用者が求める資料を提供したり、また、例えばミュンヒェンで行われているように、個別のニーズに合わせて、公共図書館の情報資源の一部を移動図書館で運び、個々の学校を訪問したりすることができる。

　州図書館支援センターも、特に農村地帯で学校図書館の支援を行っている（コレクション構築、職員研修、コレクションの再編成、コンピュータの導入に関して）。DBI（ドイツ図書館研究所）の「学校図書館」専門委員会もまた、重要な役割を果たしてきた。それは幅広い分野の資料を紹介し、関連情報を提供し、図書館と教育関連機関に助言し、『学校図書館資料』や、学校図書館の理論と実践に関する寄稿論文を掲載する専門誌『学校図書館時事研究』を発刊している。この委員会は広域的な指導拠点として活動し、学校図書館問題にかかわる種々のプロジェクト、委員会、ワーキンググループに

も協力してきた。

　近年では、学校図書館のコレクションとサービスに視聴覚・電子メディアが導入されるようになったため、映像資料センターや各種メディアセンターとの連携がますます緊密になった。映像資料センターやメディアセンターは、学校に対して長い前からメディア教育的・教育技術的な助言とサービスを行っているので、重要なパートナーである。しかし学校、公共図書館、映像資料センター・メディアセンターの協力はさらに緊密になっていく必要がある。内容的に似通ったプロジェクトが、しばしば相互にまったく独立して構想されているので、そうしたものは統合され、協力的に遂行されるべきであろう。そのためには視聴覚・電子メディアを活用した学校図書館サービスの構想、利用権限、専門用語に関する異なる考え方を一致させることが大切である。公共図書館とメディアセンターとの協力体制については、ブランデンブルク州で現在、緊密な協力関係を構築するための施策が打ち出されているが、これが成功して他の連邦州にも適用されるか否かは、当面まだ判断はできない。

2.7.3　音楽公共図書館

　自治体が運営する公共図書館は、現在ドイツに約6,100あり、最近ではこうした公共図書館が録音メディアを所蔵することも普通になっている。ただし、音楽図書館を独立した組織や専門部門として運営しているケースはごく一部にすぎない。今日、音楽部局はメディアセンターとして運営されている場合が多く、音楽資料や楽譜の他に、あらゆる種類の録音メディア、ビデオ、CD-ROMの類が備えられている。その所蔵総件数は、最近ではかなりの量に及んでいる。1995年のドイツ図書館統計（DBS）によれば、公共図書館における録音メディア（カセット、レコード、CD）の所蔵は898万件に及び、そのうち522万件が東側の新連邦州に、376万件が西側の旧連邦州に所蔵されている。また、1997年のDBSでは、地域団体によって運営され

る 7,185 の公共図書館において、計 780 万件の視聴覚メディアの所蔵があると報告されている。

ドイツにおける最初の音楽公共図書館は、20 世紀になってまもなく、フランクフルト・アム・マインとミュンヘンに開館した。このミュンヘンの市立音楽図書館は、今日でもドイツ最大の音楽コレクションを持つ図書館である（ただし、音楽に関する膨大な学術資料の収集を除く）。また、ベルリン中央州立図書館とハンブルク公共図書会館は、音楽関連の非常に幅広い資料を所蔵している。音楽図書館のサービスは、音楽に関心がある人や音楽を専攻する人を対象としており、一般の人々を対象とした音楽教育のみならず、専門家を対象とした音楽教育にも資するものである。かくして、音楽図書館という存在は、市民の音楽生活と音楽教育全般にとって重要な役割を果たしている。この種の新しい図書館サービスの形は、シュトゥットガルトの「ローテビュールプラッツ・メディアセンター」において形成された。すなわち、それは市民の交流の場であるのみならず、市民の発表の場としての性格を併せ持つ館内閲覧型の図書館であり、小規模なコレクションに加え、主に若者を対象にした各種の現代的メディアを提供することに大きな比重を置いているのである。

音楽公共図書館のコレクション構成は、やはり音楽の練習に関連するメディアが中心であり、図書、最新のソングブック、専門雑誌、それに楽譜が準備される。特に CD や録音テープのコレクションは非常に大きな意義を持っている。1980 年代末まで東西ドイツの音楽図書館の代表的なメディアであった LP レコードは、保存状態が良好に保たれている場合には館内で聴くことができる。以前のアナログ録音の大部分が、その後デジタル化されてCD として存在しているが、歴史的な記録として、重要な作品や演奏についてはLP レコードの形でも保存されているのだ。この 20 年間、大きな公共図書館においても、小さな公共図書館においても、オーディオ・カセットが広く普及し、コレクションに加わった。今日のカセットテープの利用率は、全体として見れば若干後退してはいるものの、依然として特定の領域では高

い利用率が維持されているのみならず、例えば児童向けの録音メディアや一般向けのオーディオ・ブックでは、むしろ利用率が増大する傾向にある。カセットテープ・レコーダーがほとんどの家庭に今後も存在するであろうことを考えれば、この利用率の高さも納得できる。

取り扱うメディアが録音メディアから視聴覚メディアにまで拡張したことを契機として、公共図書館でポピュラー・ミュージックへの門戸開放が一気に始まった。第1段階（1950年代と60年代）では、これは特に若年層に評価された。そして2世代を経た今日、公共図書館が備えている多様な音楽メディアは、ほとんどすべての年齢層の人々、つまり以前をはるかに上回る数の利用者のニーズに応えうるものとなっている。

音楽公共図書館が時代に適合したサービスを提供するためには、音楽（特にロック・ミュージックとポップ・ミュージック）が、すでに若年層にとってだけでなく、多数の一般成人利用者にとっても重要な文化的構成要素になっていること、そして彼らの自己認知、帰属願望、ステータス意識が、このタイプの音楽表現形式と結びついていることを、もっと配慮すべきであろう。こうした現代的背景のもとに適切なサービス方針を定め、そのサービス対象となるターゲット・グループに適合した利用形態を模索することは、図書館の運営・設置母体の決定権者や図書館専門家たちがしばしば想定している程度を越えて、はるかに重要なポイントなのである。

図書館は、視聴覚メディア全般と、特にポピュラー音楽文化の分野において、決して軽くない役割を担う。現状では、一般の人々が利用可能な音楽メディアのアーカイブや、手頃な音楽資料の紹介が受けられる社会的基盤といったものは他に整備されていない。また、音楽メディアの貸出は、図書の場合と同じく地域外からの利用者には行われない。こうした状況においては、各公共図書館・音楽図書館が所蔵する整備された音楽関連メディアは、レコード店の通常の商品では満足できない欲求に応えうる唯一の可能性なのである。

1980年代、コンパクト・ディスクの導入が成功したことにより、公共図

書館を運営する側の人々の間でも、音楽メディアの意義に対する意識が向上した。もちろん、1ダースもの音楽ジャンル（ポップ、ビート、ロック、グルーヴ、ソウル、ファンク、メインストリーム、ヒップ・ホップ、トランス、ヘヴィ・メタル、テクノ等々）に分裂したポピュラー音楽の分野では、全般的なニーズの高さに対して、図書館が対応できるサービスに限界があることは確かである。音楽メディアは、録音メディア市場においてずば抜けて大きな位置を占めるにもかかわらず、現在図書館が提供しているサービスは、量的にまったくもって不足している。さらに、図書館利用者の約50％が14歳から25歳までの人々であること、それがポピュラー音楽の主要な視聴者層と一致しているという事実についても考慮されていない。現在の公共図書館では、この中心的な年齢集団の事実上の音楽趣向に対応できるような多様な音楽メディアを備えておらず、やや年齢層の高い視聴者の趣向にばかり対応しており、質的に見ても到底十分なサービスとはいえない。図書館はしかるべき方法で、たえず音楽の新しい趨勢と方向性に対応することを要求されているのである。

　音楽公共図書館の貸出部門では、図書、雑誌、楽譜は通常、自由に利用できるように配列されている。ハイファイ装置に関する機器批評記事、楽器評価記事、またあらゆるジャンルの多数のCD批評記事を掲載する音楽雑誌（例えばサウンズ、ミュージックチェック、オーディオ、ステレオ、ステレオプレイ、フォノフォーラム）で貸出用のものは、相変わらず人気が高い。特定ジャンルに関する情報ツールや基礎的情報資料（例えばレコード目録、カタログ、専門百科、ハンドブック、住所録等々）は、独立した大規模な音楽図書館にはたいてい十分に所蔵されているが、中規模以下の図書館には所蔵されていない。

　CDやカセットの試聴は、通常ヘッドフォンで行われる。セントラル・ユニットによる音楽再生に代わり、利用者は携帯用のウォークマンやディスクマンにより、移動しながら再生することができる。図書館職員が操作するセントラル再生ユニットは、最近では1980年代初頭と比べてあまり広く利用

はされていない。もちろん設備の整った音楽公共図書館には、依然として個室や、多目的に使用可能なスピーカーが設置された団体用の部屋があるのだが、そこでは音楽の演奏や多様なイベントを実施することが可能である。

各図書館が音楽コレクションの構築を容易にするために、図書館購買センター（ekz）は、さまざまな録音メディアに関するデータを整備し、継続発注を可能にするサービスを提供している。

音楽メディアの所蔵データを公開する手法としては、「アルファベット順目録規則」の一環として作られている、音楽・録音資料組織法（RAK-Musik）が利用される。また、音楽関連文献をテーマ別に検索するためには、「一般図書館分類」（ASB）に依拠して作成された「音楽公共図書館音楽文献・楽譜分類」（SMM）、ならびにDBI（ドイツ図書館研究所）の委託を受けてドイツ図書館協会が公刊した「音楽公共図書館録音メディア分類」（TSM）が実用的なマニュアルとなっている。なお、伝統的方法で分類している館では、録音メディアを演奏者ごとに分類して配架するため演奏者目録が重要となる。楽譜の書誌情報は「音楽書誌サービス」によって提供されている。それは音楽公共図書館の共同作業により作成され、DBIによって公刊されている。1980年からは、『音楽図書館フォーラム』が情報機関誌として刊行されている。

音楽図書館員のための専門資格は、公共図書館の図書館学士が音楽図書館で1年間の追加実習をした場合に、シュトゥットガルト図書館情報大学で特別資格試験を受けることができる。

専門委員会ならびに制度に基づく連合組織として、1951年に創立された「音楽公共図書館研究会」がある。この研究会は1973年、音楽図書館の課題、構造、基準の概要を初めてとりまとめた。その研究成果は『音楽公共図書館』という刊行物に収録されているが、結果として、ドイツ音楽審議会とドイツ都市連絡協議会の「都市計画における音楽」に対する提言、ならびに『図書館計画'73』が示した方針と1973年のKGSt（自治体行政簡素化機構）の評価を補足するものとなった。

州のレベルでは、どちらかと言うと学術的性格を持つ音楽図書館に対して振興・支援が行われている。その一例として、「バーデン＝ヴュルテンベルク州立音楽高等専門学校図書館」がある。1989年にオクセンハウゼンのかつてのベネディクト（帝国）修道院に設立されたこの州立音楽高等専門学校は、1993年には付属の音楽図書館を開設した。そこでは、音楽に関するいくつかの寄贈コレクション、ならびに楽譜、文献、音楽ソフトウェアの新規購入によって、指揮者、音楽大学講師、教員、音楽受講生たちの最新のニーズに応じた利用が可能になっている。

　学術的な活動を行っている音楽図書館の間では、DBI（ドイツ図書館研究所）の「視聴覚メディア・音楽図書館」支援センターを通じて、国際的な交流も行われている。パートナーは、「国際音楽図書館・音楽資料館・音楽資料センター協会」（IVMB/AIBM）のドイツ連邦共和国グループである。DBIの音楽図書館支援センターは、音楽図書館への新しいメディアと技術の導入に関する情報を提供し、職員研修企画を実施し、統計的基礎資料を集め、それらの評価を行ってきた。また、『音楽図書館ハンドブック』（1994年刊）をはじめとして、音楽図書館に関する専門の学術論集も発行している。

2.7.4　アート・ライブラリー

　美術に対する関心は、この20～30年間、明らかに増大している。多数の重要な美術館が新設され、常設展、また特別展における入館者数の増加、展覧会図録、またさらに同時にさまざまな分野の美術書に対するニーズの拡大は、美術人気の増大を裏づけている。図書館やその他の文化施設において美術作品を貸し出すことは、かなり以前から東西ドイツの双方において一定の人気があった。にもかかわらず、アート・ライブラリーの存在と、そこで美術作品が貸し出されているということについては、一般に広く知られてはいなかった。多年にわたる美術品の貸出実績を持つ地域ですら、多数の住民がそのサービスを知らないし利用していない。

第 2 部　さまざまな図書館のタイプ

「公衆のための芸術」という新しい価値観が、「可能な限り広い層の人々に現代美術に親しんでほしい」という願いと合致して、1960 年代末、初めて美術作品（原画と複製画）を貸し出す手法が試みられた。それ以来、さまざまな公的・私的施設の設置者は、外国の事例に倣って、主に複製印刷版画を貸し出す「アート・ライブラリー」または「グラフィック・アート・ライブラリー」（以前は「絵画館」とも呼ばれた）を開設した。ドイツでは 1996 年現在、約 140 にも及ぶ同様の機関が、さまざまな設置者（公共図書館、市民大学、芸術協会等々）によって運営されている。こうしたサービスは、公共図書館が担当することが多い。公立図書館は市民との距離が近く、広い層の人々との交流実績を生かしたサービスを提供することができる。さらに、書籍だけにとどまらず他のメディアをも提供することで、公共図書館はコミュニケーション・センターとして一層発展し、利用者の側に立った目標設定にも対応していけるのである。

　ドイツの西側でモデルとなったのは、1968 年に設立されたベルリン・ライニケンドルフ市立図書館の支部である、ベルリン・グラフィック・アート・ライブラリーで、1,200 人の芸術家による約 5,500 点の作品を所蔵、年間 1 万 2 千件以上の貸出実績を誇り、この種の機関としては今日でも最大のものである。ケルン市立図書館では、美術作品だけでなく本や雑誌もある、よく整備されたアート・ライブラリーを運営している。ヴッパータール市立図書館では、中央図書館と各地区の支部図書館にアート・ライブラリーが置かれており、そのコレクションは単独で相互に貸し出すこともできるし、小規模なコレクションごと他の支部図書館と交換することもある。最近の 20 年間の芸術に焦点を絞ったシュトゥットガルト市立図書館のグラフィック・アート・ライブラリーや、美術、音楽、文学などのメディアを総合する構想を持つビーティッヒハイム・ビッシンゲンにあるオットー・ロンバッハ図書館のアート・ライブラリーは、地域性を越えた著名な施設である。ブレーメン市立図書館は、市立中央図書館の絵画コレクションから、市内の各地区図書館を経由して絵画の貸出サービスを行っている。バーデン＝ヴュルテンベ

ルク州における「州芸術週間」や「パブリック・スペース・アート」のようなイベントは、芸術に親しむ機会の促進に貢献している。ディッツィンゲンに1994年設立されたアート・ライブラリーでは、彫刻に重点を置いていることに対して建築芸術関連の財団から資金面での助成が与えられた。地方自治体で管理職を務める人たちの多くは、芸術を特別な人々のためのものとする固定観念を捨て、多数の人々への公開を可能にすることの意義、つまり芸術の活用がいかに町の全体的な文化的風土を形成し、イメージを改善するかということを、一層明確に理解するようになった。

しかしアート・ライブラリーや他の同様の機関は、絵画などの芸術作品の貸出にのみ終始しているのではなく、むしろサービスを通して同時代の芸術家との出会いを促進することも活動の一環としており、他の図書館、市民大学、芸術協会、大学、芸術家連盟、企業、教会と協力して、公衆への現代芸術紹介に努めている。この芸術紹介と芸術家への助成を通じて、芸術および芸術家と一般の人々とを、より積極的に結びつける試みがなされている。この点で、地域芸術、芸術家の紹介、あるいは芸術家の公的助成に関して、アート・ライブラリーの存在意義はきわめて高く評価できる。文化政策の観点から言えば、政府の文化支援活動の一環として、芸術紹介と芸術家の助成を積極的に行うべきであること、そして一国の現代美術との創造的対決こそが創造性の促進に重要な貢献をなすことが、明確に認識されたのである。

アート・ライブラリーのコレクションは、美術館のそれと混同されてはならない。扱うメディアが芸術作品であるという質的な側面の他に、それが「一般向けに貸し出される」という特徴が前提としてあるからである。そのため、アート・ライブラリーが扱う芸術作品は、特定のフォーマットに限定されている。絵画、複製版画、ポスターは通常、額縁に収めて貸し出され、表面は傷つきにくいものでなければならない。かつては無料であることが多かった貸出も、今ではほぼ料金制の貸出（保証料）に移行している。地方自治体は、この料金のネジをさらに締め始めている。ベルリン・ライニケンドルフ市立図書館では、1995年の始めから絵画1点につき10マルクもの貸出

料金が導入された。これによって利用件数は激減した。アート・ライブラリーにおけるアンケートでは、貸出料金の支払い額として妥当なラインは作品1点につき5マルクから6マルク以内で、その程度であれば利用者の側も異論がないという結果になっている。

　アート・ライブラリーや図書館のアート部門においては、所蔵作品の一部だけでも実際に展示して見せる必要があり、そのためには展示室として十分な空間が確保されるべきである。白い壁の明るい展示室が必要で、それは60㎡から70㎡を下回ってはならない。所蔵件数によっては、120㎡から150㎡の展示室が望ましい。できれば建物の北側または東側がよい。空調設備のない場合、南側の展示室では温度変化が非常に大きく、作品の保存に悪い影響を与えることがあり、直射日光を避けるために窓を暗くする必要も生じるので適切とはいえない。床面は灰色かベージュを基調とした絨毯またはリノリウムを使用することで、光の吸収を適度にし、また床面の色彩と作品の色彩とが混濁することを防ぐ。

　アート・ライブラリーの目録には、たいていの場合、作品のコピーや芸術家の情報、使用された技法についての情報も記されている。作品コピーの入手や作品貸出の選択は、スライド目録を用いて行われることが多い。公共図書館は、この領域に関し美術館や芸術協会と協力して事業を進めている。所蔵品は独自に所蔵するものの他に、一部美術館から借用したもの、あるいは芸術家からの寄託品で構成されている。作品の選択は通常、美術館と芸術家の協力のもとに行われる。アート・ライブラリーのその他の事業、すなわち展覧会や制作技法の実演、講演会と指導、アトリエ訪問等々も通常、こうした共同作業から生まれてくるのである。美術大学や美術専門学校のある都市では、卒業生や生徒の習作がコレクション構築に加わり、大変特徴的なものとなっている。

　新しい収蔵品や既存の重要な収蔵品を貸し出すために、特に東側の連邦州において課金制度が導入された。これはもちろん、財政面での裏づけのためにも重要な意味を持っている。だが、貸出料金は高く設定されれば逆効果の

装置ともなりかねない。多くの都市では、自治体が保有する芸術作品（すなわち、芸術家助成企画によって購入した作品や、公的予算で買い取った芸術家の遺作や、事務室の装飾のために入手された作品）をアート・ライブラリーの保有資源として活用するならば、貸出可能な芸術作品の基礎的ストックはすでにあるということになる。スポンサーを得て追加の予算を確保するという道も、積極的に検討すべきである。宝くじやスポーツくじから得た利益、賭博場の儲け、テレビやラジオの宣伝収入をもとに、多くの州で文化的課題のための助成金が出されている。これに関する肯定的な事例は、ベルギッシュ・グラットバッハの文化センター「ヴィラ・ツァンデルス」に1993年に創設されたアート・ライブラリーであり、これは資金や現物の寄付によって構築されているのである。

　公立図書館の他に、企業図書館を運営する企業も芸術作品の紹介活動を行っている。政府の文化関連部門も、いわゆる「絵画コレクション」や「市民ギャラリー」といった形で、作品の貸出に積極的である。この種の公的な立場からの芸術の紹介は通常、年に1度の貸出事業に集中している。教会が運営するアート・ライブラリーは、これまでのところごくわずかであるが存在する。ヴァンゲン（アルゴイ）の聖ウルリヒ・カトリック教区のアート・ライブラリーは、聖ウルリヒ・カトリック公共図書館の内部にあり、組織的には同公共図書館の支部でもある。点数は少ないながら、売買、交換、貸出の対象となる絵画作品の利用が可能である。

　アート・ライブラリーや公共図書館における芸術作品の貸出利用件数は増加している。それは、このサービスが文化的に有意義なアイディアであったことを示すものであろう。図書館サービスの一分野として見ても魅力的、かつ前向きな事業といえる。ドイツ図書館研究所には1980年代の始めからアート・ライブラリーとグラフィック・アート・ライブラリーのための支援部門があり、情報サービスを行ったり、新設・開設の際の助言を行ったり、年間統計を出したり、定期的な職員研修企画を組織したりしてきた。広範な機関誌として、半年ごとに情報誌『アート・ライブラリー・ニュース』が発

行されている。図書館員の養成施設もまた、散発的にではあったが、アート・ライブラリーとグラフィック・アート・ライブラリーに携わる人材の育成を通して、公共の文化育成と結びついた芸術の社会的意義の増大に貢献してきた。例えばシュトゥットガルト図書館情報大学（HBI）では、何年も前からアート・ライブラリアンのためのセミナーが開催されている。

2.7.5 企業図書館

　企業図書館は、企業に所属する民法上の図書館で、企業を設置者としており、公開性には制限を伴うが、そのコレクションと機能において公共図書館にも並ぶものである。それは企業構成員とその家族のための情報提供、個人的・職業的な専門教育と継続教育、さらに一般的な生涯教育と余暇活動のために奉仕している。いくつかの少数のケースでは、企業図書館は近隣の一般市民も利用できる。

　企業図書館は、その存立と運営において、設置者企業の経済的状況と企業経営者の決定に直接に左右される。これは経済的興隆の時期には利点であり、危機の時代にはそれぞれの部門に応じてハンディキャップとなりうる。個々の企業図書館の形態と規模がさまざまであるのは、それらが本質的に企業の自発的な社会貢献によるものだからである。企業図書館の歴史は19世紀中葉に遡る。それは企業の家父長的な体制から生まれたものであり、純粋な社会的責任と「良書」を広めたいという願いに支えられていた面もあるが、同時にまたある面では、社会主義的思想価値に対して防衛するためのものという意味合いもあった。図書会館運動の精神から、クルップ社の図書会館（エッセン）や、カール・ツァイス社の図書館（後にイェーナの公共図書会館となる）のような、大きな企業図書館が成立した。バイエル社の図書館（レヴァークーゼン）、BASF社の図書館（ルートヴィヒスハーフェン）、ジーメンス社の図書館（ベルリン、ミュンヒェン、エアランゲン）は重要な企業図書館に数えられる。

大きな企業図書館では、専門的資格を持つ職員が配置され、専業的に運営されている。その他に小さな会社の企業図書館もあるが、それらはたいてい兼業的に運営されている。
　1980年代の初頭には西ドイツで、貢献度と質においてはさまざまではあるが、約200の企業図書館があった。当時その60％が専業的に運営されており、ほとんどの図書館長が専門的な訓練を受けていた。その15年後にその数は著しく後退し、経済的不況に直面して、輸出面で強いはずの化学、薬学、自動車産業のような部門においてすら半分以下になった。解体された企業図書館のコレクションは、しばしば公共図書館に委ねられた。この展開は大きな変化を意味する。ドイツにおいて100年以上の伝統を有し、かつての東ドイツでは国家所属企業の「工場内図書館」ないし「労働組合図書館」として何十年間もその位置づけが評価されてきたにもかかわらず、その存立はますます危機的になっている。旧東ドイツの企業図書館は、企業の民営化と連動してほとんど例外なしに、しかもドイツの労働組合に相続されることもなく解体された。旧西ドイツ側の企業の企業図書館も手痛い構造的・経済的危機に見舞われた。しかしこのネガティヴな展開のみでもって、時折言われるように企業図書館がもはや時代にそぐわない機関だとすることは、現実を素通りするだけでなく、ドイツの経済水準が提示する要求をも正しく見ていないことになるだろう。
　経済的に強い企業では、企業図書館は専門図書館ないし資料紹介センター（→2.4）としての役割を担っており、十分に生き残りのチャンスを持っている。それはまさに、世界的な広がりを持つネットワークと電子的記録の時代において、多数の公刊された報告と研究成果を企業のために利用し、専門的な情報検索の遂行を担う立場にある。企業図書館の課題と機能に関する新しい方向づけは避けられないことのように思われるし、その地位を強化するためにも、他の設置者の図書館とのより緊密な協力が必要である。
　企業図書館の貸出形式は、公共図書館の場合と似ている。いくつかの大きな企業図書館では、企業の内部と外部に支部を設けている。他のいくつかの

第 2 部　さまざまな図書館のタイプ

企業図書館では、その代わりに、またはそれに加えて、移動図書館を導入している。大きな企業では、特別に YA 図書館を置いている場合もある。いずれのケースにおいても閲覧利用が中心であるが、その他にわずかなケースとして、企業内貸出の形態（目録を通じての注文、職場への配達サービス）もある。

　従業員が企業図書館利用をしている割合は、図書館ごとにさまざまであり、20％から 70％の間で分散している。企業図書館は、職場への空間的近さが利用上有利に働いており、また企業構成員のニーズに対応させて開館時間を設定することができるので、従業員たちは休憩時間や帰途に図書館を訪問することができるのである。

　一般向けの文献・メディアサービスという点での企業図書館の意義は、16 歳から 65 歳までの職業に従事している人々に直接にアピールできることにあり、今日もそのような意義を持ち続けている。加えて社会的変化、新しい技術、国際化の進展に伴い、それは広い住民層の資格取得と自己革新の意欲に重要な貢献をしている。こうして今日、企業図書館は立法権者からも公的に公共図書館として認定されており、著作権保証に関する加入契約を通じて、図書館印税の支払いを免除されている（→ 1.6.1）。企業図書館と公立公共図書館とのコンタクトは至るところで強化されており、いくつかのケースでは計画的な協力関係も成立している。

　企業図書館の職員および機関の広域的な連合組織として、1956 年に「連邦地域およびベルリンのための企業図書館研究会」が形成されたが、これは 1975 年に改名されて「ドイツ企業図書館協会」となった。この協会は、企業図書館の構築と拡充ならびに情報交換を促進し、企業の従業員に生涯学習の可能性を提供することを目的としている。企業図書館はドイツ図書館協会（DBV）の第 8 部門を形成している。

2.7.6 軍隊図書館

　ドイツ連邦軍は、軍事専門図書館（→ 2.4）の他に、伝統的に便宜的目的のために構築された軍隊図書館と、CD およびレコードの収集を行うディスクセンターを運営している。それらは兵士の一般教養と娯楽に奉仕するものである。「軍隊図書館とディスクセンターのためのガイドライン」（1969 年国防省より公布、1970 年補足）に基づいて、これらの図書館は国防軍の指揮権下で監査を受ける。しかし、それぞれの図書館の組織自体は分散的である。大隊とそれに並ぶ自立した組織単位、さらにまた連邦軍学校、連邦軍野戦病院または外国の錬兵場司令部は、軍隊図書館やディスクセンターを設置できる。本とレコードの選択を含めて、設備と管理の責任を負うのは軍隊の長、すなわち指令官と機関の長であるが、監査と組織管理は「図書館担当士官」に委託することができる。

　上述のガイドラインは今日も通用しており、図書の管理、貸出、利用のための詳しい指示を含み、選書の基準を述べ、コレクションの分類と編成のための手引きを与えている。それによれば、コレクションの約 25％が文学、67％が実用書、8％が参考図書のための枠となっている。実用書の領域では、職業のための専門文献、自然科学と技術、さらには戦争体験文学が前面に置かれている。利用と貸出については、ガイドラインでは主に開架式コレクションの利用方式について規定されている。「図書管理者」が、コレクションにおける新規購入資料の把握、およびブックカードと貸出カードによる貸出記録を担当している。

　図書館に関する専門事項については「国防軍事図書館」が管轄している。上記のガイドラインでは、軍隊図書館が地域の公共図書館と州図書館支援センターから助言を受けるべきことを強調している。しかしいくつかの例を除いて、この種の協力は稀である。軍隊図書館の平均的規模は、600 冊から 1 千冊の本に加えて、100 枚から 200 枚のレコードがあるだけである。購入予算はごくわずかであり、たいていの新規資料は寄贈により得られている。

2.7.7 病院・患者図書館

　病院・患者図書館は、病院やリハビリテーションセンター内で一般の公共図書館と同じような役割を果たす施設であり、療養中の患者と療養施設の職員に利用される。これは医学専門図書館と混同されてはならない。病院・患者図書館は、『図書館計画'73』と BDB（ドイツ図書館協会全国連合）の声明文書『図書館'93』における機能レベル 1 の図書館である。

　病院・患者図書館は、病院の中の独立部門として、あるいは医学専門図書館の一部として、あるいは地方自治体または教会の公共図書館の支部として運営されている。教会を設置者とする場合、それはたいてい「病院福祉事業」、すなわちプロテスタント、カトリック、または全キリスト教の病院支援活動の一部としてである。また別のケースでは、助成団体が病院・患者図書館の設置者となって、財政的支援を引き受けることがある。

　1993 年のアンケート調査によると、総計 100 万のベッド数を持つ約 5 千の官立、公益、教会、私立の病院のうち、わずか 15％だけが病院・患者図書館のサービスを受けているにすぎない。そのうちの 20％は地域団体により、80％は教会連盟により運営されている。この数字は、病院の全地域的サービスが望むべくもないことを裏づけている。わずかな例外を除いて、専門的資格を持つ職員はいない。コレクションはしばしば目標とされる基準に達していない。

　病院・患者図書館の大多数は自主的運営に任されており、実質的には病院管理者の提案に左右されている。ドイツ図書館研究所は、それらのためのセンターとして重要な支援を行ってきた。病院・患者図書館界の公的な代弁者かつ指導委員会として、「特殊利用者集団委員会」があり、また以前には「病院図書館ワーキンググループ」も活動していた。それは、専門的事項を解決したり、病院・患者図書館の発展を奨励したりする課題を担っている。

　このワーキンググループの活動から、1967 年にまず『病院図書館ガイドライン』が成立した。この修正が 1972 年と 1983 年に行われた。1995 年に

ドイツ図書館研究所が『患者図書館ガイドライン』という表題のもとにまったく新しい改訂版を提示したが、それはドイツ国内の事情とともに国際的水準を考慮し、病院・患者図書館の組織、業務方式、予算に関する指針を与えている。この新しいガイドラインは、急患病院については1ベッド当たり4件のメディアを、長期療養病院ないしリハビリ施設については最低2千件の所蔵メディアを前提として、1ベッド当たり8件のメディアを備えるべきことを要求している。病院・患者図書館は、できるだけ病院の中の中心的な場所に固有の空間を持ち、ベッド数500以上の急患病院では、司書のための1ポストと図書館技術的作業のための0.5ポストを持つべきものとされている。以前の提言では挙げられていた1ベッド当たりの最低貸出件数は、新しいガイドラインには含まれていない。

　各患者のベッドを訪れるブックワゴンによる訪問貸出が、業務の重点をなしている。少なくとも週に1度は、すべての患者が訪問を受けることが望ましい。歩ける患者と病院の職員は図書館で自ら借り出すことができる。

　病院・患者図書館もやはり、しばらく前から設置者の節約政策の余波を受けている。特に地方自治体図書館システムの支部として活動している大都市の病院・患者図書館は、存立が困難な状況である。こうした兆候はいたって危機的である。社会的な図書館サービスの分野がますます節約政策の犠牲になってしまう恐れがある。

　1997年のドイツ図書館統計によれば、公立、教会、公益の設置者による総計104の病院において病院・患者図書館の存在が確認されているが、その数は減少傾向を辿っている。これらの病院では5万9千以上のベッドがあり、そのうち約4万9千が病院・患者図書館のサービスを受けている。総コレクション量は約56万7千件のメディア、利用に関しては118万5千の貸出がある。図書購入費として、設置者から約60万マルクが提供されている。病院・患者図書館の多く（特に教会を設置者とする図書館において）は、兼業職員または無給職員によって運営されているため、その数字はドイツ図書館統計に掲載されておらず、正確な数を把握することは難しい。

第 2 部　さまざまな図書館のタイプ

　病院・患者図書館にあっては、他の図書館以上に選書と図書紹介が重要な意味を持つ。コレクション構築は、患者の多様で特殊な欲求を考慮しなければならない。ここでは本は娯楽として楽しんだり、思索を深めたり、教養を伸ばしたりするだけではなく、医学的な治療を支え、補うものであることが求められる。上述の『患者図書館ガイドライン』では、コレクションの半分を娯楽文学、もう半分を多様なメディア（実用書、雑誌、視聴覚メディア）によって構成することが推奨されている。メディアに対する個々の患者のニーズは大きく異なっており、コレクションはそれらのニーズに適切な仕方で対応できることが求められる。そのため、ゲーム、語学、音楽、ビデオテープ、音楽 CD、CD-ROM などのメディアがますます図書館のコレクションに加わっている。外国語のメディアについても同じことが言える。
　病院・患者図書館の司書は、メディアの購入に際して手軽な形態と軽さを考慮しなければならない。クリアな印刷イメージを持つことや、特に中活字と大活字においては全体を見渡せる体裁であることが、病院・患者図書館がメディアを購入する際の基本的前提である。加えて、技術的な読み取り補助装置も必要に応じて提供できるようにしておかなければならない。病院・患者図書館の司書に関しては、文献知識が十分であることに加え、社会的能力の高さと人間的感受性が期待されている。
　アメリカ合衆国、イギリス、スカンディナヴィア諸国では、いわゆる「読書療法」がすでに 1960 年代から図書館サービスの特殊形態として評価されているけれども、ドイツではこれに関する経験は非常にわずかである。アメリカ図書館協会（ALA）は「読書療法」を、回復のプロセスを医学的に支援するための選ばれた文学的テキストの利用と定義している。外国の研究では医師の指示のもとに計画的に、補助的に、コントロールを伴って行使される読書療法が回復のプロセスを積極的に促進しうることが示されている。例えば、読ませたり、読んで聞かせたり、童話のテキストについて語り合ったりする読書療法的措置を適用することによって、患者の認知および情緒面において積極的な改善の確率が高まり、新しい知識の獲得、患者の行動の修

正、最後には心理的姿勢の変化が認められる。選ばれたテキストは読み手または聞き手をリラックスさせ、慰めるものであり、作者の感情、経験、考え方に彼らを参加させることによって勇気を与え、精神的、道徳的に刺激するのである。

もちろん読書療法は、心理学的、医学的な治療技術をマスターしていることが前提である。時折、商業的な研修サービスで提供される読書療法のための特殊講座は、心理学および医学に関して法的に定められた資格養成課程の代わりにはならない。しかしそれは読書療法が国家的に認可されるための取り組みの一つとはなるであろう。

病院・患者図書館の司書には、このような高い資質が要求されているにもかかわらず、ドイツでは依然として司書教育におけるこの分野の専門コースがない。さしあたって、専門大学、州図書館支援センター、教会図書館支援センター、ドイツ図書館研究所が関連の研修・セミナーを開催しており、この分野の知識を深めるのに貢献している。

2.7.8　刑務所図書館

ドイツでは、刑の執行は州法務省の管轄である。州法務省は、刑の執行のためのガイドラインと法律を公布している。刑務所における図書館の設置と運営もまた同省の課題である。刑の執行の目的が、収容者の自助努力による社会復帰の支援にあるとき、個人的な生涯学習と有意義な余暇利用のために必要なサービスの一部として、よい図書館の存在が不可欠である。このニーズを充たすために、多様な広がりを持つメディアと情報トゥールを用意することが必要になる。

今日たいていの刑務所が独自の小さな図書館を有しており、そこから収容者は本や、時には新聞、雑誌、カセット、ビデオ映画、ゲームのような資料を借り出すことができる。ドイツ図書館研究所のやや古いアンケート調査では、ドイツ全土で約4万人の収容者がいて、彼らのために設置された図書館

第 2 部　さまざまな図書館のタイプ

の約 50％において、約 70 万冊のコレクションを備えていることが確認されている。しかし一方で、この調査では、図書館によってコレクションと収容者 1 人当たりの冊数に大きなばらつきがあることも示された。すなわち、コレクションがせいぜい 1 万冊から 3 万 5 千冊程度の図書館も多く、最も小さいものでは蔵書がたったの 156 冊である。これはたいてい、施設ごとの性格の違いに対応しているようである。長期刑の収容者のための供給は当然のこととして、よりよく拡充されたコレクションが要求される。他方、大多数の図書館は 500 マルクから 2 千マルクまでの年間購入予算で賄われねばならず、これは主として施設自体から、そして約 4 分の 1 だけが法務省の特別予算から支出されている。この不十分な予算事情のゆえに、コレクションは大幅に時代遅れな内容であり、特にそれが寄贈に大きく依存する場合、しばしば収容者のニーズに適切に対応できないような構成になっている。コレクションの中で、大きな割合を占めているのは娯楽文学である。これには根強いニーズがある。わずかな例外を除いて、刑務所図書館には図書館専門職員がおらず、図書館の管理も主として収容者、刑務所職員、また一部では教員やソーシャルワーカーに委ねられているという否定的な面も指摘できる。

　上述のような貧弱な状況に関しては、その後約 20 年たってもたいして変化はしていない。積極的に注目できるのがノルトライン＝ヴェストファーレン州の場合で、ここでは図書館専門職員が図書館管理に投入されている。ケルンのラインラント刑務局とハムのヴェストファーレン・リッペ刑務局にはそれぞれ 1 人の司書が従事しており、その地域の刑務所図書館に対して指導的な役割を果たしている。この連邦州ではまた、「収容者支援協会 90」を設置者とするいわゆる「収容者のための図書貸借システム」が活動しており、これは刑務所内コレクションに対する支援図書館とみなしうるものである。同協会は、1990 年代の初頭に州の助成と私的な寄付を受け、目下 4 万冊以上の蔵書と約 1 千本のカセットテープを有している。

　コレクション構築も非常につつましいレベルで行われている。購入決定のための選書は、主に書店の広告資料と、出版社や図書クラブの索引に基づい

309

て行われ、図書館のための推薦書目録が使われることはごく稀である。図書館の空間的装備は全般的に非常に貧弱なものである。

図書館ではたいてい収容者の半分以上が利用者として登録されている。貸出はしばしば制限され、たいていは注文リストや割り当てに基づいて行われ、書架で選ぶことは稀であるが、1979年には220万件、1994年には320万件のメディア貸出数の記録がある。読書会、文学サークル、芝居のような教養と余暇のサービスはごくわずかな図書館にしかない。

刑務所図書館は、それぞれの地域の公共図書館や、州および教会の図書館支援センターとも連携している。都市州のブレーメンとハンブルクでは、協力関係は刑務所図書館担当課や、ハンブルク公共図書館支援センターによって強化されている。コレクションはふるい分けされ、開示され、コレクション構築のための手引きと図書案内が提供され、職員の訓練が行われ、宣伝を行い、相互貸借、文学関連イベント、その他多様な交流が促進されている。その他の州においても、このように刑務所図書館がその課題と可能性を十分に達成できるようになるためには、購入予算を増やすだけではなく、一般の公共図書館制度の枠組みにおいて、刑務所図書館がそのような協力関係を構築することが求められるであろう。

ドイツ図書館研究所により招集されたプロジェクトグループ「刑務所図書館サービス」は、1983年に基本的理念を盛り込んだ報告書を提出した。そこでは、刑務所における収容者の読書態度や読書希望が叙述されているとともに、図書館の職員や物的装備に関する基準も立てられている。

2.7.9 視覚障害者支援図書館

ドイツには目下推定で14万人の視覚障害者がいる。彼らのほとんどは老齢による視覚障害者で、約3分の1が生まれつきの視覚障害者か、または戦争を原因とするか、事故、病気によって視力を失った人たちである。視覚障害者と強度の視覚障害者に対する文献サービスは、視覚障害者支援図書館が

第 2 部　さまざまな図書館のタイプ

専門的に引き受けており、図書、雑誌、楽譜などの資料を、ルイ・ブライユが開発した点字で提供している。技術の発展に伴い、いわゆる「音声図書」(ヘェルビューヒャー)が重要視されつつある。すなわち、朗読本、音声劇の類や、その他音声としてカセットテープに収録された資料である。

　ミュンスターには西ドイツ視覚障害者支援音声図書館があるが、それよりももっと古く、1884 年に「視覚障害者のためのライプツィヒ学位論文収集協会」とともにライプツィヒに創設された、ドイツにおける視覚障害者のための今日最大の機関として、「ドイツ視覚障害者支援中央図書館」(DZB)[90]がある。これに関連して、1916 年に「ドイツ視覚障害者支援中央図書館振興会」が設立され、同図書館の拡充が行われた。「グラフィック街」を壊滅させた 1943 年 12 月 3 日から 4 日にかけての空襲で、それまでに 23 万冊に達していたコレクションは完全に消滅した。

　コレクションの再構築は戦後に開始され、旧東ドイツ時代の全期間にわたって行われた。旧東ドイツ時代、1945 年の時点でいったん DZB 振興会を解体した上で、ライプツィヒの民衆教育課が DZB を再び始動させた。1946 年にはザクセン州が DZB を公法上の施設として位置づけた。1991 年以降の統合ドイツでは、DZB はザクセン自由州の機関であり、ドレースデンの学術省に帰属している。統合ドイツの東の連邦州では、ライプツィヒの DZB がこの種の唯一の機関である。

　かなり後になってから創設された西ドイツの視覚障害者支援図書館と同様に、DZB のサービスには、娯楽文学、実用書、カセットテープ、一般向け科学雑誌の発行が含まれる。それらのいくつかは、点字だけでなくカセットテープによる音声版も出版される。音声資料はたいてい、付属のスタジオで訓練を受けた語り手をはじめとする専属のメンバーにより生産される。1998 年のデータでは、DZB は約 4 万 500 冊（タイトル件数は 1 万 3700）の点字資料と 13 万 8 千巻のカセットテープ（タイトル件数は 6,300）を所有しており、年間利用に関しては、約 4 万 5 千件のメディア貸出数が記録されている。

　DZB は、西側の連邦州にある他の視覚障害者支援図書館とも緊密な協力

関係を持っている。西側の連邦州では、視覚障害者に対するサービスは民法で認められた7つの図書館を通して行われる。それらは主として地方別のサービスエリアを持つ。すなわち、ハンブルクの社団法人北ドイツ視覚障害者支援音声図書館、ベルリンの社団法人ベルリン市民・戦傷失明者音声図書館、ミュンスターの社団法人西ドイツ視覚障害者支援音声図書館（1955年創立）、ザールブリュッケンの社団法人ザールラント視覚障害者支援音声図書館、シュトゥットガルトの社団法人南ドイツ視覚障害者支援音声点字図書館（1957年創立）、ミュンヒェンの社団法人バイエルン視覚障害者支援音声図書館、そしてマールブルクの社団法人ドイツ盲学校におけるドイツ視覚障害者支援音声図書館である。一館でドイツ全土に対してサービスを行うような視覚障害者支援図書館は存在しない。

　これらの図書館は、西側の連邦州においてはすべて民法上の組織であり、音声図書館はたいてい戦傷失明者および一般の視覚障害者支援の協会や連盟を設置者としているが、州による助成も行われている。また、これらの視覚障害者支援図書館のサービスを効果的に補完するものとして、ボンのボロメーウス協会のドイツ・カトリック視覚障害者支援図書館（有限会社）、マールブルクのドイツ・プロテスタント視覚障害者支援サービス（社団法人）、ダルムシュタットの視覚障害者支援音声図書館「希望の声」のような教会の諸機関、ダッハウ、エッセン、ケルン、ヴェスターラントの公立図書館にあるような視覚障害者支援部局の活動が挙げられる。

　眼科医の診断書、視覚障害者支援協会の会員資格、視覚障害に関する証明書（重度身体障害証明書）を提示する者なら、誰でも視覚障害者支援図書館の読者または聞き手として、無償で受け入れられる。

　視覚障害者支援図書館の貸出形式の圧倒的多数が、図書またはカセットテープの郵送であり、それには民営化されたドイツポスト株式会社も輸送費を請求しない。郵便ポストに対応した郵送ケースが、衝撃や破損の少ない輸送を可能にしている。音声図書の貸出期間は通常4週間である。例えば『ディー・ツァイト』、『ダス・ベステ』、『ディアベーテス・ジャーナル』、

『EUマガジン』のような特殊な新聞や雑誌は、それぞれ発行頻度に対応して1週間から3週間以内に返還される。視覚障害者は同封の住所ラベルを用いて返還操作を自ら行い、郵送ケースをどの郵便ポストからでも投函することができる。

ドイツにおける視覚障害者支援図書館や音声図書館の利用は、もはや地域的・局所的な偏りによって制限されてはいない。1971年以来、すべての視覚障害者は、自分で選んだ図書館の会員となりうる。

ドイツの視覚障害者支援音声図書館は、今日全体として約15万冊の音声図書のコレクションを有しており、4万人を超える聞き手に貸し出されている。年間約1千件の新しいタイトルが加わる。二重録音を避け、総合目録を提供するために、マールブルクに本拠を置く「社団法人ドイツ視覚障害者支援音声図書館研究会」が設置された。マールブルクはまた、「社団法人ドイツ視覚障害者支援頭脳労働者協会」（VbGD）の拠点でもあり、同時にまた蔵書6万冊を超える点字図書館と大規模な点字資料印刷所を持つ「社団法人ドイツ盲学校」の拠点でもある。このドイツ盲学校の附属機関として、戦後1954年に「ドイツ視覚障害者支援音声図書館」が活動を開始した。これは、西ドイツにおけるこの種の最初の機関である。マールブルクはさらに、「点字資料作成・点字図書館研究会」の拠点でもある。

ドイツにおける点字・音声図書の流通と利用できる資料の数は次第に増加してきたが、経済的、生産技術的、また一部には著作権的理由から、全体としてはなお利用が制限されているため、視覚障害者にとって、すべての視覚障害者支援音声図書館に自由にアクセスできることは大変重要な意味を持っている。そのため、点字資料作成・点字図書館研究会では、ドイツ語の視覚障害者支援図書館のコレクションを新たに把握し直し、マールブルクで作成されている総合目録に統合した。この総合目録には今日3万5千のタイトルが含まれている。

ドイツの視覚障害者支援音声図書館はドイツ出版流通協会との契約に基づいて、独自のカセット制作のために法律的に要求されるライセンスを取得し

ている。ライセンス付与は、印刷資料を読めない盲人と重度の視覚障害者にのみ直接音声図書を貸し出すという条件を伴う。

2.8 外国におけるドイツの図書館

　ドイツではなく他の国に拠点を置く一連のドイツ関連図書館についても、概観しておくべきであろう。

　これは2つのグループに分けられる。一つは外国におけるドイツの文化活動の図書館（たいていはゲーテ・インスティトゥートの名で知られ、公共図書館のタイプに近い）であり、もう一つは主として考古学、歴史、美術史、東洋学の専門分野に奉仕する専門図書館のタイプに属する一連の学術図書館である。

　ゲーテ・インスティトゥートはドイツの精神的・文化的生活と外国のそれとの仲介者として機能している。この課題から、関連施設の実践的な業務、とりわけ語学コースやその他の多様な企画の実施が規定されている。こうしたゲーテ・インスティトゥートの活動にとって、それぞれ現地にある「ゲーテ図書館」が不可欠の貢献をしている。その他、語学コースや催しとは別に、所在国においてドイツ文化に関心を持つすべての市民に、ドイツ文学、大衆文学ならびに専門文献の代表的なものに関する幅広い紹介活動を行っている。

　今日のすべてのゲーテ・インスティトゥートは第二次世界大戦後に作られたものであるが、もともとのルーツは1925年にまで遡る。当時ミュンヒェンに「ドイツ・アカデミー」という独立した機関が創設され、その実践的部局が外国におけるドイツ語の指導とドイツ文化の紹介を引き受けた。1932年にドイツ・アカデミーの枠内で最初のゲーテ・インスティトゥートが成立し、これは特にドイツにおける外国人のゲルマニストの養成と、外国へのドイツ語教師の派遣に従事していた。しかしナチスの権力者がドイツ・アカデミーを自己の目的のための装置に変えてしまい、その結果、ゲーテ・インス

第 2 部　さまざまな図書館のタイプ

ティトゥートは 1945 年に軍事政権により禁止されるに至った。戦後の 1952 年に、新たに社団法人ゲーテ・インスティトゥートが民主主義の旗印のもとに創設され、しばらくの間、国内での語学コースを提供した。西ドイツの対外的な文化政策が密度を増した 1960 年代には、いろいろな法律的規定の下で、あるいは外国でのさまざまな前史を持って活動していた文化施設が、一つ一つ社団法人ゲーテ・インスティトゥートの管轄に移されていった。

　ミュンヒェンに本拠を持つ今日の「外国におけるドイツ語教育の保護と国際協力推進のためのゲーテ・インスティトゥート」[91]は、国家の機関ではなく、社団法人としての法的形式を持っている。今日のゲーテ・インスティトゥートは、対外的な文化政策の一端を担うものとして国家からの補助金を受けながらも、文化政策的課題に関しては独立した管轄権を持つ、いわゆる「仲介組織」の一つである。この補助金の額は、1996 年には約 3 億マルクであった。もちろん、国内における社団法人としての活動は、補助金によってではなく、語学コースの参加者から徴収された授業料によって賄われている。この取り決めは、1969 年のゲーテ・インスティトゥートと当時のドイツ連邦共和国（西ドイツ）との間の外郭契約（1976 年に改訂）に基づいている。この契約においては、ゲーテ・インスティトゥートの全施設と外務省との関係や、外国にあるゲーテ・インスティトゥートの各施設とドイツ連邦共和国の各国大使館との関係が明記されている。この契約はまた、特に 1970 年代に世界各地に広がったドイツ国外のゲーテ・インスティトゥート同士のネットワークを保証している。

　こうして今日のゲーテ・インスティトゥートは、ドイツ国内の 18 の機関に加え、国外 76 か国に 141 の施設を有している。そのうち 51 施設がヨーロッパに、13 施設が北アメリカに、17 施設が中央・南アメリカに、16 施設がアフリカ、28 施設がアジア、3 施設がオーストラリアとニュージーランドにある。カイロ、ロンドン、モスクワ、ニューヨーク、パリ、ローマ、そして東京のような世界の最大かつ最重要な諸都市におけるゲーテ・インスティトゥートの機関では、それぞれ 70 名にも及ぶ職員を配置している。しかし

315

大多数の施設はもっと小規模なものである。たいていの場合、ドイツからの少数の派遣者と、それぞれの国の現地職員がいる。ゲーテ・インスティトゥートは、ドイツ人と外国人を合わせて、全体として約3,600名の職員を雇用している。

　ミュンヒェンの中央事務局では、国内と国外の施設の業務を調整している。最高の決議機関は、法人一般がそうであるように会員総会である。執行機関は、総裁、幹部会、事務総長、業務執行責任者である。これらの執行機関は、企画部門業務に伴う諮問委員会を設置している。例えば「学問・文学・現代史」、「劇作」、「音楽」、「映画」、「メディア」、「図書館と情報」、「展示」、「外国語としてのドイツ語」という分野のための、そして最後にゲーテ賞委員会とドイツのゲーテ・インスティトゥートのための諮問委員会がある。

　かつてのソビエト支配地域であった東欧諸国が次々と国境を開放したことは、予期せぬ挑戦であった。まもなくこれらの地域に、ドイツとその言語や文化に対する大きな関心が沸き起こった。ドイツに対してこのような強い関心が示されることは、かつての諸事情においてはほとんどあり得ないことであった。これらのニーズに対応すべく、中央事務局はゲーテ・インスティトゥートを、これまでそのような機関がなかった国や都市に設置すべく努力した。こうしてモスクワ、ペテルスブルグ、キエフとミンスク、ベルグラード、ブカレスト、ブダペスト、ソフィアとザグレブ、ブラティスラバとプラハ、クラクフとワルシャワ、リーガ（バルト3国のため）、トビリシ（コーカサス地域のため）にゲーテ・インスティトゥートが成立した。さらに多くの地域における設置が望まれているが、限られた予算のゆえに当分狭い範囲に留まるであろう。過去においては、いくつかの古い施設が閉鎖される事態すらあったのである。

　ゲーテ・インスティトゥートの国内および国外の施設は、すべて図書館ないしメディアセンターを備えている。外国に置かれた施設の図書館コレクションの構成は、大きく見て共通した基本構造を示している。今日のドイツに関する情報を含むあらゆる種類の実用書、またドイツの歴史に関する著

作、最新のドイツの大衆文学、そして古典的ドイツ文学が中心となっており、その他に、所在国の特別なニーズとその他の地域的条件に応じて、特殊なコレクションがある。図書とメディアの購入は、ボンの「国際局」が中央組織としてとりまとめを行っている。すべてのゲーテ・インスティトゥートを合わせると、目下、所蔵件数約 200 万冊の図書および他のメディアを有している。

　ゲーテ・インスティトゥートの図書館の主目的は、最新の情報を提供するという点にあるため、通常の学術図書館が備えているような保存機能は持ち合わせておらず、コレクションにはたえず緩やかな交換が行われている。収集課題の一環として、当然のことながら外国語の本も含まれる。特に所在国の言語の本が多いが、それ以外の諸言語の本もある。ゲーテ図書館は、どこでも例外なく活発に利用されている。

　内容的によく区分され全体を概観できる配架、魅力的な空間、明晰に構想され構築された目録、コンピュータによるデータ処理の導入、図書の貸出と返却における手続きの簡略化は、公共図書館活動の共通原則であり、ゲーテ図書館もまた、これらの原則に明確に基づいて運営されている。

　ゲーテ図書館では情報サービスの重要性が大きく、そのニーズは一般のドイツの公共図書館で問われるレベルをしばしばはるかに越えてしまう。この理由からしても、ゲーテ図書館の職員は、言語能力が達者で所在国の事情に精通していることに加え、多様な専門的コミュニケーション能力を持たねばならないが、通常の職業教育や訓練ではこのすべてを学んだり経験したりすることはできない。そのため、ミュンヒェンの中央事務局では、研修を通じて資格向上を求める取り組みを特別に行っている。ミュンヒェンの図書館管理部門の専門委員会では、図書館関連の問題を専門に扱っており、ゲーテ図書館の稼働力を高めるために貢献している。ゲーテ・インスティトゥートのすべての活動にとって、所在国の人々を前面に置いて、「相手をパートナーとする対話原理」が前提とされる。彼らはその問題や関心や欲求を含めて、パートナーとみなされるのであり、ドイツの言語や文化を介して彼らとの積

極的な結びつきが構築されるのである。

　ドイツ政府は、1992 年から「中部・南東・東ヨーロッパおよび GUS（独立国家共同体）におけるドイツ読書ホール」プロジェクトの一環として、ドイツ関連文献にアクセスできる文化施設を設置するための特別予算を用意している。これらの地域で影響力を持つ人口集中地帯で、なおかつゲーテ・インスティトゥートが存在しないこところに、ドイツ読書ホールが建設される。ドイツ読書ホールは、当該地域の（たいていは公共の）図書館と連携している。そのような地域の図書館は、ドイツ読書ホールのために無償で空間を提供し、その代わり基本的なドイツ関連文献の装備を確保される。ここでも上述の「国際局」が仲介組織となっている。1992 年から 1996 年までに 30 以上の読書ホールが建てられた。

　ゲーテ・インスティトゥートは、ドイツ国立図書館、ドイツ図書館研究所、ドイツ図書館協会のようなドイツの図書館活動の中央機関との協力関係を構築している。ゲーテ図書館のサービスにおける連携は、上述の執行機関の諮問委員会によって推進され、それには学術図書館、公共図書館、ならびに中央の諸機関の代表者が属している。

*

　外国におけるドイツの図書館には 2 種類あると述べた。第 1 は上述のゲーテ図書館であるが、第 2 のものは比較的小さな図書館グループである。このグループに該当する代表的な図書館としては、「ドイツ考古学研究所」の 7 つの部局（アテネ、バグダッド、イスタンブール、カイロ、マドリード、ローマ、テヘラン）にある図書館とリスボンの分館、さらにイタリア中世・近代美術史関連の資料を収集しているフィレンツェの「美術史研究所」の図書館とローマの「ヘルツ図書館」、そしてロンドン、パリ、ローマ、ワルシャワ、ワシントンにおける「ドイツ歴史研究所」の図書館が挙げられる。「ゲーレス学術振興会」もまた、ドイツ国外における専門図書館を運営しており、それらはローマ、マドリード、リスボン、イェルサレムにおける教会

史・一般史・文学関連の研究所に付属している。

上述の図書館のうち、最も古いものは 19 世紀に設立されている。これらの図書館は、そのよき発展にもかかわらず、第二次世界大戦後しばらくの間、その存立が非常に難しい状況に置かれた。だが、イタリアや他の外国における学者の弁護のおかげで継続され、1948 年から 1951 年まではユネスコの財政的援助を受け、最後にドイツの責任に委ねられた。その他の図書館ですでに長い伝統を持っているものは、長期にわたって相当な学術的コレクションを構築していた。ローマのドイツ考古学研究所図書館の約 20 万冊のコレクションは特に印象深いものであり、明確に特定された収集分野を持つ人文学系の専門図書館としては驚くべき成果である。

上述の図書館は、いずれも学術的専門図書館（→ 2.4）としての典型的特徴を備えている。加えて、これらがドイツ国外に拠点を有するという事情も、一つの特殊性を示している。こうした理由から、それらは他の図書館と比べて共通の作業の場としての性格をより強く持ち、多数の異なる国から来る学者たちの専門的コミュニケーションの場となっている。特に、南ヨーロッパ諸国における考古学、歴史、美術史・文学史関連の図書館としては、研究対象への空間的近さが大きなメリットになっている。コレクションは、ドイツと所在国の学術研究の成果の関連を示しており、学問の国際化に重要な役割を果たしている。図書館は、その運営母体である機関の学術企画に貢献し、それによって所在国との精神面での交流に貢献している。

上述の機関の大部分は、ドイツ連邦政府が設置・運営母体である。ドイツ考古学研究所とその 8 つの図書館はドイツ外務省が、ドイツ歴史研究所とその 5 つの図書館はドイツ連邦教育研究省が管轄している。フィレンツェの美術史研究所とその図書館も、ドイツ連邦政府が設置・運営母体である。

一方、外国にあるドイツの図書館で、民法上の組織が設置・運営母体となっているものは、例えばマックス・プランク協会に属するヘルツ図書館（ローマ）や、ゲーレス学術振興会に属する外国研究所図書館（イェルサレム、リスボン、ローマ）である。

2.9　ドイツにおける外国機関の図書館

　ドイツにゲーテ・インスティトゥートがあるように、他の諸国もまた言語と文化の奨励のために、世界各地に独自の研究所を設けている。
　すでに長い前から、外国において特別に活発な文化政策を行っている国々として、フランス、イギリス、イタリア、アメリカ合衆国が挙げられる。ドイツの国内で、これらの国々により運営されている文化研究所は、フランス研究所、ブリティッシュ・カウンシル、イタリア文化会館、アメリカハウスという名で知られる。これらの機関の多様な活動は、もはやそれが置かれている諸都市の主要な文化活動の一つとして定着している。多様な企画とサービスの提供に加えて、特にフランスとイギリスの機関では、そこで提供される語学コースが抜きん出た役割を演じている。
　フランス研究所は、ドイツにおける外国の文化的施設としては最も多くのサービス拠点がある。サービス拠点や資料閲覧室が設置されている都市は、アーヘン、ベルリン、ボン、ブレーメン、ドレースデン、デュッセルドルフ、エアランゲン、エッセン、フランクフルト・アム・マイン、フライブルク、ゲッティンゲン、ハンブルク、ハノーファー、ハイデルベルク、カールスルーエ、キール、ケルン、ライプツィヒ、マインツ、ミュンヒェン、ロストック、ザールブリュッケン、シュトゥットガルト、テュービンゲンである。
　ブリティッシュ・カウンシル[92]は、1934年に創設され、今日世界の108か国と228都市にサービス拠点を持ち、118の図書館と73の英語教育センターを有している。ドイツ国内にも多数の拠点がある。支部が置かれている都市は、ベルリン、ハンブルク、ケルン（ドイツにおける本部）、ライプツィヒ、ミュンヒェンである。ブリティッシュ・カウンシルは、自らを「外国におけるイギリスの公的文化施設」と称しているが、しかしこれもゲーテ・インスティトゥートと同様に、国家からは独立した非政治的機関である。
　イタリアは、ベルリン、フランクフルト・アム・マイン、ハンブルク、ケ

ルン、ミュンヒェン、シュトゥットガルト、ヴォルフスブルクにおいて文化施設を運営している。

アメリカハウスは、ベルリン、フランクフルト・アム・マイン、ハンブルク、ケルン、ライプツィヒ、ミュンヒェンにある。その活動を補完しているのが、ドイツとアメリカが共同で運営しているドイツ・アメリカ研究所であり、そのサービス拠点はフライブルク、ハイデルベルク、キール、ニュルンベルク、レーゲンスブルク、ザールブリュッケン、シュトゥットガルト、テュービンゲンにある。ボンのアメリカ大使館にある合衆国情報部門（US Information Service）所属の図書館が、これらの調整的活動を行っている。

他のいくつかの国々も、数は少ないがドイツにおいて自国の文化施設を運営している。例として、ポーランド文化研究センター（ベルリン、デュッセルドルフ、ライプツィヒ）、ハンガリー文化センター（ベルリン、シュトゥットガルト）、スペインの文化施設であるセルヴァンテス文化センター（ブレーメン、ミュンヒェン）、チェコセンター（ベルリン）、ロシア学術文化会館（ベルリン）、日本文化会館（ケルン）、ベルギー会館（ケルン）を挙げることができる。

ドイツ国内にある外国の文化施設の図書館は、各種企画事業や語学コースを支援すべくサービスを行っているが、催し物や語学コースに参加していない個々の利用者に対しても、ドイツの住民全般に開放され、自由に利用できるものとなっている。コレクションはすべて開架エリアに配架されている。図書館の利用は必ずしも館内閲覧に限定されておらず、通常自宅への貸出も可能である。当該国の新聞その他の最新の情報資料が重要な役割を果たしている。

ドイツにおける外国の文化研究所図書館は、コレクションの性質から見て、他の国々におけるゲーテ・インスティトゥートの図書館と同様、概して公共図書館的な性格を持っているが、求める者があれば誰にでも専門的な学術文献を提供するので、専門図書館的な性格も併せ持っていると言える。その面では特に、多方面の事柄に関する内容的問い合わせに対する検索が、

サービスの重要な部分となっている。

コレクションの量から見て、これらは小さな図書館である。ケルンのブリティッシュ・カウンシルの中央図書館検索サービス部門では、約3万冊の図書、定期講読している約100件の雑誌、その他多数の資料を包含する比較的大きなコレクションがすべて英語で検索できる。これに続く中規模図書館の例としては、1996年に再開されたハイデルベルクのドイツ・アメリカ研究所図書館を挙げることができ、それは約2万冊の蔵書を有している。

ドイツ国内に設置された外国の文化施設の図書館は、それぞれ異なった特徴を示すので、その多様性が都市や地域の図書館風土を豊かにすることに貢献している。

それらは公共図書館のタイプに近いけれども、『公共図書館ハンドブック』には記載されていない。しかしそれらのいくつかは、『ドイツ図書館年鑑』に見出される。よく地域的レベルでの図書館に関する情報提供のために配布されているリーフレットやパンフレットでは、これらの外国の文化施設の図書館についても情報が載せられている。これらの図書館は、相互貸借にも参加している。それらのいくつかは、相互貸借標識番号を持っており、「ドイツ連邦共和国図書館識別番号索引」に出ている。また、そのうちのいくつかはドイツにおける司書養成（→第3部）にも参加しており、学習者のための実習場所を提供している。

2.10　博物館的図書館と書籍博物館

「博物館的図書館」としてここで言及する図書館グループには2種類ある。第1のグループは、特定の歴史的期間や特定の地域における発展を反映したコレクションを有する諸機関である。こうした博物館的図書館が収められている場所は、今日では稀にしか利用されず、歴史的、美術史的に重要な、または記念碑的な意味を持つ部屋であることが多い。博物館的図書館の第2の

第2部 さまざまな図書館のタイプ

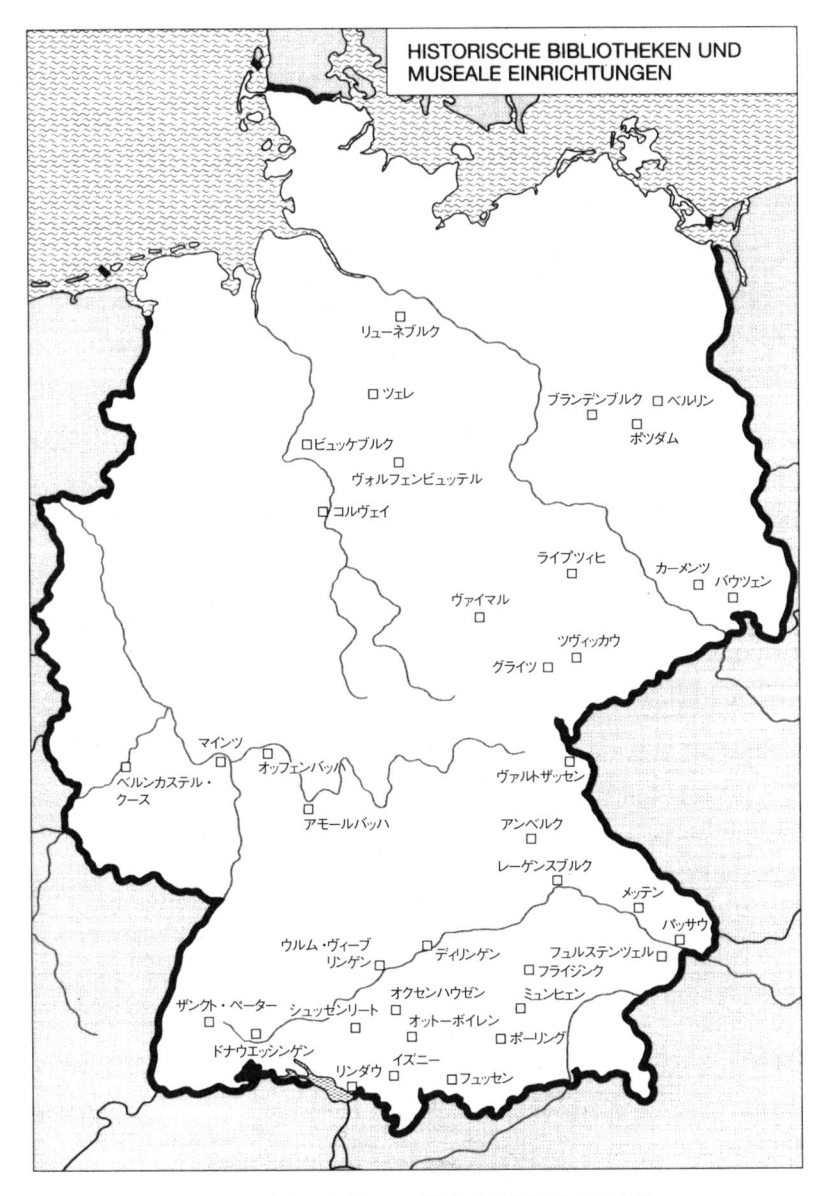

図6 歴史的図書館および博物館的図書館の所在地

グループは、もはやそれ自身の完結したコレクションを持たないが、空間としては過去の建物内で存続しており、訪れた者がかつてそこに蔵書が置かれていたイメージを想起することで、書籍文化の初期の記念碑となりうるような諸機関が挙げられる。あるいはまた、現在活発に利用されている図書館の一部で、これに類する明確な特徴を示すコーナーが形成されている場合、そのコーナーも「博物館的図書館」と言われることがある。これは例えば、ヴォルフェンビュッテルのアウグスト大公図書館のアウグスト広間がそうであり、そこには羊皮紙を綴じた 1 万冊の古い書籍が保存されている。レーゲンスブルクのトゥルン・ウント・タクシス公爵宮廷図書館のバロック様式広間も、この意味の博物館的図書館と言える。個々のケースで、博物館的図書館と現役で活発に利用される図書館との間に境界線を引くことは難しい。

その次に「書籍博物館」を取り上げるが、そこでは本、紙、活字の歴史的展開と、図書館資料の発展に貢献した諸機関について考察する。

さて、ドイツにおける今日の博物館的図書館は、すべてとは言わぬまでも主としてドイツ・バロック時代の最盛期に由来する。すなわち、それは特に 18 世紀に遡る。

そのような博物館的図書館の第 1 のグループに属するのは、特に独立して存続したか、公立文書館の管轄下で時代を生き延びたいくつかの市立学術図書館と、多数の教会図書館、ギムナジウム図書館、貴族図書館である。第 2 のグループに属するのは、特に修道院図書館である。修道院図書館のコレクションは、1803 年の修道院世俗化（国有財産化）の折に押収・剥奪されて、従来の場所から運び出されており、その後いくつかのケースでは別の古蔵書によって補充されている。

まず、第 1 のグループについて見てみよう。これは、コレクションが時間的・地域的な一貫性を示し、元の場所に留まってはいるが、しかし今日ではあまり利用されてはおらず、むしろ博物館的な性格を持つようになった古い図書館である。このような、古いコレクションを維持している図書館の数は、もはやそれほど多くはない。それはしばしば、小さな、戦争の被害を受

第 2 部　さまざまな図書館のタイプ

けることのなかった町に見出される。例えば、バウツェンの聖ペテロ修道院図書館、ベルンカステル・クースのクザーヌス図書館、ブランデンブルクの修道院図書館、ビュッケブルクのシャウムブルク・リッペ公爵宮廷図書館、ツェレの教会庁図書館、ドナウエッシンゲンのフュルステンベルク公爵宮廷図書館、フライジンクの司教座図書館、グライツ夏離宮の書籍・銅版画コレクション、イズニー市立図書館、カーメンツ保存図書館、リンダウ市立図書館（かつてのリンダウ帝国都市図書館）、リューネブルク市参事会図書館、ツヴィッカウ参事会学校図書館などである。博物館的図書館の中で特別な位置を占めるのは、その収集家自体がすでに歴史上の重要人物なのであるが、プロイセンのフリードリヒ 2 世の内閣図書館である。そのコレクションの一部は、ポツダムのサンスーシ宮殿で、他の部分はベルリンのシャルロッテンブルク宮殿において見ることができる。

　それ本来の伝統的な建物の中で、それ本来のコレクションを持つ博物館的図書館の数が比較的少ないのには明確な理由がある。

　それは、もともとは自立した機関であった多数の市立学術図書館のコレクションが、後に台頭した公共図書館や、都市に建設された大学図書館のような別の機関に編入されたからである。例えば、アーヘンのかつての市立学術図書館は、1970 年代にアーヘンの公立公共図書館に統合され、今日ではその単なる一部局となっている。同様に、マンハイムのかつての市立学術図書館のコレクションも、1970 年代に新しいマンハイム大学図書館に吸収された。こうした、かつての市立学術図書館のコレクションは、資料としては今日あまり利用されていないので、その点では「博物館的」と見なすことも可能かもしれない。しかし、もはやそのアイデンティティを認識することが難しいため、「博物館的図書館」のグループに含めるのは難しいのである。

　その他のあまり利用されていない古蔵書は、確かに完結したコレクションとして残ってはいるのだが、しかし本来の伝統的な場所ではなく、近代的な、あるいはいずれにせよ後に建てられた建物の中に収められている。そのため、ここでもコレクションの元々の統一とそれにふさわしい格式ある建物

の中で何百年にもわたって配架されていたような、その図書館のオリジナルな顔は失われているのである。これは、例えばエムデンの大教会図書館について言えることで、その教会内の伝統的な場所は爆撃により破壊され、今日新しく建てられた建物に収められている。また、ヒルデスハイム司教座図書館では、司教座都市のかなり古くからの貴重なコレクションが残っていたが、1996年以降は新しいきわめて近代的な建物の中に配置されている。ザーレ河畔ハレにおけるマリア図書館の伝統的書庫も、すでに100年も前に新しい建物に移されている。貴重な古いコレクション（宗教改革時代の新教教会図書館の原型）は、もはや17世紀初期のルネッサンス様式の建物にではなく、歴史主義の趣味で作られた19世紀後半の機能的建物に置かれている。

博物館的図書館の第2のグループ、すなわち、空間的にはもともとの場所にあるが、そのコレクションの大部分がもはや本来の場所にない図書館グループの代表的なものとしては、世俗化した修道院の図書館広間が挙げられる。これらは特にバイエルン州とバーデン＝ヴュルテンベルク州に数多く残っている。その中で美術史的に重要なものとして挙げられる修道院図書館は、オーデンヴァルトのアモールバッハ、ドナウ河畔ディリンゲン、パッサウのフュルステンツェル、フュッセン、メッテン、オクセンハウゼン、オットーボイレン、ポーリング、レーゲンスブルク（聖エメラム）、シュヴァルツヴァルトのザンクト・ペーター、シュッセンリート、ヴァルトザッセン、ヴィーブリンゲンである。

1803年の修道院世俗化の際に空にされた図書館のいくつかには、修道院の施設を相続した貴族が自分の書籍を持ち込んだため、その場所が図書館広間であるという伝統は継続され、今日の訪問者に、少なくとも消滅したオリジナルな状態のイメージを与える機会を提供してくれる。このような図書館の例として、レーゲンスブルクのトゥルン・ウント・タクシス公爵宮廷図書館（かつてのレーゲンスブルク聖エメラム修道院図書館）、アモールバッハのライニンゲン公爵図書館（以前のアモールバッハ・ベネディクト修道院図書館）、ならびにヴェーザー河畔コルヴェイのラティボール公爵宮廷図書館

第 2 部　さまざまな図書館のタイプ

（廃止された古いカロリング時代のコルヴェイ修道院図書館）が挙げられる。

　また別の場所では、設置者を失った建物を修道院共同体が後に改めて相続し、歴史的価値のある装丁を施された州所属の借用本を配架し、以前の状態の印象を蘇らせたものもある。これに該当するのは、メッテンとオットーボイレンの廃止された 2 つのベネディクト修道院図書館である。これらは 1830 年代から、世俗化以前と同じくベネディクト会の保護を受けている。同様のことが、後に別の教団に相続された他のいくつかの修道院図書館においても行われている。例えば、ヴァルトザッセンにおいては、そこに今日住んでいるシトー会の修道士・修道女たちが州所属の古い書籍を用いて、18 世紀シトー会図書館のイメージを再現している。

　かつての修道院図書館に現代的な図書が配架された場合、その全体的印象はあまり美しいものではない。例えば、パッサウのフュルステンツェルの場合などがそうである。2 階建ての後期バロック様式図書館ホールの書架に

写真 26　ライニンゲン公爵図書館（アモールバッハ）

写真27　オットーボイレンの旧ベネディクト修道院図書館

は、ヨーゼフ・ドイチュマン（1717-1778）の非常に幻想豊かな彫刻が施されているが、そこには20世紀の書籍が並べられており、あまり博物館的図書館空間の雰囲気を呼び覚ましてくれない。

　世俗化されたかつての修道院図書館が、貴族の家系に譲渡されもせず、再び教団に相続されもしなかった場合には、たいてい州がそれらの管理を行い、博物館的に行き届くように装備を行っており、これはよく成功している。成功例として、アンベルク地方図書館、ディリンゲン研究図書館、パッサウ州立図書館、ウルム大学図書館（ヴィーブリンゲン）が挙げられる。

第 2 部　さまざまな図書館のタイプ

＊

　ドイツには重要な「書籍博物館」がある。偉大な発明家、ヨハネス・ゲンスフライシュ（グーテンベルク）の故郷であるマインツには、「世界印刷博物館」とも言うべき「グーテンベルク博物館」がある。これは 1900 年、グーテンベルクの生誕 500 年を記念して創立され、マインツ市によって運営されている。マインツ市は、それを特に第二次世界大戦後に拡充・発展させた。グーテンベルク博物館は、グーテンベルクの発明と世界各地における印刷術の歴史に関する記録資料、すなわち新旧の印刷機、植字機、コピー印刷技術の諸形態、挿絵手法、古今の紙と書籍の装丁等に関する大規模な展示が、博物館としてよく吟味された配列で行われている。

　このほか、同様の目標に貢献する、印刷技術に関する博物館としては、ミュンヒェンの「ドイツ博物館」の印刷技術部門も印象的である。

　ライプツィヒのドイチェ・ビューヘライの「ドイツ図書・文献博物館」も、ある面ではこの関連に属するが、それはグーテンベルク博物館ほどの壮大な規模を持たず、またいくらか別の目標を目指している。すなわち、ドイツ図書・文献博物館は、自らの役割を「書籍文化の資料センター」であると考えており、印刷の歴史、書籍技術、活字、カリグラフィー、装丁の歴史、紙、その他筆記用具（→ 2.1.1）を主な対象として扱っている。

　この領域での将来を嘱望されたプロジェクトとしては「ヴァートガッセン宮廷館」の印刷・書籍文化センターがあり、それは目下、フェルキンゲンとザールルイスの中間の地点で、ヴァートガッセンのザールラント文化財団により構築が進められている。

　マイン河畔オッフェンバッハの「クリングスポール博物館」は、偉大な美装本の復興者であるカール・クリングスポール（1868-1950）を記念して 1953 年に建てられた。それは国際的な規模で、近代の書籍・活字技術の資料を収集している。クリングスポール博物館の特徴として、書籍技術の領域では、活版印刷、絵画本、挿絵入りコレクションを特に強調できるし、活字

技術の領域では、著名な活字芸術家の遺稿やコレクションが特筆に値する。これらに加えて、表紙コレクション、活字装飾絨毯、ポスター集、絵本コレクション等がここに保存されている。これらのコレクションは、20世紀の書籍・活字芸術の美と革新の成果を示している。

　クリングスポール博物館には、博物館的な古いコレクションだけでなく、現代の書籍・活字芸術家たちの作品も展示されている。それは、クリングスポールが100年も前から開拓してきた書籍・活字芸術の営みが永く続いていることを改めて証明するものである。この博物館は、ドイツ統合後まもない時期に、ライプツィヒ絵画・書籍芸術大学の教員と学生による展示会を催し、ドイツの西側の人々にこの伝統が旧東ドイツの条件下においても生きていたことを示した。

訳注
(1) 原著出版当時（1999年）は Die Deutsche Bibliothek という名称であり、これは「ドイツ図書館」と訳されることもあるが、本訳書では一貫して「ドイツ国立図書館」の表記を採用した。理由は、先行文献においても Die Deutsche Bibliothek を「ドイツ国立図書館」と訳していた例があること、および同館が 2006 年 6 月に Die Deutsche Nationalbibliothek と改名されたことからである。ドイツ国立図書館の歴史的経緯を簡単にまとめると、以下のようになる。
　①東西分裂以前（1912年～1945年）：ライプツィヒにドイチェ・ビューヘライ
　②東西分裂時代（1945年～1990年）：東ドイツではライプツィヒのドイチェ・ビューヘライが存続、西ドイツではフランクフルト・アム・マインにドイチェ・ビブリオテーク（1946年～）、西ベルリンにドイツ音楽資料館（1970年～）
　③統合直後（1990年～2006年6月）：ドイツ（国立）図書館（Die Deutsche Bibliothek）として3館が統合
　④ 2006年6月：ドイツ国立図書館（Die Deutsche Nationalbibliothek）に改名
(2) ドイツ国立図書館 http://www.d-nb.de/
(3) 原書出版当時（1999年）は Gesetz über die Deutsche Bibliothek、2006年6月以降は Gesetz über die Deutsche Nationalbibliothek となっている。なお、現在のドイツ国立図書館法の全文邦訳ならびに解説が以下に掲載されている。渡邉斉志「ドイツにおけるインターネット情報資源収集の制度化－ドイツ国立図書館法－」『日本図書館情報学会誌』Vol.53, No.1, 通巻169号, 2007, pp.35-42
(4) パウルス教会はドイツで最初の国民議会（1848～49年）が開かれた場所。フラ

第 2 部　さまざまな図書館のタイプ

ンクフルト・アム・マインにある。
(5) プロイセン文化財団ベルリン国立図書館　http://www.sbb.spk-berlin.de/
(6) ドイツの図書館重点収集計画　http://webis.sub.uni-hamburg.de/
(7) バイエルン州立図書館（BSB）http://www.bsb-muenchen.de/
(8) 2006 年度の BSB の統計によれば、同図書館のコレクション構成は、図書資料 911 万 1 千冊、継続雑誌・新聞 3 万 9800 タイトル、電子ジャーナル 8500 タイトル、楽譜 35 万 5 千件、視聴覚資料 8 万 8 千件、地図 38 万 9 千枚、広告資料 220 万 2 千件、マイクロ資料 119 万 9 千件、写本 9 万 1500 件（西洋が 3 万 7500 件、東洋が 1 万 6500 件、音楽関連が 3 万 7500 件）、現代の新聞 996 タイトル、インクナブラ 1 万 9900 件、稀こう本 7 万 1 千冊となっており、ヨーロッパでは大英図書館に次いで 2 番目に大きなコレクションを持つ図書館である。2006 年度の BSB の統計は下記を参照。コレクション以外の統計も出ている。http://www.bsb-muenchen.de/Facts_and_Figures_2006.280.0.html?L=3
(9) 2006 年度統計では、インクナブラ 1 万 9900 件。
(10) 2006 年度統計では、図書資料 911 万 1 千冊。
(11) 2006 年度統計では、写本 9 万 1500 件（西洋が 3 万 7500 件、東洋が 1 万 6500 件、音楽関連が 3 万 7500 件）。
(12) 2006 年度統計では、楽譜 35 万 5 千件。
(13) 2006 年度統計では、地図 38 万 9 千枚。
(14) バーデン州立図書館（カールスルーエ）http://www.blb-karlsruhe.de/
(15) ヴュルテンベルク州立図書館（シュトゥットガルト）http://www.wlb-stuttgart.de/
(16) 職員数が「96.5 人」などの小数表記になっているのは、フルタイム職員の半分の勤務時間で雇用されるパートタイム職員がいるためである。
(17) アンベルク州立図書館（地方図書館）http://www.bib-bvb.de/sam/sam.htm
(18) アウグスブルク州立＝市立図書館　http://www2.augsburg.de/index.php?id=168
(19) バンベルク州立図書館　http://www.staatsbibliothek-bamberg.de/
(20) ディリンゲン研究図書館　http://www.bndlg.de/~studbib/
(21) パッサウ州立図書館　http://www.staatliche-bibliothek-passau.de/
(22) ベルトルト・ブレヒト（Bertolt Brecht, 1898-1956）。ドイツの劇作家、詩人、演出家。
(23) エルンスト・テオドール・アマデウス・ホフマン（Ernst Theodor Amadeus Hoffmann, 1776-1822）。ドイツ・ロマン派の幻想小説家・詩人・作曲家・音楽評論家・画家・裁判官。
(24) ベルリン中央州立図書館　http://www.zlb.de/
(25) ポツダム市立＝州立図書館　http://www.bibliothek.potsdam.de/
(26) ゴットフリート・ベン（Gottfried Benn, 1886-1956）。ドイツの詩人・エッセイスト・医師。
(27) ブレーメン州立＝大学図書館　http://www.suub.uni-bremen.de/
(28) ハンブルク・カール・フォン・オシエツキー州立＝大学図書館　http://www.sub.

uni-hamburg.de/
(29) ダルムシュタット州立＝大学図書館　http://elib.tu-darmstadt.de/lhb/index.html
(30) フルダのヘッセン州立図書館は2001年1月1日にフルダ大学（Hochschule Fulda）に組織統合され、現在はフルダ大学＝州立図書館（Hochschul- und Landesbibliotheks Fulda）を構成する2つの館のうちの一つとして位置づけられている。http://www.landesbibliothek-hessen.de/site/bibs/fulda.html
(31) カッセル統合大学（GH）図書館・州立図書館＝カッセル市立ムルハルト図書館 http://www.uni-kassel.de/bib/
(32) ヘッセン州立図書館（ヴィースバーデン）http://www.hlb-wiesbaden.de/
(33) ウルリヒ・フォン・フッテン（Ulrich von Hutten, 1488-1523）。宗教改革期にカトリック教会を激しく批判したドイツの作家・思想家・人文主義者。
(34) メクレンブルク＝フォアポンメルン州立図書館　http://www.lbmv.de/
(35) アウリヒ地方図書館　http://www.ostfriesischelandschaft.de/ol/index.jsp?id=8
(36) ブラウンシュヴァイク市立図書館　http://www.braunschweig.de/stadtbibliothek/
(37) ゲッティンゲン・ニーダーザクセン州立＝大学図書館　http://www.sub.uni-goettingen.de/
(38) ハノーファー・ニーダーザクセン州立図書館　http://www.nlb-hannover.de/
(39) ゴットフリート・ヴィルヘルム・ライプニッツ（Gottfried Wilhelm Leibniz, 1646-1716）。ドイツ出身の哲学者・数学者・科学者。
(40) ボン大学＝州立図書館　http://www.ulb.uni-bonn.de/
(41) リッペ州立図書館（デトモルト）http://www.llb-detmold.de/
(42) ドルトムント市立＝州立図書館　http://www.bibliothek.dortmund.de/
(43) デュッセルドルフ大学＝州立図書館　http://www.uni-duesseldorf.de/ulb/
(44) ミュンスター大学＝州立図書館　http://www.uni-muenster.de/ULB/
(45) クリスティアン・ディートリヒ・グラッベ（Christian Dietrich Grabbe, 1801-1836）。ドイツの劇作家。
(46) フェルディナンド・フライリヒラート（Ferdinand Freiligrath, 1810-1876）。ドイツ・ロマン派の詩人。
(47) グスタフ・アルベルト・ロルツィング（Gustav Albert Lortzing, 1801-1851）。ドイツの作曲家。
(48) ゲオルク・ヴェールト（Georg Weerth, 1822-1856）。ドイツの風刺作家・ジャーナリスト・ビジネスマン。
(49) マインツ市立図書館　http://www.mainz.de/WGAPublisher/online/html/default/hpkr-5wggrv.de.html
(50) ライン州立図書館（コブレンツ）http://www.rlb.de/
(51) プファルツ州立図書館（シュパイアー）http://www.lbz-rlp.de/cms/pfaelzische-landesbibliothek/
(52) トリーア市立図書館　http://cms.trier.de/stadtbibliothek/
(53) ザールブリュッケン大学＝州立図書館　http://www.sulb.uni-saarland.de/

第 2 部　さまざまな図書館のタイプ

(54) ザクセン州立図書館・ドレースデン州立＝大学図書館　http://www.slub-dresden.de/
(55) ヤーコプ・ベーメ（Jakob Böhme, 1575-1624）。ドイツの神秘思想家。
(56) アンハルト州立図書館（デッサウ）http:// www.bibliothek.dessau.de/
(57) ザクセン＝アンハルト大学＝州立図書館（ザーレ河畔のハレ）http://www.bibliothek.uni-halle.de/
(58) ハンザ都市図書館（リューベック）http://www.luebeck.de/bewohner/beruf_arbeit/stadtbibliothek/index.html
(59) ヨハン・ハインリヒ・フォス（Johann Heinrich Voß, 1751-1826）。ドイツの詩人・翻訳家。
(60) ゴータ研究・州立図書館　http://www.flb-gotha.de/
(61) テューリンゲン大学＝州立図書館（イェーナ）http://www.thulb.uni-jena.de/
(62) 専門図書館協会（ASpB）http://www.aspb.de/
(63) ベルリン・ブランデンブルク科学アカデミー図書館　http://bibliothek.bbaw.de/
(64) ヨーロッパ翻訳者協会図書館　http://www.uebersetzerkollegium.com/de/kollegium/die-bibliothek/index.html
(65) ハンブルク世界経済研究所は 2006 年末に閉鎖され、同図書館は 2007 年 1 月 1 日よりドイツ経済中央図書館（キール）のハンブルク分館となった。
(66) 国外に拠点を持つドイツの図書館（→ 2.8）。
(67) 同上。
(68) 教会図書館総合目録 KiVK　http://www.kivk.de/bibl.htm
(69) 議会・官庁図書館協会（APBB）http://www.apbb.de/
(70) 連邦最高裁判所図書館　http://www.bundesgerichtshof.de/index.php?bibliothek/bibliothek
(71) ベルリン市議会図書館　http://www.senatsbibliothek.de/
(72) 2001 年に、ボンの農学中央図書館（ZBL）は、ケルンの医学中央図書館（ZB MED）に統合され、その分館という位置づけで、「ボン栽培・環境・農学専門図書館（Bereichsbibliothek für Ernährung, Umwelt und Agrar in Bonn）」の名で、ZBL の課題を引き継いでいる。したがって、厳密にいえば、現在ではドイツにある中央専門図書館は 4 つではなく、3 つである。http://www.zbmed.de/eua.html
(73) フライベルク鉱山学院工科大学図書館　http://www.tu-freiberg.de/~ub/
(74) ドイツ国際教育学研究所教育史研究図書館（ベルリン）http://www.bbf.dipf.de/
(75) ドイツ医学中央図書館（ZB MED）http://www.zbmed.de/
(76) 2005 年末で、雑誌目録データベース単独での提供は終了し、2006 年から同図書館の医学・保健学 OPAC に統合されている。http://www.zbmed.de/suche000.html
(77) ドイツ医学情報資料研究所（DIMDI）http://www.dimdi.de/
(78) 科学技術情報図書館（TIB）（ハノーファー）http://www.tib.uni-hannover.de/
(79) ドイツ経済学中央図書館（ZBW）（キール）http://www.zbw.eu/
(80) 現在のボン栽培・環境・農学専門図書館。注 72 参照。
(81) アンナ・アマーリア公妃図書館（ヴァイマル）http://www.weimar-klassik.de/haab

アンナ・アマーリア公妃図書館の建物は世界遺産にも登録されているが、2004年9月2日夜に漏電が原因で起きた火災で屋根裏とロココ様式のホール、全コレクションの約20％におよぶ5万冊が焼失したほか、6万2000冊が損傷した。また、消火のために使用された35万リットルの水も建物に被害を与えた。約3年をかけた修復を経て2007年10月24日に再開館したが、損傷した資料の修復は2015年までかかる見通しである。

(82) フランケ財団中央図書館（ザーレ河畔ハレ）http://www.ib.hu-berlin.de/~eplass/buchhaus/bibliotheken/halle/index.htm
(83) ゴータ研究・州立図書館　http://www.flb-gotha.de/
(84) 2006年3月1日時点では、ドイツには117の独立市、323の郡、1万2320の市町村、248の無市町村地区がある。
(85) 2005年末のDBS（ドイツ図書館統計）のデータが次の箇所から参照できる。http://www.bibliotheksstatistik.de/stdausw2005.html　また、日本語文献では、公共図書館に関する2003年末のDBSのデータが以下の文献に掲載されている。「ドイツの公共図書館」『諸外国の公共図書館に関する調査報告書』（平成16年度文部科学省委託事業図書館の情報拠点化に関する調査研究）, 2005, pp.131-149　http://www.mext.go.jp/a_menu/shougai/tosho/houkoku/06082211/007.pdf（pp.145-147に統計データがある。）
(86) 注84参照。
(87) 2005年末のDBSのデータによると、ドイツで移動図書館を所有している公共図書館の数は91館、自動車の数は103台である。http://www.bibliotheksstatistik.de/auswertung/2005/DBS_2005_A_3_01.html
(88) KinderbibliothekではなくJugendbibliothekなので、厳密には「国際青少年図書館」等と訳すべきであるが、ここでは先行用例が多い「国際児童図書館」の語を採用した。
(89) 国際児童図書館（IJB）（ミュンヒェン）http://www.ijb.de/
(90) ドイツ視覚障害者支援中央図書館（DZB）（ライプツィヒ）http://www.dzb.de/
(91) ゲーテ・インスティトゥート（本部ミュンヒェン）http://www.goethe.de/　（日本）http://www.goethe.de/ins/jp/tok/jaindex.htm
(92) ブリティッシュ・カウンシル（ドイツ）http://www.britishcouncil.de/　（日本）http://www.britishcouncil.org/jp/japan.htm

第3部

職業、専攻、資格

◆

Zusammenarbeit, Organisationen, Institutionen

3.1 図書館司書という仕事

　図書館司書という仕事は、昔も今もその内実が外部の人々にとっては想像しがたく、それゆえ多くの曖昧さと誤った評価でもって見られる職業である。特に外部の人々はたいてい、図書館活動の多様性と意義について、十分な考えを持ち合わせていない。外部の人々は、図書館における仕事がきわめて変化に富んでおり、一般的な先入観とは反対に、静かに本を読むこととは最も無縁であるということを知らない。もちろん、本への密接な接触が図書館司書の職業に本質的に属するものであることは間違いない。だがそれは、図書や他のメディアからあらゆる種類の情報と余暇のための刺激を得ようとする人々が、それを利用できることによって完全なものとなるのである。このように「仲介者として掛け合わせる働き」こそ、司書の仕事の本質であり、またその特殊な魅力を構成するものである。

　この何十年かの間に情報テクノロジーは急速に発展し、今日の図書館利用

者は、図書館が幅広い情報メディアを仲介することに対して高い期待を持つようになった。こうして図書館への要請が変化したことにより、図書館業務の範囲は大幅に拡大された。図書館利用者のニーズの高まりは、一つには、市民としての成熟した民主主義的自己意識に由来するものであり、図書館（少なくとも公共図書館）に対して、州や地方自治体の諸機関に対してと同様、顧客に親切なサービス機関であるべきことを要求している。

　図書館司書は図書館サービスの提供者であり、資料と情報に関する専門相談員であり、図書館のコレクション構築の責任者でもある。図書館司書がその業務を遂行するために、図書やその他の情報メディアを継続的に注意深く観察し、また図書館利用者の幅広い要望と彼らへの接し方に関する知識を持つことは、最も基本的で重要なことである。

　また、利用者サービスに従事するすべての図書館司書は、自館が所蔵する図書その他の情報メディアの全体を常に見渡していることが必要である。いかに優秀な司書であっても、図書館の全コレクションを一つ一つ「知っている」わけではないが、図書館司書が特に書誌やデータベースその他の情報ツールでもって作業する術を心得ており、それによって利用者に迅速に、効果的に手助けできることは、もちろん期待されてよい。

　加えて、図書館司書にはコレクションの「秩序原理」に対する確かな感覚が必要である。その一貫した柔軟な適用によって、単なる書籍の集積所ではなく、初めて「図書館」というものが成立するのである。書誌事項による検索と、主題検索に関する知識も欠かせない。その上に図書館司書は、情報機器の実践的利用に関する包括的修練を必要とするのであり、技術の進展に伴って、必要な場合にはそれと同じ速度で自分も成長するという柔軟性を持たねばならない。そうしてのみ、図書館司書は今日と将来の課題に対応できるのである。

　また、たいていの総合・専門図書館においては、外国語の図書や雑誌がコレクションの高い割合を占めているため、そうした学術図書館で働く司書は優れた「言語的知識」を持つことが必要である。学術図書館では、しばしば

外国語の出版物の割合が蔵書の半分以上を占めている。外国語の著作を記載する書誌や、インターネットでアクセスできる国際的なデータベースその他の情報を確実に扱うためにも、少なくとも複数の言語に関する基礎知識が必要である。公共図書館においては、ドイツ語に十分に通じていない外国人利用者が訪れることも多いので、対応する外国語の基礎知識を司書が持っていることは非常に望ましいことである。

　図書館におけるすべての業務は、図書・メディア選択も、受入も、目録作成も、技術的サービス（製本、資料の手入れ、複写サービス、データ処理）も、結局のところ「利用者サービス」なのである。たとえそのことが利用者との直接的交流を持たない部門の図書館員にとっては必ずしも判然としないにしても、利用者に望まれる図書、メディア、情報を「仲介する」ためには、これらの業務のすべてが必要なのである。

*

　図書館司書という職業のための公的な資格付与は、ドイツでは100年あまり前に始まったにすぎない。

　1893年に初めて、プロイセン政府の法令によって図書館司書のための専門的資格が規定され、その内容が確定された。図書館司書の職業を目指す大学卒業者は、特別な今日言われているところの「大学卒業後の」研修を受けなければならなかった。このプロイセン規定、ならびにそれに対応する1905年のバイエルン政府の法令に端を発する「候補者養成」は、西側の連邦州では今日まで存続しており、東のザクセン＝アンハルト州でも東西ドイツの統合後に再び導入された。それに対して、今日の専門大学教育課程が行っている基礎的な図書館学教育は、1914年にドイツにおける最初の図書館学校、すなわちライプツィヒの「図書館技術・管理専門学校」の創設をもってようやく始まった。これは、後のライプツィヒ技術・経済・文化大学（HTWK）の図書・博物館学部の前身となったものである。さらに、ライプツィヒの図書館学校の活動は、ケルン（1928年）とシュトゥットガルト

(1942年)における図書館職員養成所の新設を促した。これらは第二次世界大戦後、西ドイツにおける2つの最大の図書館司書養成機関に発展した。

　他の多数の職業が、その資格と業務性格の点ですでにずっと以前から形式的な規定を持っているのと比べると、司書という職業は、割合に最近の「近代の職業」だと言うことができる。ただし、これは採用条件と必要資格の観点でのみ言えることである。司書の仕事は過去の時代にも常にあったし、そのことはすべての世紀に見られる有名な例が証言している。すなわち、ヴォルフェンビュッテルのレッシング、ミュンヒェンのフェーリックス・フォン・エーフェレ、カッセルのグリム兄弟、ベルリンのアドルフ・フォン・ハルナックは、ドイツにおける「学者司書」の伝統を代表しており、彼らはその職業的課題を形式的な資格を持たずに果たしたのである。[1]

3.2　専門大学における図書館学専攻／行政専門大学における専門教育

　「基礎図書館学専攻」は今日、一般に専門大学（→ 1.2.2（2））に位置づけられている（ベルリンのフンボルト大学図書館学専攻修士課程は例外）。旧西ドイツにおいて、かつての図書館学校（ビブリオテークスシューレ）の専門教育課程は、1971年以降、専門大学（ファッハホーホシューレ）の教育課程に改変され、その際に抜本的な変化を経験した。すなわち、形式的には大学の領域に編入されたことによって、内容的には情報化時代における職業的要請の急速な変化に対応する必要性によってである。専門大学における図書館学専攻課程の発展は、まさしく過去30年間におけるドイツ図書館の全体的発展を映し出す鏡である。

　この30年間にドイツの図書館学教育が今日の水準に達するまでに経験した変化を理解するためには、ドイツ（特に西側）の図書館活動における重要な発展段階を想起しなければならない。各局面で、こうした図書館の歩みの

第 3 部　職業、専攻、資格

一歩ごとにそれと不可分に関連して、資格や専攻のあり方への影響が目に見える形で現れたのである。

1) 1960 年代中頃に、ボーフムの緑地帯に新設された図書館において、コンピュータによるデータ処理技術が導入され、それによって作成され連続印刷機で連続紙の上に印刷された最初の目録が作られた。数年後の 1971 年秋、レーゲンスブルク大学図書館において、同じような方法で作成された、大文字と小文字をコピーできる最初のアルファベット順目録（AK）が公開された。

2) この目録はさしあたり 1899 年の「プロイセン図書館目録規則」のマニュアルに基づいていた。事項配列のためには自然の語順が適用され、後の「アルファベット順目録規則」（RAK）に特徴的な団体著者名もすでにここに登場しているが、タイトル記述自体はまだ古い規則に基づいて、すなわち記述記号なしに、多くの括弧つきで作成されていた。新しい規則集による最初の完全な印刷物は、1976 年にようやく刊行されることになった。

3) 1970 年以降は、ドイチェ・ビブリオテークの磁気テープのコピーから呼び出した採録タイトルのデータが、西ドイツ各地の図書館で書店への書籍発注のためのツールとして使われた。受入と目録作成作業プロセスを支える基盤として、機械処理による「自動化」が導入されるようになった。

4) 1970 年代の初頭にようやく、地域的な「図書館間協力作業」のための計画が成果を現し始めた。まず、1973 年にノルトライン＝ヴェストファーレン州の大学図書館センターが設立された。これ以後、各地の協力体制はさらに迅速に進み、それらのネットワークが西ドイツ全体、そして統合ドイツの全体を覆うものとなった。結果として、協力体制を維持するための新たな課題と、そのための抜本的な図書館内部の構造改革の必要性が生じた。

5) 多数の新設大学の登場と、1960 年代以来絶えず増大する大学入学者の

数が（西ドイツの）図書館風土の相貌を著しく変えた。特に古い大学の図書館は、未曾有の大衆化に対応しなければならなかった。以前は小規模だった教科書コレクションは、1960年代の末に「フォルクスワーゲン財団」による強力な財政的支援を受けて、その量と価値を急速に高めた。

6) この利用者急増に鑑み、「貸出記録の自動化」が、きわめて急を要するものとして広く理解された。それは至るところで導入され、絶えず改善された。

7) 新設大学では、新しいタイプの大学（→ 2.3）や新しい学問分野の登場、そして学際化の進展から、図書館も未知の学問分野に対応しなければならないという課題が生じた。

8) 新しい図書館では、たいてい古い文献の所蔵が欠けていたため、広域的「相互貸借」が膨大な規模に達し、この種の図書館利用のための新たな組織形態が必要とされた。

9) 1960年代にはまだ一般に知られていなかった「文献情報サービス」は、図書館にますます多くの新しいタイプの課題や要求を突きつけた。

10) 公的機関が「市民のためのサービス」を次々と拡大するというのが、ごく一般的な時代の趨勢であった。連邦や州だけでなく、個々の地方自治体もまた、公共生活の多くの領域により強力に（あるいは初めて）取り組むことになった。公立公共図書館は、量的にも質的にも新しいサービスを提供した。公共図書館サービスの新しい課題や重点課題を表すキーワードとしては、「外国語を話す住民のための図書館サービス」、「社会福祉的図書館活動」、「地域を網羅する文献サービス」、「非図書資料」（ノンブック資料）といったものが挙げられる。

以上のように、実際的な状況が大きく変化したため、それまで図書館学校で何十年にもわたって行われてきた司書養成ための専門教育は、抜本的な改革が必要となった。新しい専門的な内容を教授し、常に新しい進展への心構えと能力が育てられるような教育体制を構築することは、是が非でも必要な

第 3 部　職業、専攻、資格

ことであった。

　1971 年に登場した「専門大学」(ファッハホーホシューレ) という新しいタイプの大学と、そこで計画された教育課程は、この要求に対して適切な制度的枠組みを提供するものであった。

　図書館学校が大学のステータスに昇格されたことは、全体として、より大きな流動性とより多くの刷新の機会、そして特に物的設備の面での予期せぬ改善をもたらした。以前の図書館学校には (他のすべての学校や専門学校と同様に) 適用されなかった大学建設推進法 (→ 1.7.1) が初めて適用されることになり、これは建物や設備を新しく整えるための力強い後押しとなった。

　大学への昇格に伴い、教職員の増員に関しても積極的な発展があった。教育を本務として担当するポストが増設され、より高い地位が与えられた (俸給表 A に基づく一般公務員俸給から、より有利な俸給表 C に基づく大学教員俸給への移行)。新しい教員は大学のモデルに従って、公募による形式的な任用手続きを経て、州が定めた研究・教育のために要求される資格を厳密に遵守して、専門大学に採用されたのである。

　新しい専門大学では専任教員の定員ポスト増に加え、それまで採用されていた多数の「非常勤講師」の雇用もすべて継続された。非常勤講師は、すでにすべての前身機関でも慣行となっていたように、図書館や文書館から兼任で教育に従事する実務家であり、その協力は今日まで実習関連講座の充実に大きく貢献している。

　従来の図書館教育体系の特色であった「図書館実習」も、すべて新しい教育課程に引き継がれた。当時構想されたすべての専門大学教育課程では、図書館実習が学習プロセスに組み込まれており、その一部はかなり大幅なものであった。この図書館実習は今日でもそのまま残されており、学術的な総合大学や単科大学の教育課程に対して、実践的な専門大学教育課程の目立った特徴の一つとなっている。上に大まかに述べたように、1960 年代以来の図書館の抜本的な発展を考えるとき、学習の途中でその内容を図書館の現場で

の実践にフィードバックさせることは、以前にもまして大きな意味がある。学習者が図書館実習から戻る際に大学に持ち帰る経験は、教員と学生の双方にとって有益である。

*

　1970年代の西ドイツにおいてはまだ、図書館専門学校の教育から図書館専門大学の教育への変化を実現することは、内的にも外的にも困難であった。このプロセスは州ごとに統一なく進められ、一部では大変厄介な問題を伴った。

　当時の図書館学校は、実践的職業において上級職に就くための多数の非大学的教育機関の一つであった。1960年代の教育政策の議論によって、これらの諸機関はすべて大学の領域に吸収されることになった。それにより、図書館司書もまたエンジニア、ビジネスマン、ソーシャルワーカー、社会教育者、通訳、翻訳者、デザイナーやその他の職業グループと同列に並ぶことになったが、彼らとは従来、図書館の利用者として接触することはあっても、専門大学の学友や同僚として交流することはなかったのである。

　こうした各種の職業に就く資格取得のために、1971年以降新しい専門大学の教育課程が設置されたのであるが、図書館司書養成機関の多くは、その後何年も経ってからようやく専門大学のステータスを獲得した。今日でもこの司書教育の変革の進行は、連邦全体にわたる統一に至っていない。すなわち、2つの大きな州(バイエルン州とヘッセン州)では依然として、公務員資格のための行政付属教育課程である3年間(6学期)の「学術図書館学」の課程が存続しており、他の州では専門大学の慣行である7学期または8学期間で、公務員法的規定による制限を伴わない「公共図書館学」と「学術図書館学」の教育課程が実施されているのである(→3.7)。

　この司書教育の不統一が長く続いている原因を憲法上の観点、すなわち連邦制国家構造(特に各州の文化・教育に関する自主裁量の権限)に見る人もあるかもしれない。しかし最も大きな理由は、ドイツにおいては公共図書館

と学術図書館という2つの陣営が完全に分離されてきた伝統があり、そのためそれぞれ別個の資格と専攻を特徴づけていたので、司書教育の「全体的」な改革が困難だったことだろう。

公共図書館界と学術図書館界とは、それぞれの職業的課題に関して、またそのための適切な人材養成に関して、断固として異なった観念を持っている。これは制度化された図書館司書教育がドイツで始まってから、今日に至るまで続いている事情である。

公共図書館の関係者と学術図書館の関係者は、それぞれが時には同じ地域において、別々の図書館学校を設立したのであった。20世紀前半においては、公共図書館分野と学術図書館分野の両方が一つの屋根の下で教育されるような学校はどこにもなかったし、何らかの形で連携し合った、いわんや統合された教育機関など論外であった。第二次世界大戦後になってようやく、公共図書館司書のための教育と学術図書館司書のための教育を、同じ一つの場所で（分離した教育課程においてではあるが）行う学校が現れた。ここではまず1949年にケルンに創設された「ノルトライン＝ヴェストファーレン州図書館司書養成所」を挙げることができるが、これは1928年以来ここに存続した西ドイツ公共図書館学校を継承するものであった。1949年から、このケルンの図書館司書養成所では学術図書館司書の養成も行われることとなった。（さらに、ここでは高等職図書館司書のための候補者養成も行われることとなったが、これは第二次世界大戦末までのプロイセン国家においては、ベルリン国立図書館において行われていたものである（→ 3.4）。）

一つ屋根の下でも、従来のセクト主義は残った。

この公共図書館分野と学術図書館分野との非協力的な関係は、司書教育の革新にとってあらゆる面で障害となった。異なるメンタリティと、そこから生じる専門教育の内容的重点と形式的構成に関する異なった理念、理論的・実践的な専門教育段階の期間と重点、専門分野と選択分野、そのカリキュラムにおける位置づけに関する意見の相違のために、共通の革新的計画のすべてが非常に難しいものとなった。このために、従来の専門学校的な司書教育

の形態から、大学教育の専攻課程への過渡期において（少なくとも改革の初期において）、司書教育に関する統合的・合理的な構想の実現が著しく阻害されたのである。

より複雑な事情として、学術図書館分野の専門教育は、どこの州においても高等職の公務員の養成として位置づけられていたために、形式的な理由から直接には専門大学教育に編入できないという問題があった。いわゆる「行政専門大学」（→ 1.2.2（2））の創設は、単に苦肉の策と見ることができるが、ともあれこうした事情は、統合的な司書教育体制の構築にとって、またしても新たな問題をもたらした。

唯一の成功例として、ハンブルクにおける専門大学の創設が挙げられる。そこではハンザ自由都市ハンブルクのかつての図書館学校の公共図書館部門と学術図書館部門を、新しい大学構造における「図書館専門分野」としてすみやかに統合することが成功したのである。こうして「セクトを越えた」専門大学卒業資格を有する最初の図書館司書は、1970年代にハンザ都市ハンブルクから生まれたのである。

公共図書館学専攻と学術図書館学専攻をあわせ持ったその他の地域（ケルン、シュトゥットガルト、ベルリン）では、伝統的なセクト主義のために、ハンブルクのモデルに基づく解決は実現しなかった。すなわち、公立公共図書館の側では図書館司書は一般職員として雇われるが、学術図書館の側では公務員ポストとなる。それに対応して、公共図書館学専攻の学生のみが大学法上の「専門大学の学生」としてのステータスを持ち、他方で学術図書館学専攻の学生は、公務員法で規定されたキャリア形成のための「候補者」として別の研修を受ける必要があった。

自由専攻課程「公共図書館」と公務員専攻課程「学術図書館」は、実際さまざまな観点で共通の大学の傘下では折り合わなかったし、今も折り合っていない。この事情は言うまでもなく、司書教育の変革プロセスを著しく遅らせたのである。

ノルトライン＝ヴェストファーレン州においては、1971年に専門大学制

第 3 部　職業、専攻、資格

度が発足してからなお 10 年間は、ケルンのノルトライン＝ヴェストファーレン州図書館司書養成所が存続していた。1981 年にようやく同州議会は「ケルン図書館・ドキュメンテーション専門大学」（FHBD）を創設し、その傘下に 2 つの異なる専攻課程を位置づけるという決定を下した。しかしそこでも、学術図書館学専攻の「脱公務員化」は考えられていなかった。

　バーデン＝ヴュルテンベルク州では、公共図書館司書を養成していた「南ドイツ図書館司書養成所」（シュトゥットガルト）がすでに 1971 年の段階で「図書館学専門大学」となり、専門大学に昇格していた。しかし、ヴュルテンベルク州立図書館のための学術図書館司書を養成していた「図書館学校」は、シュトゥットガルトの公的行政のための行政専門大学の一部門としての中間局面を経て、ようやく 1984 年にシュトゥットガルト図書館情報大学（HBI）[2] の専門分野として編入された。

　西ベルリンにおいては、かつての図書館学校（後の図書館司書学院）を大学に昇格させるにあたり特殊な経緯を辿った。すなわち、西ベルリンには 3 つの専門大学が新設されたのだが、公共図書館司書と学術図書館司書のための養成機関はその中に統合されたのではなく、総合大学である「ベルリン自由大学」に編入された。しかし、従来の 3 年間の教育プログラム（実習を含む）はそのままにされた。この教育機関は、ベルリン自由大学「図書館司書教育部」（IfB）という名称で呼ばれた。この特殊な取り決めには前例がなく、また受け継がれることもなかったが、1997 年までは存続した。IfB は 1994 年に、政策の一環としてベルリン自由大学からフンボルト大学に移されたが、そこでまもなく予算削減の犠牲になった。大学法的に見ても、かつての図書館学校を総合大学へ接合することは確かに最初から問題であった。総合大学で図書館司書を養成しようと考えると、これを専攻として位置づけるには総合大学の教育課程に対して専門大学の 6 学期制が矛盾し、また総合大学の中に専門大学の教育課程を設置することも不可能であるため、図書館司書のための独自の教育課程を設置する形になった。そのため、ベルリンの卒業者は大学が発行する免状を受けることができなかった。彼らは国家試験

を受けて、国の免許状を取得している。

　ニーダーザクセン州では、ハノーファーのニーダーザクセン図書館学校における学術図書館司書の養成しか行われていなかった。専門大学制度の発足後8年を経て、ようやく「ハノーファー専門大学」において正規の専門大学教育課程「図書館学」を立ち上げるのに成功した。学習期間中に与えられていた公務員身分は、ニーダーザクセンではこの時期に廃止された。

　フランクフルト・アム・マイン（ヘッセン州）とミュンヒェン（バイエルン州）では、図書館司書の養成は何十年も前から、公務員関係のものとしてのみ位置づけられていた。バイエルン州の図書館司書官候補者の養成は、以前はバイエルン図書館学校で行われていたが、1975年以降は「バイエルン公務員専門大学」で行われている[3]。ヘッセン州の図書館司書官候補者の養成は、以前はフランクフルト図書館学校で行われていたが、1980年以降は当地の行政専門大学で行われている。

　カトリック教会の公共図書館の司書は1921年以降、「国家認定ボロメーウス協会図書館学校」（1978年より「国家認定ボン図書館職員養成所」）で養成された。この教育機関は1984年に「ボン公共図書館学専門大学」（FHöBB）になり、その後も同じ修了資格を授与してきた（→ 1.2.2 (2)）[4]。この専門大学は1994年から1998年にかけて、ボンのボロメーウス協会の建物全体の改築と修復が行われた後そこに収容され、設備と装備が最もよく整った図書館司書養成施設の一つとなった。一方、ゲッティンゲンのプロテスタント図書館職員養成所は1978年に閉鎖された。

　東ドイツにおける図書館職員の養成は、ベルリンのフンボルト大学で大学の専攻課程として組織される以前はすべて専門学校で行われていた。したがって、それは大学の領域には属していなかった。専門学校卒業による司書資格は、省が定めた規則で細部にわたって取り決められていた。（これは「図書館専門職員」資格にも、またベルリンのフンボルト大学における「基礎教育コース・図書館学」にも当てはまる。）ライプツィヒの2つの専門学校（公共図書館分野と学術図書館分野）は、1992年にようやく専門大学へ

の昇格が実現し、その際、制度的・内容的な面でいくつかの重要な特殊条件を、今日の「ライプツィヒ技術・経済・文化大学」(HTWK)[5]の新構造の中に持ち込むことができた。それに対して、ベルリンの専門学校(学術図書館分野)は大学には昇格されず、1990年から1993年の間に「清算」されてしまった。東ドイツ時代に記録資料学校のあったポツダムでは、1992年に専門大学が建てられた。ポツダム専門大学では、図書館、記録資料(アーカイブ)、ドキュメンテーションの各コースが置かれ、多様な情報サービス専門職を養成する未来性に富んだ新しい一歩が踏み出されている[6]。

*

近年、図書館司書教育において再び力強い革新の動きが見られる。その源流の一つは、1992年からブランデンブルク州のポツダムとザクセン州のライプツィヒで行われてきた、慎重だが実質的な司書教育の刷新にある。

ブランデンブルク州とザクセン州では図書館司書の職を公務員資格とせず、その養成課程を専門大学の自由専攻の一つとして設置した。ポツダムとライプツィヒの専門大学では、コースの編成と学習期間の面で新しい形態を開発した。ポツダム専門大学では、図書館、記録資料(アーカイブ)、ドキュメンテーションの3つのコースが同じ情報科学部の下に位置づけられた。ライプツィヒ技術・経済・文化大学(HTWK)では、入学時からしばらくは公共図書館と学術図書館の両分野を包括的に学習し、4学期後に2つに分岐するY型モデルの「図書館学」コースが、出版流通・出版経済、博物館学と有機的に結びついて独自の専門分野を形成した[7]。ポツダム、ライプツィヒともに、専門大学の正規の履修期間は8学期である。

その後、バーデン＝ヴュルテンベルク州では、高等職学術図書館司書を養成するための従来の公務員養成制度が廃止されて、シュトゥットガルト図書館情報大学(HBI)に自由専攻コース「学術図書館学」が設置されることとなった。HBIにはさらに「情報マネジメント」コースが付け加わったが、これは以前のドキュメンテーションコースを受け継ぐものである。以前の同州

写真 28　ライプツィヒ技術・経済・文化大学（HTWK）図書・博物館学部

による公務員養成の学習期間は 3 年間（6 学期）だったが、HBI の 3 つのコースの学習期間はすべて 7 学期となった⁽⁸⁾。

　ノルトライン＝ヴェストファーレン州でも、ケルン図書館・ドキュメンテーション専門大学（FHBD）をケルン専門大学の図書館情報学部に編入（1995 年）して後、「高等職学術図書館司書・ドキュメンタリスト」の公務員資格を廃止し、さらに従来の「公共図書館学」コースも、従来の形態としては廃止した。以前の 2 つの教育課程は、両方ともケルン専門大学の自由専攻コース「図書館学」に吸収された。それは 1998 年夏に制定された免状試験規則によって、正式な資格課程として位置づけられた。それと平行して、新しく「情報経済」コース（卒業すると情報経済学士号が与えられる）が1998 年に設置された。この最初の入学許可は 1998 年から 1999 年であった。ケルン専門大学の新しい「図書館学」コースでは 90 名、同じく新しい「情報経済」コースでは 30 名が入学許可を受けている。またケルン専門大学で

は、以前の6学期制は廃止され、両コースともに8学期制が採用されている[9]。

*

　ドイツにおける図書館学士の養成は、非常に複雑で多様な経過を辿って発展してきたが、最終的にはそれが専門大学に位置づけられたおかげで、その後この職業の制度的基盤が強化され、社会的評価も高められた。ただし、図書館学士の資格が必ずしも能力に合致した適切な給与に結びついたわけではない。特に図書館学士の初任給は、他の多くの専門大学卒業者のそれよりも明らかに劣っている。学習すべき事柄や職務において要求される事柄は増えているにもかかわらず、出世の可能性はそれに見合った改善がなされていない。労働組合の多くの努力も、それに関してはこれまで何一つ変化をもたらしていない。

3.3　公共図書館助手（メディア・情報サービス専門員）と学術図書館助手

　図書館制度の中級職のキャリアグループの資格を（大学の専攻を経ずに、職業養成ないし公務員養成を通じて）得た職員も、1970年代半ば以降、公務において慣行となっている用語に従って「助手（アシスタント）」という名称で呼ばれている。この職名は西ドイツにおいて定着したが、東ドイツにおいては「専門職員（ファッハアルバイター）」という言葉が使われた。1998年に新しい職業養成規定が公布され、従来の「公共図書館助手」という職名は廃止されることになった。それは1998年8月1日から新職業「メディア・情報サービス専門員」で置き換えられる。一方で、もっぱら学術図書館分野で養成・登用されてきた「学術図書館助手」の職業は今までどおりに存続する。

　すでに職名にも表れている「公共図書館助手」と「学術図書館助手」との

独特の区別は、この領域でも実質的に公務の二層性（一般職員と公務員との違い）が存在したことを示唆している。

「公共図書館助手」は1969年のドイツ連邦職業養成法によって国が認可した有資格職業で、資格取得のためには2年間の教育課程において理論的学習と現場実習を修めることを必要とする。公共図書館助手の職に就くのは通常、義務教育の後期課程または実業中等学校（→ 1.2.1）の卒業後、職業学校と実習図書館でしかるべき職業教育を受け、規定の試験を受けて修了した人たちであった。このための法的根拠は、1975年に連邦教育・研究省により公布された「公共図書館助手のための職業養成規定」である。公共図書館助手になろうとする学習者は、図書館の設置・運営組織と養成契約を結び、そこから学習期間中の養成手当てを受けていた。

これに代わる新しい「メディア・情報サービス専門員」の養成を管轄するのは、以前の公共図書館助手の場合と同様に、通常それぞれの州政府によって定められた担当部局である。この担当部局は、大きな連邦州ではたいてい地区ごとの部局であり、小さな連邦州では州文化省または州内務省の部局である。これらの担当部局は相談窓口として、メディア・情報サービス専門員の養成活動の評価を行い、試験における監督庁の役割を果たし、養成契約等の関連業務を担当している。

メディア・情報サービス専門員を養成する職業学校は学生の定員数が少ないために、各職業学校で授業が行われるのではなく、たいていは独自の地域ごとに割り当てられた「専門教室」で授業が行われている。専門教室は、例えばノルトライン＝ヴェストファーレン州では5つある。いくつかの州では中央養成機関として、いわゆる「州専門教室」を設置した。この種の職業学校の中で学生数が最大規模のものは、ゾンダースハウゼンにある「テューリンゲン図書館学校」[10]であり、年間約80人の学生を受け入れている。この学校の前身は、旧東ドイツの「図書館専門職員研修学校」（東ドイツの図書館員のための中央養成機関）である。バーデン＝ヴュルテンベルク州では、1976年からシュトゥットガルトのカルフ職業学校センター[11]に類似の機

第3部　職業、専攻、資格

関が置かれており、そこではさまざまな州から来る学習者が、その職業学校教育を年間に分散された数週間の集中授業で受講している。

「学術図書館助手」は、中級職図書館司書として公務員法で確定された職名である。この職務に就くためには、やはり義務教育後期課程または実業中等学校を修了後、2年間の候補者養成と中級職のための資格試験を経なければならない。他のすべての公務員コースの規定と同じく、中級図書館職の候補者も養成と試験の期間中は公務員の身分である。候補者は図書館で実習教育を受け、その上に理論的授業を聴講する。教育段階において実習と理論とが割り当てられる期間や編成のされ方は、州によって異なっている。

図書館助手やメディア・情報サービス専門員の養成コースでは、学術的ないし文献内容的な面での図書館サービスよりも、むしろ図書館の管理実務に重点を置いている。これはこの職業のその後の業務内容に対応したものである。この職業においては、関連する管理規定と図書館固有の秩序体系を熟知し、それを適用できなければならない。図書館に勤める助手や専門員には、特に受入、目録と書誌の作成、閲覧室監視と書庫管理の業務に精通していることが求められる。彼らは、図書館の運営方針を司るより上位の司書が規定する作業プロセスの枠内で、多様な補助的作業を行うことになる。

助手や専門員の養成においては、図書館情報学のすべての内容が学習対象となるのであり、それらの基本的な事柄に対して幅広い理解力を育てなければならない。これによって彼らは、原理的にはさまざまな機能とさまざまな規模の図書館において、すなわち大小の公共図書館、州図書館支援センター、あるいは学術的な専門図書館や総合図書館のいずれにおいても、有能に働くことができるようになるのである。すでに今日まで、いくつかの小さな図書館は公共図書館助手によって運営されてきた。特に農村地帯の図書館は、彼らなしにはほとんどその活動を維持できないだろう。

＊

これまでの「公共図書館助手」の職務と資格は、目下抜本的な変化に直面

している。1998 年に「メディア・情報サービス専門員」のための新しい職業養成規定が定められて、国が認可を与えるこの新しいメディア専門職が、それまでの公共図書館助手の職務を引き継ぐことになったのである。

　10 年以上の議論を経て、1997 年末にドイツ全土で通用する雇用者と被雇用者代表との間の合意が形成された。従来 2 年間だった教育課程は 3 年間に拡大され、次の 4 つの専門コースを持つこととなった。

1) 記録資料
2) 図書館
3) 情報・ドキュメンテーション
4) 映像処理

　この新しい有資格職業は、公務においても企業業務においてもその地位を与えられる。そのため、養成期間の修了後、卒業者が職に就こうとする際には非常に大きな可能性が開かれているのである。

　メディア・情報サービス専門員を養成する学校に関して、連邦の「教育計画大綱」では次のように規定されている。すなわち、教育課程の 1 年次には 4 つの専門コースすべてに共通する理論的な基礎教育が行われ、2 年次から個別の専門コースに入り始め、3 年次には完全に専門化して分野別に行われるのである。さらに、実習については公務と企業の両方の業務に対応できるように、各養成機関において一貫した構想の下で、組織的に新たに計画しなければならない。各州とその職業養成委員会は、連邦レベルの規定で広く一般的に確定された内容を、州固有の実践に即して、より具体的な養成指針と教育計画の枠組みに捉え直す課題を引き受けている。

　メディア・情報サービス専門員を養成する 4 つの専門コースで、すべてに共通する主要課題となっているのは、メディアと情報の入手、組織化、仲介、提供、そして利用者への助言と案内である。こうして、新しい教育目標は今日的な情報サービスの現場の状況に合致するものとなった。しかし、4 コース共通の実務上の特色と平行して、特に「図書館」の専門コースでは将来的に多数の補佐的活動も加わる。すなわち、図書館においては、専門員は

さらに以下のことを行わなければならない。
1) 資料の受入と支払いのチェックと処理
2) 書誌的情報ツールを利用した各種メディアの入手
3) メディアを目録規則に従って処理すること（蔵書目録の作成）
4) 分類方針に沿った配架作業への協力
5) メディアに図書館で使用するための装備を施すこと
6) コレクションの整理、管理
7) 貸出、返却、督促、予約の処理
8) 電子的送付システムと従来の送付システムによる各種メディアの入手
9) 各種のイベント企画への協力

このメディア・情報サービス専門員という新しい職業は、実質的な職務内容の面では上位の図書館学士の職務内容に明らかに近づいている。しかし、形式的にはこの2つは異なる俸給に属する職業グループである。このことが、新たに職業身分的な問題を引き起こすかどうかはまだわからない。特に私企業と公的雇用者が、この2つの似通ってはいるが異なる俸給に属する職業に対して今後どのように対応していくのかについては、まだ見通しが立たない。

このように、職務内容の現代的な革新が進む一方で、学術図書館助手の養成については、各州が「2年間の公務員養成」という形式に固執しているため新たな問題が生じている。すなわち、学術図書館助手のための学習期間（2年間）は新しいメディア・情報サービス専門員の学習期間（3年間）よりも1年間短いのである。州と連邦が新しい専門員のための規定に従ってくれて、公務員中級職の養成のために一般的に規定された2年間を超えて学術図書館助手の学習期間を延長するなどということは到底期待できない。上位の図書館学士のレベルでも、公務員の図書館学士と非公務員の図書館学士・学術図書館司書との間で溝があったが、それと同様にこのレベルでも将来、学術図書館助手とメディア・情報サービス専門員との間には大きな溝が残るだろう。そのような差異は実務的にはまったく正当な根拠がないものである。

今一度、権限のない活動が公務員化されることの意味を疑い、また同じく公的職務を帯びた者が、一般職員と公務員とに分裂していることの意味を疑うべきである。図書館司書という一つの職業グループを再び分裂させないために、図書館協会、職業組合、職業教育委員会は連邦、諸州と連携して、できるだけ包括的なレベルで資格の同価値性を目指して努力すべきであろう。長期的には、当然のことながら内容的・形式的な教育条件の完全な均等化が望まれる。

3.4　高等職図書館司書の養成（採用候補者養成）

　高度な学術的な知見を必要とする図書館業務は通常、大学を卒業し、その後に固有の図書館学教育を受けた「高等職図書館司書」が担当する。そのような学術的な図書館業務とは、収集文献の選択（選書）、専門文献の配架のための分類方針の決定、学術的な案内と助言のサービス、内外の図書館組織との調整、そして情報制度における新技術分野での計画と連携といった課題である。

　学術総合図書館においては、専門分野に関する資料評価が必要であるため、原理的にはすべての学術分野の卒業者が養成対象として受け入れられている。しかし伝統的には人文科学系統の出身者が優勢である。他の分野、特に法学と経済学、そしていくつかの自然科学分野からの出身者の不足は永く続いている傾向である。

　高等職図書館司書の養成は、公務員法で規定された高等職キャリアグループのための研修生（採用候補者養成）という形で行われる。高等職図書館司書のための学習期間は2年間で、実践的な内容と理論的な内容とがそれぞれ1年ずつ行われる。実践的な内容は、一つの実習図書館（ただしニーダーザクセン州とノルトライン＝ヴェストファーレン州では2つの実習図書館）で行われる。また、理論的な内容に関する教育はこの目的のために予定された

第 3 部　職業、専攻、資格

固有の機関で行われる。高等職図書館司書の採用候補者の数は少ないので、例えば教員養成の場合に見られるような、地域セミナーの形態での独自の養成所を彼らのために設置することはできない。そこで西ドイツでは、2つの機関、すなわちフランクフルト・アム・マインの図書館学校とケルン専門大学が、その本来の主要課題と平行して、高等職図書館司書の採用候補者養成のための理論的な内容の教育を「広域的」に実施することを引き受けてきた。（ただしバイエルン図書館学校は、この課題をバイエルン地域に限定して行ってきた。）フランクフルト・アム・マインとケルンでは、すべての州の出身者に対して高等職司書の候補者のための理論的な内容の教育を行っているが、実習は各々の出身州の図書館で行われる。それらの候補者は、出身州において州の図書館のために採用される。（ただし、ザクセン＝アンハルト州を除く東の諸州では、そのような高等職図書館司書のための公務員養成の制度を導入しなかった。）

　高等職図書館司書の養成は、資格能力を診断する国家資格認定試験で完結する。ケルン専門大学では、この試験は筆記試験と口頭試験の他に、自宅学習の内容をまとめた報告が求められる。この通常の試験の能力枠を越える作業は時として大がかりなもので、図書館学（→ 3.5）の実質的な豊かさを示すものである。過去の報告書（1949 年から 1986 年まで）は、特別の刊行物として丁寧に保存されている。

　高等職図書館司書の実践的・理論的な教育内容は、できることなら今日の図書館業務におけるすべての領域をカバーすべきであるが、これは実習図書館の規模や収集課題の重点化、コンピュータの導入の程度に大きな差異があることや、理論的な教育内容にも相当な幅がある等いくつかの理由から、決して完全には実現できない目標である。過去何十年かの図書館制度の展開に関する主要な点を以上に描写したが、そうした状況を鑑みると、高等職図書館司書の採用候補者養成が今日的なニーズに合致するためには、専門大学専攻（→ 3.2）の場合と同様に根本的な改革が必要なのである。このプロセスは時として厄介な問題を伴い、現在も完了してはいない。例えば、公務員法

355

的な組織形態におけるすべての実質的変更は管轄省によって認可されねばならない、という規則があり、このために必要な革新が困難になり、遅らせられているのである。

　高等職図書館司書の養成所は少ないが、これに対する需要は何年も前から非常に大きい。その理由は、一つには大学卒業者の数が恒常的に多いこと、さらにそれが給付金を受けながらの養成であることにある。大規模な応募者ラッシュのため、規定された選考手続きは非常に手間のかかるものになった。

　将来的に、多くの（あるいはすべての）州で現在のような高等職図書館司書の養成のための公務員法的な組織形態が廃止され、それが図書館学専攻または上乗せコースという形態に変わるかどうかという点については、目下予想することが難しい。これは、EUの統合からどのような影響が生じるかにも左右されるかもしれない。そのような展望のもと、ドイツにおける高等職図書館司書の最善の養成形態についての意見は、なお大きく分かれている。それはここ数年に行われてきた、高等職図書館司書養成の「非公務員化」（行政専門大学における養成の廃止）に関する議論で非常にはっきりと示された。

3.5　図書館学 ― 専門分野と教育課程

　「図書館学（Bibliothekswissenschaft）」とは、現在、過去、未来において多様な形態で現れる「図書館」という現象の知的考察である。それは対象としての図書館を基礎づけて把握し、これを学術的に正確に描写・構成し、そのために必要な、実践的に適用される専門用語の創出を含む、理論的に異論のない概念形成のための努力である。それゆえ図書館学は、第1に図書館の収集資料の研究（図書・メディア学）であり、第2に現在に至る図書館の技術標準、各種規則、秩序原理を理論的に把握し、それを特に今日の情報テクノ

ロジーの大きな可能性を踏まえて構築・適用することの研究（書誌・目録学）である。そして第3に図書館学は、図書館の営為が今日置かれている、あるいは過去に置かれていた政治的、法的、経済的、社会的条件の複合を観察し、解明することを試みる。それと関連して、図書館学は図書館活動とその周辺のすべての展開を注意深く追跡し、それを時には感謝されない課題であるが、学術的研究としての距離を保って批判的に見守り、評価しなければならない。

　このような意味における図書館学的な取り組みは、すでに何百年も前から行われており、そこでは図書館界の学識ある学術的に活動する実践家が常に傑出した関与を行ってきたのである。その成果は膨大な専門文献として残されている。図書館学専攻課程を持つ専門大学に置かれているいくつかの大きな専門図書館では、この一見狭い図書館学の専門領域で、6万冊に及ぶコレクションを構築している。

　図書館学関連の多数の雑誌（ジャーナル）には、図書館の全般的な専門主題を扱うものと、図書館活動のより特殊な個々の側面を主題とするもの（『音楽図書館フォーラム』、『最新学校図書館事情』、『カトリック公共図書館』等）とがあり、ともに図書館学の発展と細分化の進展を裏づけている。同じことが、多数の著名な文献シリーズ（『図書・図書館学論集』、『図書館理論と図書館史論集』等）にも当てはまる。図書館創立記念祭や功績ある図書館人にちなんだ記念刊行物の中には、注目すべきことに数十年も前から継続して公刊されているものがあり、あらゆる種類の特殊な図書館学的問題提起に関する寄稿論文の宝庫となっている。

　いくつかの専門事典は、図書館学分野のすでに確証された知識水準を要約している。特に大規模なものとして『書籍百科事典』を挙げることができる。その第2版（全7巻）は、1987年から順次出版されており、入念な参考文献のデータを備えた、それぞれの専門家によって記述された項目において、図書・図書館学のすべてのテーマに関する確実なアプローチを可能にしている。

1930年代にフリッツ・ミルカウが手がけ、1950年代に編集者ゲオルク・ライによって改訂された『図書館学提要』、あるいは1960年代から1970年代にヨハネス・ラングフェルトによって出版された『図書館ハンドブック』が提示したような図書館学の学術的な全体像の描写は、現在の図書館学に欠けている最も重要な部分である。それがあれば、今日の発展と認識水準の高みにおいて図書館情報学への方法的に確実なアクセスが可能となるであろうし、この概観することが困難な研究対象にとって、必要な体系化と具体化を押し進めるに違いない。現在の図書館学に関して「小規模な全体描写」が見られる文献として、例えばクルート著『図書館学概説』(1970年)、クリークとユング著『図書館学入門』(1990年)のほか、個々の専門的なテーマに関する多数の単行書があるけれども、この領域の不足を完全には埋められていない。この他に、第二次世界大戦後にドイツの国内外で出版された一連の図書館史に関する概説的論述も注目に値する。

　ケルンの図書館司書養成所が1960年代初頭に創設されて以来、養成所の専任・兼任教員が発表した専門刊行物のリストが、1989年に公刊された大部の書誌によって示されている。これは(1981年にようやく大学となる)唯一の図書館司書養成所の周辺でも、研究と公刊の活動が大きく広がっていたことの証左である。旧東ドイツの条件下においても同様に図書館学の研究活動が広がっていたことを、ベルリンのフンボルト大学図書館学・学術情報研究所が作成した4つの『年代記・書誌索引』(1955年から1990年まで)が裏づけている。だが、アメリカの「図書館情報学」の膨大な生産性(なんと50以上の大学で取り組まれている！)と比べると、ドイツ国内の図書館学のための制度的・財政的な枠はあまりにも狭く設定されているので、とうてい競り合えるものではない(→ 3.7)。

　すべての学術分野において、専門団体・専門協会の形成と専門会議の開催は専門仲間の接触と交流に役立っているが、図書館学分野においてもまた、こうした組織が独自の学問分野の形成に顕著な貢献をし、この何十年かの間図書館の理論家と実践家を緊密に結びつけてきた。ドイツ図書館司書大会で

第 3 部　職業、専攻、資格

行われた講演は、雑誌『図書館学と書誌』（ZfBB）の特集号として、毎年丁寧に記録されている。この特集号は、20 世紀におけるドイツ図書館学の発展を知るための特に重要な資料とみなすことができる。

　それにもかかわらず、ドイツではアメリカとは違って、図書館情報学が学問的な専門分野の一つとしての自明さを持っておらず、そもそも「図書館"学"」などあるのかと声高に疑う意見が繰り返し聞かれた。図書館学の上述の発展を知り、今日のドイツ国内の事情と他の先進諸国の例を見れば、そのような疑念は払拭されるであろう。

*

　ドイツにおいては、図書館学の教育課程が実務志向の専門大学（→ 3.2）に設置されるか、または公務員法で規定された職業養成の一つとして図書館司書の教育が行われているので、図書館学という分野は他の多数の諸国とは異なり、「学術的な専門分野」として完全には認知されることがなかった。ドイツでは、総合大学の専攻分野として図書館学教育が行われているのは、現在のところベルリンのフンボルト大学だけである。19 世紀末にはゲッティンゲン大学で、1970 年代にはケルン大学で、それぞれ図書館学を制度化する試みがあったが、それらは長続きせず他に引き継がれることもなかった。ベルリンのフンボルト大学には、さしあたりゲッティンゲン大学の教授ポストが移されたのだが、学問史的に見てゲッティンゲン時代からの伝統を受け継ぐほどの連続性はなかった。1928 年に創設されたフリッツ・ミルカウの図書館学の研究所も、1934 年にはもう閉鎖されてしまった。

　ソビエトの文化・教育政策の影響を受けて、フンボルト大学では 1950 年代に改めて大学の専攻分野として図書館学専攻が設置されるに至った（通学教育と通信教育の 2 通りで）。それ以来、フンボルト大学では図書館学専攻が今日まで存続している。東西ドイツの統合以後は、入学希望者の数もさらに増大している。

　フンボルト大学の図書館学分野は、「修士課程」において第 1 または第 2

の主専攻として、あるいは副専攻として聴講できる。4学期の終わりに行われる中間試験の後、主専攻の学生は学習重点として「図書館」と「ドキュメンテーション」のいずれかを選択しなければならない。これは、情報分野における労働市場の今日的条件に配慮したY型モデルである。図書館学専攻にはいくつかの実習が組み込まれている。この専攻は、9学期の学習期間の後「修士試験」（修士号取得）で完了する。そこからさらに、博士号の学位申請や、図書館学分野での教授資格の取得も目標とすることができる。現在のところ、ドイツにおいてはベルリンのフンボルト大学が図書館学の専攻分野を持った唯一の「総合大学」であるので、上述のすべての資格はそこでのみ得られる。ただし、最近はモデル実験として、コブレンツ＝ランダウ大学の学生も通信教育で（メディア連携によって）ベルリンの図書館学修士課程を副専攻として受講することができる。

　フンボルト大学の図書館学課程は、基幹コースとしての修士課程だけでなく4学期からなる「大学卒業後の追加コース」として聴講することもできる。これは通信教育として組織され、実習部分がより多く含まれている。このコースでは「学術図書館司書」のための現地教育が組み込まれており、履修が完了するとその資格が得られる。

　1998年の夏学期には、695人の学生がフンボルト大学の図書館学修士専攻課程（主専攻または副専攻）に入学を許可された。この中には、1980年代初頭からベルリン自由大学に置かれていた図書館学副専攻課程の学生も含まれている。このベルリン自由大学の副専攻課程は1994年にフンボルト大学に移されたが、従来の形態では存続していない。さらに、大学卒業後の追加コース（通信教育）では54名の学生が履修を許可された。

　今日でも旧西ドイツ地域では、公的機関を設置・運営母体とする図書館に関する限り図書館司書の職業は公務員法によって強く規定されており（→3.4）、大学の図書館学専攻の卒業者は、通常直接にはこの領域で採用されない。むしろ、採用候補者養成を受けてきた応募者の方がしばしば優先される。仮に総合大学の図書館学専攻を卒業した応募者が、その資格に該当する

職場を州立の機関に見出したとしても、それは常に一般職員としてであって公務員としてではない。今まで存続しているこのような硬直した規定が、将来的にはヨーロッパ全体の動向に沿って緩和されることを期待したい。やがては総合大学の図書館学専攻課程の卒業者は、その職業的チャンスをむしろ東の州や地方自治体において、そしてもちろん民間の情報産業（企業の情報部門、情報仲介サービス機関）においても見出すことになるだろう。

3.6　図書館学に隣接する教育課程

　新しいテクノロジーによって情報の可能性が途方もなく増大したことにより、学問においてもまた新しい分野が成立し、対応する教育課程が大学にも設置された。こうしてここ 30 年の間に、技術的・数学的な特徴を持つ「情報工学」(Informatik)（英語の computer science）という分野が一つの学問分野として確立され、専攻分野として急速に発展した。それは今日のドイツでも、多数の大学で教育されている。

　「情報学・ドキュメンテーション」(Information und Dokumentation)（英語の documentation）は、情報工学とは異なり、情報の内容自体や、保存と検索の組織化により多く重点を置いている。そのため、それは図書館学に近いものであり、実際の情報社会においては情報工学と同様に重要な位置を占めつつあるが、大学の分野としては情報工学ほどには一般的に浸透していない。

　ドキュメンテーションは、ベルリンのフンボルト大学と、デュッセルドルフ、コンスタンツ、ザールブリュッケンの各総合大学において、「情報科学」(Informationswissenschaft) という名の基幹コースないし追加コースとして学習できる。ダルムシュタットとポツダムの専門大学では「ドキュメンテーション」コースで、図書館学や記録資料学（アーカイブ）と連携して学ぶことができ、シュトゥットガルト図書館情報大学[12]では「情報マネジメン

ト」コースが置かれている。ハノーファー専門大学の情報コミュニケーション学部[13]では図書館学コースと並んで、「一般ドキュメンテーション」コースと「バイオ科学ドキュメンテーション」コース、さらに新しい教育課程としての「科学技術編集」コースが置かれている。ハンブルク専門大学の図書館情報学部[14]では、「メディア・ドキュメンテーション」コースが置かれている。

ケルン専門大学では、以前は「ドキュメンテーション」を行政付属の3年間の公務員養成課程として聴講できたが、その後図書館・ドキュメンテーション分野を2つのコースに再編し、まったく新しい形態に変えた。すなわち、一方では公共図書館と学術図書館を統合する「図書館学」コースを置き、他方ではそれと独立した新しい「情報経済」（Informationswirtschaft）コースを置いたのである[15]。カールスルーエ大学（総合大学）の経済学部でも、同じく「情報経済」専攻という名称の学士課程が新たに設置された。

ベルリンのフンボルト大学では、ドキュメンテーションは「図書館学」修士課程の枠内での一つの重点コースであり、学習者は主専攻として「図書館学」または「ドキュメンテーション」のいずれかを選ぶことができる。

「書誌学」（Buchwissenschaft）（英語のbibliology）は、図書館学（英語のlibrary science）と同様に古くからある分野であり、人文学的な、とりわけ文献史的な特色を持っている。書誌学は19世紀以降、重要な学術的成果をもたらしてきたが、ドイツの大学では急速には浸透しなかった。

書誌学は今日、マインツ大学（グーテンベルク講座）とエアランゲン・ニュルンベルク大学で行われている。ミュンヒェン大学の「書誌学」分野は、内容的には出版の領域に特化しており、その点でライプツィヒ技術・経済・文化大学（HTWK）の「出版流通」（Buchhandel / Verlagswirtschaft）（英語のbook trade / publishing）コースと類似している。これらの経済学的な特色を持つ分野は、HTWKでは基幹コースの一つとして開講されており、ミュンヒェン大学では学士コースならびに大学卒業後の追加コースの2通りで提供されている。ライプツィヒ大学（総合大学）のコミュニケーション・

メディア学研究所は特別な位置を占めている。ここでは新聞、放送、テレビなども包括する「メディア学」（Medienwissenschaft）の枠組みの中に「書誌学・出版流通」の講座があり、これはその名称において表現されているように、書籍の人文学的側面と経済学的側面を研究・教育において統合するものとなっている。

シュトゥットガルト出版専門大学[16]の「出版流通・編集」コースでは、経済面と技術面とが結合している。ベルリン技術専門大学[17]、ライプツィヒ技術・経済・文化大学、そしてミュンヒェン専門大学[18]の「出版技術」コースでは、いずれも出版編集の技術を取り扱っている。

図書館学と隣接する分野として、「記録資料学」（Archivwesen）と「博物館学」（Museologie）がある。記録資料管理に関する専門職（アーキビスト）の養成は、今日でも大部分が公務員養成（高等職と上級職）として組織されている。ただしドイツ統合以後、記録資料学の分野はポツダム専門大学の専門コースの一つとして確立し、図書館学・ドキュメンテーション学と密接に関連させながら学習できる。一方、博物館学が全ドイツの大学に導入されたのは、旧東ドイツ時代に始まったライプツィヒの博物館学専門学校に負うところが大きく、そこから後のライプツィヒ技術・経済・文化大学の博物館学コースが発展してきた。ベルリン技術・経済専門大学（FHTW）[19]にも「博物館論」（Museumskunde）という名の類似のコースがある。

図書館学という、この古くかつ新しい分野とそれに関連する教育課程がかくも多様であるのは、20世紀末のメディア専門職というものが、それほど多様だからである。情報の制度面での全体設計に関する理念と思想的主導権をめぐる争いと同様に、メディア専門職の養成のための最善のコースのあり方をめぐる競争も苛烈になっている。現代の図書館学の位置づけに関しては、その隣接科学や類似の専攻課程を視野に収めて、それらをパウル・ケークバインにならって「特殊情報学」と呼ぶにせよ、近年ますます急速に交替するパラダイムに対して適切な新しい用語を与えるにせよ、鋭い問題意識を持って考えざるをえない。

3.7 大学とその他の教育機関

　本書の第3部および他の箇所で言及された大学とその他の養成所に関する細部のデータは、一般的な図書館関連の参考書やドイツの大学案内、その他の資料から得られるが、概観と作業軽減のために基本的なデータをここに要約しておこう。〔訳者注：以下のデータは1997〜1999年時点のものであることに注意。詳しくは各訳注を参照のこと。なお、ドイツの大学における「学期」は、1年間2学期制度で、夏学期が3・4月〜7月上旬、冬学期が9・10月〜2月末である。〕

a）専門大学

場所	名称	コース	正規学習期間	学生数
ボン	公共図書館学専門大学（設置者はボロメーウス協会）[20]	●公共図書館学	8学期	1998年：50名
ハンブルク	ハンブルク専門大学図書館情報学部[21]	●図書館学 ●メディア・ドキュメンテーション	図書館学は7学期、メディア・ドキュメンテーションは8学期	1998年：636名（図書館学448名、メディア・ドキュメンテーション188名）
ハノーファー	ハノーファー専門大学情報コミュニケーション学部	●図書館学 ●一般ドキュメンテーション ●バイオ科学ドキュメンテーション ●科学技術編集	8学期	1997年：576名

場所	名称	専攻	養成期間	候補者数
ケルン	ケルン専門大学 図書館情報学部 [22]	●図書館学 ●情報経済	8学期	1998年： 429名（高等職と中級職を除く）*
ライプツィヒ	ライプツィヒ技術・経済・文化大学 図書・博物館学部 [23]	●図書館学 ●出版流通 ●博物館学	8学期	1998年： 380名（図書館学136名、出版学158名、博物館学86名）
ポツダム	ポツダム専門大学 記録資料・図書館・ドキュメンテーション学部 [24]	●図書館 ●記録資料（アーカイブ） ●ドキュメンテーション	8学期 （共通基礎コースの後、主専攻で3分野の1つを選択する）	1998年： 160名
シュトゥットガルト	シュトゥットガルト図書館情報大学 [25]	●公共図書館 ●学術図書館 ●情報マネジメント ●音楽図書館司書（追加コース）	7学期	1999年：620名（予定数）

＊以前の学術図書館およびドキュメンテーション機関における上級職のための公務員養成、ならびに公共図書館学専攻は廃止になる。この数値には目下入学を許可された者すべてが含まれる。

b) 上級職学術図書館司書のための教育機関（公務員養成）

場所	名称	養成期間	候補者数
フランクフルト・アム・マイン	フランクフルト図書館学校・図書館学専門大学 [26]	3年	1998年： 110名
ミュンヒェン	バイエルン公務員専門大学 記録資料・図書館学部	3年	1998年： 23名

　行政専門大学における図書館司書官（公務員）の養成は、「国家の需要に応じて」行われているので、入学許可を受ける学習者の数は年によって著しく変化する。全体として図書館司書官の養成数は、近年では明白に減少して

365

いる。例えば1991年時点では、ミュンヒェンのバイエルン公務員専門大学には53名の候補者がいたのであり、1998年時点と比べると2倍以上が養成を受けていたことになる。ノルトライン＝ヴェストファーレン州では、1980年代の初頭には約250名の候補者が同時に養成を受けていたが、この数値は次第に減少し、同州における行政付属養成コースの存続の最後の期間においては約150名（各年次入学許可数50名）にまで減っていた。

c）公務員候補者のためのその他の教育機関

場所	名称	特徴
フランクフルト・アム・マイン	フランクフルト図書館学校・図書館学専門大学[27]	高等職図書館司書養成のための理論分野の教育
ケルン	ケルン専門大学図書館情報学部[28]	高等職図書館司書養成のための理論分野の教育
ミュンヒェン	バイエルン図書館学校[29]	高等職図書館司書養成のための理論分野の教育

　中級職図書館司書の候補者のための理論的教育のコースは、州ごとに非常に差異があるので、全体を展望することはできない。

d）「公共図書館助手」ないし「メディア・情報サービス専門員」のための広域的教育機関

場所	名称	特徴
ゾンダースハウゼン（テューリンゲン州）	テューリンゲン図書館学校	公共図書館助手（1998年8月1日より「メディア・情報サービス専門員」）のための職業養成学校。
カルフ（バーデン＝ヴュルテンベルク州）	カルフ職業学校センター	公共図書館助手（1998年8月1日より「メディア・情報サービス専門員」）のための州専門教室の形態における職業養成学校。

第3部　職業、専攻、資格

e）総合大学

場所	名称	コース	正規学習期間	学生数
ベルリン	第一フンボルト大学哲学部図書館学専攻[30]	●図書館学（主専攻と副専攻の修士課程。）主専攻の分野は図書館またはドキュメンテーション。 ●図書館学（大学卒業後の追加コースで学術図書館司書。通信教育形態。）	9学期 4学期	1998年：659名（主専攻と副専攻の合計）＊ 1998年：56名
コブレンツ（ランダウ）	コブレンツ＝ランダウ大学	●図書館学（通信教育による第2主専攻、修士課程。）ベルリンのフンボルト大学と連携。	計画中	1998年：12名
ケルン	ケルン大学哲学部図書館学講座（廃止予定）	●図書館学（主専攻と副専攻の修士課程。）	解体予定	1998年：40名（試験候補者のみ）

＊1994年に自由大学からフンボルト大学に移された公共図書館学士と学術図書館学士を養成する専攻課程（資格取得のために国家試験による認定を要する）は1999年に廃止になる。この専攻課程の学習者は上に挙げた659名の数値には含まれていない。

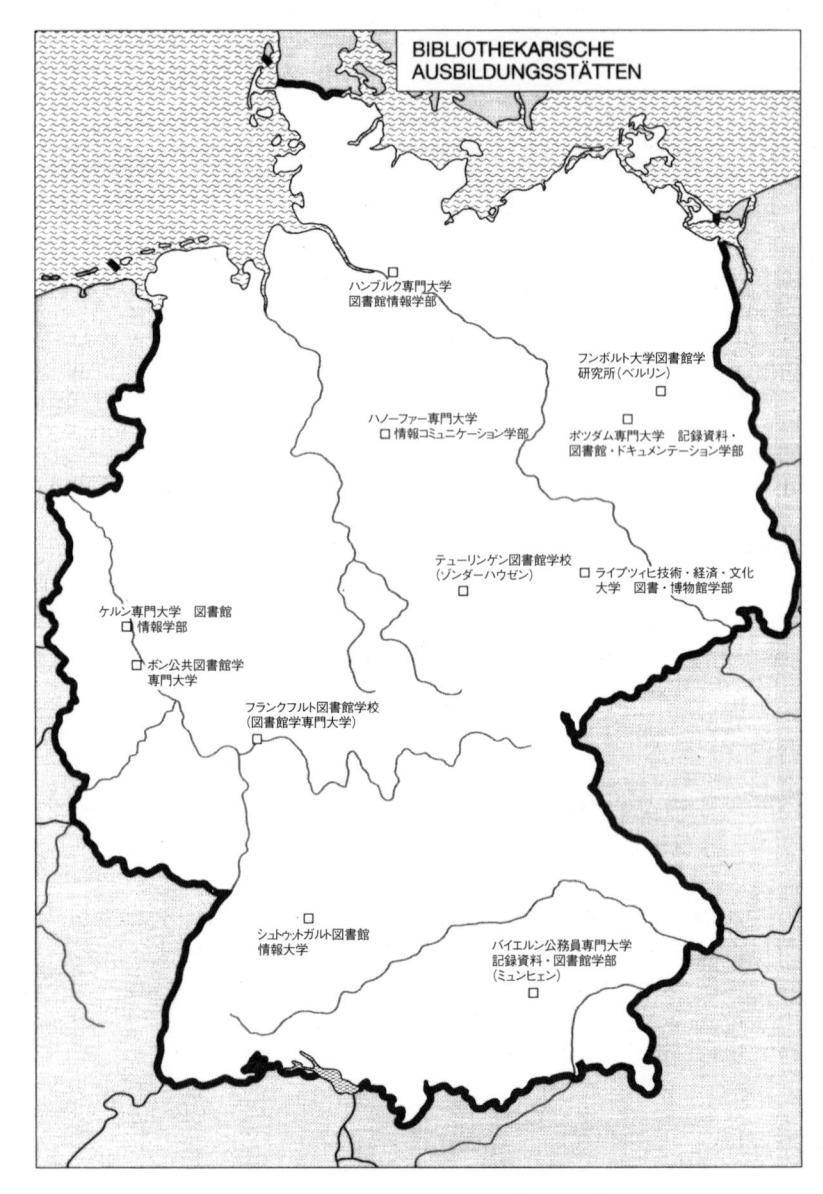

図7　図書館司書養成のための教育機関（1999年）

「正規学習期間」（公務員養成の場合には「養成期間」）の中には、実習期間も含まれており、これは専門大学において「専門実習期間」と呼ばれているものに相当する。

リストに掲げた大学とその他の教育機関は、ドイツ図書館協会（DBV）の第7セクション（従来の「図書館関連教育機関委員会」（KBA））において協力し合っている（1998年に、KBAはドイツ情報科学技術協会（DGI）[31]の教育関連委員会と統合されて、「情報・図書館関連教育機関委員会」（KIBA）になった）。この委員会は年に2回会合を開く。その会合はとりわけ情報と意見の交換に役立ち、参加者にとって長期的に非常に有益なものとなっている。この委員会は、構成メンバーである図書館関連教育機関や図書館の設置・運営組織に対しても時折種々の提言を行い、それに関してドイツ図書館協会の活動の枠内で報告を行っている。

3.8　継続教育

これまで述べてきた過去30年間における図書館制度の抜本的変化を考察するとき、そこから単に教育コースや資格に著しい影響が生じたのみならず、現場の図書館司書もまた、「継続教育」を通して急速に変化する職業的現実についていくための努力が求められてきたことは明らかである。

継続教育の一部は、図書館内における自前の研修（OJT、組織内教育）によってその必要性を充たすことが試みられている。これは、個々の機関内だけで行うには通常すぐに能力の限界にぶつかるし、新しいテクノロジーに関しては他館の専門職員との経験交換がとりわけ必要であるので、多くの地域的・広域的な継続教育企画が発足してきている。

*

ドイツ図書館研究所（DBI）は、この領域でも不可欠の貢献をしてきた。

広域的な継続教育企画には、しばしば大きな図書館や図書館支援センターが主要な支援機関として関与しているが、それらの多様なプログラムにおいてDBIは専門的展開の原動力となってきた。例えば、1996年から1998年にかけて行われたEUプロジェクト「ニュー・ブック・エコノミー」(新しい職業的展望創出のための書店職員、出版業者、図書館司書の継続教育)のような、ドイツとEUにおける革新的プロジェクトにもDBIが参画し、知的刺激をもたらした。

地方レベルでは、例えばバイエルン州立図書館(BSB)の総務部や、ノルトライン゠ヴェストファーレン州の大学図書館センターのような州立の機関が、豊富な継続教育プログラムを提供している。特に公共図書館のためには、各州の図書館支援センターが、広域的な継続教育に積極的に参画している(→ 2.5.2)。

その他に、図書館司書のための組織として、ドイツ図書館協会(DBV)とその州協会が継続教育を常に重要な課題としている。

「ドイツ図書館司書大会」は、図書館司書のための組織が行う、継続教育に関連した、全国レベルでの成果に富む企画として最もよく知られたものであり、毎年ドイツ図書館司書協会(VDB)[32]が中心となり、後には学術図書館学士協会(VdDB)[33]と共同で主催されている。このドイツ図書館司書大会では、継続教育にとって重要なテーマがかなり大きく取り上げられている。それは、専門文献に詳しく記録された学会発表が示すとおりである。ドイツ図書館協会は、地方レベルでも活発に活動している。その州協会も、しばしば継続教育の企画者となっている。

図書館司書のための教育機関も、ある程度においてではあるが、継続教育会議やワークショップ、シンポジウムの企画者として関与している例がある。シュトゥットガルト図書館情報大学(HBI)[34]は、図書館司書の継続教育のために「HBIアカデミー」を創設し、「未来へ向けた知的飛躍を提供する」というスローガンのもとに、新しいテクノロジーに関する種々の研修企画を行った。特にそれは、「資格を持つ専門家との経験交換を促すための場」

第3部　職業、専攻、資格

を提供することを目指していた。

　継続教育のプログラムは、図書館専門誌（特に『図書館サービス』と『図書と図書館』）や特別なパンフレットにおいて定期的に公表されている。そこではデータ保護や著作権の新規定、児童書、マルチメディア、新しいデータベースや図書館システムの紹介など、図書館に関する重要なテーマが幅広く提示されている。

　「生涯教育」の意味を持つ継続教育は、専門教育の段階では不十分だった点を補正し、テクノロジーの急速な発展に対応して必要な知識の最新化を図るものである。継続教育への参加は、職員のモティベーションと図書館の変革意志を計る尺度である。それゆえ、図書館組織の経営者も現場の図書館司書も、持続的な、できれば体系的な継続教育を最重要の将来的資源として理解することが求められる。

　各州や連邦の公務員法では、公務員が継続教育を受ける権利が保障されており、当局にその義務が課されている。公立図書館の設置・運営母体である公的組織は、公務員の職務管理を司る立場から公務員の継続教育に強い関心を持っており、関連法規（各公務員法、特別休暇規定など）によりこれに配慮する義務を自らに課している。それにもかかわらず、継続教育に参加するために公務員を職務から一時的に解放することは、現場の上司により遺憾ながら時折非常に制限されており、多くの研修の機会が利用されないままになっているのである。

　注目すべきことに、ドイツ連邦共和国公務員給与規定（BAT）には、公務員法の規定に対応する継続教育の規定が含まれておらず、単に「職務上または組織経営上の利益に属する研修・継続教育旅行のための支出」（§42、1項－d）に該当する規定があるにすぎない。ともかく、BATの契約相手である公的雇用者と労働組合はこの簡素な文面を根拠として、継続教育を公的利益に基づく関係事項とみなして、その機会を得るべく努力しているのである。

*

　図書館司書のための継続教育の活動がさまざまな形で行われているのは、図書館活動のさまざまな専門領域において生涯教育が必要であることの証左である。また、継続教育の主導者がさまざまであるのは、各種の図書館のタイプについて述べた箇所（→本書第 2 部）で詳述したような、ドイツ図書館活動の彩り豊かな、しかしいくらか混乱した全体像を反映している。多くの問題はあるとしても、全体として継続教育は、多くの図書館司書たちによって価値あるものと認められている。例えば、ドイツ図書館司書大会における参加者の数は過去 20 年間増え続けている。もっとも、大会の期間中に休暇を取ることが困難な図書館司書も少なくないし、上司や雇用者が旅費や参加費用をめったに引き受けようとしないことは言わずもがなである。1970 年代には毎年約 1 千名から 1,200 名がドイツ図書館司書大会に参加していた。その後参加者の数はますます増大し、最近ではその都度約 2 千名が参加している。数年おきに開催される「図書館会議」は、図書館司書関連の「すべての」組織が共同で開催する。これには通常約 3 千名が参加する。

訳注

(1) ゴットホルト・エフライム・レッシング（1729-1781）（Gotthold Ephraim Lessing）は、ドイツ啓蒙思想の代表的な詩人、劇作家、思想家、批評家で、ドイツの文学と思想に多大な影響を与えた人物であり、晩年に図書館司書も務めた。アンドレアス・フェーリックス・フォン・エーフェレ（1706-1780）（Andreas Felix von Oefele）は、『バイエルン地方学者列伝』全 10 巻を著した歴史家であり、1727 年からルーヴァンのドイツ図書館司書、1746 年からバイエルン国立裁判所図書館長を務めた。グリム兄弟（Brüder Grimm）は、長兄のヤーコプ（Jacob Ludwig Karl Grimm, 1785-1863）と次兄のヴィルヘルム・カール・グリム（Wilhelm Karl Grimm, 1786-1859）がいわゆる『グリム童話』の編纂者として有名で、1829 年から 1837 年にかけて兄弟ともにゲッティンゲン大学の司書官兼教授を務めた。アドルフ・フォン・ハルナック（1851-1930）（Adolf von Harnack）は、ドイツの神学者・教会史家で、1905 年にベルリン王立図書館（後のプロイセン国立図書館）館長に就任し、州立図書館長会議を主宰した。

(2) HBI は 2008 年 2 月現在、シュトゥットガルト・メディア大学（Hochschule der

第 3 部　職業、専攻、資格

Medien）となっている。http://www.hdm-stuttgart.de/
(3) 2008 年 2 月現在、バイエルン公共行政・司法専門学校（Fachhochschule für öffentliche Verwaltung und Rechtspflege in Bayern）となっている。http://www.bfh.fh-hof.de/
(4) ボン公共図書館学専門大学（FHöBB）は 2004 年に閉学した。
(5) ライプツィヒ技術・経済・文化大学（HTWK）http://www.htwk-leipzig.de/
(6) ポツダム専門大学情報科学部　http://informationswissenschaften.fh-potsdam.de/
(7) ライプツィヒ技術・経済・文化大学（HTWK）の図書・博物館学部は、2006 年 9 月 1 日より同大学のメディア学部として改組されている。http://www.fbm.htwk-leipzig.de/
(8) 注 2 参照。
(9) ケルン専門大学の図書館学専攻と情報経済専攻は 2002 年に改組され、同大学の情報コミュニケーション学部情報マネジメント専攻課程となっている（2008 年 2 月現在）。http://www.fbi.fh-koeln.de/institut/fakten/geschichte.htm
(10) テューリンゲン図書館学校　http://www.bibs.kyf.th.schule.de/website/index.php?page=home&f=1&i=home
(11) カルフ職業学校センター　http://www.meinestadt.de/calw/branchenbuch/company/2701599
(12) 注 2 参照。
(13) 2008 年 2 月現在、ハノーファー専門大学第 3 学部（メディア・情報・デザイン）となっている。http://www.fakultaet3.fh-hannover.de/de/
(14) 2008 年 2 月現在、ハンブルク専門大学デザイン・メディア・情報学部となっている。http://www.bui.fh-hamburg.de/
(15) 注 9 参照。
(16) その後、シュトゥットガルト印刷・メディア大学となり、さらに HBI と統合されて、シュトゥットガルト・メディア大学となっている（2008 年 2 月現在）。
(17) ベルリン技術専門大学　http://www.tfh-berlin.de/
(18) ミュンヒェン専門大学　http://www.hm.edu/
(19) ベルリン技術・経済専門大学（FHTW）http://www.fhtw-berlin.de/
(20) 2004 年に閉学。
(21) 注 14 参照。
(22) 注 9 参照。
(23) 今日のライプツィヒ技術・経済・文化大学では、メディア学部の中に「図書館情報学」、「出版流通」、「印刷・包装技術」、「メディア技術」、「博物館学」、「出版編集」の各コースが置かれている（2008 年 2 月現在）。http://www.fbm.htwk-leipzig.de/
(24) 2008 年 2 月現在、情報科学部の下に「記録資料」、「図書館」、「ドキュメンテーション学」の各コースが置かれている。http://www.fh-potsdam.de/
(25) 今日のシュトゥットガルト・メディア大学図書館情報学部（2008 年 2 月現在）。

(26) 2003 年に閉校、課程の大部分がダルムシュタット専門大学の「情報・知識マネジメント」コースに統合再編されている（2008 年 2 月現在）。http://www.iuw.fh-darmstadt.de/
(27) 同上。
(28) 注 9 参照。
(29) バイエルン図書館学校　http://www.bib-bvb.de/bib_schule/bib_sch.htm
(30) 2008 年 2 月現在、フンボルト大学図書館情報学専攻課程（IBI）となっている。http://www.ibi.hu-berlin.de/
(31) ドイツ情報科学技術協会（DGI）http://www.dgd.de/
(32) ドイツ図書館司書協会（VDB）http://www.vdb-online.org/verein/
(33) 学術図書館学士協会（VdDB）は 2000 年に統合再編され、情報図書館職員協会（Berufsverband Information Bibliothek e.V.）となっている（2008 年 2 月現在）。http://www.bib-info.de/
(34) 注 2 参照。

訳者あとがき

　本書は、Gisela von Busse, Horst Ernestus, Engelbert Plassmann und Jürgen Seefeldt, *Das Bibliothekswesen der Bundesrepublik Deutschland: Ein Handbuch*, Von Engelbert Plassmann und Jürgen Seefeldt, Dritte, völlig neubearbeitete Auflage des durch Gisela von Busse und Horst Ernestus begründeten Werkes, Wiesbaden: Harrassowitz, 1999（ブッセ、エルネストゥス、プラスマン、ゼーフェルト『ドイツ連邦共和国における図書館活動－ハンドブック』ギーゼラ・フォン・ブッセとホルスト・エルネストゥス原著、エンゲルベルト・プラスマンとユルゲン・ゼーフェルトによる完全改訂第3版）の抄訳である。

　原著は7つの章から成っており、本書ではそこから3つの章を訳出した。原著の構成は以下のとおりである。

　　第1章　国家と社会における図書館
　　第2章　さまざまな図書館のタイプ
　　第3章　協力作業、組織、機関
　　第4章　図書館の業務方式とマネジメント
　　第5章　図書館の建物と設備
　　第6章　書誌と情報の組織化
　　第7章　職業、専攻、資格

　本書の第1部は原著の第1章、本書の第2部は原著の第2章、そして本書の第3部は原著の第7章に対応する。まず都築が全体の粗訳を行い、竹之内、渡邊、伊藤、佐々木が詳細にわたって内容を検討しつつ、原文と照らし合わせながら文章校正を行った。作業に時間がかかってしまったため、現地通貨がマルクからユーロに切り替わったり、いくつかの図書館、大学、関連組織が廃止または改組・統合されたりするなど、部分的に内容が古くなって

しまった箇所があるが、できる限り現状の把握に努め訳注で反映させた。わが国では、ドイツの図書館活動に関して、部分的な動向を取り上げた論文や概説的な小冊子レベルでの資料は存在するが、図書館制度を歴史的背景から説き起こし、あらゆる種類の図書館について、ここまで包括的かつ詳細な内容を盛り込んだ類書は出版されていないため、この分野についてある程度詳しく知るための資料としては、本書は現在でも十分に一読に値する内容である。特にドイツの学校図書館、軍事図書館、盲人図書館、刑務所図書館などの各種図書館や、旧東ドイツの図書館事情に関する詳細な記述が多く含まれている点でも興味深い資料である。

　第1部では、ドイツの図書館活動の背景となる歴史的・社会的事情について述べられている。図書館事情を説明するのに、このように背景から根本的に筋道立てて論じていこうとするところがドイツ的と言えようか。ここでは、教育・文化制度全般と特に大学制度の概略、出版流通業、読書・文学活動の推進、図書館の設置・運営・支援機関、20世紀におけるドイツ図書館活動の歴史（特に最後では旧東ドイツにおける展開）が述べられている。第1部で、訳語として特に問題になると思われるのは、まず総合大学（Universität）と統合大学（GH）（Gesamthochschule）である。前者は伝統的な、いわゆる大学であるが、後者は総合大学と専門大学の専攻課程の両方を持ち、学生の希望に応じて専門大学専攻から総合大学専攻への移行を容易にする新しいタイプの学術的大学である。この「総合大学」と「統合大学」とは、漢字表記が非常に紛らわしいので、後者は原則として「統合大学」（GH）と表記した。また、単科大学（Hochschule）は総合大学と同格の学術的大学であるのに対して、専門大学（Fachhochschule）は職業志向的な高等専門学校の類であり、非学術的な大学と位置づけられている。また、「出版流通」（Buchhandel）という語は、基本的には「出版流通」と訳した箇所が多いが、「書店」「出版事業」などの訳語を採用している箇所もある。

　第2部では、ドイツにおける各種の図書館類型について詳細に述べられている。ここで特に注意を要するのは、冒頭の「ドイツ国立図書館」である。

訳者あとがき

すなわち、(1) 旧西ドイツのドイチェ・ビブリオテーク（Deutsche Bibliothek）と、(2) 旧東ドイツのドイチェ・ビューヘライ（Deutsche Bücherei）が、統合ドイツにおいて合併し、(3) ディー・ドイチェ・ビブリオテーク（Die Deutsche Bibliothek: DDB）となったのであり、この三つとも、「ドイツ図書館」と訳すことが可能だが、本書では (1) と (2) をカタカナで表記し、特に三番目の統合ドイツにおける DDB を「ドイツ国立図書館」と訳出した。訳注でもふれておいたが、DDB は 2006 年には正式に「ドイツ国立図書館（Die Deutsche Nationalbibliothek）」と改名され、またそれ以前の文献でも DDB を「ドイツ国立図書館」と訳している例があったため、混乱を招きやすい「ドイツ図書館」という表現を避け、「ドイツ国立図書館」の語を採用することとした次第である。

なお、「ベルリン国立図書館」の旧東ベルリン地域の部分が、旧東ドイツ時代の途中から「Deutsche Staatsbibliothek」と改名されており、これも直訳すれば「ドイツ国立図書館」であるが、DDB とは全く別組織であって、大変紛らわしいので、このベルリン国立図書館の東側部分については、一貫して「東ドイツ国立図書館」と訳すことにした。

第 3 部（原著では第 7 章）では図書館員の養成、司書教育の制度がテーマである。この内容も現在ではかなり更新されているが、ドイツの図書館学教育の歩みを知るためには有益な手がかりとなるであろう。特に目についた変化については注で現況を記しておいた。ここで特に訳語として工夫をしたのは、公共図書館助手（Assistenten an Bibliotheken）と学術図書館助手（Bibliotheksassistenten）との区別である。これらは、直訳すればどちらも「図書館助手」だが、読者の理解の助けとなるように、公共図書館における図書館助手を「公共図書館助手」、学術図書館における図書館助手を「学術図書館助手」と訳し分けた。先行文献では「図書館アシスタント」と訳されているものもあるが、いずれにしても「学術」「公共」の区分がここでは重要である。本文中で述べられているように、現在では「公共図書館助手」の職業は新しい「メディア・情報サービス専門員」（Fachangestellter für Medien-

377

und Informationsdienste）という職業に置き換えられて、内容的にも刷新され、図書館だけでなく、企業の情報サービス部門にも対応した資格となっている。また、ドイツの図書館員養成に関する比較的最近の事情を論じた文献として、以下のものが参考になる。

・ロナルド・シュミット著、吉次基宣訳「ドイツにおける司書のための研修とその資格化─hbz（ノルトライン・ヴェストファーレン州大学図書館センター）の研修に注目した図書館内あるいは図書館外で行われる研修」『情報メディア研究』第4巻第1号, 2006, pp.127-137
・ウテ・ウラウス＝ライヒェルト著、吉次基宣訳「ドイツの司書教育の現在：2010年へ向けた日程表─司書および情報専門家養成課程のバッチェラーとマスターという修了資格を巡って」『図書館雑誌』Vol.98, No.8, 2004年8月, pp.540-541

　翻訳作業の全体に関して、まず原著の本文中に記されていたURLについては、最新のものを確認の上すべて訳注に記載した。その他、必要と思われる箇所についてはURLを加えた。全体を通して訳語の選定は、個々の図書館や特別コレクション等の固有名を含め、参考資料、ウェブサイト等で多数採用されている訳語の確認に努めた。しかし、適切な訳語の例がなかったり、統一訳が見られなかったりしたものも多く、今回の翻訳が最初の試みとなる言葉もある。適訳となっているかは読者の判断を仰ぎたい。

　全体を通して、「Bibliothekswesen」の「Wesen」という言葉は、「制度」「活動」「学」等を意味するので、文脈によって「図書館制度」「図書館活動」「図書館学」等と訳し分けた。逆にいえば、訳文中で「図書館制度」という語に違和感がある場合には、「図書館活動」「図書館事情」「図書館学」等に変換して考えてみていただきたい。

　また、現代の文脈における多くの箇所では、「蔵書」の代わりに「コレクション」という語を採用した。図書館の収集対象がもはや書籍にとどまらないことは図書館情報学分野では常識であり、「コレクション形成論」等の科目も存在するからである。しかしながら、共訳者の中からも、図書館情報学

訳者あとがき

を専門としない立場からは、「コレクション構築」という言葉は日本語として非常にわかりにくいという指摘もあったことを付記しておく。

　この原著の新版（第4版）が、同じ著者らによって、同じ出版社から2007年3月に出版されている（Engelbert Plassmann, Gisela von Busse und Horst Ernestus, *Das Bibliothekswesen der Bundesrepublik Deutschland: Ein Handbuch*, 4., Auflage, 510p.）。これは、我々が訳した第3版の縮小・改訂版と言えるものである。この第4版の内容についても言及しておこう。
　まず、構成に関しては、我々が訳した第3版の第1部と第2部に相当する部分は、新版の第3章前半（約30ページ）、我々の第3部（第3版第7章）は新版の第8章（約30ページ）に対応しており、内容全体として第3版の5分の1に縮小されている。そして新版の前半、第1章と第2章（約60ページ）は「図書館」と「情報」というキーワードで論じられており、これは第3版になく、まったく新しい問題意識を示している。この著作の結論部分でも同じ問題意識が見られ、この著作が一貫してこの新しい視点から叙述されていることがわかる。つまり簡単に言えば、ますます進行する情報化に伴い、「図書館」の存在意義が問われ、その存在意義を疑問視する意見さえ出始めている中で、「図書館」がこれまで歴史的にいかに時代の要求に対応して柔軟に変遷を遂げたかを論じ、そして目下グーテンベルクの印刷術にも匹敵する新しい巨大なメディア革命に直面して、いかにすれば「図書館」が生き残れるのかという問題意識のもと、図書館の歴史を俯瞰しつつ、忌憚のない提言をしている著作であると言うことができる。
　新しい第4版の内容は、現代の日本の大学における図書館情報学関連学科の改革にも見られるような昨今の趨勢に対応したものであり、日独で共通する時代の文脈を示し、興味深く読めるものである。しかしこのことを裏返せば、それはもはやドイツ的な特色というよりも、現代日本をも包み込むような時代の流れであって、この問題意識から我々にとっての新しい認識が生まれるとは考えにくい。一方、我々が訳した第3版は1990年代、東西ドイツ

379

統合直後の歴史的現実を踏まえ、ドイツの図書館活動がいかに伝統的な旧弊を是正しながら生まれ変わろうとしているかを論じたもので、歴史性の叙述がそれ自体ドイツ的な特色を示し、したがって我々日本人にとっては、むしろ理解しやすいものがあるとも言えるだろう。第4版では情報化・国際化というグローバルな現象の叙述が前面にあり、図書館のドイツ的個性・歴史性の叙述は後退している。第3版を読んでから第4版を読めばよく理解できるが、第4版だけを読んだのでは、ドイツ的な特色が理解できるとは言えないだろう。

　第4版の第8章では、最近急増している「図書館」のレッテルを含まない専攻課程の表が掲載されているが、表記とその内実との不一致が著しく、図書館をめぐる状況が大きな「情報化」の波を受けて混乱していることを示している。2000年には、ドイツ図書館司書協会は旧来のセクト主義を解消して、図書館に職業的に携わる者すべての統一的な職業像を宣言するに至ったが、これも「情報化」の帰結である。EU諸国との格差解消は急務であろうし、アメリカの公共図書館をモデルにしながら、近い将来にドイツ図書館制度は刷新されるだろう。しかし、公務員身分での候補者養成なども部分的には残っているようで、現時点でドイツの図書館活動が旧弊を脱してまったく新しくなっているわけではないように思われる。いずれにしても、第4版においては、改革への問題意識そのものは確かに第3版よりも切実さを増していると言える。数値的なデータも至るところで変化しているが、これは顕著な変化（例えば、中央専門図書館の数が4つから3つになったことなど）に関してのみ、本訳書の該当箇所で注を付すこととした。

　なお、最近のドイツ図書館界の動向に関しては、国立国会図書館のオンラインジャーナル『カレント・アウェアネス』（http://www.dap.ndl.go.jp/ca/）で「ドイツ」をキーワードに検索すると、さまざまな関連記事を日本語で読むことができる。

　本書の翻訳出版の話は、筑波大学教授（当時）の山本順一先生からの勧めで始まった。まずは貴重な機会をいただいたことにお礼を申し上げたい。ま

訳者あとがき

た本書の邦訳作業においては、長年にわたってドイツ図書館論のご研究に取り組んでいらした第一人者でいらっしゃる元・立教大学教授の河井弘志先生から、全体にわたる大変有益なご助言をいただいた。第2部の公共図書館論に関する校正作業の一部は、嶋﨑有希子氏の協力を得て進められた。記して感謝の意を表したい。

　最後に、大幅な遅延を伴ってしまったこの翻訳出版企画を、最初から最後まで根気強くサポートしていただき、我々の作業を見守り、折々に励まし、ついに完成まで導いて下さった日本図書館協会編集部の内池有里氏に対し、心からのお礼を申し上げる次第である。

訳者一同

略語一覧・索引

[凡例]
欧文・略語一覧
・略語のアルファベット順に、日本語の名称を記載した。
索引
・全体を数字・アルファベット順、五十音順に分け、各語の原綴を（ ）に入れて記載した。
・配列にあたっては、長音は省いた。個人名は姓・名の順とした。
・「→」は「を見よ」、「：→」は「をも見よ」参照である。

◆欧文・略語一覧

AGB → アメリカ記念図書館
AGMB → 医学図書館研究会
AIBM → 国際音楽図書館・音楽資料館・音楽資料センター協会
ALA → アメリカ図書館協会
ANSI → 米国規格協会
APBB → 議会・官庁図書館協会
ASB → 一般図書館分類表（西）
AsKI → 独立文化施設研究会
ASpB → 専門図書館協会
BAG → 出版流通事務有限会社
BAG → ドイツ・カトリック教会図書館研究会
BAT → ドイツ連邦共和国公務員給与規定
BDB → ドイツ図書館協会全国連合
BKG → 出版流通業信用保証会社
BLK → 教育計画と研究支援のための連邦・諸州委員会
BMBF → ドイツ連邦教育研究省
BRD → ドイツ連邦共和国
BRZN → ニーダーザクセン州図書館計算機センター
BSB → バイエルン州立図書館
CENL → 欧州国立図書館長会議
DAINET = Deutsches Agrar-informationsnetz
DBI → ドイツ図書館研究所
DBS → ドイツ図書館統計
DBV → ドイツ図書館協会
DDR → ドイツ民主共和国
DFG → ドイツ学術振興会
DGI → ドイツ情報科学技術協会
DVEB → ドイツ・プロテスタント図書館協会
DVV → ドイツ市民大学協会
DZB → ドイツ視覚障害者支援中央図書館
ECONIS = ECONomics Information System
ekz → 図書館購買センター
E. T. A. ホフマン賞（バンベルク市）(E. T. A.-Hoffmann-Preis der Stadt Bamberg)
E. メルク社本部図書館（ダルムシュタット）(Hauptbibliothek der E. Merck)
FAMI → メディア・情報サービス専門員
FH → 専門大学
FIZ → カールスルーエ専門情報センター
FWU 研究所 → 学問・教育のための映画・映像研究所
GBI → 経営情報学会
GEMA → 音楽演奏・技術的複製権協会
GfdS → ドイツ語協会
GH → 統合大学
GKD → 団体名典拠データ
GKS → 会議文書総目録
GMK → メディア教育・コミュニ

略語一覧・索引

ケーション文化学会
GNM 財団 → ゲルマン国立博物館財団
GPI → 教育・情報学会
GWB → 競争制限阻止法
HBI アカデミー ＝ HBI-Akademie
HRG → 大学大綱法
IAML → 国際音楽資料情報協会
IBR → 書籍・写本修復センター
ID ＝ Informationsdienste（情報サービス）
IfB → 図書館司書教育部
IFLA → 国際図書館連盟
IJB → 国際児童図書館
『IJB レポート』 ＝ IJB-Report
『IJB 紀要』 ＝ IJB-Bulletin
ISO → 国際標準化機構
ISRN → 国際標準テクニカルレポート番号
IuD ＝ Information und Dokumentation
IVMB → 国際音楽図書館・音楽資料館・音楽資料センター協会
KAB → 一般図書館分類法（東）
KBA → 図書館関連教育機関委員会
KGSt → 自治体行政簡素化機構
KIBA → 情報・図書館関連教育機関委員会
KMK → 諸州文化大臣常設会議
LAG → 州カトリック図書館研究会
LIBER → ヨーロッパ研究図書館連盟
MAB → 図書館用機械交換書式
mb ＝ Mitteilungsblatt（広報）
NSW 諸国 → 非社会主義経済圏
OPL → ワン・パーソン・ライブラリー
PAC → 「資料保存」コアプログラム
PAK → 「計画・指導・調整」部局
PI → プロイセン図書館アルファベット順目録規則
PIZ → ハノーファー特許情報センター
PND → 個人名典拠データ
POS → 普通教育総合技術学校
RAK → アルファベット順目録規則

RSWK → 主題目録規則
RWTH → ライン・ヴェストファーレン工科大学
RZB → 出版流通業計算処理センター有限会社
SBB PK → プロイセン文化財団ベルリン国立図書館
SED → ドイツ社会主義統一党
SMM → 音楽公共図書館音楽文献・楽譜分類
SWD → 検索語基準データ
TIB → 科学技術情報図書館
TSM → 音楽公共図書館録音メディア分類
TH → 工科大学
TU → 工業総合大学；工科大学
UB → Universitätsbibliothek（大学図書館）
UBCIM → 「国際書誌コントロール・国際マーク」コアプログラム
VbGD → ドイツ視覚障害者頭脳労働者協会
VDB → ドイツ図書館司書協会
VdDB → 学術図書館学士協会
VeO → 出版流通法
VG BILD-KUNST → 視覚芸術著作権協会
VG WORT → 文芸著作権協会 WORT
VLB → 『在庫図書目録』
VLM → 『在庫楽譜目録』
VVB → 『絶版書目録』
WORT → VG WORT
WR → 学術審議会
YA → ヤングアダルト
ZADI → 農業資料・情報センター
ZBW → キール大学世界経済研究所図書館・ドイツ経済学中央図書館
ZDB → 雑誌データバンク
ZfBB → 『図書館学と書誌』
ZIB → 図書館中央研究所

383

◆索引

【数字・アルファベット順】

10月3日文学賞（ベルリン）
　（Literaturpreis zum 3. Oktober）39
『1990年代における専門大学の発展のための提言』（1991年）
　（Empfehlungen zur Entwicklung der Fachhochschulen in den 90er Jahren）21
DAINET（Deutsches Agrarinformationsnetz）209
ECONIS（Economics Information System）207
E. T. A. ホフマン賞（バンベルク市）
　（E. T. A.-Hoffmann-Preis der Stadt Bamberg）38
E. メルク社本部図書館（ダルムシュタット）（Hauptbibliothek der E. Merck）187
『IJB紀要』（IJB-Bulletin）283
『IJBレポート』（IJB-Report）283
IuD（Information und Dokumentation）4, 62
『mb』（広報）（Mitteilungsblatt）259
YA → ヤングアダルト

【五十音順】

[あ行]

アイセン・コレクション（Sammlung Eyssen）214
アウグスターナ大学図書館（ノイエンデッテルザウ）（Bibliothek der Augustana-Hochschule, Neuendettelsau）191
アウグスト大公図書館（ヴォルフェンビュッテル）（Herzog August Bibliothek in Wolfenbüttel）55, 145, 147, 211, 214, 216, 324
アウグスブルク州立＝市立図書館（Staats- und Stadtbibliothek Augsburg）150, 158, 331
アウグスブルク大学図書館（Universitätsbibliothek Augsburg）166
アウリヒ地方図書館（Landschaftsbibliothek Aurich）152, 162, 332
青色リスト（Blaue Liste）47, 48, 58, 59
アーカイブ（Archiv）157, 347, 361, 365
アカデミー・フランセーズ（Académie française）43
アーキビスト（Archivar）363
『新しい図書館』（雑誌）（Die Neue Bücherei）259
アッカークネヒト，エルヴィン（1880-1960）（Erwin Ackerknecht）75, 76, 77, 78
アート・ライブラリー（Artothek）227, 296, 297, 298, 299, 300, 301
『アート・ライブラリー・ニュース』（Artotheken-Rundbrief）300
アドルフ・グリメ研究所（マール）（Adolf-Grimme-Institut）28, 103
アビトゥア（Abitur）9
アメリカ記念図書館（ベルリン）（AGB = Amerika-Gedenkbibliothek）50, 151, 220, 237
アメリカ図書館協会（ALA = American Library Association）307
アメリカハウス（Amerikahaus）320, 321
アルファベット順目録規則（RAK = Regeln für die alphabetische Katalogisierung）45, 82, 94, 124, 137, 173, 194, 199, 295, 339
アンナ・アマーリア公妃図書館（Herzogin Anna Amalia Bibliothek）49, 147, 202, 212, 213, 333
アンナ・ゼーガース公共図書館（マインツ）（Öffentliche Bibliothek – Anna Seghers）217
アンネ・フランク・ショア図書館（Anne-Frank-Shoah-Bibliothek）118
アンハルト州立図書館（デッサウ）

略語一覧・索引

（Anhaltische Landesbücherei Dessau）155, 333
アンブロニウス・コレクション（Bibliotheca Amploniana）88
アンベルク州立図書館（地方図書館）（Staatliche Bibliothek（Provinzialbibliothek）Amberg）150, 328, 331
イェーナの公共図書会館（Öffentliche Bücherhalle in Jena）301
イェーナの大学＝州立図書館　→　テューリンゲン大学＝州立図書館（イェーナ）
イェリネク，エルフリーデ（1946-）（Elfriede Jelinek）37
医学図書館研究会（AGMB = Arbeitsgemeinschaft für medizinisches Bibliothekswesen）196
イズニー市立図書館（Stadtbibliothek Isny）325
イタリア文化会館（Istituto Italiano di Cultura）320
一般図書館分類表（西）（ASB = Allgemeine Systematik für Büchereien）279, 295
一般図書館分類法（東）（KAB = Klassifikation für Allgemeinbibliotheken）279
移動図書館（Fahrbibliothek）45, 94, 230, 235, 236, 242, 244, 245, 246, 334
イルムガルト・ハイルマン文学賞（Irmgard-Heilmann-Literaturpreis）38
インクナブラ（Inkunabel）71, 134, 140, 142, 145, 331
インクナブラ総合目録（Gesamtkatalog der Wiegendrucke）71, 137
印刷・書籍文化センター（Zentrum für Druck- und Buchkultur）329
ヴァイマル古典主義文学財団（Stiftung Weimarer Klassik）49
ヴァートガッセン宮廷館（Hofhaus Wadgassen）329
ヴィッテン・ヘルデッケ大学（Universität Witten/Herdecke）16
ヴィーヘルン，ヨハン・ヒンリヒ（1808-1881）（Johann Hinrich Wichern）265
ヴィラ・ツァンデルス（Villa Zanders）300
ヴィルヘルム館（Wilhelminische Gebäude）127
ヴィルヘルム・グルンヴァルト館（Wilhelm-Grunwald-Haus）205
ヴェッセンベルク・コレクション（Wessenberg-Bibliothek）167
『ヴェッソブルンの祈祷書』（Wessobrunner Gebet）141
ヴッパータール市立図書館（Stadtbibliothek Wuppertal）279, 297
ウニウェルシタス・リテラルム　→　学問の総体
ヴュルテンベルク州立図書館（シュトゥットガルト）（Württembergische Landesbibliothek, Stuttgart）150, 157, 158, 159, 193, 331
ウルム大学図書館（ヴィープリンゲン）（Universitätsbibliothek Ulm, Wiblingen）328
エアフルト哲学・神学学校（Philosophisch-Theologisches Studium Erfurt）15
映像処理（Bildagentur）352
映像資料センター（Bildstelle）25, 26
エッシェンバッハ，ヴォルフラム・フォン（Wolfram von Eschenbach）141
エッティンゲン・ヴァラーシュタイン侯爵コレクション（Öttingen-Wallersteinsche Bibliothek）167
エーフェレ，フェーリックス・フォン（1706-1780）（Andreas Felix von Oefele）338, 372
エムデン大教会ヨハネス・ア・ラスコ図書館（エムデン）（Johannes a Lasco Bibliothek Große Kirche Emden）53, 190
エーリヒ・マリア・レマルケ平和賞オスナブリュック市）（Erich-Maria-Remarque-Friedenspreis der Stadt

385

Osnabrück) 39
オイティン州立図書館（Eutiner Landes-
　bibliothek） 156
欧州国立図書館長会議（CENL =
　Conference of European National
　Librarians） 115, 124
教える自由（Lehrfreiheit） 17
オットー・ロンバッハ図書館（ビーティ
　ヒハイム・ビッシンゲン）（Otto-
　Rombach-Bücherei in Bietigheim-
　Bissingen） 297
『オトフリート・フォン・ヴァイセン
　ベルクの福音書』（Evangelienbuch
　des Otfried von Weißenburg） 141
オーバーラウジッツ学術図書館（市立
　芸術コレクション）（ゲルリッツ）
　（Oberlausitzische Bibliothek der
　Wissenschaften bei den Städtischen
　Kunstsammlungen Görlitz） 155
オルデンブルク州立図書館（Landes-
　bibliothek Oldenburg） 153
『音楽印刷物目録』（1988-1990 年）
　（Katalog der Musikdrucke） 143
音楽演奏・技術的複製権協会（GEMA
　= Gesellschaft für musikalische
　Aufführungs- und mechanische Verviel
　fältigungsrechte） 48, 106
音楽公共図書館（Öffentliche Musik-
　bibliothek） 291, 292, 293, 294, 295
『音楽公共図書館』（Die Öffentliche
　Musikbibliothek） 295
音楽公共図書館音楽文献・楽譜分類
　（SMM = Systematik des Musik-
　schrifttums und der Musikalien für
　Öffentliche Musikbüchereien） 295
音楽公共図書館研究会（Arbeitskreis
　Öffentliche Musikbibliotheken） 295
音楽公共図書館録音メディア分類
　（TSM = Tonträger-Systematik Musik
　für Öffentliche Musikbibliotheken）
　295
『音楽雑誌目録』（Katalog der Musik-
　zeitschriften） 143

音楽書誌サービス（Musik-
　bibliographischer Dienst） 295
音楽資料館 → ドイツ音楽資料館
　（ベルリン）
音楽大学（Musikhochschule） 11, 22,
　182, 183
『音楽図書館ハンドブック』（1994 年）
　（Handbuch der Musikbibliotheken）
　296
『音楽図書館フォーラム』（雑誌）
　（Forum Musikbibliothek） 295, 357
音声図書（Hörbücher） 311, 313

[か行]

絵画館（Bilderei） 297
会議文書総目録（GKS = Gesamt-
　verzeichnis der Kongreß-Schriften）
　137
外国人全権委員児童図書賞
　（Kinderbuchpreis der Ausländer-
　beauftragten） 39
外務省図書館（ボン）（Bibliothek des
　Auswärtigen Amtes） 197, 198
科学アカデミー（東ドイツ）
　（Akademie der Wissenschaften） 18
科学技術情報図書館（ハノーファー）
　（TIB = Technische Informations-
　bibliothek） 200, 202, 204, 205, 206,
　333
科学技術編集（Technische Redaktion）
　362, 364
画家装丁本（Malerbücher） 214
学者司書（der gelehrte Bibliothekar） 338
学習センター（Selbstlernzentrum） 25
学術一般図書館（東ドイツ）
　（WAB = Wissenschaftliche Allgemein-
　bibliothek） 88, 89, 103, 149, 219
学術・芸術・文化振興会（gemeinnützige
　Verein zur Förderung von Wissenschaft,
　Kunst und Kultur e.V.） 53
学術審議会（WR = Wissenschaftsrat）
　21, 56, 106, 201
学術振興会 → ドイツ学術振興会；

略語一覧・索引

ゲーレス学術振興会
学術総合図書館（Wissenschaftliche Universalbibliothek）69, 178, 194, 354
学術図書館（Wissenschaftliche Bibliothek）67, 69, 99
学術図書館学士協会（VdDB = Verein der Diplom-Bibliothekare an wissenschaftlichen Bibliotheken）370, 374
『学術図書館拡充のための提言』（1964年）（Empfehlungen zum Ausbau der wissenschaftlichen Bibliothek）57
学術図書館・学術情報管理センター（東ドイツ）（Methodisches Zentrum für wissenschaftliches Bibliothekswesen und wissenschaftliche Information）89
学術図書館助手（Bibliotheksassistent）349, 351, 353
『学術図書館保存書庫に関する提言』（1986年）（Empfehlungen zum Magazinbedarf wissenschaftlicher Bibliotheken）57
学生図書室（Studentenbücherei）65
学内部局図書館（大学図書館）（Institutsbibliothek）171, 172, 173, 174, 175, 176, 178
『学内部局図書館と大学図書館』（1955年）（Instituts- und Hochschulbibliotheken）173
楽譜コレクション（Musikaliensammlung）143
学問・教育のための映画・映像研究所（FWU研究所）（Institut für Film und Bild in Wissenschaft und Unterricht）27, 28, 103
学問の総体（universitas der Wissenschaften ; universitas litterarum）12, 178
貸本屋（Leihbücherei）67
「学校関連図書館活動」小委員会（Teilkomission Schulbezogene Bibliotheksarbeit）287

学校センター（Schulzentrum）289
学校図書館（Schulbibliothek）284, 285, 286, 287, 288, 291
学校図書館サービスセンター（Schulbibliothekarische Arbeitsstelle）289, 290
『学校図書館時事研究』（Schulbibliothek aktuell）290
『学校図書館資料』（Materialien zur Schulbibliothek）290
『学校におけるメディア教育』（Medienpädagogik in der Schule）27
『学校におけるメディア教育のための手引き』（1995年）（Orientierungsrahmen Medienerziehung in der Schule）27
学校メディアセンター（Schulmediothek）284, 288
カッセル統合大学（GH）図書館・州立図書館＝カッセル市立ムルハルト図書館（Gesamthochschulbibliothek Kassel – Landesbibliothek und Murhardsche Bibliothek der Stadt Kassel）152, 332
『活動報告』（ベルテルスマン財団）（Tätigkeitsbericht）65
『稼働率の高い図書館の設置と整備を促進する』（1994年9月9日）（Die Einrichtung und den Ausbau leistungsfähiger Bibliotheken fördern）223
『カトリック公共図書館』（雑誌）（Katholische Öffentliche Bücherei）357
カトリック児童図書賞（Katholische Kinderbuchpreis）39
カトリック神学図書館研究会（AKThB = Arbeitsgemeinschaft Katholisch-Theologischer Bibliotheken）196
カプチン会哲学・神学大学（ミュンスター）（Philosophisch-Theologische Hochschule der Kapuziner）15

カマルティン，イーゾ（1944-）（Iso Camartin）37
カーメンツ保存図書館（Archivbibliothek, Kamenz）325
カールスルーエ専門情報センター（FIZ = Fachinformationszentrum Karlsruhe）206
カール・ツァイス社の図書館（Bibliothek der Firma Carl Zeiss）301
カルテル法（Kartellgesetz）31
カルフ職業学校センター（Berufsschulzentrum Calw）350, 366, 373
カール・プロイスカー・メダル（Karl-Preusker-Medaile）41
カール・マルクス・シュタット（旧ケムニッツ）工科大学図書館（Bibliothek der Technischen Hochschule Karl-Marx-Stadt [Chemnitz]）202
『カルミナ・ブラーナ』（Carmina Burana）142
患者図書館（Patientenbibliothek ; Patientenbücherei）→ 病院・患者図書館
『患者図書館ガイドライン』（1995）（Richtlinien für Patientenbibliotheken）306, 307
議会・官庁図書館協会（APBB = Arbeitsgemeinschaft der Parlaments- und Behördenbibliotheken）197, 333
企業経営大学（コブレンツ・ヴァレンダー）（Hochschule für Unternehmensführung in Koblenz-Vallendar）16
企業図書館（Werkbibliotheken）54, 92, 302, 303
基礎12コース（Basis-12-Kurse）268, 269
基礎学校（Grundschule）8, 286
貴族図書館（Adelsbibliothek）54, 185
基礎図書館学専攻（grundständiges bibliothekarisches Studium）338
北エルベ教会図書館（ハンブルク）（Nordelbische Kirchenbibliothek）190
北ドイツ視覚障害者支援音声図書館（Norddeutsche Blindenhörbücherei e.V.）312
北ドイツ総合目録（Norddeutscher Zentralkatalog）159
機能レベル（Funktionsstufe）236, 237
「希望の声」（ダルムシュタット）（„Stimme der Hoffnung"）312
『基本コレクションリスト』（Grundbestandslisten）258
基本法 → ドイツ連邦共和国基本法
ギムナジウム（Gymnasium）8, 9, 286, 288, 289
義務納本（Pflichtablieferung ; Ablieferungspflicht）116, 149, 161
義務納本法（Pflichtexemplarrecht ; Pflichtexemplargesetz）116, 161
ギューターズロー市立図書館 → ギューターズロー市立図書館有限会社
ギューターズロー市立図書館有限会社（Stadtbibliothek Gütersloh GmbH）54, 106, 238, 275
ギューリヒ，ヴィルヘルム（1895-1960）（Wilhelm Gülich）207
教育・学術労働組合（Gewerkschaft Erziehung und Wissenschaft）278
教育計画大綱（Rahmenlehrplan）352
教育計画と研究振興に関する連邦・諸州委員会（BLK）（Bund-Länder-Komission für Bildungsplanung und Forschungsförderung）27, 59, 60, 106
教育・情報学会（GPI = Gesellschaft für Pädagogik und Information）28, 103
『教育総合計画』（1973 年）（Bildungsgesamtplan）60
教育大学（PH = Pädagogische Hochschule）11, 12
教育中央研究所（ベルリン）（Zentralinstitut für Erziehung）78
『教員のための研究報告誌』（Arbeitsblätter für Lehrer）37

教会区（Kirchengemende）51
教会公共図書館（Kirchliche Öffentliche Bibliothek）51, 230, 263, 264, 265, 266, 267, 268
教会大学（プロテスタント）（Kirchliche Hochschule）15, 16
教会庁図書館（ツェレ）（Kirchen-Ministerial-Bibliothek, Celle）325
教会図書館 → 教会公共図書館
教会図書館支援センター（Kirchliche Fachstelle）51, 263, 267, 268, 271, 272, 308
教会図書館支援センター専門会議（Fachkonferenz der kirchlichen Fachstellen）272
教会図書館助手（Kirchliche Büchereiassistent）268, 271
教会図書館総合目録（KiVK = Kirchlicher Verbundkatalog）196, 333
教科書コレクション（LBS = Lehrbuchsammlungen）64, 73, 169
教区（Pfarrei）51
行政学大学 → ドイツ行政大学
行政・経済高等専門学校（Verwaltungs- und Wirtschaftsakademie）22
行政専門大学（Verwaltungsfachhochschule ; verwaltungsinterne Fachhochschule）22, 344, 356, 365
競争制限阻止法（通称カルテル法）（Gesetz gegen Wettbewerbsbeschränkungen [Kartellgesetz]）31
『教養の育成』（雑誌）（Bildungspflege）78
『キール経済・社会文献情報』（Kieler Schrifttumskunden zu Wirtschaft und Gesellschaft）208
キール大学世界経済研究所図書館・ドイツ経済学中央図書館（ZBW = Bibliothek des Instituts für Weltwirtschaft an der Universität Kiel / Deutsche Zentralbibliothek der Wirtschaftswissenschaften）200, 203, 206, 207, 208, 333

記録資料（Archiv）347, 352, 365, 373
記録資料学（Archivwesen）361, 363
記録資料学校（Archivschule）347
近世文化史・精神史研究所（1983-1985）（Forschungsstätte zur Kultur- und Geistesgeschichte der frühen Neuzeit）211
近世文化史・精神史研究図書館（1975-1983）（Forschungsbibliothek zur Kultur- und Geistesgeschichte der frühen Neuzeit）211
近世文化史・精神史のための国際研究所（1985-1989）（Internationale Forschungsstätte zur Kultur- und Geistesgeschichte der frühen Neuzeit）211
近世文化史・精神史のための大学外研究所（1989-1991）（Außeruniversitäre Forschungsstätte zur Kultur- und Geistesgeschichte der frühen Neuzeit）211
クザーヌス図書館（ベルンカステル・クース）（Cusanus-Bibliothek, Bernkastel-Kues）325
グーテンベルク書籍組合（1924年創設）（Büchergilde Gutenberg）31
グーテンベルク博物館（Gutenbergmuseum）329
グーテンベルク，ヨハネス・ゲンスフライシュ（1398?-1468）（Johannes Gensfleisch zur Laden zum Gutenberg）329
グープリヒ＝ジミティス，イルゼ（Ilse Gubrich-Simitis）38
グメーリン研究所図書館（無機化学関連領域）（フランクフルト・アム・マイン）（Bibliothek des Gmelin-Instituts für Anorganische Chemie und Grenzgebiete）188
グライツ夏離宮の書籍・銅版画コレクション（Bücher- und Kupferstichsammlung im Sommerpalais, Greiz）325
グラートベック市立図書館（Stadtbibliothek Gladbeck）226

グラートベック風刺賞（Gladbecker Satirepreis） 38
グラフィック・アート・ライブラリー（Graphothek） 297, 301
グラフィック街（ライプツィヒ）（Graphische Viertel） 30, 311
グリム兄弟（Brüder Grimm） 338, 372
クリングスポール，カール（1868-1950）（Karl Klingspor） 329, 330
クリングスポール博物館（オッフェンバッハ）（Klingspormuseum） 329, 330
クルップ社の図書会館（エッセン）（Bücherhalle der Firma Krupp ; Krupp'schen Bücherhalle） 75
グローセンハイン市立＝郡立図書館（Stadt- und Kreisbibliothek Großenhain） 41
郡（Landkreis ; Kreis） 4, 5, 45, 240
軍隊図書館（Truppenbücherei） 304
軍隊図書館とディスクセンターのためのガイドライン（1969, 1970）（Richtlinien für Treppenbüchereien und Diskotheken） 304
郡立後方支援図書館（Kreisergänzungsbücherei） 239, 241, 242
郡立図書館（Kreisbibliothek） 85, 94, 239, 241, 242, 243
経営情報学会（GBI ＝ Gesellschaft für betriebswirtschaftliche Information） 207, 208
「計画・指導・調整」（PAK）部局（東ドイツ）（Abteilungen „Planung, Anleitung und Koordination"） 84, 85, 93, 103, 255
継続教育（Fortbildung） 369, 370, 371, 372
刑務所図書館（Bibliotheken in Justizfollzugsanstalten） 308, 309, 310
「刑務所図書館サービス」（プロジェクトグループ）（Bibliotheksarbeit in Justizvollzugsanstalten） 310
ゲオルク・エッケルト国際教科書研究所図書館（ブラウンシュヴァイク）（Bibliothek des Georg-Eckert-Instituts für Internationale Schulbuchforschung, Braunschweig） 192
ケークバイン, パウル（Paul Kaegbein） 363
ケクレ図書館（レヴァークーゼン）（Kekulé-Bibliothek, Leverkusen） 188, 195
ゲザムトシューレ → 総合学校（ゲザムトシューレ）
ケストナー，エアハルト（Erhalt Kästner） 214
ゲッティンゲン大学（Universität Göttingen） 53, 165, 174, 202
ゲッティンゲン・ニーダーザクセン州立＝大学図書館（Niedersächsische Staats- und Universitätsbibliothek, Göttingen） 153, 159, 167, 332
ゲーテ・インスティトゥート（Goethe-Institut） 43, 44, 47, 105, 314, 315, 316, 317, 318, 334
ゲーテ図書館（Goethe-Bibliothek） 314, 317
ゲニオ経済データバンク（Genios Wirtschaftsdatenbanken） 208
ゲルマニア・ユダイカ（ドイツユダヤ人の歴史のためのケルン図書館）（Germania Judaica – Kölner Bibliothek zur Geschichte des deutschen Judentums） 190
ゲルマニカ（ドイツ語文献の外国語訳と、外国で公刊されたドイツについての文献）（Germanica） 114, 117
ゲルマン国立博物館（Germanisches Nationalmuseum） 50, 119
ゲルマン国立博物館財団（GNM 財団）（Stiftung Germanisches Nationalmuseum） 50
ゲルマン国立博物館図書館（ニュルンベルク）（Bibliothek des Germanischen Nationalmuseums） 191
ケルン・アン・デア・シュプレー選帝侯図書館（1661-1701）

略語一覧・索引

(Churfürstliche Bibliothek zu Cölln an der Spree) 127
ケルン司教区・大聖堂図書館（マテルヌスハウス）(Köln, Diözesan- Dombibliothek, Maternushaus ; Erzbischöfliche Diözean- und Dombibliothek) 185, 190
ケルン市立図書館（Stadtbibliothek Köln) 297
ケルン市立美術・博物館図書館 (Kunst- und Museumsbibliothek der Stadt Köln) 187, 191
ケルン専門大学（Fachhochschule köln) 21, 348, 365, 366
ケルン大学＝市立図書館（Universitäts - und Stadtbibliothek Köln) 203
ケルン図書館・ドキュメンテーション専門大学（1982-1995）(FHBD = Fachhochschule für Bibliotheks- und Dokumentationswesen in Köln) 21, 345, 348
ケルン日本文化会館（Japanisches Kulturinstitut Köln) 321
ゲーレス学術振興会（Görresgesellschaft zur Pflege der Wissenschaft) 318, 319
県（西ドイツ、統合ドイツ）(Regierungsbezirk) 4
県（東ドイツ）(Bezirk) 2, 83, 84, 91, 95
研究推進外郭協定（憲法91条bに基づく研究の共同推進に関する連邦と州との外郭協定）(Rahmenvereinbarung Forschungsförderung ; Rahmenvereinbarung zwischen Bund und Ländern über die gemeinsame Förderung der Forschung nach Art. 91 b des Grundgesetzes) 48, 58, 60, 201
研究図書館（Forschungsbibliothek) 210, 211, 212, 213, 214, 215
『言語サービス』（雑誌）(Der Sprachdienst) 43
検索語基準データ（SWD = Schlagwortnormdatei) 123, 124
研修職業学校（ausbildungsbegleitende Berufsschule) 10
現代史研究所図書館（ミュンヒェン）(Bibliothek des Instituts für Zeitgeschichte) 190
現代史図書館（シュトゥットガルト）(Bibliothek für Zeitgeshichte) 190, 193
県知事（Regierungspräsident) 4
憲法（州）(Verfassung) 4, 223, 250, 257
憲法（ドイツ）→　ドイツ連邦共和国基本法
憲法91条bに基づく研究の共同推進に関する連邦と州との外郭協定　→　研究推進外郭協定
県立図書館（Bezirksbibliothek) 85, 87
県連盟（バイエルン州）(Bezirksverbände) 5
航海・水路学連邦事務局図書館（ハンブルク）(Bibliothek im Bundesamt für Seeschiffahrt und Hydrographie) 188
工科大学（TH = Technische Hochschule) 11, 12, 13, 178
工科大学（TU）→　工業総合大学
公共学術図書館（Öffentliche wissenschaftliche Bibliothek) 128
工業総合大学（TU = Technische Universität) 12, 13
公共図書館（Öffentliche Bibliothek ; Öffentliche Bücherei) 67, 73, 74, 83, 84, 220, 221, 222, 223, 227, 228, 229, 230, 231, 234, 235, 236, 237, 238, 239, 240, 249, 250
『公共図書館』（1973年）(Öffentliche Bibliothek) 286
『公共図書館活動のための文化大臣会議第3提言』（1994年9月）(Dritte Empfehlung der Kultusministerkonferenz zum Öffentlichen Bibliothekswesen) 251
公共図書館助手（Assistent an

391

Bibliotheken） 10, 259, 349, 350, 351, 366
公共図書館助手のための職業養成規程（1975年）（Verordnung über die Berufsausbildung zum Assistenten an Bibliotheken） 350
公共図書館専門大学　→　ボン公共図書館学専門大学
『公共図書館：地方自治体を母体とする図書館の役割設定と将来的視点』（1989年）（Die Öffentliche Bibliothek: Standortbestimmung und Zukunftsperspektiven der Bibliotheken in kommunaler Trägerschaft） 223
『公共図書館年鑑 1994～1995年』（Jahrbuch der Öffentlichen Bibliotheken 1994/95） 240
『公共図書館ハンドブック』（Handbuch der Öffentlichen Bibliotheken） 322
鉱山資料館（エッセン）（Bergbau-Bücherei） 188, 195
工場内図書館（Betriebsbibliothek） 302
高等職図書館司書（Höherer Bibliotheksdienst） 354, 355, 356, 366
国外および国際的刑法のためのマックス・プランク研究所図書館（フライブルク）（Bibliothek des Max-Planck-Instituts für ausländisches und internationales Strafrecht） 189
国外および国際的私法のためのマックス・プランク研究所図書館（ハンブルク）（Bibliothek des Max-Planck-Instituts für ausländisches und internationales Privatrecht） 189, 195
国外の公法および国際法のためのマックス・プランク研究所図書館（ハイデルベルク）（Bibliothek des Max-Planck-Instituts für ausländisches öffentliches Recht und Völkerrecht） 189, 195
『国語』（雑誌）（Muttersprache） 43
国際音楽資料情報協会（IAML = International Association of Music Libraries） 124
国際音楽図書館・音楽資料館・音楽資料センター協会（IVMB / AIBM = Internationale Vereinigung der Musikbibliotheken, Musikarchive und Musikdokumentationszentren / Association Internationale des Bibliothèques, Archives et Centres de Documentation Musicaux） 296
国際関係研究所図書館（シュトゥットガルト）（Bibliothek des Instituts für Auslandsbeziehungen） 190
国際局（ゲーテ・インスティトゥート）（Inter Nationes e.V.） 317, 318
国際児童図書館（ミュンヒェン）（IJB = Internationale Jugendbibliothek in München） 281, 282, 283, 334
国際児童図書館協会（1996年1月まで）（Verein Internationale Jugendbibliothek e.V.） 283
国際児童図書館財団（1996年1月から）（Stiftung Internationale Jugendbibliothek） 283
「国際書誌コントロール・国際マーク」コアプログラム（UBCIM = Core Program Universal Bibliographic Control and International MARC） 124
国際図書館連盟（IFLA = International Federation of Library Associations and Institutions） 115, 124, 216, 281
国際標準化機構（ISO = International Standardization Organization） 124
国際標準テクニカルレポート番号（ISRN = International Standard Report Number） 206
国際翻訳センター（デルフト）（ITC = International Translations Center） 205
国防軍事図書館（Wehrbereichsbibliothek） 304
国民教育省（東ドイツ）（Ministerium für Volksbildung） 85

国立一般図書館（東ドイツ）
　（SAB ＝ Staatliche Allgemein-
　bibliothek） 86, 255
個人名典拠データ（PND ＝ Personen-
　namendatei） 124, 145
ゴータ研究・州立図書館（Forschungs-
　und Landesbibliothek Gotha） 156, 158
ゴータ研究図書館（東ドイツ）
　（Forschungsbibliothek Gotha）
　86, 88, 212
国家認定ボロメーウス協会図書館学校
　（1921-1978）（Staatlich anerkannte
　Bibliotheksschule des
　Borromäusvereins） 346
国家認定ボン図書館職員養成所（1978-
　1984）（Staatlich anerkanntes
　Bibliothekar-Lehrinstitut Bonn） 346
ゴットフリート・ヴィルヘルム・ライ
　プニッツ学術協会（Wissenschafts-
　gemeinschaft Gottfried Wilhelm
　Leibniz） 47, 105
コーブルク州立図書館
　（Landesbibliothek Coburg） 150
コブレンツ＝ランダウ大学
　（Universität Koblenz - Landau）
　360, 367
コルヴェイ修道院図書館（カロリング
　時代）（Bibliothek des karolingischen
　Klosters Corvey） 327
コンスタンツ大学図書館（Universitäts-
　bibliothek Konstanz） 167
コンスタンツ文学対談（Konstanzer
　Literaturgespräch） 33

[さ行]
『在庫楽譜目録』（VLM ＝ Verzeichnis
　lieferbarer Musikalien） 33
『在庫図書目録』（VLB ＝ Verzeichnis
　lieferbarer Bücher） 33
『最新学校図書館事情』（雑誌）（Schul-
　bibliothek aktuell） 357
採用候補者養成（Referendar-
　ausbildung） 354, 355, 360

『作業ノート』（法学図書館・ドキュメ
　ンテーション研究会）（Arbeitshefte）
　196
「作者検索ゲーム」（Autorensuchspiel）
　36
ザクセン＝アンハルト総合目録
　（Zentralkatalog Sachsen-Anhalt） 159
ザクセン・アンハルト大学＝州立図書
　館（ハレ）（Universitäts- und Landes-
　bibliothek Sachsen-Anhalt, Halle an der
　Saale） 155, 159, 167, 333
ザクセン州立図書館（ドレースデン、
　東ドイツ時代は州制度廃止のためザ
　クセン地方図書館）（Sächsische Landes-
　bibliothek Dresden） 55, 86, 145, 159,
　202
ザクセン州立図書館・ドレースデン州
　立・大学図書館（Sächsische Landes-
　bibliothek – Staats- und Universitäts-
　bibliothek Dresden） 155, 158, 333
ザクセン出版法第11条（1992年4月
　3日公布）（§11 des Sächsischen
　Pressegesetzes vom 3.4.1992） 161
ザクセン総合目録（Sächsicher
　Zentralkatalog） 159
ザクセン地方図書館（東ドイツ）→
　ザクセン州立図書館
雑誌データバンク（ZDB ＝ Zeitschriften-
　datenbank） 137, 210
ザールブリュッケン大学＝州立図書館
　（Universitäts- und Landesbibliothek
　Saarbrücken） 155, 332
ザールラント視覚障害者支援音声図書
　館（ザールブリュッケン）
　（Blindenhörbücherei des Saarlandes
　e. V.） 312
ザールラント文化財団（ヴァートガッ
　セン）（Stiftung Saarländischer
　Kulturbesitz in Wadgassen） 329
サレジオ会ドン・ボスコ修道会大学
　（ベネディクトボイレン）
　（Ordenshochschule der Salesianer Don
　Boscos in Benediktbeuren） 15

サン・ジョルディの日（St.-Georgstag）42
サンスーシ宮殿（ポツダム）（Schloß Sanssouci）325
三部体制図書館（Dreigeteilte Bibliothek）81, 106, 227
視覚芸術著作権協会（VG BILD-KUNST = Verwertungsgesellschaft BILD-KUNST）48, 106
視覚障害者支援図書館（Blindenbibliothek）310, 311, 312
市議会（Stadtrat）6
司教区（Diozöse）51, 52, 184
司教区僧侶神学校図書館（マインツ）（Bibliothek des Bischöflichen Priesterseminars）190
司教区図書館（Bistumsbibliothek ; Diozösanbibliothek）52, 191
司教区民会議（バイエルン州）（Diözesanstellenkonferenz）272
司教座図書館（フライジンク）（Dombibliothek, Freising）325
ジークムント・フロイト賞（Sigmund-Freud-Preis）37
市参事会憲法（Magistratsverfassung）5
自治体行政簡素化機構（KGSt = Kommunale Gemeinschaftsstelle für Verwaltungsvereinfachung）63, 64, 81, 106, 223, 286, 287, 295
自治体代表協議会（Kommunale Spitzenverband）62, 63
自治体代表協議会連盟（Bundesvereinigung der Kommunalen Spizenverbände）63
市長（Bürgermeister）→ 市町村長
市長憲法（Bürgermeisterverfassung）5, 6
市町村参事会（Gemeinderat）6
市町村事務総長（Gemeindedirektor ; Stadtdirektor ; Oberstadtdirektor）6
市町村長（Bürgermeister ; Oberbürgermeister）6
市町村法（州法）（Gemeindeordnung）3, 5

実業学校（Realschule）8, 286
児童・YA 図書館（Kinder- und Jugendbibliotheken）273, 274, 275
児童・YA 図書館分類表（Systematik für Kinder- und Jugendbüchereien）279
自動車図書館（Autobücherei）244
児童書のための挿絵賞（Illustrationspreis für Kinder- und Jugendbücher）39
児童書ワーキンググループ（Arbeitskreis für Jugendliteratur）278
児童・図書・メディア研究会（Arbeitsgemeinschaft Jugendliteratur und Medien）278
「児童のための良書」（ワーキンググループ）（Das Gute Jugendbuch）278
シトー会図書館（Zisterzienser-Bibliothek）327
市民大学（Volkshochschule）23, 24, 36, 103
市民図書館（Bürgerbibliothek）41
事務総長憲法（Direktorialverfassung）6
ジーメンス館（ベルリン・ランクヴィッツ地区）（Siemens-Villa in Berlin-Lankwitz）121
シャウムブルク・リッペ公爵宮廷図書館（ビュッケブルク）（Fürstlich Schaumburg-Lippische Hofbibliothek, Bückeburg）54, 325
社会主義資料（Sozialistica）114, 119
写真資料アーカイブ（バイエルン州立図書館）（Bildarchiv）143
シャルロッテンブルク宮殿（ベルリン）（Schloß Charlottenburg）325
州（Land）1, 2, 46, 47, 83, 250, 251
州カトリック図書館研究会（LAG）（Landesarbeitsgemeinschaft der katholischen Büchereiarbeit）272
州議会（Parlament ; Landtag）4
州教会（領邦教会）（Landeskirche）51, 52
州教会図書館（Landeskirchliche

略語一覧・索引

Bibliothek) 52, 184, 190
州芸術週間（Landeskunstwochen）298
州政府（Landesregierung）4
州専門教室（Landesfachklasse）350, 366
自由ドイツ財団図書館（フランクフルトゲーテ博物館）（Bibliothek des Freien Deutschen Hochstifts, Frankfurter Goethemuseum）192
修道院図書館（Klosterbibliothek ; Domstiftsbibliothek）52, 326, 327
修道院図書館（ブランデンブルク）（Domstiftsbibliothek, Brandenburg）325
州都シュトゥットガルト文学賞（Literaturpreis der Landeshauptstadt Stuttgart）38
州図書館局（Staatliche Büchereistelle）250, 251
州図書館支援センター（Staatliche Fachstelle ; Staatliche Büchereistelle）4, 77, 78, 103, 235, 239, 250, 251, 252, 254, 255, 257, 258, 259, 260, 261, 262, 263, 308
『州図書館支援センター、その課題およびドイツ連邦共和国の公共図書館活動における州の成果』（Die Staatlichen Fachstellen, ihr Auftrag und die Leistungen der Länder für das öffentliche Bibliothekswesen der Bundesrepublik Deutschland）261
州図書館推進局（Staatliche Beratungsstelle）250, 251
州図書館センター（Staatliche Büchereizentrale）251
州民衆図書館支援センター（Staatliche Volksbüchereistelle）80
収容者支援協会90（Gefangeneninitiative 90 e.V.）309
収容者のための図書貸借システム（Buchfernleihe für Gefangene）309
州立図書館（Landesbibliothek ; Staatsbibliothek）146, 147, 158, 159, 161, 170

『受賞児童文学』（カタログ）（Preisgekrönte Kinderbücher）283
主題目録規則（RSWK = Regeln für den Schlagwortkatalog）124
シュタイラー宣教師会大学（ザンクト・アウグスティン）（Hochschule der Steyler Missionare in Sankt Augustin）15
シュタール・ドイツ製鉄所職員協会情報センター図書館（デュッセルドルフ）→ ドイツ製鉄所職員協会情報センター図書館
出版事業会（有限会社）（Buchhändler-Vereinigung GmbH）121
出版社グループ商業新聞（Verlagsgruppe Handelsblatt）208
『出版物索引』（ベルテルスマン財団）（Verzeichnis der Veröffentlichungen）65
出版物販売のための価格固定の協定（1993年）（Sammelrevers für den Verkauf preisgebundener Verlagserzeugnisse）32
出版法（Pressegesetz）161
出版流通計算処理センター有限会社（RZB = Rechenzentrum Buchhandel GmbH）33
出版流通事務有限会社（BAG = Buchändler- Abrechnungs-Gesellschaft GmbH）33
出版流通・出版経済（専門大学専攻課程）（Fachhochschulstudiengang Buchhandel/Verlagswirtschaft）347
出版流通信用保証会社（BKG = Buchhändlerische Kredit-Garantiegemeinschaft GmbH & Co. KG）33
『出版流通の現在』（雑誌）（Buchhändler heute）34
出版流通法（1989年）（VeO = Verkehrsordnung für den Buchhandel）31
シュテッティン路線（die Stettiner Richtung）75, 78

395

シュトゥットガルト出版専門大学
　（Fachhochschule für Druck in
　Stuttgart）363
シュトゥットガルト市立図書館
　（Stadtbücherei Stuttgart）297
シュトゥットガルト図書館情報大学
　（HBI ＝ Hochschule der Bibliotheks-
　und Informatonswesen）301, 345,
　347, 361, 365, 370
シュトゥットガルト図書館情報大学後
　援会（Freunde und Förderer der
　Fachhochschule für Bibliothek und
　Information Stuttgart e.V.）55
シュトゥットガルト文学賞 → 州都
　シュトゥットガルト文学賞
シュトゥットガルト・メディア大学
　（HdM ＝ Hochschule der Medien
　Stuttgart）372, 373
シュトラスブルク，ゴットフリート・
　フォン（Gottfried von Straßburg）142
シュリーヴァー，フランツ（Franz
　Schriewer）77
シュリースハイム市立図書館有限会社
　（Stadtbibliothek Schriesheim GmbH）
　54, 238
シュレースヴィヒ＝ホルシュタイン州
　立図書館（キール）（Schleswig-
　Holsteinische Landesbibliothek, Kiel）
　156
巡回図書館（mobile Bibliothek）244
生涯教育（Erwachsenenbildung）23,
　371, 372
生涯教育・図書館活動振興法（バーデ
　ン＝ヴュルテンベルク州）（Gesetz
　zur Förderung der Weiterbildung und
　des Bibliothekswesens）246
生涯教育法（Weiterbildungsgesetz）24
上級学校（weiterführende Schule）8, 20
上級教理学校（ナウムブルク）
　（Katechetisches Oberseminar in
　Naumburg）15, 16
商業図書館（ハンブルク）（Commerz-
　bibliothek）51, 187, 189

商工会議所（Indstrie- und Handels-
　kammer）50, 51
情報科学（Informationswissenschaft）
　361
情報経済（Informationswirtschaft）
　348, 362, 365
情報工学（Informatik）361
情報サービス仲介部局（大学図書館）
　（IVS ＝ Informationsvermittlungsstellen）
　169
情報・図書館関連教育機関委員会
　（KIBA ＝ Konferenz der
　Informatorischen und
　Bibliothekarischen Ausbildungs-
　einrichtungen）369
職業高等専門学校（Berufsakademie）
　22
職業専門学校（Berufsfachschule）10
職業補習学校（Berufsaufbauschule）10
書誌学（Buchwissenschaft ; Buchwesen）
　362
書誌学・出版流通（ライプツィヒ大学
　講座）（Professur für Buchwissenschaft
　und Buchwirtschaft）34, 363
書誌研究所（Bibliographishes Institut）
　44
諸州文化財団（Kulturstiftung der
　Länder）40
諸州文化大臣常設会議（KMK ＝
　Ständige Konferenz der Kultusminister
　der Länder）8, 44, 60, 61, 62, 223
書籍共同体（Buchgemeinschaft）31
書籍・写本修復センター（IBR ＝
　Institut für Buch- und Handschriften-
　restaurierung）145
書籍博物館（Buchmuseum）324, 329
『書籍百科事典』（Lexikon des gesamten
　Buchwesens）357
書籍保護センター（ZfB ＝ Zentrum für
　Bucherhaltung）115, 125
書店（Buchhandel）28, 29, 30
ショル姉妹賞（ミュンヒェン）
　（Geschwister-Scholl-Preis）39

市立学術図書館（Wissenschaftliche Stadtbibliotheken）74, 76, 146, 149, 170, 217, 219, 220
市立＝郡立図書館（Stadt- und Kreisbibliothek）85, 101
市立＝県立図書館（Stadt- und Bezirksbibliothek）255
「資料保存」コアプログラム（PAC = Core Program Preservation and Conservation）124
『白からす』（The White Ravens）283
神学大学（Theologische Hochschule）15
神学部（Theologische Fakultät）15
神学校 → ライプツィヒ神学校
『新刊書・カトリック図書館活動のための図書案内』（das neue Buch / Buchprofile für die Katholische Büchereiarbeit）269, 273
『新刊書籍情報』（選書リスト）（Neue Bücher）258
人文科学（Geisteswissenschaften）166, 187
人文学 → 人文科学
新聞研究所図書館（ドルトムント）（Bibliothek des Instituts für Zeitungsforschung）189
スーゾ・コレクション（Suso-Bibliothek）167
聖ウルリヒ・カトリック公共図書館（Katholische Öffentliche Bücherei St. Ulrich）300
正規学習期間（Regelstudienzeit）369
聖ゲオルク哲学・神学大学（フランクフルト・アム・マイン）（Philosophisch-Teologische Hochschule Sankt Georgen）15
聖ゲオルク日 → サン・ジョルディの日
青少年文学研究会（社団法人）（Arbeitskreis für Jugendliteratur e.V.）39
精神科学 → 人文科学
聖ペテロ修道院図書館（バウツェン）（Bibliothek des Domsstiftes St. Petri, Bautzen）325
製本センター（Zentralbuchbinderei）78
聖マルティン大修道院図書館（ボイロン）（Bibliothek der Erzabtei St. Martin, Beuron）190
聖ミヒャエル協会（St. Michaelsbund）51, 269, 272, 273
西洋文化史のための大学外研究・学習機関（1991-）（Außeruniversitäre Forschungs- und Studienstätte zur europäischen Kulturgeschichte）211
世界図書・著作権デー（Welttag des Buches）42, 105
『絶版書目録』（VVB = Verzeichnis vergriffener Bücher）33
セルヴァンテス文化センター（Instituto Cervantes）321
セルヴァンテス, ミゲル・デ（1547-1616）（Miguel de Cervantes）42
ゼンケンベルク図書館（Senckenbergische Bibliothek）167
専門学校（Fachschule）10
専門教室（Fachklasse）350
専門実習期間（Fachpraktische Studienzeiten）369
専門上級学校（Fachoberschule）8, 19
専門大学（FH = Fachhochschule）11, 19, 162, 180, 181, 338, 341
専門大学法（州法）（Fachhochschulgesetz）20
専門図書館（Specialbibliothek）52, 54, 69, 183, 184, 186, 187, 192, 193, 194, 195, 196, 197
専門図書館協会（ASpB = Arbeitsgemeinschaft der Specialbibliotheken e. V.）186, 196, 333
総合学校（ゲザムトシューレ）（Gesamtschule）8, 9, 286, 289
総合大学（Universität）11, 12, 13, 163
総合目録（Gesamtkatalog ; Zentralkatalog）47, 59, 73, 90, 136, 137, 159, 173, 196
相互貸借（Leiverkehr）170, 172, 174,

199, 243, 340
ソルブ研究所（バウツェン）
（Sorbische Institut e.V.） 53
ソルブ中央図書館（バウツェン）
（Sorbische Zentralbibliothek, Bautzen）
53, 191
ゾルムス・ラウバッハ伯爵図書館
（Gräflich Solms-Laubach'sche
Bibliothek） 54

[**た行**]
第1レベル（学校図書館）
（Primarstufe） 286
第2レベル（Ⅰ）（学校図書館）
（Sekundarstufe I） 286, 287
第2レベル（Ⅱ）（学校図書館）
（Sekundarstufe II） 286
大学建設推進法（Hochschulbau-
förderungsgesetz） 183, 341
『大学建設大綱』（Rahmenplänen für
den Hochschulbau） 57
大学大綱法（1976年）（HRG =
Hochschulrahmengesetz） 11
大学長会議（Hochschulrektoren-
konferenz） 36, 105
大学図書館（Universitätsbibliothek ;
Hochschulbibliothek） 163, 165, 166,
167, 168, 169, 170, 171, 172, 173, 175,
177, 178, 179
『大学図書館と学内部局図書館の連携
作業のための提言』（1970年）（ド
イツ学術振興会）（Empfehlungen für
die Zusammenarbeit zwischen Hoch-
schulbibliothek und Instituts-
bibliotheken） 173
大学法（州法）（Hochschulgesetz） 17, 18
ダルムシュタット州立＝大学図書館
（Hessische Landes- und Hochschul-
bibliothek Darmstadt）
152, 332
単科大学（Hochschule） 11, 12, 13,
163, 178
団体名典拠データ（GKD =
Gemeinsame Körperschaftsdatei）
124, 137, 145
地域外貸出／地域外相互貸借
（Auswärtige Leiverkehr ; Fernleihe）
→ 相互貸借
地域資料（Landeskunde） 159, 161, 162
地域資料作業部会（Arbeitsgruppe
Regionalbibliographie） 162
地域中央図書館（東ドイツ）
（ländliche Zentralbibliothek） 93
地域内貸出（Ostleihe） 172
地域の保存図書館（regionale
Archivbibliothek） 159
チェコセンター（Tschechisches
Zentrum） 321
地球科学・資源連邦研究所兼ニーダー
ザクセン州土壌研究事務局図書館
（ハノーファー）（Bibliothek der
Bundesanstalt für Geowissenschaften
und Rohstoffe und des
Niedersächsischen Landesamtes für
Bodenforschung） 188
地図コレクション（Kartensammlung） 143
地方自治体（Gemeinde ; Kommune）
4, 5, 23, 24
『地方自治体が責任を持つ図書館。市
町村は何のために公共図書館を必要
とするか。公共図書館はどのような
業務を必要とするか』（1990年）
(„Bibliotheken in kommunaler Ver-
antwortung. Wozu brauchen Städte und
Gemeinden eine Öffentliche Bibliothek?
Was braucht eine Öffentliche Bibliothek
für ihre Arbeit?") 101
地方自治体監察（Kommunalaufsicht） 4
地方図書館（Regionalbibliothek ;
Landesbibliothek） 146, 149, 161, 162
地方図書館研究会（ドイツ図書館協会
第4部門）（Arbeitsgemeinschaft der
Regionalbibliotheken, Sektion IV des
DBV） 162
地方図書館支援センター（Landesstelle
für das Büchereiwesen） 85

地方連盟（ノルトライン＝ヴェストファーレン州）（Landschaftsverbände）5
中央専門図書館（Zentrale Fachbibliothek）200, 201, 213
「中部・南東・東ヨーロッパおよびGUS（独立国家共同体）におけるドイツ読書ホール」（1992年からのドイツ政府のプロジェクト）（Projekt „Deutsche Lesesäle in Mittel-, Südost- und Osteuropa und der GUS"）318
著作権利用会社WORT（Verwertungsgesellschaft WORT: VG WORT）40
「ちょっと話してごらん」(„Erzähl doch mal")36
地理学と宇宙研究のための連邦研究施設（Bundesforschungsanstalt für Landeskunde und Raumforschung）195
ツヴィッカウ参事会学校図書館（Ratsschulbibliothek, Zwickau）325
帝国図書館局（Reichstelle für das Büchereiwesen）79, 80
ディスクセンター（Diskothek）304
ディリンゲン研究図書館（Studienbibliothek Dillingen）150, 328, 331
ティンペ，フェリシタス（Felicitas Timpe）143
テーゲルンゼーの反キリスト劇（Tegernseer Antichristspiel）141
データ協力・教育メディア（BLKのモデル実験）（Datenverbund Bildungsmedien）27
哲学・神学大学（Philosophisch-Theologische Hochschule）11, 15
哲学大学 → ミュンヒェン哲学大学
デュースブルク図書館市民財団（Duisburger Bürgerstiftung Bibliothek）55
デュッセルドルフ大学＝州立図書館（Universitäts- und Landesbibliothek Düsseldorf）153, 162, 332
テュービンゲン寄託コレクション（Tübinger Depot）128

テュービンゲン大学図書館（Universitätsbibliothek Tübingen）128, 165
テューリンゲン州立図書館（ヴァイマル）（Thüringische Landesbibliothek Weimar）86
テューリンゲン総合目録（Thüringer Zentralkatalog）159
テューリンゲン大学＝州立図書館（イェーナ）（Thüringer Universitäts- und Landesbibliothek Jena）156, 159, 333
テューリンゲン図書館学校（ゾンダーハウゼン）（Thüringische Bibliotheksschule）350, 366, 373
点字資料作成・点字図書館研究会（Arbeitsgemeinschaft der Punktschrift-Druckereien und -Bibliotheken）313
点字図書館 → 視覚障害者支援図書館
ドイチェ・ビブリオテーク（Deutsche Bibliothek）115, 116, 120, 124, 127, 132, 161, 339
ドイチェ・ビューヘライ（Deutsche Bücherei）70, 82, 86, 97, 110, 111, 112, 114, 115, 116, 120, 124, 126, 131, 132, 161
ドイチェ・ビューヘライ音楽資料コレクション（Musikaliensammlung der Deutschen Bücherei）117
ドイチュマン，ヨーゼフ（1717-1778）（Josef Deutschmann）328
「ドイツ・50冊の本－文、絵、装丁による評価」（コンクール）（Wettbewerb „Die fünfzig Bücher. Bundesrepublik Deutschland. Bewertet nach Satz, Bild, Druck, Einband"）33
ドイツ・アルプス協会（ミュンヒェン）（Deutsche Alpenverein e.V.）53
ドイツ医学情報資料研究所（DIMDI = Deutsches Institut für Medizinische Dokumentation und Information）204, 333
ドイツ医学中央図書館（ケルン）

（Deutsche Zentralbibliothek für Medizin）200, 203, 204, 333
ドイツ・エディトリアルデザイン財団（Stiftung Buchkunst）33, 126
ドイツ・エレクトロン・シンクロトロン研究所（Deutsches Elektronen-Synchrotron）48
ドイツ音楽資料館（ベルリン）（Deutsches Musikarhiv）110, 112, 113, 117, 121
ドイツ学術財団協会（Stifterverband für die Deutsche Wissenschaft）66, 106
ドイツ学術振興会（DFG = Die Deutsche Forschungsgemeinschaft）58, 59, 60, 64, 66, 72, 106, 133, 141, 143, 179, 281
ドイツ・カトリック教会図書館研究会（BAG = Bundesarbeitsgemenschaft der katholisch-kirchlichen Büchereiarbeit）272
ドイツ・カトリック視覚障害者支援図書館（有限会社）（Deutsche Katholische Blindenbücherei GmbH）312
ドイツ・ガラス学会（Deutsche Glastechnische Gesellschaft e.V.）195
ドイツ・カリタス会図書館（フライブルク）（Bibliothek des Deutschen Caritasverbandes）190
ドイツ刊行物収集計画（Sammlung deutscher Drucke）65, 108, 145, 212
ドイツ企業図書館協会（Verband Deutscher Werkbibliotheken e.V.）303
ドイツ気象情報図書館（オッフェンバッハ）（Bibliothek des Deutschen Wetterdienstes）188
ドイツ教会図書館協会研究会（Arbeitsgemeinschaft der kirchlichen Büchereiverbände Deutschlands）273
ドイツ行政学大学（シュパイアー）（Deutsche Hochschule für Verwaltungswissenschaften Speyer）11, 16
ドイツ緊急時学術共同体（Notgemeinschaft der Deutschen Wissenschaft）58, 70, 72
ドイツ郡連絡協議会（Deutscher Landkreistag）63
ドイツ経済学中央図書館 → キール大学世界経済研究所図書館・ドイツ経済学中央図書館
ドイツ経済研究所図書館（ケルン）（Bibliothek des Instituts der deutschen Wirtschaft）189
ドイツ言語研究所図書館（マンハイム）（Bibliothek des Instituts für deutsche Sprache）192
ドイツ航空宇宙研究所（Deutsche Versuchsanstalt für Luft- und Raumfahrt）48
ドイツ考古学研究所図書館（Deutsches Archäologisches Institut）318
ドイツ考古学研究所図書館（ローマ支部）（Bibliothek des Deutschen Archäologischen Instituts, Abt Rom）191
ドイツ語協会（GfdS = Gesellschaft für deutsche Sprache e.V.）43, 105
ドイツ国際教育学研究所教育史研究図書館（ベルリン）（Bibliothek für bildungsgeschichtliche Forschung des Deutschen Instituts für Internationale Pädagogische Forschung）192, 203, 333
ドイツ国立図書館（西ドイツ・統合ドイツ）（DDB = Die Deutsche Bibliothek；2006年以降は DNB = Die Deutsche Nationalbibliothek）33, 47, 73, 108, 110, 112, 114, 115, 116, 117, 118, 119, 120, 121, 122, 123, 124, 125, 126, 137, 138, 145, 161, 330
ドイツ国立図書館（東ドイツ）→ 東ドイツ国立図書館
『ドイツ国立図書館特別刊行物』（Sonderveröffentlichungen der Deutschen Bibliothek）119, 126

略語一覧・索引

ドイツ国立図書館法（Gesetz über die Deutsche Bibliothek, 2006 年 6 月以降は Gesetz über die Deutsche National-bibliothek）116, 330
『ドイツ語正書法辞典』（1880 年）（Orthographisches Wörterbuch der deutschen Sprache）44
ドイツ古典主義中央図書館（ヴァイマル）（Zentralbibliothek der Deutschen Klassik）202, 212
ドイツ古典主義図書館（ヴァイマル）（Bibliothek der Deutschen Klassik）49
ドイツ語・ドイツ文学アカデミー（Deutsche Akademie für Sprache und Dichtung）40
ドイツ作家協会ドイツ作家文化事業所（Kulturwerk deutscher Schriftsteller e.V. des Verbandes deutscher Schriftsteller）40
ドイツ視覚障害者支援音声図書館（マールブルク）（Deutsche Blinden-Hörbücherei）312, 313
ドイツ視覚障害者支援音声図書館研究会（Arbeitsgemeinschaft der Deutschen Blindenhörbüchereien e.V.）313
ドイツ視覚障害者支援頭脳労働者協会（VbGD = Verein der blinden Geistesarbeiter Deutschlands）313
ドイツ視覚障害者支援中央図書館（ライプツィヒ）（DZB = Deutsche Zentralbücherei für Blinde）311, 334
ドイツ視覚障害者支援中央図書館振興会（Verein zur Förderung der Deutschen Zentralbücherei für Blinde）311
ドイツ司教会議（Deutsche Bischofskonferenz）36, 39, 105
ドイツ自然科学アカデミー・レオポルディーナ図書館（ハレ）（Bibliothek der Deutschen Akademie der Naturforscher – Leopordina）188
ドイツ市町村連絡協議会（Deutscher Städte- und Gemeindebund）63, 106
ドイツ児童文学賞（Deutsche Jugendliteraturpreis）39
ドイツ市民大学協会（DVV = Deutsche Volkshochschulverband）25, 28
ドイツ市民大学協会ドイツ生涯教育研究所・教育事業所（Deutsche Institut für Erwachsenenbildung des DVV – Pädagogische Arbeitsstelle）25
ドイツ社会主義統一党（SED = Sozialistische Einheitspartei Deutschlands）68, 83, 84
ドイツ自由作家協会（Freie Deutsche Autorenverband）40
ドイツ州図書館支援センター全国専門会議（Fachkonferenz der Staatlichen Büchereistellen in Deutschland）258, 261, 263
ドイツ出版流通学院（ミュンヒェン）（Akademie des Deutschen Buchhandels）34, 104
ドイツ出版流通学校（フランクフルト・アム・マイン）（Schule des Deutschen Buchhandels）34, 104
ドイツ出版流通協会（Börsenverein des Deutschen Buchhandels）32, 33, 34, 35, 40, 104, 108, 116, 126, 273
『ドイツ出版流通広報』（Börsenblatt des Deutschen Buchhandels）34, 104
ドイツ出版流通職員養成所（ライプツィヒ）（Deutsche Buchhändler-Lehranstalt）34
ドイツ出版流通博物館（Deutsches Buchgewerbemuseum）126
ドイツ出版流通平和賞（Friedenspreis des Deutschen Buchhandels）33
ドイツ情報科学技術協会（DGI = Deutsche Gesellschaft für Informationswissenschaft und Informationspraxis e.V.）369, 374
ドイツ・スポーツ大学（ケルン）（Deutsche Sporthochschule）16
ドイツ書籍資料館 → ミュンヒェン・ドイツ書籍資料館
ドイツ青少年研究所（ミュンヒェン）

401

（Deutsches Jugendinstitut e.V.） 53
ドイツ青少年研究所図書館
（Bibliothek des Deutschen Jugendinstituts e.V.） 53
ドイツ青少年ビデオ賞（Deutsche Jugend-Video-Preis） 39
ドイツ製鉄所職員協会（Verein Deutscher Eisenhüttenleute） 53
ドイツ製鉄所職員協会情報センター図書館（VDEh-Informationszentrum Stahl und Bücherei des Vereins Deutscher Eisenhüttenleute） 188, 195
『ドイツ全国書誌』（Deutsche Nationalbibliographie） 29, 33, 71, 86, 122
『ドイツ全国書誌と外国で出版されているドイツ語文献の書誌』（Deutsche Nationalbibliographie und Bibliographie der im Ausland erschienenen deutschsprachigen Veröffentlichungen） 121
ドイツ中世研究所図書館（ミュンヒェン）（Bibliothek der Monumenta Germaniae Historica） 190
ドイツ鋳造所専門職員協会（Verein Deutscher Gießereifachleute） 53
ドイツ鋳造所専門職員協会図書館（Bibliothek des Vereins Deutscher Gießereifachleute） 195
ドイツ東部図書館（Bücherei des deutschen Ostens） 189
ドイツ読書ホール（Deutscher Lesesaal） 318
『ドイツ図書館アドレスブック』（Deutsches Bibliotheks-Adreßbuch） 230
ドイツ図書館案内事務局（Auskunftbüro der deutschen Bibliotheken） 70, 71
ドイツ図書館会議（Deutsche Bibliothekskonrerenz） 223
ドイツ図書館協会（DBV ＝ Deutscher Bibliotheksverband） 36, 40, 45, 63, 105, 162, 223, 249, 268, 303, 369

ドイツ図書館協会全国連合（BDB ＝ Bundesvereinigung Deutscher Bibliotheksverbände） 223, 236, 251, 305
ドイツ図書館研究所（DBI ＝ Deutsches Bibliotheksinstitut） 45, 48, 58, 62, 105, 184, 209, 230, 258, 287, 290, 296, 305, 306, 308, 369
ドイツ図書館司書協会（VDB ＝ Verein Deutscher Bibliothekare） 70, 78, 370, 374
ドイツ図書館司書大会（Deutscher Bibliothekartag） 358, 360, 372
ドイツ図書館情報局（Auskunftsbüro der Deutschen Bibliotheken） 137
ドイツ図書館統計（DBS ＝ Deutsche Bibliotheksstatistik） 184, 230, 231, 234, 247, 261, 291, 334
『ドイツ図書館年鑑』（Jahrbuch der deutschen Bibliotheken） 211, 322
ドイツ図書・文献博物館（Deutsches Buch- und Schriftmuseum） 115, 125, 329
ドイツ都市連絡協議会（Deutscher Städtetag） 63, 106
ドイツ特許庁図書館（ミュンヒェン）（Bibliothek des Deutschen Patentamtes） 197, 198
ドイツ農学中央図書館（ボン）（Deutsche Zentralbibliothek für Landbauwissenschaften） 200, 203, 208, 209
『ドイツの最も美しい本』（Die schönsten deutschen Bücher） 126
ドイツ博物館（Deutsches Museum） 329
ドイツ博物館図書館（自然科学・技術とその歴史のための専門図書館）（ミュンヒェン）（Bibliothek des Deutschen Museums, Spezialbibliothek für Naturwissenschaft und Technik und deren Geschichte） 188
ドイツ広場（ライプツィヒ）（Deutscher Platz） 97
ドイツ・プロテスタント教会評議会

略語一覧・索引

（Rat der Evangelischen Kirche in Deutschland）36, 105
ドイツ・プロテスタント視覚障害者支援サービス（社団法人）（Evangelische Blinden- und Sehbehindertendienst Deutschland e.V.）312
ドイツ・プロテスタント図書館協会（DVEB = Deutscher Verband Evangelischer Büchereien）32, 51, 269, 271
ドイツ文学基金（Deutscher Literaturfonds e.V.）39, 40, 105
ドイツ文学協議会（Deutsche Literaturkonferenz e.V.）41
ドイツ文学資料館（シラー国立博物館）（マールバッハ）（Deutsches Literaturarchiv / Schiller-Nationalmuseum）192, 212
ドイツ民衆図書館員協会（Verband Deutscher Volksbibliothekare）79
ドイツ民衆図書館センター（ライプツィヒ）（Zentralstelle für volkstümliches Büchereiwesen）78, 79
ドイツ民主共和国（東ドイツ）における州形成のための憲法（州導入法）（Verfassungsgesetz zur Bildung von Ländern in der Deutschen Demokratischen Republik（Ländereinführungsgesetz））2
ドイツ盲学校（マールブルク）（Deutsche Blindenstudienanstalt e.V.）312, 313
ドイツ歴史研究所（Deutsches Historisches Institut）318
ドイツ歴史研究所図書館（ローマ）（Bibliothek des Deutschen Historischen Instituts）190
ドイツ歴史博物館図書館（ベルリン）（Bibliothek des Deutschen Historischen Museums）189
ドイツ連邦家族・高齢者・女性・青少年省（Bundesministerium für Familie, Senioren, Frauen und Jugend）39

ドイツ連邦議会図書館（Bibliothek des Deutschen Bundestages）47, 197, 198
ドイツ連邦教育・学術省（BMBW = Bundesministerium für Bildung und Wissenschaft）（1994年まで。1994年以降はBMBF）4
ドイツ連邦教育研究省（1994年以降）（BMBF = Bundesministerium für Bildung und Wissenschaft）4
ドイツ連邦共和国 P. E. N. センター（ダルムシュタット）（P.E.N.-Zentrum Bundesrepublik Deutschland）40
ドイツ連邦共和国基本法（Grundgesetz für die Bundesrepublik Deutschland）2, 4, 7, 48, 216, 250, 257
ドイツ連邦共和国公務員給与規定（BAT = Bundesangestelltentarifvertrag）371
ドイツ連邦共和国・州図書館支援センター専門会議（Fachkonferenz der Staatlichen Büchereistellen der Bundesrepublik Deutschland）103
ドイツ連邦共和国図書館識別番号索引（Sigelverzeichnis für die Bibliotheken der Bundesrepublik Deutschland）322
ドイツ連邦銀行図書館（フランクフルト・アム・マイン）（Bibliothek der Deutschen Bundesbank）198
ドイツ連邦研究・技術省（BMFT = Bundesministerium für Forschung und Technologie）（1994年まで。1994年以降はBMBF）4
ドイツ連邦首相府における文化・メディア関連事項のための連邦政府全権委員会（Beauftragten der Bundesregierung für Angelegenheiten der Kultur und der Medien im Bundeskanzleramt）3
ドイツ連邦職業養成法（1969年）（Berufsbildungsgesetz des Bundes）350
ドイツ連邦内務省（Bundesministerium des Innern）40

403

統合大学（GH）(Gesamthochschule)
　12, 13, 179
『統合ドイツにおける教育・学術・文化政策に関するホーエンハイム覚書』(1991年2月) (Hohenheimer Memorandum zur Bildungs-, Wissenschafts- und Kulturpolitik im geeinten Deutschland) 61
『トゥツィング宣言』(1964年)
　(Tutzinger Erklärung) 267
ドゥーデン，コンラート (1829-1911) (Konrad Duden) 44
東部研究と国際研究のための連邦研究所図書館（ケルン）(Bibliothek des Bundesinstituts für ostwissenschaftliche und internationale Studien) 189
トゥルン・ウント・タクシス公爵宮廷図書館（レーゲンスブルク）(Fürst Thurn und Taxis Hofbibliothek) 324, 326
ドキュメンテーション (Dokumentation) 347, 352, 360, 361, 362, 365, 367
ドキュメンテーション学 (Dokumentationswesen) 363, 373
読者・文献研究所 (Institut für Leser- und Schrifttumskunde) 78
特殊情報学 (spezielle Informationswissenschaft) 363
特殊利用者集団委員会（Kommission für besondere Benutzergruppen) 305
読書組合 (Lesegesellschaft) 67
読書財団 (Stiftung Lesen) 36, 105
読書推進協会・読書財団友の会 (Verein zur Förderung des Lesens / Freunde der Stiftung Lesen e.V.) 36, 105
『読書のすすめ』(Leseempfehlungen) 36
読書バス (Lesebus) 37, 105
読書療法 (Bibliotherapie) 307, 308
特別収集分野 (Sondersammelgebiet) 19, 47, 59, 70, 73, 179
独立文化施設研究会 (AsKI ＝ Arbeitskreis selbständiger Kulturinstitute e.V.) 42
図書会館 (Bücherhalle) 74, 76
図書会館運動 (Bücherhallenbewegung) 74, 75, 76
『図書館 '93：構造、課題、位置づけ』(Bibliotheken '93: Strukturen, Aufgaben, Positionen) 197, 200, 201, 212, 223, 236, 239, 251, 305
図書館会議 (Bibliothekskongreß) 372
図書館学 (Bibliothekswissenschaft ; Bibliothekswesen) 346, 348, 356, 357, 358, 359, 361, 362, 363, 364, 365, 367
『図書館学概説』（クルート (Kluth) 著、1970年) (Grundriß der Bibliothekslehre) 358
図書館学士 (Diplom-Bibliothekar) 349, 353
図書館学専門大学（シュトゥットガルト）(1971-1984) (Fachhochschule für Bibliothekswesen) 345
『図書館学提要』（フリッツ・ミルカウ著、ゲオルク・ライ編) (Handbuch der Bibliothekswissenschaft) 358
『図書館学と書誌』(ZfBB)（雑誌) (Zeitschrift für Bibliothekswesen und Bibliographie) 126, 359
『図書館学入門』（クリークとユング (Krieg/Jung) 著、1990年) (Einführung in die Bibliothekskunsde) 358
図書館学校 (Bibliotheksschule) 338, 341, 345
図書館間協力作業 (bibliothekarische Zusammenarbeit) 339
図書館関連教育機関委員会 (KBA ＝ Konferenz der bibliothekarischen Ausbildungsstätten) 369
図書館局 → 州図書館局
『図書館計画Ⅰ』(1969年) (Bibliotheksplan 1) 81
『図書館計画 '73』(1973年) (Bibliotheksplan '73) 81, 138, 147,

197, 200, 229, 236, 239, 281, 305
図書館購買所（Einkaufshaus für Büchereien）85
図書館購買センター（ekz = Einkaufs zentrale für Bibliotheken）54, 258, 260, 295
『図書館サービス』（雑誌）（Bibliotheksdienst）371
図書館サービス・建設法（アメリカ合衆国）（Library Services and Construction Act）46
図書館支援センター → 州図書館支援センター；教会図書館支援センター
図書館司書（Bibliothekar）335, 336, 337, 346, 372
図書館司書学院（西ベルリン）（Bibliothekarakademie）345
図書館司書官（Bibliotheksinspektor）365
図書館司書官候補者（バイエルン州、ヘッセン州）（Bibliotheksinspektoranwärter）346
図書館司書教育部（ベルリン自由大学、1997年廃止）（IfB = Institut für Bibliothekarausbildung）345
図書館助手（学術）→ 学術図書館助手
図書館助手（公共）→ 公共図書館助手
図書館情報大学（HBI）→ シュトゥットガルト図書館情報大学
図書館推進局 → 州図書館推進局
図書館制度整備のための提言（ノルトライン＝ヴェストファーレン州、1973年）（Empfehlungen zum Ausbau des Bibliothekswesens）247
図書館センター → 州図書館センター
図書館専門職員研修学校（東ドイツ）（Betriebsschule für Bibliotheksfacharbeiter）350
図書館担当士官（軍隊図書館）（Büchereioffizier）304
図書館中央研究所（東ドイツ、東ベルリン）（ZIB = Zentralinstitut für Bibliothekswesen）85, 86, 87, 89, 92,

95, 101
『図書館中央雑誌』（Zentralblatt für Bibliothekswesen）78, 95
『図書館と教育事業』（雑誌）（Bücherei und Bildungspflege）79
『図書館との対話』（雑誌）（Dialog mit Bibliotheken）126
『図書館ノート』（雑誌）（Hefte für Büchereiwesen）78
図書館の日（10月24日）（Tag der Bibliotheken）41
図書館バス（Bücherbus）94, 244, 245
図書館発展計画（Bibliotheksentwicklungsplan）285
『図書館ハンドブック』（ヨハネス・ラングフェルト著）（Handbuch des Büchereiwesens）358
図書館マーケティング（Bibliotheksmarketing）81
図書館用機械交換書式（MAB = Maschinelle Austauschformat für Bibliotheken）124
図書管理者（軍隊図書館）（Bücherwart）304
『図書館理論と図書館史論集』（シリーズ）（Beiträge zur Bibliothekstheorie und Bibliotheksgeschichte）357
図書館令（東ドイツ、1968年）（Bibliotheksverordnung）87
『図書、図書館および精神科学研究』（ベルンハルト・ファビアン）（Buch, Bibliothek und geisteswissenschaftliche Forschung）211
『図書・図書館学論集』（シリーズ）（Beiträge zum Buch- und Bibliothekswesen）357
『図書と図書館』（雑誌）（Buch und Bibliothek）79, 278, 371
『図書マーケット』（雑誌）（Buchmarkt）34
『図書レポート』（雑誌）（Buchreport）34
トリーア市立図書館

（Stadtbibliothek Trier） 155, 158, 332
『トリスタン物語』（Tristan） 142
ドルトムント市立＝州立図書館
　（Stadt- und Landesbibliothek,
　Dortmund） 153, 332
ドレースデン軍事図書館
　（Militärbibliothek Dresden） 188, 202
ドレースデン工科大学（Technische
　Universität Dresden） 97, 202
ドレースデン東ドイツ軍事図書館
　（Militärbibliothek der DDR Dresden）
　201
ドロステ＝ヒュルスホフ，アンネッテ・
　フォン（1797-1848）（Annette von
　Droste-Hülshoff） 38, 134

[**な行**]
ニコラウス・レーナウ賞（エスリンゲン）
　（Nikolaus-Lenau-Preis, Esslingen） 38
西ドイツ公共図書館学校（1928-1949）
　（Westdeutsche Volksbüchereischule）
　343
西ドイツ視覚障害者支援音声図書館
　（ミュンスター）（Westdeutsche
　Blindenhörbücherei e.V.） 311, 312
西ドイツ図書館（マールブルク）
　（Westdeutsche Bibliothek） 128
ニーダーザクセン州図書館計算機セン
　ター（ゲッティンゲン）（BRZN ＝
　Bibliotheksrechenzentrum für Nieder-
　sachsen an der Staats- und Universitäts-
　bibliothek Göttingen） 205
ニーダーザクセン総合目録（Nieder-
　sächsischer Zentralkatalog） 159
ニーダーザクセン図書館学校（Nieder-
　sächsische Bibliotheksschule） 346
『ニーベルンゲンの歌』（Nibelungen-
　lied） 141
日本文化会館　→　ケルン日本文化会館
ネリー・ザックス賞（Nelly-Sachs-Preis） 39
『年代記・書誌索引』（Chroniken und
　bibliographische Verzeichnisse） 358
『年報』（ドイツ国立図書館）（Jahres-

bericht） 126
ノイケルン市立図書館－ヘレネ・ナー
　タン図書館（ベルリン）（Stadt-
　bibliothek Neukölln, Helene-Nathan-
　Bibliothek） 217
農業経済中央図書館（東ドイツ・東ベ
　ルリン）（Zentralbibliothek der Land-
　wirtschaftswissenschaften） 90
農業資料・情報センター（ZADI ＝
　Zentralstelle für Agrardokumentation
　und -information） 209
『ノルトライン＝ヴェストファーレン
　州図書館協会報告誌』（Mitteilungs-
　blatt des Verbandes der Bibliotheken
　des Landes NW） 259
ノルトライン＝ヴェストファーレン州
　図書館司書養成所（ケルン、1949-
　1982）（Bibliothekar- Lehrinstitut des
　Landes Nordrhein-Westfalen） 343
『ノルトライン＝ヴェストファーレン
　州文学地図』（Literaturatlas Nord-
　rhein-Westfalen） 42
ノルトライン＝ヴェストファーレン州
　文学評議会（Literaturrat Nordrhein-
　Westfalen e.V.） 41

[**は行**]
灰色文献（Graue Literatur） 194, 198,
　199, 207, 209
バイエルン芸術アカデミーの文学大賞
　（Große Literaturpreis der Bayerischen
　Akademie der Schönen Künste） 38
バイエルン公務員専門大学（Bayerische
　Beamtenfachhochschule） 346, 365,
　366
バイエルン視覚障害者支援音声図書館
　（ミュンヒェン）（Bayerishe Blinden-
　hörbücherei e.V.） 312
バイエルン州発展構想（Landes-
　entwicklungsprogram Bayern） 246
バイエルン州立図書館（ミュンヒェン）
　（BSB ＝ Bayerische Staatsbibliothek）
　71, 108, 137, 138, 139, 140, 141, 142,

143, 144, 145, 146, 147, 157, 259, 331
バイエルン州立図書館総務部（Generaldirektion der Bayerischen Staatsbibliothek）370
バイエルン図書館学校（1975年まで）
（Bayerische Bibliotheksschule）
346, 366, 374
『バイエルン図書館フォーラム』（雑誌）
（Bibliotheksforum Bayern）146
ハイデルベルク・ユダヤ学大学
（Hochschule für Jüdische Studien Heidelberg）16
ハイネ賞（デュッセルドルフ）
（Heine-Preis）38
ハインリヒ・ベル賞（ケルン）
（Heinrich-Böll-Preis）38
博物館学（Museologie）363
博物館学専門学校（東ドイツ時代、ライプツィヒ）（Fachschule für Museologen in Leipzig）363
博物館的図書館（Museale Bibliothek）
322, 324, 325, 326
博物館論（Museumskunde）363
博覧会・見本市有限会社
（Ausstellungs- und Messe-GmbH）33
パッサウ州立図書館（Staatliche Bibliothek Passau）151, 328, 331
バーデン＝ヴュルテンベルク州立音楽高等専門学校図書館（Bibliothek der Landesakademie für musizierende Jugend in Baden-Württemberg）296
バーデン＝ヴュルテンベルク総合目録
（Zentralkatalog Baden-Württemberg）
159
バーデン州立図書館（カールスルーエ）
（Badische Landesbibliothek, Karlsruhe）55, 149, 158, 160, 331
ハノーファー専門大学
（Fachhochschule Hannover）346, 373
ハノーファー専門大学情報コミュニケーション学部（Fachbereich Informations- und Kommunikationswesen der FH Hannover）364

ハノーファー大学図書館（Universitätsbibliothek Hannover ; UB Hannover）
205
ハノーファー特許情報センター（PIZ）
（Patentinformationszentrum Hannover）
205
ハノーファー・ニーダーザクセン州立図書館（Niedersächsische Landesbibliothek, Hannover）153, 157, 158, 332
ババリカ（バイエルン関連出版物）
（Bavarica）143, 145
パブリック・スペース・アート
（Kunst im Öffentlichen Raum）298
『パルチヴァール』（Parzival）142
ハルナック，アドルフ・フォン（1851-1930）（Adolf von Harnack）338, 372
ハレ大学神学部（Theologische Fakultät der Universität Halle）16
ハレの大学＝州立図書館 → ザクセン＝アンハルト大学＝州立図書館
パロッチ使徒宣教会大学（ヴァレンダー）（Philosophisch-Theologische Hochschule in Vallendar）15
ハンガリー文化センター
（Ungarisches Kulturinstitut）321
ハンザ都市図書館（リューベック）
（Bibliothek der Hansestadt Lübeck）
156, 333
ハンス・ファラダ賞（ノイミュンスター）
（Hans-Fallada-Preis, Neumünster）38
ハンブルク愛郷会の公共図書館
（Öffentliche Bücherhalle der Patriotischen Gesellschaft in Hamburg）
75
ハンブルク・カール・フォン・オシエツキー州立＝大学図書館（Staats- und Universitätsbibliothek Hamburg Carl von Ossietzky）151, 159, 331
ハンブルク経済・政治大学
（Hochschule für Wirtschaft und Politik Hamburg）16
ハンブルク公共図書館財団

（Stiftung Hamburger Öffentliche Bücherhallen） 54, 237, 255, 292
ハンブルク州立＝大学図書館　→　ハンブルク・カール・フォン・オシエツキー州立＝大学図書館
ハンブルク世界経済研究所図書館（ハンブルク）（Bibliothek des HWWA-Instituts für Wirtschaftsforschung） 189
ハンブルク専門大学図書館情報学部（Fachhochschule Hamburg, Fachbereich Bibliothek und Information） 364
バンベルク州立図書館（Staatsbibliothek Bamberg） 150, 158, 331
東ドイツ科学アカデミー研究所図書館（Bibliotheken der Forschungsinstitute der Akademie der Wissenschaften der DDR） 90
東ドイツ国立図書館（東ベルリン）（Deutsche Staatsbibliothek in Berlin） 82, 86, 97, 128, 131
非社会主義経済圏（NSW 諸国）（nichtsozialistisches Wirtschaftsgebiet （NSW-Staaten）） 90, 131
美術史研究所図書館（フィレンツェ）（Bibliothek des Kunsthistorischen Instituts） 191, 318
美術史中央研究所図書館（ミュンヒェン）（Bibliothek des Zentralinstituts für Kunstgeschichte） 191
美術大学（Kunsthochschule） 11, 22, 182, 183
美術・博物館図書館研究会（AKMB ＝ Arbeitsgemeinschaft der Kunst- und Museumsbibliotheken） 196
非常勤講師（Lehrbeauftragter） 341
ビュヒナー賞（Büchnerpreis） 37, 105
病院・患者図書館（Krankenhaus- und Patientenbibliotheken） 266, 305, 306, 307, 308
『病院図書館ガイドライン』（1969, 1972, 1983）（Richtlinien für Krankenhausbüchereien） 305

病院図書館ワーキンググループ（Arbeitskreis Krankenhausbibliotheken） 305
評議会（Rat） 6
評議会憲法（Ratsverfassung） 6
ファビアン，ベルンハルト（Bernhard Fabian） 211, 212
『フォーラム』（雑誌）（Forum） 65
フォルクスワーゲン工場財団（Stiftung Volkswagenwerk） 64
フォルクスワーゲン財団（Volkswagen-Stiftung） 64, 65, 100, 106, 169, 340
普通教育総合技術学校（POS ＝ Allgemeine Polytechnische Oberschule） 9
プファルツ県連盟（Bezirksverband Pfalz） 5
プファルツ州立図書館（シュパイアー）（Pfälzische Landesbibliothek, Speyer） 154, 332
プファルツ図書館（カイザースラウテルン）（Pfalzbibliothek, Kaiserslautern） 154
フーヘル，ペーター（1903-1981）（Peter Huchel） 38
フュルステンベルク公爵宮廷図書館（ドナウエッシンゲン）（Fürstlich Fürstenbergische Hofbibliothek, Donaueschingen） 53, 325
フライベルク鉱山学院工科大学図書館（統合ドイツ）（Universitätsbibliothek der Technischen Universität Bergakademie Freiberg） 202, 333
フライベルク鉱山学院図書館（東ドイツ）（Bibliothek der Bergakademie Freiberg） 202
ブラウンシュヴァイク市立図書館（Stadtbibliothek Braunschweig） 152, 332
フラウンホーファー協会（Fraunhofer-Gesellschaft） 48
フランクフルト・アム・マイン市立＝大学図書館（Stadt- und Universitäts-

略語一覧・索引

bibliothek Frankfurt am Main） 55, 167
フランクフルト国際ブックフェア
　（Internationale Frankfurter Buch-
　messe） 32
フランクフルト図書館学校（1980年ま
　で）（Bibliotheksschule in Frankfurt
　am Main） 346, 365, 366
フランケ財団（ハレ）（Franckesche
　Stiftungen zu Halle） 49, 50, 55
フランケ財団中央図書館（ハレ）
　（Hauptbibliothek der Franckeschen
　Stiftungen） 49, 212, 334
フランシスコ会哲学・神学大学（ミュン
　スター）（Philosophisch-Theologische
　Hochschule der Franziskaner） 15
フランス研究所（Institut Français） 320
ブランデンブルク州立＝大学図書館（ポ
　ツダム）（Brandenburgische Landes-
　und Hochschulbibliothek Potsdam） 86
フリッツ・テュッセン財団（Fritz-
　Thyssen-Stiftung） 64, 65, 106
ブリティッシュ・カウンシル（British
　Council） 320, 322, 334
フリードリヒ2世の内閣図書館
　（Kabinettsbiliothek Friedrichs II von
　Preußen） 325
フリードリヒ・エーベルト財団図書館
　（ボン）（Bibliothek der Friedrich-
　Ebert-Stiftung） 187, 189
フリードリヒ・グンドルフ賞
　（Friedrich-Gundolf-Preis） 38
ブレーメン州立＝大学図書館（Staats-
　und Universitätsbibliothek Bremen）
　151, 331
ブレーメン市立図書館
　（Stadtbibliothek Bremen） 277, 297
プロイスカー，カール・ベンヤミン（1786-
　1871）（Karl-Benjamin Preusker） 41,
　74
プロイセン国立図書館（1918-1944）
　（Preußischen Staatsbibliothek）
　71, 127, 129, 136, 372
プロイセン図書館アルファベット順目

録規則（1899年）（PI = Preußische
Instruktionen ; Instruktionen für die
Kataloge der Preußischen Bibliotheken
; Instruktionen für Alphabetischen
Kataloge der Preußischen Bibliotheken）
124, 339
プロイセン図書館目録規則　→　プロ
　イセン図書館アルファベット順目録
　規則
プロイセン文化国立図書館（1968-1992）
　（Staatsbibliothek Preußischer Kultur-
　besitz） 129
プロイセン文化財団（Stiftung
　Preußischer Kulturbesitz） 48, 49, 50,
　129, 132
プロイセン文化財団映像資料館（Bild-
　archiv Preußischer Kulturbesitz） 134
プロイセン文化財団国立図書館（1962-
　1968）（Staatsbibliothek der Stiftung
　Preißischer Kulturbesitz） 129
プロイセン文化財団ベルリン国立図書
　館（1992年～）（SBB PK = Staats-
　bibliothek zu Berlin - Preußischer
　Kulturbesitz） 49, 66, 108, 127, 129,
　130, 132, 133, 135, 136, 137, 138, 145,
　157, 331, 343
プロテスタント教会図書館研究会
　（AABevK = Arbeitsgemeinschaft der
　Archive und Bibliotheken in der
　Evangelischen Kirche） 196
『プロテスタント図書案内』（Der
　Evangelische Buchberater） 269, 271
プロテスタント図書館職員養成所（ゲッ
　ティンゲン）（1978年閉鎖）
　（Evangelisches Bibliothekar-Lehr-
　institut） 47, 346
プロテスタント図書賞
　（Evangelischer Buchpreis） 271
プロテスタント評論共同機構（Gemein-
　schaftswerk der Evangelischen
　Publizistik） 39
文化環境（Kulturräume） 223
文化環境法（ザクセン州、1994年）

409

（Kulturraumgesetz）223
文化局（Kulturabteilung）4
文学工房（Literaturwerkstätten）40
文学事務局（Literaturbüro）40
文学博物館（Literaturmuseum）42
『文学便覧 1993-94』（Literaturbuch 1993/94）39
文化高権 → 文化主権
文化事務局（Kultursekretariat）40, 41
文化主権（Kulturhoheit）3, 8, 47, 60
『文化主権－連邦と州』（Kulturhoheit - Bund und Länder）61
文化大臣会議 → 諸州文化大臣常設会議（KMK）
文芸著作権協会 WORT（VG WORT = Verwertungsgesellschaft WORT）48, 105
文書館（Archiv）6, 69 219
→：アーカイブ
フンボルト，ヴィルヘルム・フォン（1767-1835）（Wilhelm von Humboldt）17
フンボルト大学（ベルリン）（Humboldt-Universität zu Berlin ; HU Berlin）165, 167, 345, 346, 359, 360
フンボルト大学（ベルリン）第１哲学部図書館学専攻課程（Humboldt-Universität zu Berlin, Philosophische Fakultät I - Institut für Bibliothekswissenschaft ; Institut für Bibliothekswissenschaft der Humboldt-Universität）367
フンボルト大学図書館学・学術情報研究所（東ドイツ）（Institut für Bibliothekswissenschaft und wissenschaftliche Information der Humboldt-Universität）358
米国規格協会（ANSI = American National Standards Institut）124
ヘキスト株式会社学術図書館（フランクフルト・アム・マイン）（Wissenschaftliche Bibliothek der Höchst AG）188
ペーター・フーヘル賞（フライブルク）

（Peter-Huchel-Preis）38
ヘッセン州立図書館（ヴィースバーデン）（Hessische Landesbibliothek Wiesbaden）152, 332
ヘッセン州立図書館（フルダ）（Hessische Landesbibliothek, Fulda）152
ヘッセン図書館（Hessische Bibliothek）128
ベネディクト修道院図書館（Bibliotheken der Benediktinerklöster）327
『ヘーリアント』（Heliand）141
ベルギー会館（ケルン）（Belgisches Haus）321
ヘルゴラント生物研究所図書館（ハンブルク）（Bibliothek der Biologischen Anstalt Helgoland）188
ヘルツ図書館（ローマ）（Bibliotheca Hertziana）318, 319
ベルテルスマン財団（ギューターズロー）（Bertelsmann Stiftung）28, 54, 65, 104, 238, 288
ヘルマン・フォン・ヘルムホルツ協会（Hermann-von-Helmholtz-Gemeinschaft）48
ヘルマン・ヘッセ賞（カールスルーエ）（Hermann-Hesse-Preis）38
ベルリン王立図書館（Königliche Bibliothek zu Berlin）136, 372
ベルリン技術・経済専門大学（FHTW = Fachhochschule für Technik und Wirtschaft Berlin）363, 373
ベルリン技術専門大学（Technische Fachhochschule Berlin）363, 373
ベルリン教育中央図書館（東ドイツ）（die Pädagogische Zentralbibliothek Berlin）201
ベルリン・グラフィック・アート・ライブラリー（Graphothek Berlin）297
ベルリン経済大学図書館（Hochschulbibliothek der Hochschule für Ökonomie Berlin）201

ベルリン工科大学（Technische Universität Berlin） 165, 168
ベルリン国立図書館（プロイセン文化財団） → プロイセン文化財団ベルリン国立図書館
ベルリン国立図書館（東ドイツ時代） → 東ドイツ国立図書館
ベルリン国立博物館芸術図書館（プロイセン文化財団）（Kunstbibliothek der Staatlichen Museen zu Berlin – PK） 191
ベルリン市議会図書館（Senatsbibliothek Berlin） 198, 333
ベルリン市民・戦傷失明者音声図書館（Berliner Hörbücherei für Zivil- und Kriegsblinde e.V.） 312
ベルリン自由大学（Freie Universität Berlin） 174, 345
ベルリン市立図書館（Berliner Stadtbibliothek） 50, 85, 151, 220, 237
ベルリン中央州立図書館 → ベルリン中央州立図書館財団
ベルリン中央州立図書館財団（Stiftung Zentral- und Landesbibliothek Berlin） 50, 151, 220, 237, 292, 331
ベルリン農学中央図書館（東ドイツ）（die Landwirtschaftliche Zentralbibliothek Berlin） 201
ベルリン・ブランデンブルク科学アカデミー（Berlin-Brandenburgische Akademie der Wissenschaften） 186, 333
ベルリン文学コロキウム（1962年）（Literarisches Colloquium Berlin e.V.） 40
ベルリン・ライニケンドルフ市立図書館（Stadtbücherei Reinickendorf in Berlin） 297, 298
法学図書館・ドキュメンテーション研究会（AjBD = Arbeitsgemeinschaft für juristisches Bibliotheks- und Dokumentationswesen） 196
『報告論集』（カトリック神学図書館研究会）（Mitteilungsblatt） 196
亡命関連資料（Exilliteratur ; Exilarchiv） 117, 118, 119
『法律・図書館・ドキュメンテーション』（雑誌）（Recht – Bibliothek – Dokumentation） 196
ポツダム市立＝州立図書館（Stadt- und Landesbibliothek Potsdam） 151, 331
ポツダム専門大学（Fachhochschule Potsdam） 347, 363, 365, 373
ポツダム専門大学図書館（Fachhochschulbibliothek Potsdam） 102
ホフマン，ヴァルター（1879-1952）（Walter Hofmann） 75, 76, 77, 85
ホフマン賞 → E. T. A. ホフマン賞（欧文表記の箇所参照）
ホフマン，ハインリヒ（Heinrich Hoffman） 143
ボーフム市立図書館・市民大学（Stadtbücherei Bochum – Volkshochschule Bochum） 24
ボーフム大学（Ruhr-Universität Bochum） 165, 167, 177
ポーランド文化研究センター（Polnisches Kulturinstitut） 321
ボロメーウス協会（Borromäusverein） 32, 51, 264, 269, 272, 273, 312, 346, 364
ボロメーウス協会図書館学校 → 国家認定ボロメーウス協会図書館学校
本課程学校（Hauptschule） 8, 286
ボン公共図書館学専門大学（FHöBB = Fachhochschule für das öffentliche Bibliothekswesen Bonn） 46, 346, 364, 373
ボン大学＝州立図書館（Universitäts- und Landesbibliothek Bonn） 153, 332
ボン図書館職員養成所 → 国家認定ボン図書館職員養成所
本の家・ライプツィヒ文学館（Haus des Buches - Literaturhaus Leipzig） 32
「本の春－行事、活動、理念」（„Bücherfrühling – Veranstaltungen, Aktionen, Ideen") 36

本の日（Tag des Buches） 42
本の船（Das Büchershiff）（1984年に実施されたヴッパータール市立図書館の企画） 279
翻訳情報課（Übersetzungsnachweis der TIB） 205

[ま行]

マインツ市立図書館（Stadtbibliothek Mainz） 154, 332
マックス・プランク教育研究所図書館（ベルリン）（Bibliothek des Max-Planck-Instituts für Bildungsforschung） 192
マックス・プランク協会（Max-Planck-Gesellschaft zur Förderung der Wissenschaften e.V.） 48, 60, 319
マックス・プランク研究所（Max-Planck-Institut） 184, 189
学ぶ自由（Lernfreiheit） 17
『マハーバーラタ』（Mahabharata） 142
マリア・ラーハ修道院図書館（マリア・ラーハ）（Bibliothek der Abtei Maria Laach） 191
マルティン・オービッツ図書館（ヘルネ）（Martin-Opitz-Bibliothek, Herne） 189
マルティン・ルター大学 50
南ドイツ視覚障害者支援音声点字図書館（シュトゥットガルト）（Süddeutsche Blindenhör- und Punktschrift-Bücherei e.V.） 312
南ドイツ図書館司書養成所（シュトゥットガルト）（1971年まで）（Süddeutsches Bibliothekar-Lehrinstitut） 345
ミュンスター市立図書館（Stadtbücherei Münster） 224
ミュンスター大学＝州立図書館（Universitäts- und Landesbibliothek Münster） 154, 332
ミュンヒェン政治大学（Hochschule für Politik München） 16
ミュンヒェン専門大学（Fachhochschule München） 363, 373
ミュンヒェン哲学大学（Hochschule für Philosophie München） 15
ミュンヒェン・ドイツ書籍資料館（Deutsche Bucharchiv München） 34, 104
『ミュンヒェン・ドイツ書籍資料館・書誌学研究』（Buchwissenschaftliche Beiträge aus dem Deutschen Bucharhiv München） 34
ミュンヒェン図書・メディア・資料センター（Buch-, Medien- und Literaturhaus München） 34, 105
ミルカウ，フリッツ（Fritz Milkau） 358, 359
民衆図書館（Volksbücherei） 67, 73, 74, 75, 76, 80, 83, 84, 222, 264
『民衆図書館活動ガイドライン』（1937年）（Richtlinien für das Volksbüchereiwesen） 80
民衆図書館購買所（Einkaufshaus für Volksbüchereien） 78, 79
民衆図書館センター（ベルリン）（Zentrale für Volksbüchereien） 78
『民衆図書館・読書ホール広報』（雑誌）（Blätter für Volksbibliotheken und Lesehallen） 78
メクレンブルク＝フォアポンメルン州立図書館（シュヴェリーン）（Landesbibliothek Mecklenburg-Vorpommern, Schwerin） 102, 152, 332
メディア学（Medienwissenschaft） 363
メディア教育・コミュニケーション文化協会（ビーレフェルト）（GMK ＝ Gesellschaft für Medienpädagogik und Kommunikationskultur） 28, 103
メディア・情報サービス専門員（FAMI ＝ Fachangestellter für Medien- und Informationsdienste） 10, 259, 349, 350, 351, 352, 353, 366
メディアセンター（Medienzentrum） 25, 26
メディア大学 → シュトゥットガル

ト・メディア大学
メーリケ, エドアルト（1804-1875）
（Eduard Mörike） 38
メーリケ賞（フェルバッハ）（Mörike-Preis, Fellbach） 38
メールスブルク・ドロステ賞（メールスブルク）（Meersburger Drostepreis, Meersburg） 38
目的組合（Zweckverband） 5, 24

[や行]
夜間ギムナジウム（第2部教育コース）（Abendgymnasium / Zweiter Bildungsweg） 9
ヤギェヴォ図書館（クラクフ）（Jagiellonische Bibliothek in Krakau） 128, 135
ヤングアダルト（YA）（Jugend） 51, 273, 274, 276, 278, 279
有限会社ユーリヒ研究センター中央図書館（ユーリヒ）（Zentralbibliothek des Forschungszentrums Jülich GmbH） 188
ユネスコ（UNESCO） 56
養成期間（公務員）（Dauer der Ausbildung ; Ausbildungsdauer） 369
ヨハネス・ア・ラスコ図書館 → エムデン大教会ヨハネス・ア・ラスコ図書館
ヨハン・ハインリヒ・フォス賞（Johann-Heinrich-Voss-Preis） 38
ヨハン・ハインリヒ・メルク賞（Johann-Heinrich-Merck-Preis） 37
ヨハン・ペーター・ヘーベル賞（Johann-Peter-Hebel-Preis） 38
ヨーロッパ経済大学（ベルリン）（Europäische Wirtschaftshochschule） 16
ヨーロッパ研究図書館連盟（LIBER = Ligue des bibliothèques Européennes de recherche） 124
ヨーロッパ国立図書館長会議 → 欧州国立図書館長会議

ヨーロッパ・ビジネス・スクール（エストリヒ・ヴィンケル）（European Business School in Oestrich-Winkel） 16
ヨーロッパ翻訳者協会図書館（シュトレーレン）（Bibliothek des Europäischen Übersetzerkollegiums, Straelen） 186, 192, 333
ヨーロッパ理解のためのライプツィヒ文学賞（Leipziger Literaturpreis zur europäischen Verständigung） 39

[ら行]
ライ, ゲオルク（Georg Leyh） 358
ライニンゲン公爵図書館（アモールバッハ）（Fürstlich Leiningensche Bibliothek in Amorbach） 54, 326, 327
ライプツィヒ絵画・書籍芸術大学（Hochschule für Grafik und Buchkunst Leipzig） 330
ライプツィヒ技術・経済・文化大学（HTWK = Hochschule für Technik, Wirtschaft und Kultur Leipzig） 21, 34, 78. 337, 347, 362, 363, 365, 373
ライプツィヒ技術・経済・文化大学図書・博物館学部（Fachbereich Buch und Museum der HTWK） 21, 78, 337, 348, 365, 373
ライプツィヒ教会大学（1990-1992）（Kirchliche Hochschule Leipzig） 16
ライプツィヒ商業大学（Handelshochschule Leipzig） 16
ライプツィヒ神学校（Theologisches Seminar Leipzig） 15, 16
ライプツィヒ大学（総合大学）（Universität Leipzig） 34, 97
ライプツィヒ大学コミュニケーション・メディア学研究所（Institut für Kommunikations- und Medienwissenschaften der Universität Leipzig） 362
ライプツィヒ大学神学部（Theologische Fakultät der Universität

Leipzig) 16
ライプツィヒ・ブックフェア（die Leipziger Buchmesse）33, 41, 90
ライプツィヒ路線（die Leipziger Richtung）75
ライプニッツ学術協会 → ゴットフリート・ヴィルヘルム・ライプニッツ学術協会
ライン・ヴェストファーレン工科大学（アーヘン）（RWTH = Rheinisch-Westfaelische Technische Hochschule Aachen）165
ライン州立図書館（コブレンツ）（Rheinische Landesbibliothek, Koblenz）154, 332
ラティボール公爵宮廷図書館（ヴェーザー河畔コルヴェイ）（Fürstlich Ratiborsche Schloßbibliothek in Corvey an der Weser）326
ラテンアメリカ研究所図書館（プロイセン文化財団）（ベルリン）（Bibliothek des Ibero-Amerikanischen Instituts PK）191
ラングフェルト，ヨハネス（Johannes Langfeldt）358
リッペ州立図書館（デトモルト）（Lippische Landesbibliothek, Detmold）153, 332
リューネブルク市参事会図書館（Ratsbücherei, Lüneburg）325
『良書の中の良書』（カタログ）（Die Besten der Besten）283
領邦教会 → 州教会
リンゲン市立＝専門大学図書館（Stadt- und Fachhochschulbibliothek Lingen）220
リンダウ市立図書館（Stadtbibliothek Lindau）325
リンダウ帝国都市図書館（Reichsstädtische Bibliothek Lindau）325
『ルーオトリープ』（Ruodlieb）141
ルーマニア研究所・ルーマニア図書館（Rumänische Forschungsinstitut – Rumänische Bibliothek e.V.）53
ルール地方自治体連合（Kommunalverband Ruhrgebiet）5
ルール地方文学賞（Literaturpreis Ruhrgebiet）38
レーゲンスブルク州立図書館（Staatliche Bibliothek Regensburg）151
レーゲンスブルク聖エメラム修道院図書館（Klosterbibliothek von Sankt Emmeram in Regensburg）326
レッシング，ゴットホルト・エフライム（1729-1781）（Gotthold Ephraim Lessing）338, 372
レデンプトール修道会大学（ジーク河畔ヘネフ）（Ordenhochschule Redemptorsten in Hennef an der Sieg）15
連邦（Bund）→：ドイツ連邦〜
連邦教育研究省 → ドイツ連邦教育研究省
連邦軍情報通信アカデミー図書館（シュトラウスベルク）（Bibliothek der Akademie der Bundeswehr für Information und Kommunikation）188
連邦軍中央図書館（西ドイツ）（Zentralbibliothek der Bundeswehr）202
連邦最高裁判所図書館（カールスルーエ）（Bibliothek des Bundesgerichtshofes）198, 333
連邦・諸州作業委員会（Bund-Länder-Arbeitsgruppe）101, 103
連邦統計局図書館（ヴィースバーデン）（Bibliothek des Statistischen Bundesamtes）198
連邦物理・技術研究所図書館（ブラウンシュヴァイク）（Bibliothek der Physikalisch-Technischen Bundesanstalt）187
老人ホーム図書館（Heimbücherei）266
労働組合図書館（Gewerkschaftsbibliothek）85

朗読コンクール（Vorlesewettbewerb）
　33
ロシア学術文化会館（ベルリン）
　（Russisches Haus der Wissenschaft und
　Kultur）321
ロスヴィータ記念メダル（ガンデルス
　ハイム）（Roswitha-Gedenkmedaille,
　Gandersheim）38
ロストック大学図書館（Universitäts-
　bibliothek Rostock）100
路線論争（der Richtungsstreit）75, 76
ローテビュールプラッツ・メディアセ
　ンター（シュトゥットガルト）
　（Mediothek Rotebühlplatz）292

[わ行]
ワイマール　→　ヴァイマル
忘れないための図書館（Bibliothek
　wider das Vergessen）118
ワン・パーソン・ライブラリー（OPL
　= One Person Library）185, 195

【訳者紹介】

監訳者
都築正巳（つづき　まさみ）
東京大学大学院文学研究科修士課程修了、修士（独文学）。
茨城大学教授、図書館情報大学教授を経て、2007年3月まで筑波大学大学院図書館情報メディア研究科教授。
所属学協会：日本ゲーテ協会（常任理事）、独文学会、国際ドイツ文学会

共訳者
竹之内禎（たけのうち　ただし）
図書館情報大学大学院博士後期課程修了、博士（情報学）。
東京大学大学院情報学環客員研究員、学習学協会主任研究員。
所属学協会：情報メディア学会、日本図書館情報学会ほか

渡邊一由（わたなべ　かずよし）
明治大学法学部卒。
学際コミュニケーション協会会長、社会環境情報学研究所理事長、バルセロナ国際芸術サロン会員。
コミュニケーション論、比較思想・比較文化、経営社会論、経営文化論、経済社会論などを研究。
所属学協会：社会文化情報学会、国際情報倫理学センターほか

伊藤淳（いとう　じゅん）
東洋大学大学院博士課程修了、博士（文学）。東洋大学非常勤講師。
英語圏・ドイツ語圏の文学・哲学等を研究。
所属学協会：日本カント協会、社会文化情報学会ほか

佐々木秀憲（ささき　ひでのり）
慶應義塾大学大学院文学研究科博士前期課程修了、修士（文学）。
オックスフォード大学アシュモレアン美術館客員研究員、川崎市岡本太郎美術館学芸員主査。
所属学協会：美学会、美術史学会ほか

ドイツの図書館-過去・現在・未来

2008年8月22日　初版第1刷発行©
定　価：本体6000円（税別）

原著者：ギーセラ・フォン・ブッセ、ホルスト・エルネストゥス
改訂者：エンゲルベルト・プラスマン、ユルゲン・ゼーフェルト
監訳者：都築正巳
編訳者：竹之内禎、渡邊一由、伊藤淳、佐々木秀憲
発行者：㈳日本図書館協会
　　　　〒104-0033　東京都中央区新川1-11-14
　　　　Tel 03-3523-0811㈹　Fax 03-3523-0841
印刷所：㈲吉田製本工房　　Printed in Japan
JLA200818　ISBN978-4-8204-0809-3
本文用紙は中性紙を使用しています。